吴镇烽　編著

商周青銅器
銘文暨圖像集成

高明題

第四卷

三編

上海古籍出版社

第四卷　目　　錄

37. 戈、戟

1368. 郜公戈 …………………… 3
1369. 子戈 ………………………… 4
1370. 新定戈 ……………………… 5
1371. 高密戈 ……………………… 6
1372. 成陽左戈 …………………… 7
1373. 辛□戈 ……………………… 8
1374. 嘉父戈 ……………………… 9
1375. 宮之徒戈 ………………… 10
1376. 鄭之王戟（鄡之王戟，息之
　　　王戟） ………………… 10
1377. 王得戈 …………………… 11
1378. 衆氏戈 …………………… 12
1379. 宋公戈 …………………… 13
1380. 單子戈（原稱單子戟） ……… 14
1381. 冎芻戈 …………………… 15
1382. 平陽左庫戈 ……………… 16
1383. 媿戈（醜戈） ……………… 17
1384. 玄鏐之戈（玄翏之戈） ……… 18
1385. 許公㦿戈（鄦公㦿戈） ……… 19
1386. 許公㦿戈（鄦公㦿戈） ……… 20
1387. 許公㦿戈（鄦公㦿戈） ……… 21
1388. 許公㦿戈（鄦公㦿戈） ……… 22
1389. 許公㦿戈 ………………… 23
1390. 朝歌右庫戈 ……………… 24
1391. 公戈 ……………………… 25
1392. 非□左戈 ………………… 26
1393. 高城戈（鄗城戈） ………… 27
1394. 陝城戈 …………………… 28

1395. 楸子戈 …………………… 29
1396. 陳子雪戈 ………………… 29
1397. 龍伯戟 …………………… 30
1398. 商叔盛戈 ………………… 31
1399. 商叔盛戈 ………………… 32
1400. 曾侯絴伯戈 ……………… 33
1401. 王子寅戈 ………………… 34
1402. 左行議戈 ………………… 35
1403. 事武氏戈 ………………… 36
1404. 子壽戈 …………………… 37
1405. 右氏戈 …………………… 38
1406. 王子臣戈 ………………… 39
1407. 王子臣戟（王子臣三戈戟） …… 42
1408. 鄴王月子戈 ……………… 43
1409. 楚屈喜戈 ………………… 44
1410. 玄鏞之用戈（玄膚之用戈） …… 45
1411. 玄鏞之用戈（玄膚之用戈） …… 46
1412. 造戈 ……………………… 47
1413. 句田右戈 ………………… 47
1414. 陳豆㪷戟（墜豆㪷戟） ……… 48
1415. 陳狀戈（墜狀戈） ………… 49
1416. 朝歌巳門戈 ……………… 50
1417. 堇戈 ……………………… 51
1418. 子眀戈 …………………… 53
1419. 窬脡戈（原稱楚王窬蒣戈） …… 54
1420. 曾子南戈 ………………… 55
1421. 曾子南戈 ………………… 55
1422. 曾子叔迖戈 ……………… 56
1423. 郜公戈 …………………… 57

1424. 鄦叔江戈(黑叔江戈) ………… 58
1425. 𪙉子䜌父戈(𪙉子紳父戈) …… 59
1426. 淳于公戈 ………………………… 60
1427. 右造宮所戈 ……………………… 61
1428. 曾仲臺戟 ………………………… 62
1429. 鄝公戈(公子痁戈) …………… 63
1430. 鄝公戈(公子痁戈) …………… 64
1431. 平王午戈甲 ……………………… 65
1432. 平王午戈乙 ……………………… 66
1433. 平王午戈丙 ……………………… 67
1434. 王子虎戈 ………………………… 68
1435. 楚王孫𨟻戈 ……………………… 69
1436. 競孫旟戈(景孫旟戈) ………… 70
1437. 滕侯吳戟(滕侯昃戟) ………… 71
1438. 蔡公子吴戈 ……………………… 72
1439. 蔡公子從戈 ……………………… 73
1440. 玄鏐鏞鋁戈 ……………………… 74
1441. 朝歌□門耑戈…………………… 75
1442. 曾侯乙戈 ………………………… 76
1443. 曾侯遡戈 ………………………… 77
1444. 蔡襄尹啟戈 ……………………… 78
1445. 曾侯建戈 ………………………… 80
1446. 蔡侯產戈 ………………………… 81
1447. 蔡侯產戈 ………………………… 82
1448. 蔡侯產戟(蔡侯產戈) ………… 83
1449. 蔡侯產戟 ………………………… 84
1450. 周公戟 …………………………… 85
1451. 邦工蹇戈 ………………………… 86
1452. 王孫保尼戈 ……………………… 87
1453. 鄭之公庫戈 ……………………… 88
1454. 中都僕公戈 ……………………… 89
1455. 中都僕公戈 ……………………… 91
1456. 薛侯戈(膀侯戈)……………… 92
1457. 王子于戈 ………………………… 93
1458. 蓼子厚戈(翏子厚戈) ………… 94
1459. 外鄯鄯戈 ………………………… 95
1460. 玄鏐鏞鋁戟(玄翏膚吕戟) …… 96
1461. 鴋子闔㜪戟(鴻子闔㜪戟) …… 97
1462. 子禾子戈 ………………………… 98
1463. 廿七年戈 ………………………… 99
1464. 城進戈 …………………………… 100
1465. 燕王詈戈(郾王詈戈) ……… 101
1466. 燕王詈戈(郾王詈戈) ……… 102
1467. 陳子高戟 ………………………… 103
1468. 滕大司馬得戈(縢大司馬
退戈)…………………………… 104
1469. 子蔡子歖戟 ……………………… 105
1470. 臨江戈 …………………………… 106
1471. 上庫戈 …………………………… 107
1472. 司城裘戈 ………………………… 108
1473. 戕纆戈 …………………………… 110
1474. □大司馬戟 ……………………… 111
1475. 逋各戈 …………………………… 112
1476. 邗王是埜戈(邗王是野戈)… 113
1477. 邗王是埜戈(邗王是野戈)… 114
1478. 武王攻㙐戈 ……………………… 115
1479. 武王攻㙐戈 ……………………… 116
1480. 合陽戈 …………………………… 117
1481. 差徐戟 …………………………… 118
1482. 燕王詈戈(郾王詈戈) ……… 119
1483. 燕王喜戈(郾王喜戈) ……… 120
1484. 燕王喜戈(郾王喜戈) ……… 121
1485. 燕王喜戈(郾王喜戈) ……… 122
1486. 周王孫季怡戈(周王孫季
紿戈)…………………………… 123
1487. 西余令戈 ………………………… 124
1488. 楚王戈 …………………………… 125
1489. 司寇韓戈(十六年戈) ……… 126
1490. 率夫余無戈 ……………………… 127
1491. 浂尔八高戈 ……………………… 128

1492. 郘公戈(阮公戈) …………………… 129
1493. 昭王之諆戈 ……………………… 130
1494. 昭王之信戈 ……………………… 131
1495. 東陽上庫戈 ……………………… 133
1496. 孚陽嗇夫銎戈 …………………… 134
1497. 蔡子戈 …………………………… 135
1498. 蕩陰令戈(陽險令戈) …………… 136
1499. 公乘斯戈 ………………………… 137
1500. 上洛左庫戈 ……………………… 138
1501. 濩澤君戈(隻罕君戈) …………… 139
1502. 屬邦守蓐戈 ……………………… 140
1503. 右御工尹戈 ……………………… 141
1504. 梁大令韓譙戈 …………………… 142
1505. 相邦樛斿戈(40100) …………… 142
1506. 疾曹令狐嗇戈 …………………… 143
1507. 郯氏令□悔戈(夌氏令□
　　　悔戈) ……………………… 144
1508. 雍丘令炕戈 ……………………… 145
1509. 燕王晉戈(郾王晉戈) …………… 146
1510. 陜陰令戈 ………………………… 147
1511. 廿三年戈 ………………………… 148
1512. 辛市令邯鄲旲戈 ………………… 149
1513. 郏嗇夫蕙戈 ……………………… 150
1514. 右庫工師戈 ……………………… 152
1515. 吳邡令戠戈(三年吳邡令戈) … 153
1516. 相邦呂不韋戈 …………………… 154
1517. 襄令陽儀戈 ……………………… 155
1518. 兼陵工尹戈(養陵工尹戈) …… 156
1519. 上郡守凌戈 ……………………… 157
1520. □陽令佐輦𦩻戈 ………………… 157
1521. 壬午吉日戈 ……………………… 158
1522. 封氏令王僕戈 …………………… 159
1523. 文鈠令賈伬戈 …………………… 160
1524. 上郡守慶戈 ……………………… 161
1525. 蜀假守竈戈 ……………………… 162

1526. 相邦呂不韋戈 …………………… 165
1527. 漢中左工戈 ……………………… 166
1528. 燕王晉戈(十年郾王晉戈) … 168
1529. 上郡守縮戈 ……………………… 170
1530. 屯留令邢丘旲戈 ………………… 171
1531. 蜀假守肖戈 ……………………… 172
1532. 邦大夫史賈戈 …………………… 174

38. 矛、殳

1533. 倗矛(41332) …………………… 177
1534. 狄矛(𫟛矛) ……………………… 178
1535. ♀矛 ……………………………… 179
1536. 王矛 ……………………………… 180
1537. 冀矛 ……………………………… 181
1538. 亞盉矛 …………………………… 182
1539. 燕王矛(郾王矛) ………………… 183
1540. 雍咸矛(雒咸矛) ………………… 184
1541. 寺工矛 …………………………… 185
1542. 寺工矛 …………………………… 186
1543. 寺工矛 …………………………… 187
1544. 叔殳(原稱叔鐓) ………………… 188
1545. 奭□骰矛 ………………………… 189
1546. 嚴□妙矛 ………………………… 190
1547. 武□續矛 ………………………… 191
1548. 成都矛 …………………………… 192
1549. 成固矛(城固矛) ………………… 193
1550. 燕王桓矛(郾王逗矛) …………… 194
1551. 公矛 ……………………………… 195
1552. 公車矛 …………………………… 196
1553. 司工矛 …………………………… 197
1554. 燕王喜矛(郾王喜矛) …………… 198
1555. 燕王喜矛(郾王喜矛) …………… 199
1556. 燕王喜矛(郾王喜矛) …………… 200
1557. 高陽左庫矛 ……………………… 201
1558. 陽城矛 …………………………… 202
1559. 杜陽矛 …………………………… 203

1560. 蔡公子果矛 ……………… 204

1561. 燕王職矛(郾王職矛) ……… 205

1562. 燕王職矛(郾王職矛) ……… 206

1563. 燕王職矛(郾王職矛) ……… 207

1564. 燕王職矛(郾王職矛) ……… 208

1565. 燕王喜矛(郾王喜矛) ……… 209

1566. 燕王喜矛(郾王喜矛) ……… 210

1567. 燕王戎人矛(郾王戎人矛) … 211

1568. 燕王戎人矛(郾王戎人矛) … 212

1569. 寺工矛 ……………………… 213

1570. 不誨矛 ……………………… 214

1571. 二年上郡守鐠矛 …………… 216

1572. 三年上郡守鐠矛 …………… 216

39. 劍、鈹

1573. 公劍(公字復合劍) ………… 219

1574. 阿劍 ………………………… 220

1575. 銘文劍 ……………………… 221

1576. 昭陽劍 ……………………… 222

1577. 成陽劍 ……………………… 223

1578. 撫王劍 ……………………… 224

1579. 陰明武劍 …………………… 225

1580. 蔡侯產劍 …………………… 226

1581. 郚王蘠劍 …………………… 227

1582. 燕王喜鈹(郾王喜鈹) ……… 228

1583. 燕王喜鈹(郾王喜鈹) ……… 229

1584. 人頭紋劍 …………………… 230

1585. 公子伐劍 …………………… 231

1586. 越王諸稽於賜劍(戉王者旨
於賜劍)…………………… 232

1587. 越王諸稽於賜劍(戉王者旨
於賜劍)…………………… 233

1588. 越王諸稽於賜劍(戉王者旨
於賜劍)…………………… 234

1589. 越王州句劍(戉王州句劍) … 236

1590. 燕王職劍 …………………… 237

1591. 句吳王夫差劍(攻吳王夫
差劍)……………………… 238

1592. 句吳王夫差劍(攻致王夫
差劍)……………………… 239

1593. 王子虎劍 …………………… 240

1594. 春平侯鈹 …………………… 241

1595. 下庫鈹 ……………………… 242

1596. 巴蜀劍 ……………………… 243

1597. 司敗壴章劍 ………………… 246

1598. 越王州句劍(戉王州句劍) … 247

1599. 越王州句劍(戉王州句劍) … 248

1600. 相邦春平侯鈹 ……………… 249

1601. 槀良鈹(郭良鈹) …………… 250

1602. 越王旨毉劍(戉王旨殹
劍)………………………… 251

1603. 代相趙敢鈹 ………………… 252

1604. 邯丘假令鈹(右工尹鈹) …… 253

1605. 東新城令張黝鈹(東新城
偷令長黝鈹)……………… 255

1606. 代相樂寏鈹 ………………… 256

1607. 邦御令露疽鈹 ……………… 257

1608. 御庶子樂勸鈹 ……………… 258

1609. 邦司寇趙厷鈹 ……………… 259

1610. 徐王義楚詐薈之攻劍 ……… 260

1611. 越王不光劍(戉王不光劍) … 261

1612. 相邦春平侯劍 ……………… 262

1613. 相邦平國君鈹 ……………… 263

1614. 越王州句劍(戉王州句劍) … 265

1615. 邦司寇趙厷鈹(邦司寇肖
厷鈹)……………………… 266

1616. 上成氏府假令張坤鈹(上
成氏府假令長坤鈹)……… 267

1617. 句吳王姑發者坂劍(工盧王姑
癹者坂劍、吳王諸樊劍) … 268

1618. 越王旨毉劍(戉王旨殹劍) … 270

商周青銅器銘文暨圖像集成三編

1619. 越王旨翳劍（戉王旨殹劍）⋯ 271

40. 鉞

1620. 獸鉞 ⋯⋯⋯⋯⋯⋯⋯⋯⋯ 275
1621. 八字鉞 ⋯⋯⋯⋯⋯⋯⋯⋯ 276
1622. 亞吳鉞（亞疑鉞）⋯⋯⋯⋯⋯ 277
1623. 亞𠃊天黽鉞 ⋯⋯⋯⋯⋯⋯ 278

41. 矢鏃

1624. 鋳鏃 ⋯⋯⋯⋯⋯⋯⋯⋯⋯ 281
1625. 鋳鏃 ⋯⋯⋯⋯⋯⋯⋯⋯⋯ 281
1626. 鍾鏃 ⋯⋯⋯⋯⋯⋯⋯⋯⋯ 282
1627. 中鏃 ⋯⋯⋯⋯⋯⋯⋯⋯⋯ 282
1628. 中鏃 ⋯⋯⋯⋯⋯⋯⋯⋯⋯ 283
1629. 中鏃 ⋯⋯⋯⋯⋯⋯⋯⋯⋯ 283
1630. 鄭鍾鏃 ⋯⋯⋯⋯⋯⋯⋯⋯ 284
1631. 徐鍾鏃（郤鍾鏃）⋯⋯⋯⋯⋯ 285
1632. 右得工鏃 ⋯⋯⋯⋯⋯⋯⋯ 285
1633. 右得工鏃 ⋯⋯⋯⋯⋯⋯⋯ 286
1634. 右得工鏃 ⋯⋯⋯⋯⋯⋯⋯ 286
1635. 左得工鏃 ⋯⋯⋯⋯⋯⋯⋯ 287
1636. 左得工鏃 ⋯⋯⋯⋯⋯⋯⋯ 287

42. 雜兵

1637. 絲陽鐓（繁陽鐓）⋯⋯⋯⋯⋯ 291
1638. 武庫鐓 ⋯⋯⋯⋯⋯⋯⋯⋯ 291
1639. 少府工慧鐓 ⋯⋯⋯⋯⋯⋯ 292
1640. 公乘斯戈鐓 ⋯⋯⋯⋯⋯⋯ 293
1641. 𢎐弩機 ⋯⋯⋯⋯⋯⋯⋯⋯ 296
1642. 宮庫弩機飾 ⋯⋯⋯⋯⋯⋯ 297
1643. 八十七弩機 ⋯⋯⋯⋯⋯⋯ 298
1644. 右士工尹弩機 ⋯⋯⋯⋯⋯ 299
1645. 左呈弩機 ⋯⋯⋯⋯⋯⋯⋯ 300
1646. 左庫弩機 ⋯⋯⋯⋯⋯⋯⋯ 301
1647. 河內工官弩機 ⋯⋯⋯⋯⋯ 302
1648. 郿令弩牙 ⋯⋯⋯⋯⋯⋯⋯ 305
1649. 武城令董紿弩機 ⋯⋯⋯⋯ 306
1650. 串令公乘美弩機 ⋯⋯⋯⋯ 307

1651. 邡令時印距末 ⋯⋯⋯⋯⋯ 308
1652. 五泡（㐅泡）⋯⋯⋯⋯⋯⋯⋯ 309
1653. 己泡 ⋯⋯⋯⋯⋯⋯⋯⋯⋯ 310
1654. ↑田泡 ⋯⋯⋯⋯⋯⋯⋯⋯ 311
1655. ↑田↑泡 ⋯⋯⋯⋯⋯⋯⋯ 312

43. 農具

1656. ∪鏟 ⋯⋯⋯⋯⋯⋯⋯⋯⋯ 315

44. 工具

1657. 單斧 ⋯⋯⋯⋯⋯⋯⋯⋯⋯ 319
1658. 縣斧 ⋯⋯⋯⋯⋯⋯⋯⋯⋯ 320
1659. ↓鋳 ⋯⋯⋯⋯⋯⋯⋯⋯⋯ 321
1660. 五五斧 ⋯⋯⋯⋯⋯⋯⋯⋯ 322
1661. 巴蜀斧（原誤爲鉞）⋯⋯⋯⋯⋯ 323
1662. 公鋳 ⋯⋯⋯⋯⋯⋯⋯⋯⋯ 324
1663. 大庫鋳 ⋯⋯⋯⋯⋯⋯⋯⋯ 325
1664. 劉歆鑿 ⋯⋯⋯⋯⋯⋯⋯⋯ 326

45. 度量衡

1665. 郤圻王尺（郤市王尺）⋯⋯⋯ 329
1666. 莫趙絜權 ⋯⋯⋯⋯⋯⋯⋯ 330
1667. 右行諮環權 ⋯⋯⋯⋯⋯⋯ 331
1668. 莆子砝碼 ⋯⋯⋯⋯⋯⋯⋯ 332
1669. 始皇詔權 ⋯⋯⋯⋯⋯⋯⋯ 333
1670. 一斤四兩橢量 ⋯⋯⋯⋯⋯ 334
1671. 倉王市斗 ⋯⋯⋯⋯⋯⋯⋯ 335
1672. 桶量銅箍殘段 ⋯⋯⋯⋯⋯ 336
1673. 大府量 ⋯⋯⋯⋯⋯⋯⋯⋯ 338
1674. 兩詔詔版 ⋯⋯⋯⋯⋯⋯⋯ 340
1675. 二世詔版 ⋯⋯⋯⋯⋯⋯⋯ 341

46. 車馬器

1676. 子當盧 ⋯⋯⋯⋯⋯⋯⋯⋯ 345
1677. 子當盧 ⋯⋯⋯⋯⋯⋯⋯⋯ 346
1678. 矢當盧 ⋯⋯⋯⋯⋯⋯⋯⋯ 347
1679. 矢人當盧 ⋯⋯⋯⋯⋯⋯⋯ 348
1680. 矢人當盧 ⋯⋯⋯⋯⋯⋯⋯ 349
1681. 左四馬銜 ⋯⋯⋯⋯⋯⋯⋯ 350

1682. 舊庫馬衡（舊庭馬衡） ……… 351
1683. 公車蜃 ………… 352
1684. 左庫車蜃 ………… 353
1685. 陵里車飾 ………… 354
1686. 陵里車飾 ………… 355
1687. 陵里車飾 ………… 356
1688. 陵里車飾 ………… 357
1689. 陵里車飾 ………… 358

47. 符節

1690. 獸面紋璽 ………… 361

48. 其他

1691. 叟罐（原稱叟卣） ………… 365
1692. 冉杆頭飾（矢杆頭飾） ……… 366
1693. 鳥器 ………… 367
1694. 夲旅器 ………… 367
1695. 衛册器（蟲册器） ………… 367
1696. 尹俞洒器 ………… 368
1697. 魚父辛器 ………… 368
1698. 裸井父丁器（彭井父丁彝）… 369
1699. 冏襄父庚器（丙襄父庚器）… 369
1700. 亞諆父乙器 ………… 370
1701. 自爲器 ………… 370
1702. 叔叩器 ………… 371
1703. 乃子趡器 ………… 371
1704. 匋父器 ………… 372
1705. 父丁彝 ………… 373
1706. 我子四筒器 ………… 374
1707. 遄四筒器 ………… 375
1708. 右工鐘虡柱 ………… 376
1709. 公字鐘虡柱 ………… 377
1710. 詔事琴組件 ………… 378
1711. 右工琴組件 ………… 379
1712. 左工琴組件（九年詔事琴
　　　組件） ………… 380
1713. 樂府調琴器 ………… 381

1714. 冉箕 ………… 382
1715. 咸少燈 ………… 383
1716. 徐王公估帶鉤（邻王公估
　　　帶鉤） ………… 384
1717. 吳王之子遄帶鉤 ………… 385
1718. 戲卮（原稱戲鉇） ………… 386
1719. 東垣卮 ………… 387
1720. 爐盤銅釦（盧般銅釦） ……… 388
1721. 競之定熏爐（景之定熏爐）… 389
1722. 邵陰下官銅釦 ………… 392
1723. 七銅箍 ………… 395
1724. 芮公鼓架銅套 ………… 396
1725. 芮公鼓架銅套 ………… 400
1726. 新造旗杆鐓（新告旗杆鐓）… 401
1727. 干支儀 ………… 402
1728. 干支籌 ………… 404
1729. 敔金簡（周宣王册命魯武公
　　　金簡） ………… 405
1730. 上將軍牌飾 ………… 407
1731. 平陽皇宮殘片（原稱平陽封
　　　宮器） ………… 408
1732. 徒唯曹殘件（原稱南門外閣
　　　殘版） ………… 408

49. 金銀器

1733. 少府男性器套（原稱少府銀
　　　蟾蜍） ………… 413
1734. 乙二車飾 ………… 414
1735. 甘孝子盒 ………… 415
1736. 甘孝子栢 ………… 416
1737. 乙一車飾 ………… 417

50. 玉石器

1738. 左四石磬（徵石磬） ………… 421
1739. 左五石磬 ………… 422
1740. 右工石磬 ………… 423
1741. 黃左四石磬 ………… 424

1742. 黄左七石磬 …………… 425

1743. 樂府石磬 ……………… 426

1744. 右五石磬（中昌反衆石磬）… 427

1745. 右九石磬 ……………… 428

1746. 五行右六石磬 ………… 429

1747. 甲反衆石磬 …………… 430

1748. 右工室得石磬（五行右三
石磬）………………… 431

1749. 五行右石磬 …………… 432

1750. 五行左石磬 …………… 433

1751. 五行左六石磬 ………… 434

1752. 寺工取石磬 …………… 435

1753. 左工室盯石磬 ………… 436

1754. 右工室得石磬 ………… 437

1755. 工享石磬 ……………… 438

1756. 右工室得石磬 ………… 439

1757. 右工室得石磬 ………… 440

1758. 右工室得石磬 ………… 441

1759. 小斂出玉牌 …………… 442

1760. 圖形字玉璽 …………… 442

1761. 圖形字石璽（原稱石蓋）…… 443

1762. 鼄于公玉璋 …………… 444

1763. 小史玉璋 ……………… 445

1764. 父辛玉璋 ……………… 446

1765. 越王州句玉劍（戉王州句
玉劍）………………… 447

1766. 小臣系石簋 …………… 448

51. 雜器

1767. 匽氏鋼刀甲 …………… 451

1768. 匽氏鋼刀乙 …………… 452

1769. 廿五鋼刀 ……………… 453

1770. 序骨距末 ……………… 454

1771. 賞用骨距末 …………… 455

1772. 薛甚子陶量 …………… 456

引用書刊目録及簡稱 …………… 459

索引 ……………………………… 465

37．戈、戟

（1368–1532）

1368. 郜公戈

【時　　代】春秋早期。

【收藏者】某收藏家。

【形制紋飾】直援尖鋒, 脊綫偏上, 寬長胡, 闌側三長穿一小穿, 闌下出齒, 内上有一橫穿, 後邊呈弧形。内後部飾雙綫鳥首紋。

【著　　錄】未著錄。

【銘文字數】胡部鑄銘文 4 字。

【銘文釋文】郜公□戈。

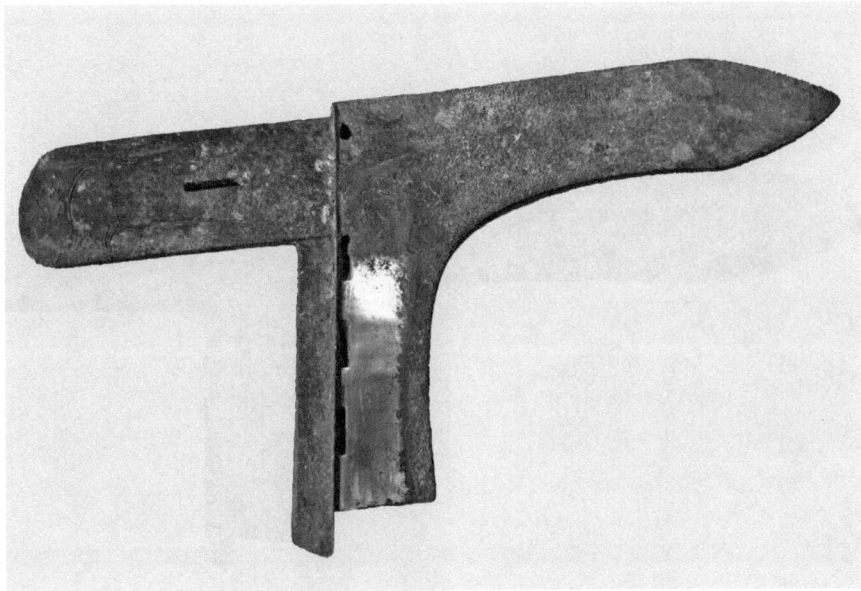

1369. 子戈

【時　　代】春秋早期。

【收　藏　者】某收藏家。

【形制紋飾】直援，前鋒尖銳，脊綫明顯，中胡較寬，闌側二長穿一小穿，闌下出齒，長
方形内，上有一橫穿。

【著　　録】未著録。

【銘文字數】内部鑄銘文 4 字。

【銘文釋文】子之用戈。

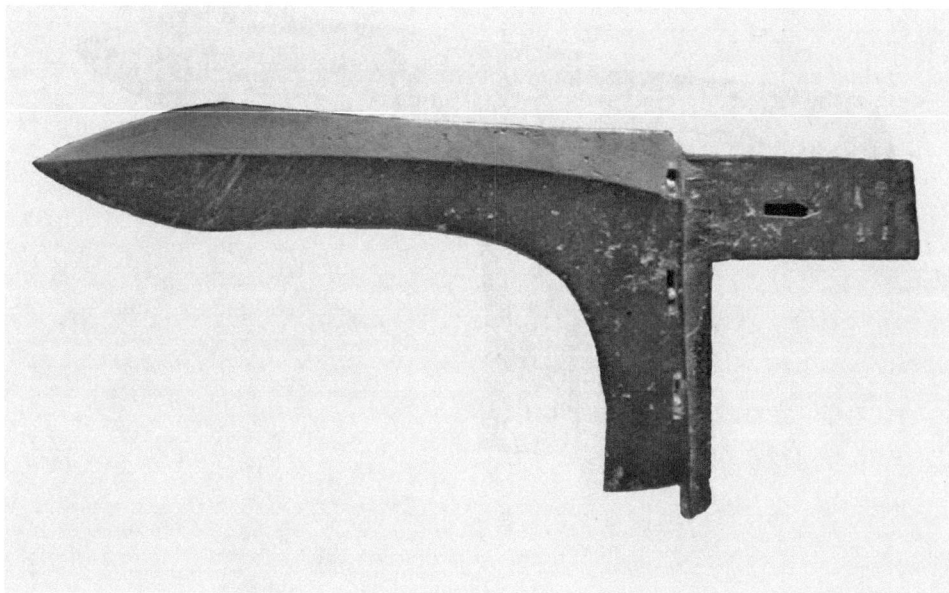

1370. 新定戈

【時　　代】春秋早期。

【收 藏 者】某收藏家。

【形制紋飾】直援尖鋒，有脊，中胡，闌側二長穿一小穿，闌下出齒，長方形內，上有一橫穿，下角有缺。

【著　　錄】未著錄。

【銘文字數】胡部鑄銘文 4 字。

【銘文釋文】新定斄（萊）族。

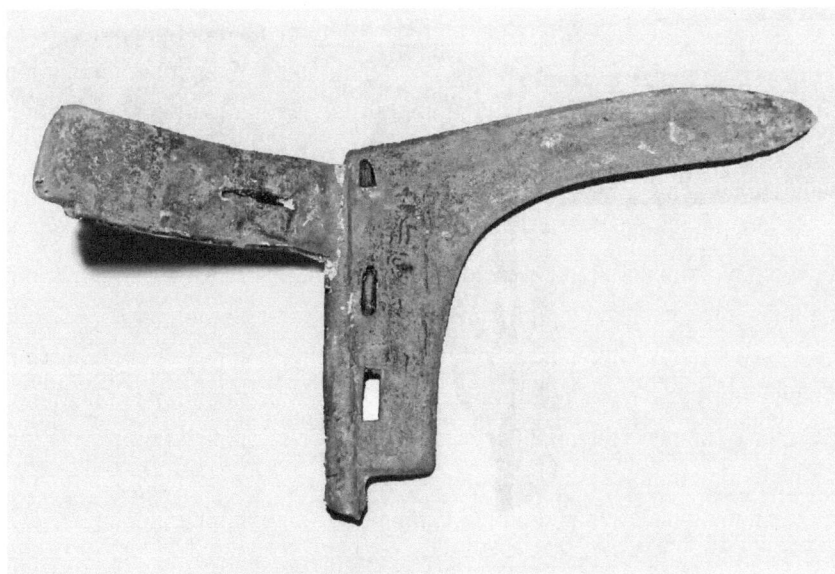

1371. 高密戈

【時　　代】春秋早期。

【收　藏　者】某收藏家。

【形制紋飾】直援尖鋒,無脊,中胡,闌側二長穿一小穿,長方形內,上有一橫穿。

【著　　錄】未著錄。

【銘文字數】胡部鑄銘文 4 字。

【銘文釋文】高密鋯(造)戈。

1372. 成陽左戈

【時　　代】春秋早期。

【出土時地】山東新泰市翟鎮崖頭河，1996 年徵集。

【收　藏　者】新泰市博物館。

【尺度重量】通長 18.9、援長 11.7、內長 7.2 釐米。

【形制紋飾】直援尖鋒，無脊，短胡（下部殘），闌側一長穿一小穿，圓角長方形內，上有一橫穿。

【著　　錄】文物 2018 年 8 期 88 頁圖 1、89 頁圖 2。

【銘文字數】內部鑄銘文 4 字。

【銘文釋文】成𨺚（陽）左戈。

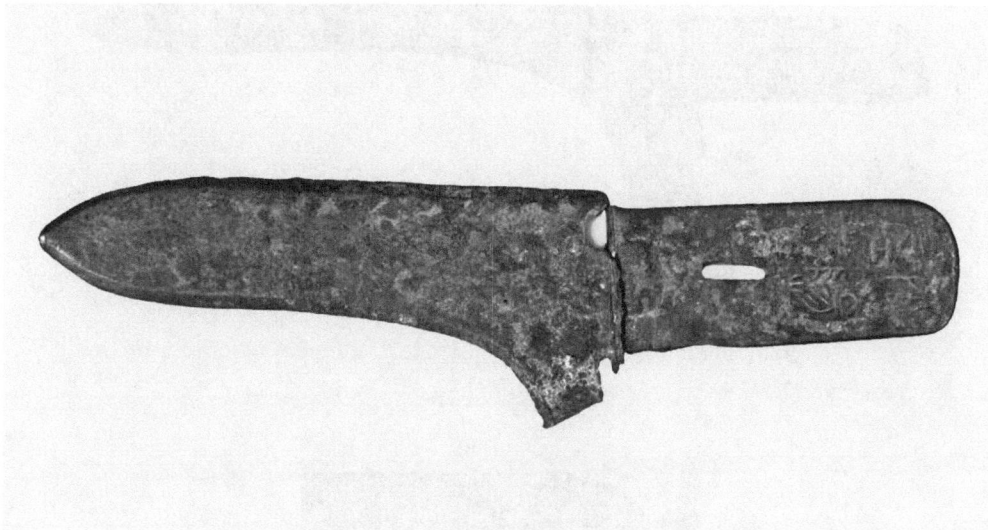

1373. 辛口戈

【時　　代】春秋早期。

【收　藏　者】廣東佛山市順德博物館。

【形制紋飾】直援尖鋒，脊偏上，中胡，闌側二長穿一小穿，闌下出齒，長方形內，上有
　　　　　　一橫穿，後角較圓。

【著　　錄】未著錄。

【銘文字數】內部鑄銘文 4 字。

【銘文釋文】辛口徣（造）戈。

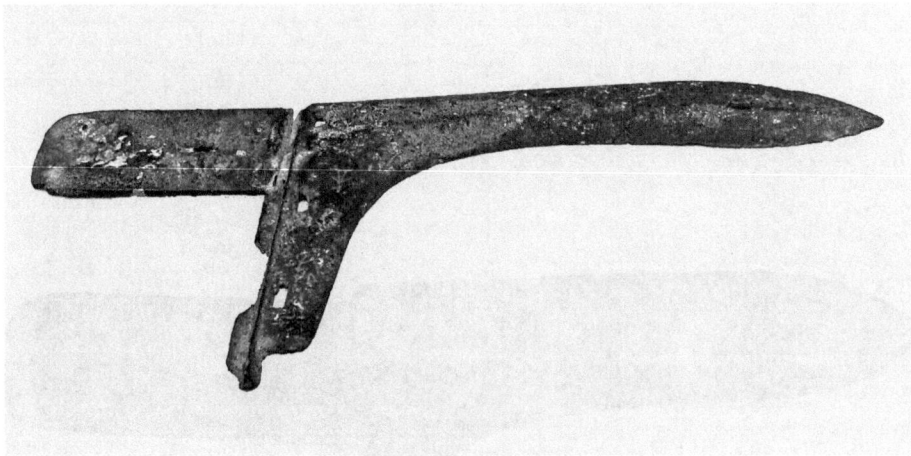

1374. 嘉父戈

【時　　代】春秋早期。

【收　藏　者】某收藏家。

【形制紋飾】胡較寬，闌側二長穿一小穿，闌下出齒。

【著　　錄】未著錄。

【銘文字數】胡部鑄銘文 4 字。

【銘文釋文】嘉父之用。

1375. 宮之徒戈

【時　　代】春秋早期。
【收　藏　者】某收藏家。
【形制紋飾】胡部殘塊。
【著　　錄】未著錄。
【銘文字數】胡部鑄銘文4字。
【銘文釋文】宮之徒戈。

1376. 鄎之王戟（鄎之王戟，息之王戟）

【時　　代】春秋中期。
【出土時地】1989年見於古肆。
【收　藏　者】某收藏家。
【形制紋飾】直援上揚，前鋒尖銳，中部偏上起脊，有明顯的
　　　　　　刃緣，中胡，闌下出齒，闌側二長穿一小穿，長方
　　　　　　形內，中部有一橫穿。
【著　　錄】雪齋二103頁。
【銘文字數】胡部鑄銘文4字。
【銘文釋文】鄎（鄎—息）之王戟（戟）。

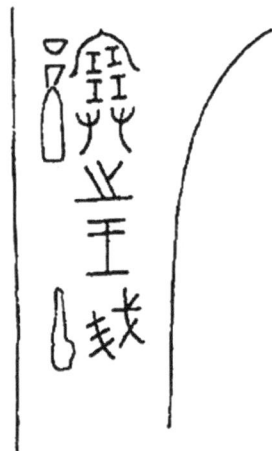

1377. 王得戈

【時　　代】春秋中期。

【收 藏 者】某收藏家。

【形制紋飾】直援尖鋒,無脊,中胡較窄,闌側有二長穿一小穿,闌下出齒,長方形内, 上有一横穿,後角圓鈍。

【著　　録】未著録。

【銘文字數】内部刻銘文 4 字。

【銘文釋文】王㝵(得)之行。

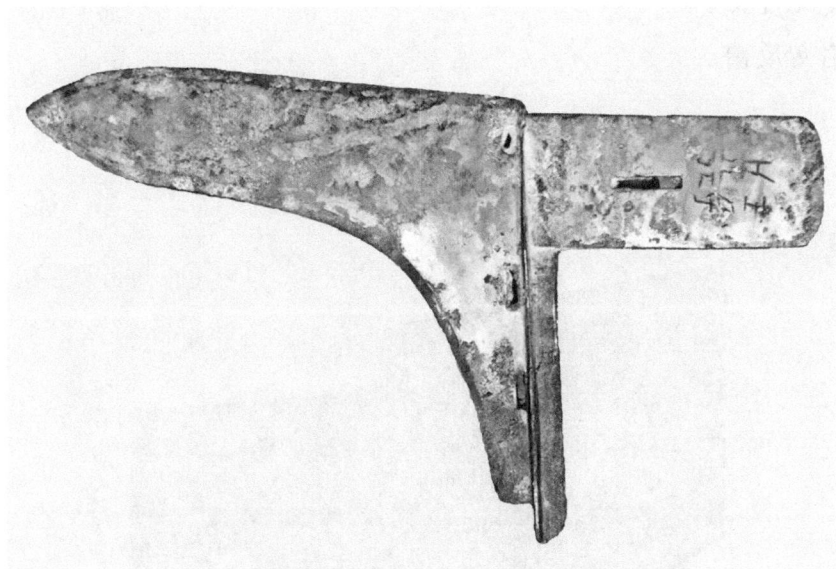

1378. 衆氏戈

【時　　代】春秋中期。

【收 藏 者】某收藏家。

【形制紋飾】直援上揚,前鋒尖銳,
　　　　　援前部肥大,脊綫偏
　　　　　上,胡較寬,闌側三長
　　　　　穿一小穿,長方形內,
　　　　　上有一橫穿。

【著　　錄】未著錄。

【銘文字數】胡部刻銘文 4 字。

【銘文釋文】衆氏徒戈。

【備　　注】銘文反書。

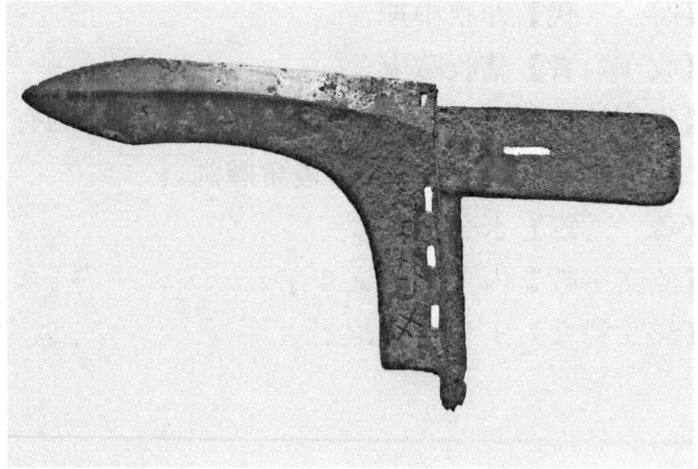

1379. 宋公戈

【時　　代】春秋晚期。

【收 藏 者】某收藏家。

【形制紋飾】直援尖鋒，援前部較窄
且上揚，中胡，闌側三
穿，闌下出齒，長方形
內，中部有一圓穿。出
土時帶有戈鐏。

【著　　錄】未著錄。

【銘文字數】胡部鑄鳥篆銘文 4 字。

【銘文釋文】宋公用戈。

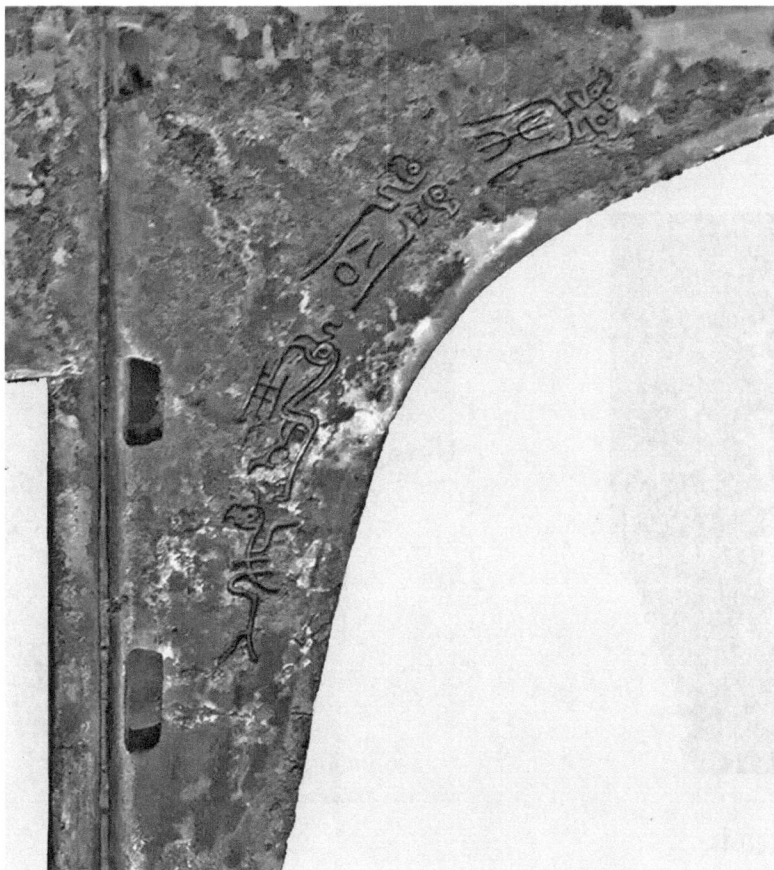

1380. 單子戈(原稱單子戟)

【時　　代】春秋晚期。

【出土時地】2012年陝西黃陵縣
阿党鎮史家河戰國墓
(M6.19)。

【收 藏 者】陝西省考古研究院。

【尺度重量】通長14.5、援長7.9、
寬2.3、內長6.6、寬
2.9釐米。

【形制紋飾】直援上揚,援較短,尖
鋒,胡狹長,闌側二長
穿一小穿,闌下出齒,
長方形內,上有一橫
穿,後部圓鈍。

【著　　錄】陝集成15冊278頁1797。

【銘文字數】胡部鑄銘文4字。

【銘文釋文】單子乍(作)戠(造)。

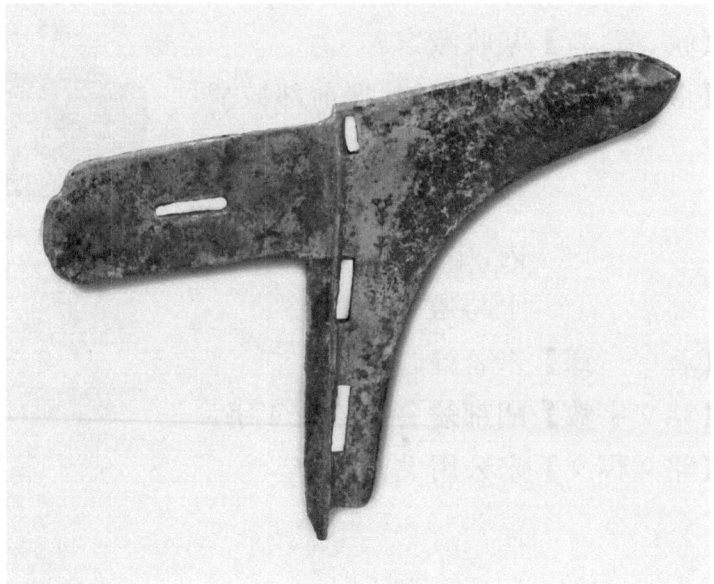

銘文拓本

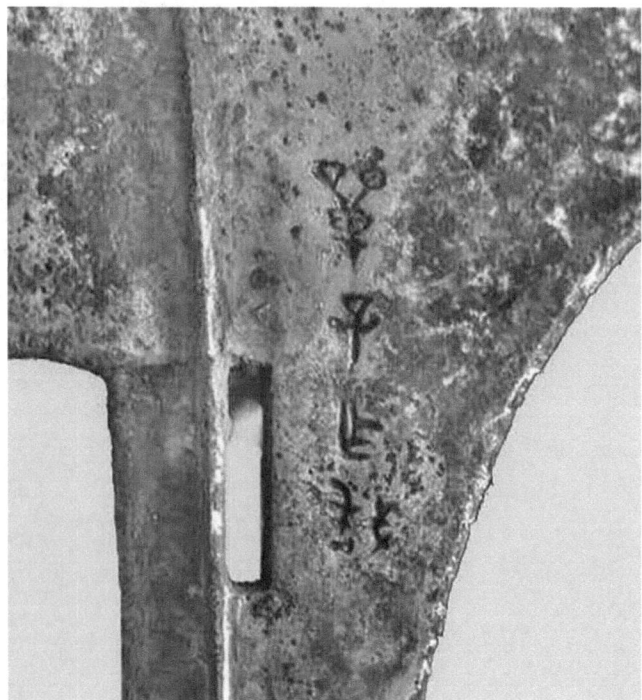

銘文照片

1381. 羿匋戈

【時　　代】春秋時期。

【收　藏　者】某收藏家。

【尺度重量】通高 19.5 釐米。

【形制紋飾】直援尖鋒,脊部平緩,中胡,闌側一長穿一小穿,闌下出齒,長方形內,後角圓鈍,中部上有一長三角形橫穿。

【著　　錄】未著錄。

【銘文字數】胡部鑄銘文 4 字。

【銘文釋文】羿匋車戈。

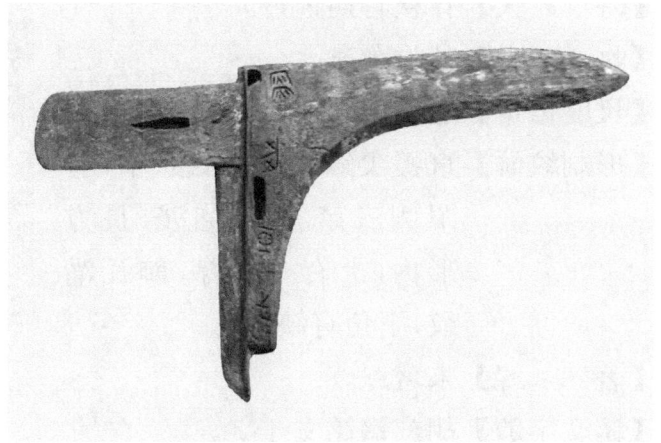

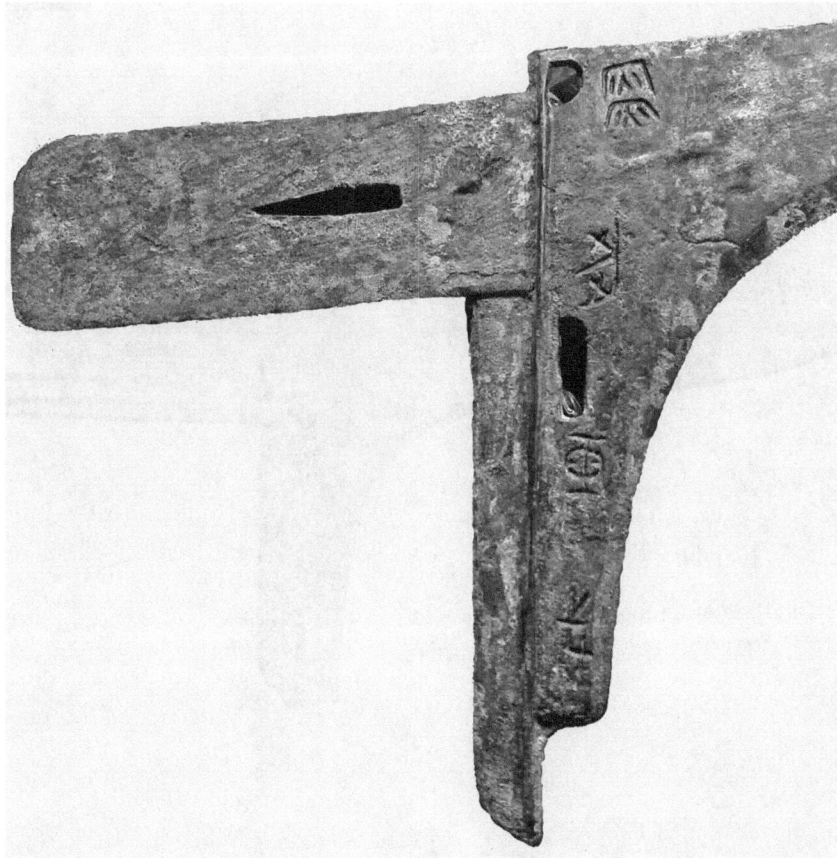

1382. 平陽左庫戈

【時　　代】春秋時期·齊。

【收　藏　者】某收藏家。

【尺度重量】通長 19.5、闌高 9.6 釐米。

【形制紋飾】直援尖鋒，脊部平緩，窄胡，
　　　　　　闌側三穿，闌下齒殘，長方
　　　　　　形内，上有一横穿，飾瓦溝
　　　　　　紋，下角有缺。

【著　　錄】未著錄。

【銘文字數】胡部鑄銘文 4 字。

【銘文釋文】平陽左庫。

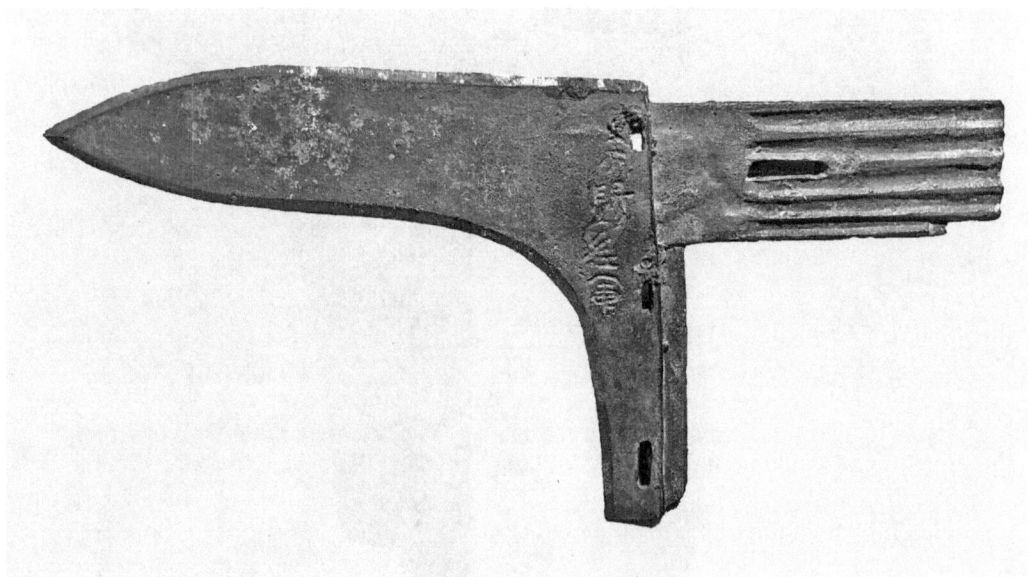

1383. 媿戈（醜戈）

【時　　代】春秋晚期。

【收 藏 者】北京漢唐雅集。

【尺度重量】通長 18.8、闌高 11.6 釐米，重 206 克。

【形制紋飾】直援尖鋒，中胡，闌側二長穿一小穿，闌下出齒，長方形內上有一橫穿。

【著　　錄】未著錄。

【銘文字數】內部鑄銘文 4 字。

【銘文釋文】媿（醜）之𢍐（造）戈。

1384. 玄鏐之戈（玄翏之戈）

【時　　代】春秋晚期。

【收　藏　者】某收藏家。

【形制紋飾】直援上揚，尖鋒，中胡，
　　　　　　脊偏上，闌側三長穿一
　　　　　　小穿，闌下出齒，長方
　　　　　　形內，上有一橫穿，內
　　　　　　後部飾雙綫鳥首紋。

【著　　錄】未著錄。

【銘文字數】援部和胡部有錯金鳥
　　　　　　篆銘文4字。

【銘文釋文】玄翏（鏐）之戈。

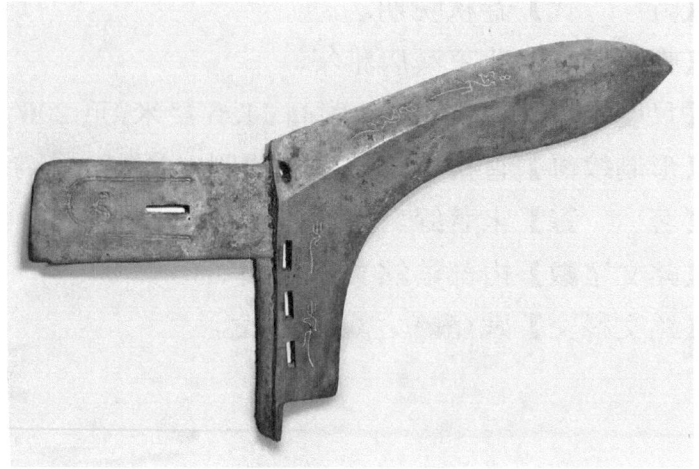

1385. 許公㝬戈(鄦公㝬戈)

【時　　代】戰國早期。

【收 藏 者】某收藏家。

【形制紋飾】直援上揚，前部肥
碩，尖鋒，脊綫偏
上，中胡，闌側二長
穿一小穿，闌下出
齒，長方形內，上有
一橫穿，後部兩面
均飾雙綫鳥首紋。

【著　　錄】未著錄。

【銘文字數】援部和胡部有錯金鳥篆銘文 4 字。

【銘文釋文】鄦（許）公㝬戈。

1386. 許公凿戈（鄦公凿戈）

【時　　代】戰國早期。

【收 藏 者】某收藏家。

【形制紋飾】直援上揚，前部肥碩，
尖鋒，脊綫偏上，中胡，
闌側二長穿一小穿，闌
下出齒，長方形內，上
有一橫穿，後部兩面均
飾雙綫鳥首紋。

【著　　錄】未著錄。

【銘文字數】援部和胡部有錯金鳥
篆銘文 4 字。

【銘文釋文】鄦（許）公凿戈。

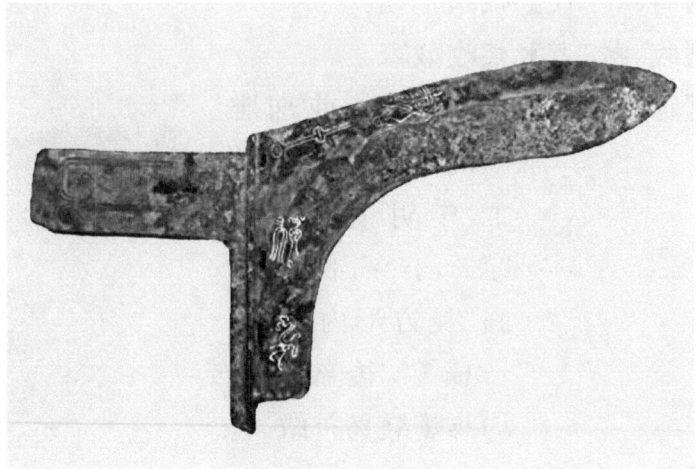

1387. 許公峀戈(鄦公峀戈)

【時　　代】戰國早期。

【收 藏 者】某收藏家。

【形制紋飾】直援上揚,前部肥
硕,尖鋒,脊綫偏
上,中胡,闌側二長
穿一小穿,闌下出
齒,長方形內,上有
一橫穿,後部兩面
均飾雙綫鳥首紋。

【著　　録】未著録。

【銘文字數】援部和胡部有錯金鳥篆銘文 4 字。

【銘文釋文】鄦(許) 公峀戈。

1388. 許公峀戈（鄦公峀戈）

【時　　　代】戰國早期。

【收　藏　者】某收藏家。

【形制紋飾】直援上揚，前部肥碩，尖鋒，脊綫偏上，中胡，闌側二長穿一小穿，闌下出
齒，長方形內，上有一橫穿，後部兩面均飾雙綫鳥首紋。

【著　　　録】未著録。

【銘文字數】援部和胡部有錯金鳥篆銘文 4 字。

【銘文釋文】鄦（許）公峀戈。

1389. 許公崙戈

【時　　代】戰國早期。

【收　藏　者】某收藏家。

【形制紋飾】直援上揚,前部肥碩,尖鋒,脊綫偏上,中胡,闌側二長穿一小穿,闌下出
齒,長方形內,上有一橫穿,後部兩面均飾雙綫鳥首紋。

【著　　錄】銘照 255 頁 728。

【銘文字數】援部和胡部有錯金鳥篆銘文 4 字。

【銘文釋文】鄦(許)公崙戈。

1390. 朝歌右庫戈

【時　　代】戰國早期·魏。

【收　藏　者】成都星漢齋。

【形制紋飾】直援上揚,尖鋒,援的前部肥大,長胡,闌側三穿,闌下出齒,長方形內,上
有一橫穿,後部三邊開刃。

【著　　錄】未著錄。

【銘文字數】內部刻銘文4字。

【銘文釋文】朝訶(歌)右庫。

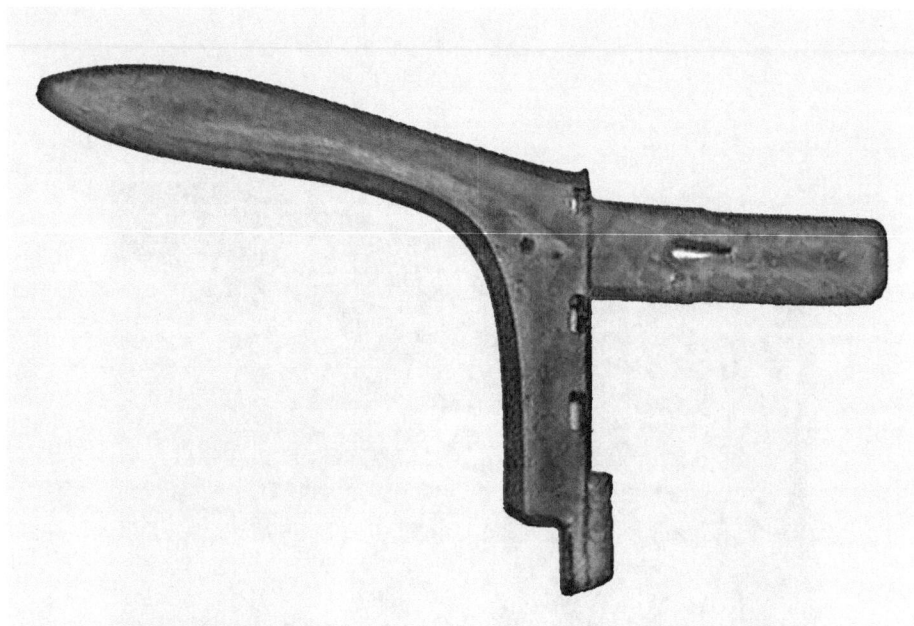

銘文拓本　　　　　　　　　銘文照片

1391. 公戈

【時　　代】戰國早期。

【收 藏 者】某收藏家。

【形制紋飾】直援，前鋒尖銳，中脊
明顯，長胡，闌側三長
穿一小穿，闌下出齒，
內較長，上有一橫穿，
後下角有方缺。兩面
均飾錯金圓渦紋和雙
綫鳥首紋。

【著　　錄】未著錄。

【銘文字數】援部和胡部有錯金鳥篆銘文 4 字。

【銘文釋文】公之用戈。

1392. 非口左戈

【時　　代】戰國中期。

【收 藏 者】某收藏家。

【形制紋飾】直援尖鋒，有中脊，中胡，闌側三個半圓形穿，闌下出齒，長方形內，上有一大一小橫穿，右下角有缺。

【著　　錄】未著錄。

【銘文字數】內部鑄銘文4字。

【銘文釋文】非口左戈。

1393. 高城戈（鄗城戈）

【時　　代】戰國晚期。

【出土時地】2012 年湖北荆州市江陵縣沙崗
鎮彭家臺村（M15）。

【收 藏 者】荆州博物館。

【尺度重量】通 長 27.5、援 長 17.5、内 長
11.2、闌高 16.2 釐米。

【形制紋飾】直援窄長，微上揚，尖鋒，援中起
脊，闌側三穿，闌下出齒，内平直，
上有一横穿，後部三邊開刃。

【著　　録】中國文字研究 24 輯 59 頁圖版
二：1，60 頁圖版三、圖版四：1。

【銘文字數】内正面鑄銘文 1 字，刻 1 字；背
面鑄銘文 2 字。

【銘文釋文】正面：高（鄗）城；背面：刃（冶）弔（叔）。

1394. 陝城戈

【時　　代】戰國晚期·魏。

【出土時地】1966 年陝西富縣交道鎮曹家店村。

【收　藏　者】富縣鄜州博物館。

【尺度重量】通長 21.8、闌高 10.6 釐米,重 0.249 公斤。

【形制紋飾】前鋒尖銳,援略帶弧度,中脊偏上,闌側三穿,闌下出齒,長方形內,上有一橫穿,三邊開刃。

【著　　錄】陝集成 15 冊 291 頁 1804。

【銘文字數】內部鑄銘文 4 字。

【銘文釋文】陝成(城)口戈。

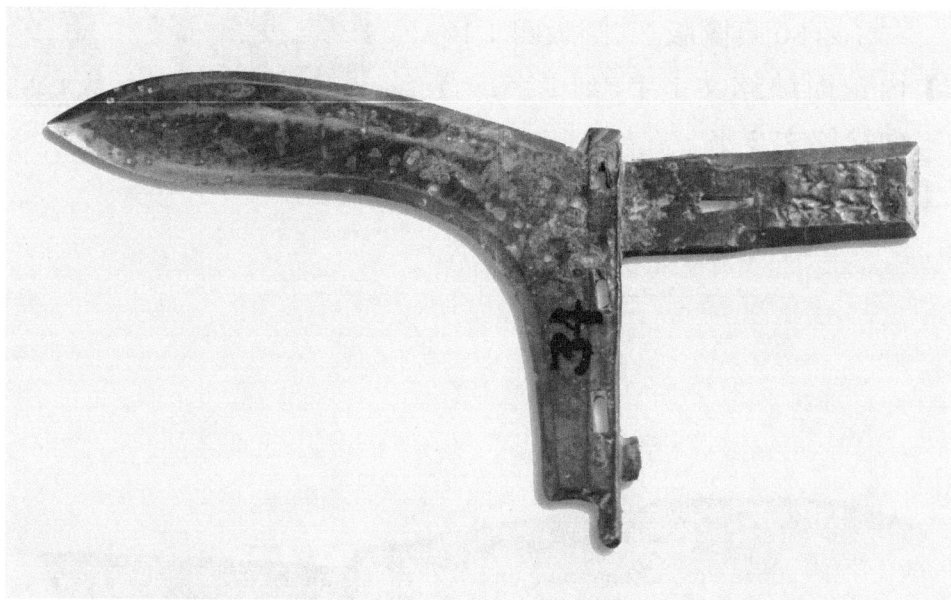

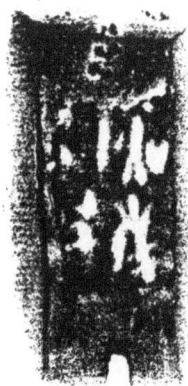

銘文拓本　　　　　　　銘文照片

1395. 楸子戈

【時　　代】戰國時期。

【收　藏　者】某收藏家。

【形制紋飾】援殘斷，長胡，闌側二長穿一小穿，闌下出齒，內作刀形，兩邊開刃，上有
一橫穿。

【著　　錄】未著錄。

【銘文字數】胡部鑄銘文 4 字。

【銘文釋文】楸子之戈。

1396. 陳子雪戈

【時　　代】戰國時期。

【出土時地】2019 年見於盛世收藏網。

【收　藏　者】某收藏家。

【著　　錄】銘照 255 頁 731。

【銘文字數】內部鑄銘文 4 字。

【銘文釋文】塦（陳）子雪戈。

1397. 龍伯戟

【時　　代】西周晚期。

【收 藏 者】某收藏家。

【形制紋飾】直援尖鋒,中脊較高,中胡,闌側二長穿一小穿,闌下部殘,長方形內,上有一橫穿。

【著　　錄】未著錄。

【銘文字數】內部鑄銘文 5 字。

【銘文釋文】龍白(伯)乍(作)奔戟(戟)。

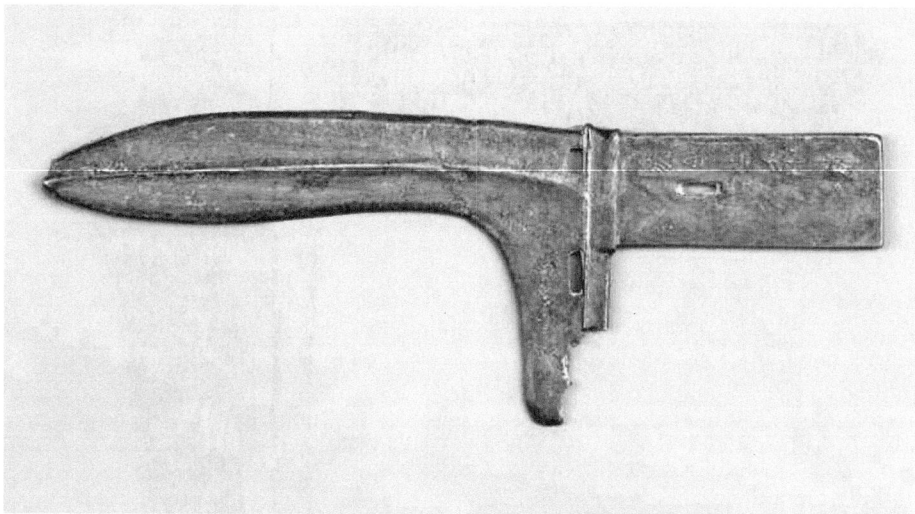

1398. 商叔盛戈

【時　　代】春秋早期。

【收 藏 者】某收藏家。

【尺度重量】通長 21.6、闌高 10.4、
　　　　　　内長 8 釐米。

【形制紋飾】直援尖鋒，中脊偏上，
　　　　　　長胡較寬，闌側二長穿
　　　　　　一小穿，闌下出齒，長
　　　　　　方形内，上有一橫穿，
　　　　　　後部飾雷紋。

【著　　録】未著録。

【銘文字數】胡部鑄銘文 5 字。

【銘文釋文】商弔（叔）盛之用。

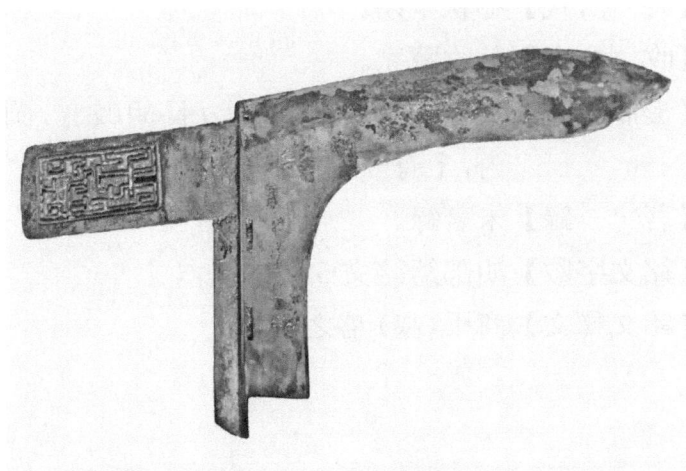

1399. 商叔盛戈

【時　　代】春秋早期。

【收 藏 者】某收藏家。

【形制紋飾】直援尖鋒,中脊偏上,長胡較寬,闌側二長穿一小穿,闌下出齒,長方形內,上有一橫穿,後部飾雷紋。

【著　　錄】未著錄。

【銘文字數】胡部鑄銘文5字。

【銘文釋文】商弔(叔)盛之用。

1400. 曾侯絴伯戈

【時　　代】春秋早期。

【出土時地】2002 年 11 月 -2003 年 4 月湖北棗陽市郭家廟吳店鎮曾國墓地。

【收 藏 者】湖北省文物考古研究所。

【尺度重量】通長 21.5、援長 14.8、內長 6.5、內寬 3.5 釐米。

【形制紋飾】圭形援，尖鋒，中脊偏上，中胡較寬，闌側二長穿一小穿，闌下出齒，長方
　　　　　　形內，上有一橫穿。

【著　　錄】穆穆 204 頁 091，銘照 256 頁 748。

【銘文字數】內部鑄銘文 5 字。

【銘文釋文】曾厌（侯）絴白（伯）戈。

1401. 王子寅戈

【時　　代】春秋早期。

【出土時地】山西省打擊文物犯罪繳獲。

【收　藏　者】山西青銅器博物館。

【尺度重量】通長 29 釐米。

【形制紋飾】直援較長，脊部鼓起，中胡，闌側二長穿一小穿，闌下齒殘，長方形內，上
　　　　　有一橫穿，後部圓角。內後部飾雙綫紋。

【著　　錄】未著錄。

【銘文字數】胡部鑄銘文 5 字。

【銘文釋文】王子寅之用。

1402. 左行議戈

【時　　代】春秋早期·燕。
【出土時地】山西聞喜縣公安局打擊文物犯罪繳獲。
【收　藏　者】山西青銅器博物館。
【尺度重量】通長 18.2、闌高 10.5 釐米，重 174 克。
【形制紋飾】直援，三角形前鋒，脊部鼓起，闌側二長穿，頂部有一小橫穿，闌下出齒，長方形內，上有一橫穿，後部圜收。
【著　　錄】國寶（2018）158、159 頁。
【銘文字數】內部鑄銘文 5 字。
【銘文釋文】左行議術（率）戈。

1403. 事武氏戈

【時　　代】春秋早期。

【收　藏　者】某收藏家。

【形制紋飾】直援尖鋒,脊部微鼓,
中胡較寬,闌側二長穿
一小穿,闌下出齒,長
方形內後部殘斷。

【著　　録】未著録。

【銘文字數】胡部鑄銘文5字。

【銘文釋文】事武氏之用。

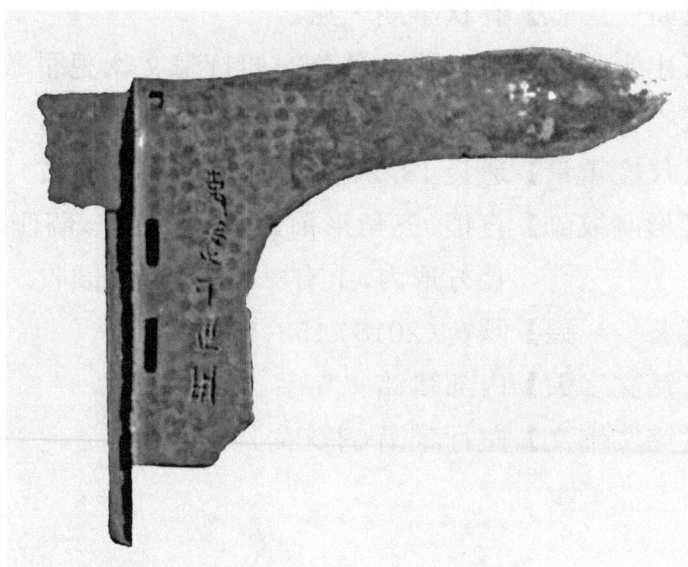

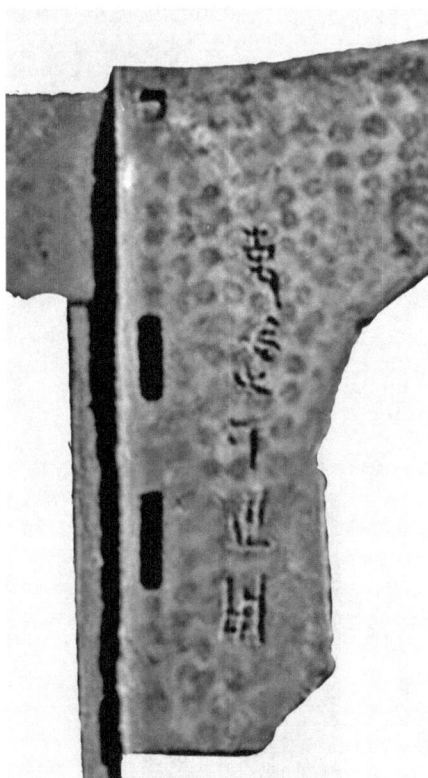

1404. 子壽戈

【時　　代】春秋早期。

【收 藏 者】某收藏家。

【尺度重量】通長 20、闌高 12 釐米。

【形制紋飾】直援上揚，三角鋒，中
脊明顯，中長胡，闌側
二長穿一小圓穿，闌下
出齒，長方形內，上有
一橫穿。

【著　　錄】未著錄。

【銘文字數】胡部鑄銘文 5 字。

【銘文釋文】子壹（壽）乍（作）用戈。

1405. 右氏戈

【時　　代】春秋早期。

【收 藏 者】某收藏家。

【形制紋飾】直援尖鋒,脊部鼓起,
中胡,闌側三穿,闌下
出齒,長方形內,上有
一橫穿和一個大圓孔。

【著　　錄】未著錄。

【銘文字數】胡部鑄銘文 5 字。

【銘文釋文】右氏□銍戈。

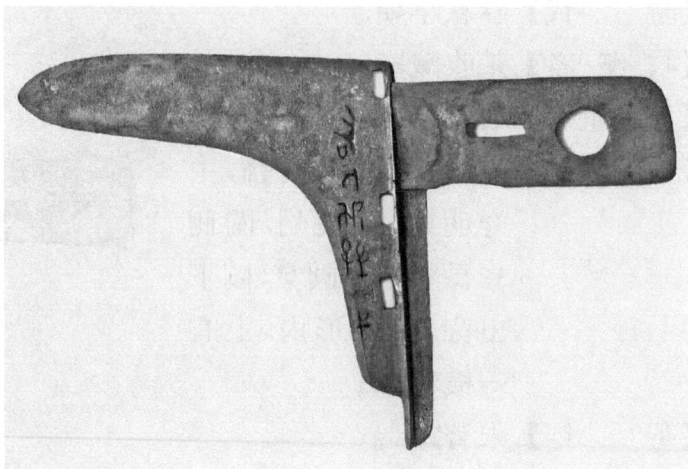

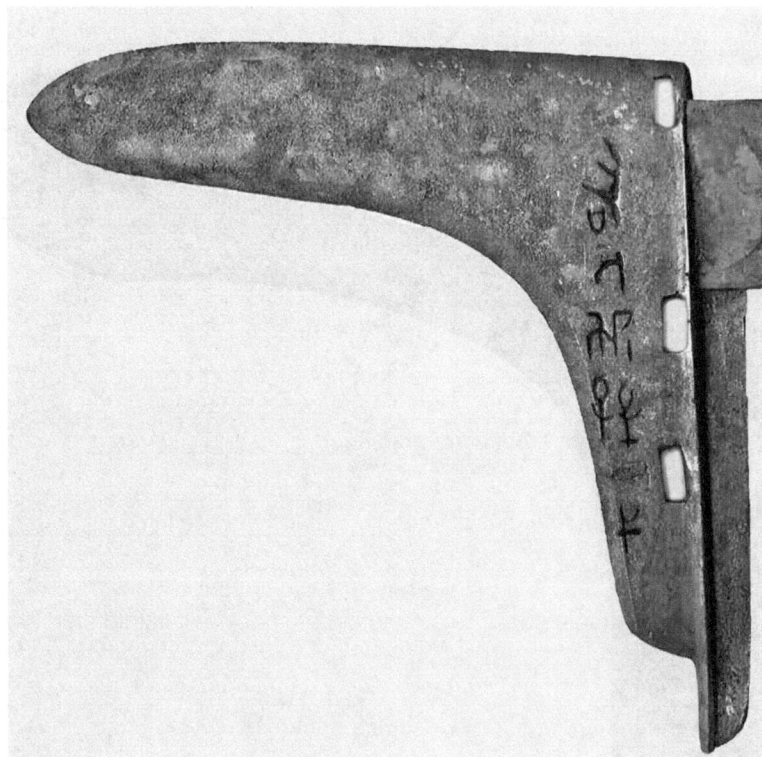

1406. 王子臣戈

【時　　代】春秋晚期。

【出土時地】2019 年 5 月出現在香港大唐國際拍賣會。

【收 藏 者】原藏歐洲某收藏家。

【尺度重量】通長 15.5 釐米。

【形制紋飾】直援狹長，微上揚，前鋒尖銳，中脊偏上，闌側二長穿一小穿，闌下出齒，
長方形內，上有一橫穿，兩面飾雙綫紋。

【著　　錄】未著錄。

【銘文字數】援部及胡部鑄鳥篆銘文 5 字。

【銘文釋文】王子臣之用。

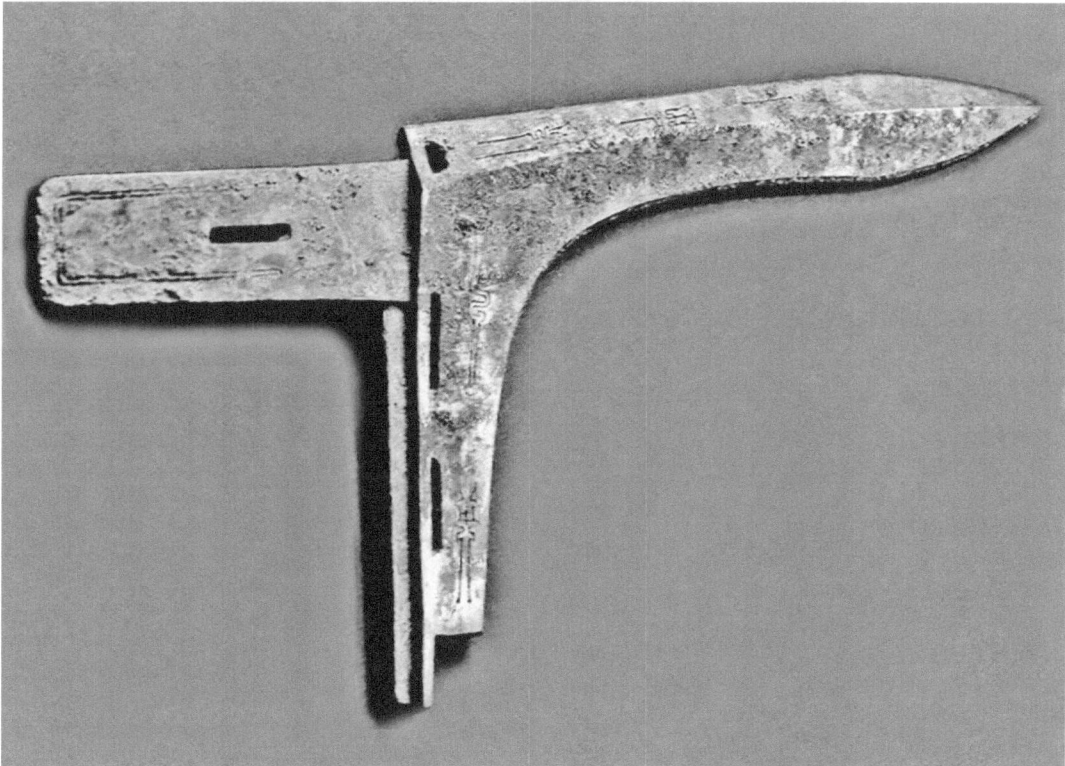

1407. 王子臣戟（王子臣三戈戟）

【時　　代】春秋晚期·楚。

【收 藏 者】某收藏家。

【形制紋飾】直援狹長，微上揚，前鋒尖銳，中脊偏上，闌側二長穿一小穿，闌下出齒，
長方形內，上有一橫穿，尾部下方凸出，兩面飾蟠螭紋。

【著　　錄】未著錄。

【銘文字數】援及胡部鑄鳥篆銘文5字。

【銘文釋文】王子臣之用。

【備　　注】出土6件戈、2件戈鐏，即兩套三戈戟。與王孫名戟的形制、紋飾、銘文
部位、銘文書體基本相同。藏家未提供全形照片，銘文照片只拍了三字。

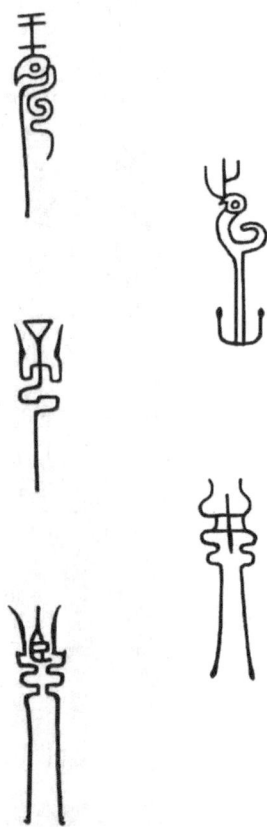

1408. 鄧王月子戈

【時　　代】春秋晚期。

【收 藏 者】某收藏家。

【形制紋飾】直援上揚,尖鋒,脊綫
偏上,援前部有一個子
齒,長胡,闌側三長穿
一小穿,闌下出齒,長
方形內,上有一橫穿。

【著　　錄】未著錄。

【銘文字數】胡部鑄銘文 5 字。

【銘文釋文】鄧王月子戈。

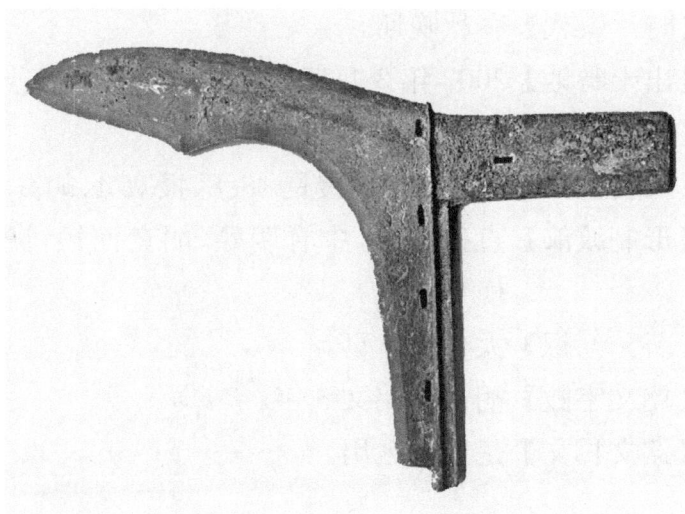

1409. 楚屈喜戈

【時　　代】春秋晚期。

【出土時地】2003 年 3 月河南南陽市臥龍區八一路漢豐商廈住宅工地 32 號春秋墓。

【收　藏　者】南陽市文物考古研究所。

【尺度重量】通長 26.4、援長 18.8、援寬 4、胡高 7、內長 7.3、內寬 3.1 釐米。

【形制紋飾】直援尖鋒，中脊明顯，胡寬而短，闌側二長穿一小穿，長方形內，上有一
　　　　　　橫穿。

【著　　錄】大邦 045 頁。

【銘文字數】胡部鑄銘文 5 字。

【銘文釋文】楚屈喜之用。

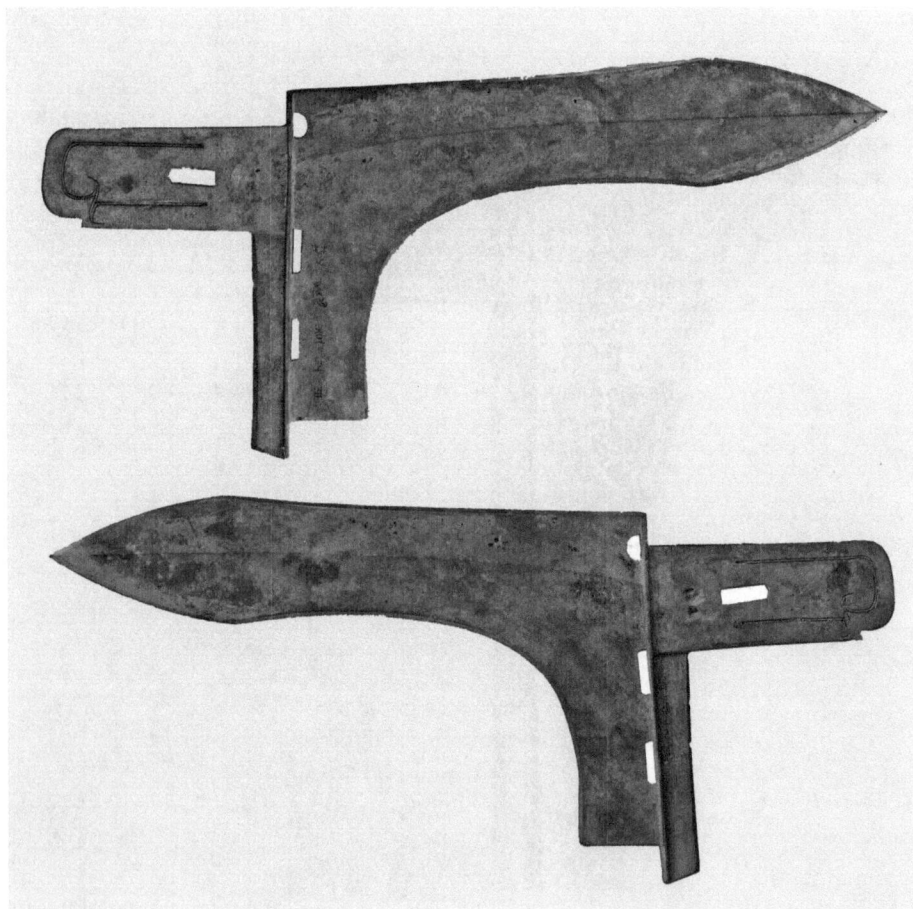

1410. 玄鏞之用戈（玄膚之用戈）

【時　　代】春秋晚期·吳。

【收 藏 者】武漢九州藝術博物館。

【尺度重量】通長20、闌高10釐米。

【形制紋飾】直援微上揚，尖鋒，脊綫偏上，中胡，闌側二長穿一小穿，闌下出齒，長方形內下角有缺，上有一橫穿。內後部飾雲紋和鳥首紋。

【著　　録】未著録。

【銘文字數】援基和胡部有錯金鳥篆銘文5字。

【銘文釋文】幺（玄）膚（鏞）之用，抵（揚—瀀）。

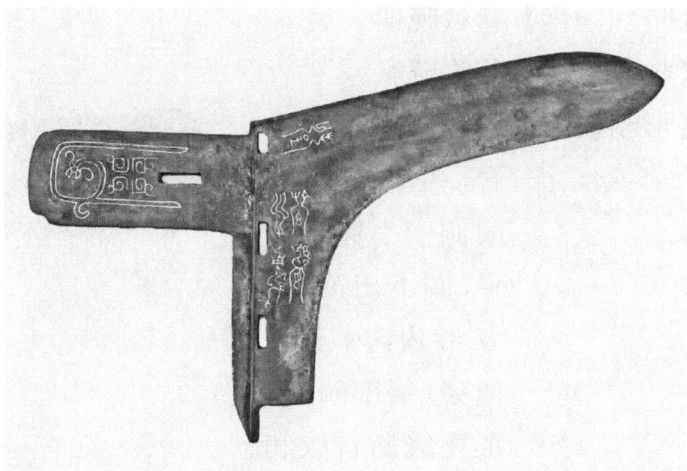

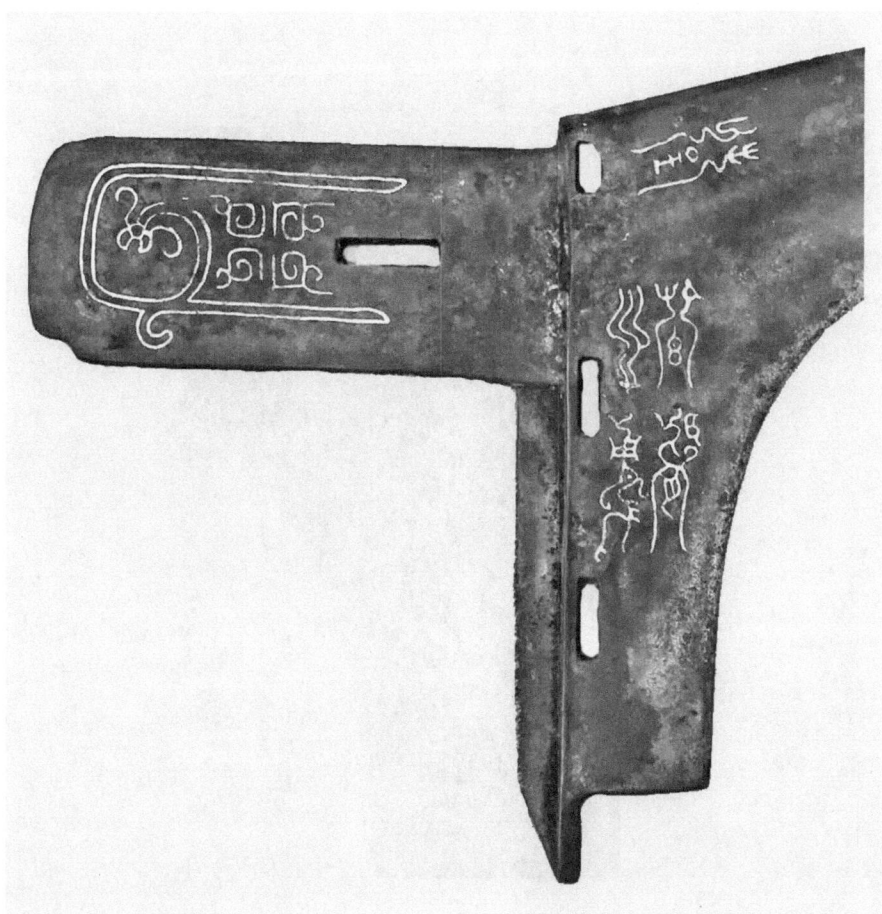

1411. 玄鏽之用戈(玄膚之用戈)

【時　　代】春秋晚期·吳。

【收 藏 者】某收藏家。

【形制紋飾】直援微揚,有中脊,尖鋒,中胡,闌側一小穿二長穿,闌下出齒,長方形內,內上一橫穿。後部飾"U"形雙綫鳥首紋和對鳥紋。

【著　　錄】未著錄。

【銘文字數】援及胡部有錯金鳥篆銘文5字。

【銘文釋文】玄膚(鏽)之用,璧(擗)。

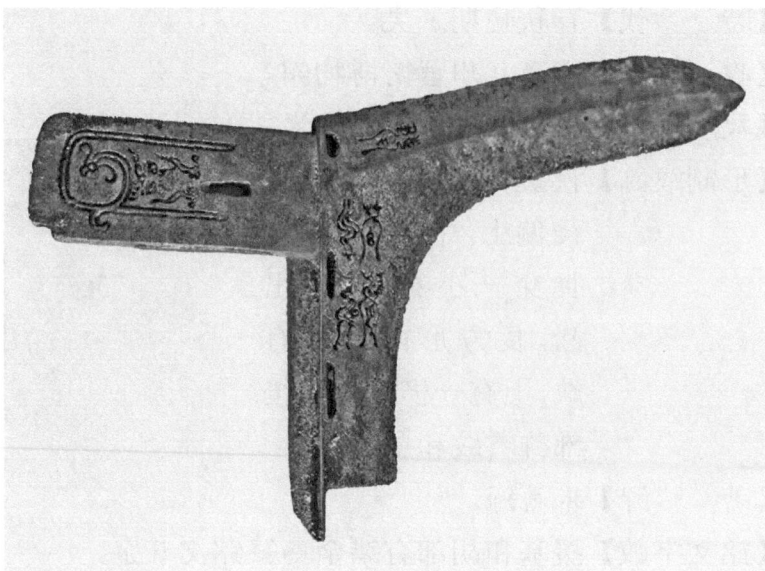

1412. 造戈

【時　　代】春秋晚期。

【收 藏 者】某收藏單位。

【尺度重量】通長 20.2 釐米。

【形制紋飾】直援，脊部鼓起，長胡，闌側三穿，闌下出齒，長方形内，上有一橫穿。

【著　　録】未著録。

【銘文字數】内部鑄銘文 5 字。

【銘文釋文】□造立□戈。

【備　　注】銘文反書。

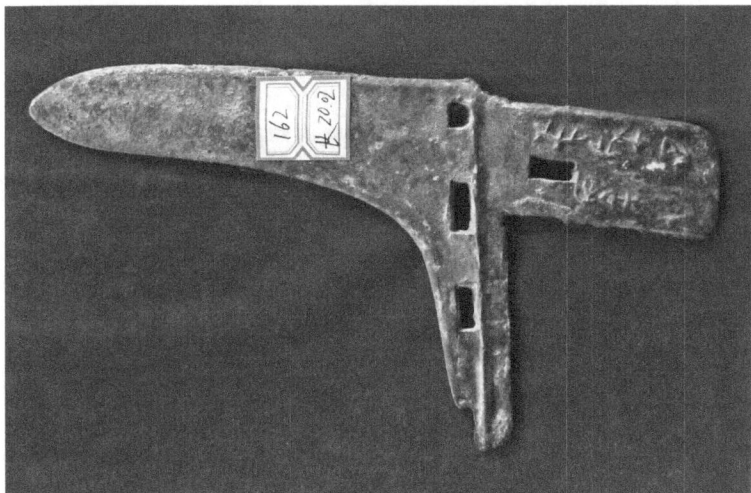

1413. 句田右戈

【時　　代】春秋時期。

【收 藏 者】某收藏家。

【形制紋飾】僅存内部。

【著　　録】未著録。

【銘文字數】内部鑄銘文 5 字。

【銘文釋文】句田又（右）造戈。

【備　　注】銘文反書。

1414. 陳豆韓戟（墜豆韓戟）

【時　　代】戰國早期。

【收 藏 者】某收藏家。

【形制紋飾】直援尖鋒，脊平緩，中胡，闌側二長穿一小穿，闌下出齒，長方形內，上有
　　　　　　一橫穿。

【著　　錄】未著錄。

【銘文字數】內上鑄銘文 5 字。

【銘文釋文】墜（陳）豆韓敵（散）戠（戟）。

1415. 陳狀戈（墜狀戈）

【時　　代】戰國早期。

【收　藏　者】某收藏家。

【形制紋飾】直援較短，尖鋒，中胡，闌側二長穿一小穿，闌下出齒，內上有一橫穿，後部呈斜角。

【著　　錄】未著錄。

【銘文字數】內部鑄銘文 5 字。

【銘文釋文】墜（陳）狀之祰（造）鈛（戈）。

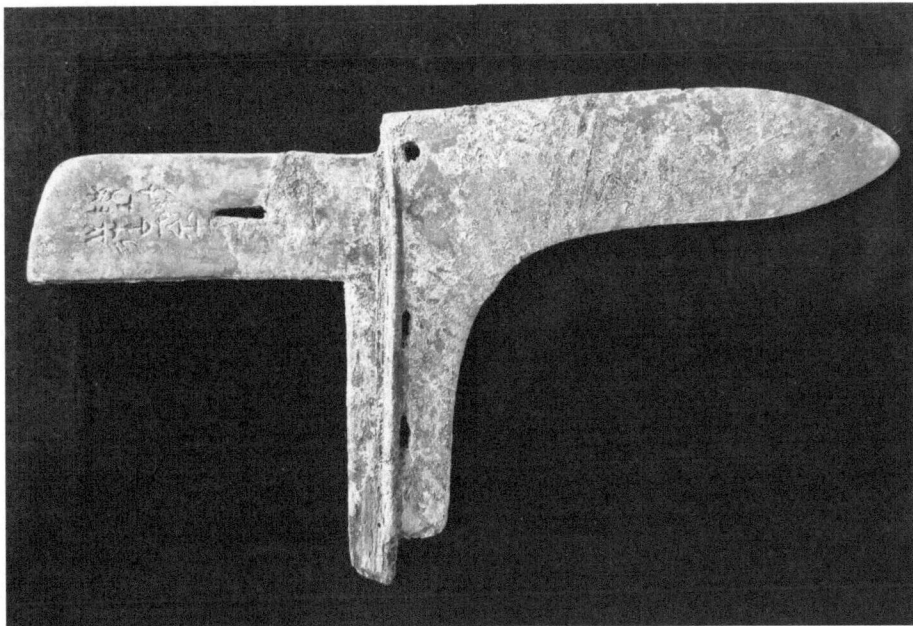

1416. 朝歌巳門戈

【時　　代】戰國早期。

【收藏者】海外某收藏家。

【尺度重量】通長 21.5、闌高 11.5 釐米。

【形制紋飾】直援上揚,尖鋒,援中部鼓起,長胡,闌側二長穿一
小穿,闌下出齒,長方形內,上有一橫穿。

【著　　錄】未著錄。

【銘文字數】胡部鑄銘文 5 字。

【銘文釋文】朝訶(歌)巳門戈。

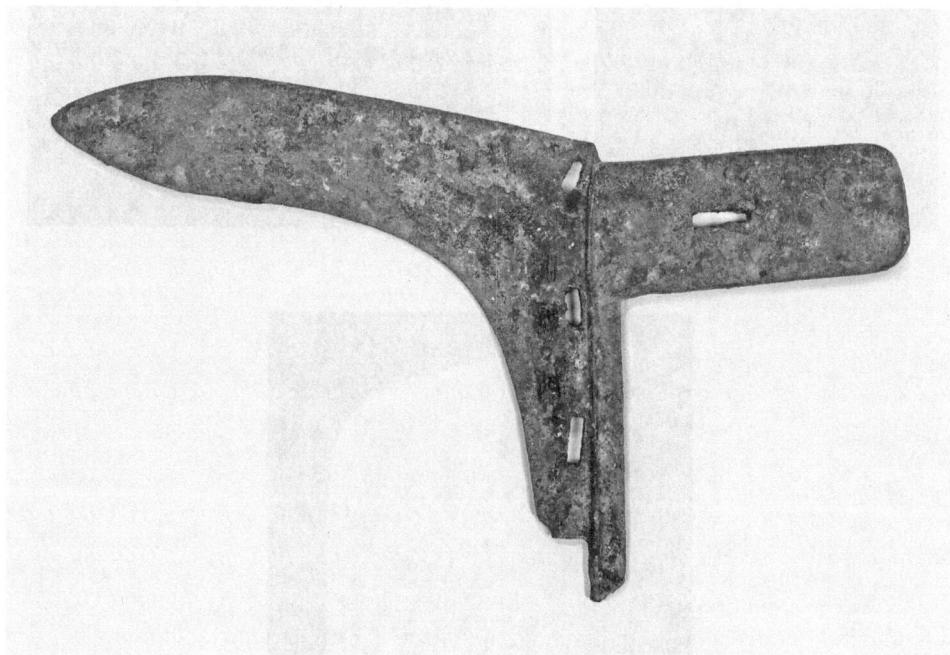

1417. 堇戈

【時　　代】戰國早期。

【出土時地】2009 年山東棗莊市嶧城區壇山街道徐樓村。

【收 藏 者】棗莊市博物館。

【尺度重量】通長 21.5、內長 7.4、闌高 10.2 釐米。

【形制紋飾】直援尖鋒，援稍上揚，前段肥大，中脊鼓起，中胡，闌側二長穿一小穿，長方形內，中部有一橫穿。後部飾雙綫鳥首紋和圓渦紋。

【著　　錄】棗博藏 55 頁。

【銘文字數】援部正背面和胡部有鳥篆銘文，共 5 字。

【銘文釋文】援：□□；胡：□堇□。

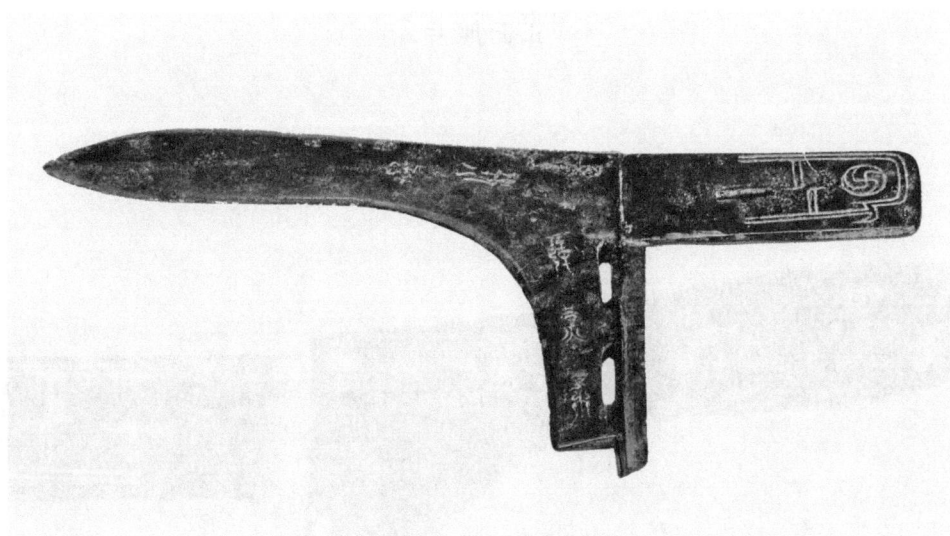

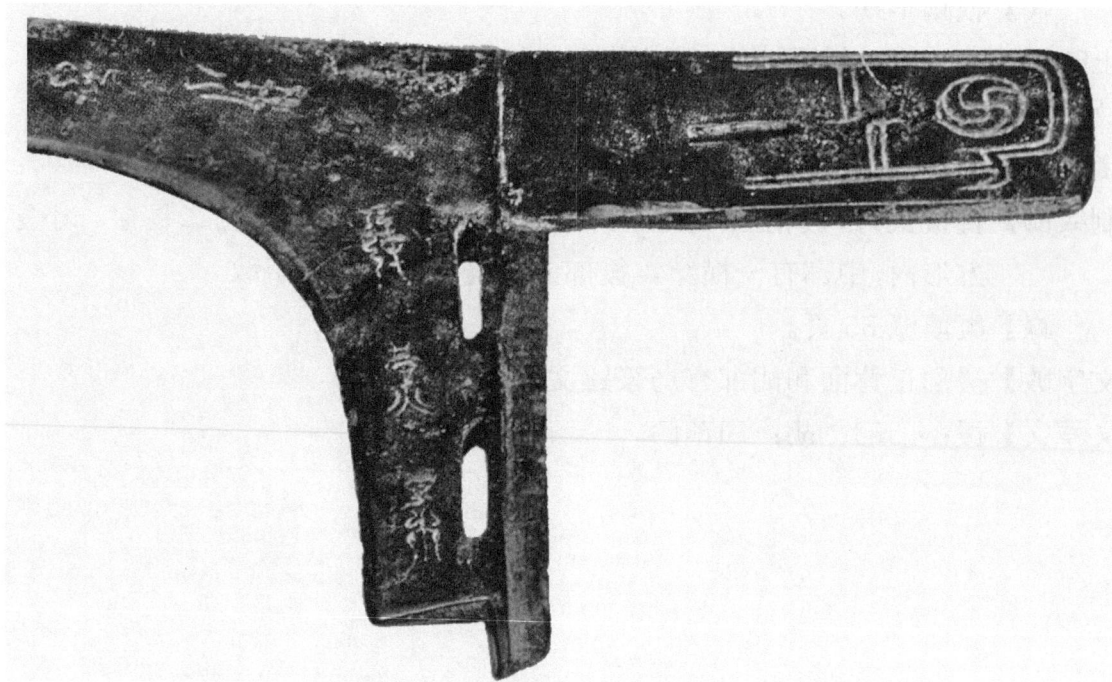

正面照片

背面拓本（原長 21.5 釐米）

1418. 子郥戈

【時　　代】戰國早期。

【出土時地】2017 年 2 月見於
盛世收藏網。

【收　藏　者】某收藏家。

【形制紋飾】直援尖鋒,中胡,
闌側二長穿一小
穿,闌下出齒,長
方形內,上有一
橫穿,下角有缺。
內飾雙綫紋。

【著　　録】未著録。

【銘文字數】援部和胡部有鳥篆銘文 5 字。

【銘文釋文】子郥之用戈。

1419. 酓脡戈（原稱楚王酓肯戈）

【時　　代】戰國晚期（楚考烈王元年至二十五年，前 262- 前 238 年）。

【出土時地】2015 年 11 月湖南長沙市。

【收　藏　者】某收藏家。

【形制紋飾】前鋒尖銳，援有弧度，中脊偏下，中長胡，闌側二長穿一小穿，闌下出齒，
　　　　　　長方形內，上有一橫穿，後下角有長方缺。

【著　　錄】出土綜 8 輯 58 頁圖 1、2。

【銘文字數】援部和胡部有鳥篆銘文 5 字。

【銘文釋文】酓脡之用戈。

1420. 曾子南戈

【時　　代】春秋時期。
【收 藏 者】某收藏家。
【形制紋飾】長方形内，上有圭形横穿，
　　　　　　後角呈弧形。
【著　　録】未著録。
【銘文字數】内部鑄銘文 5 字。
【銘文釋文】曾子南用戈。

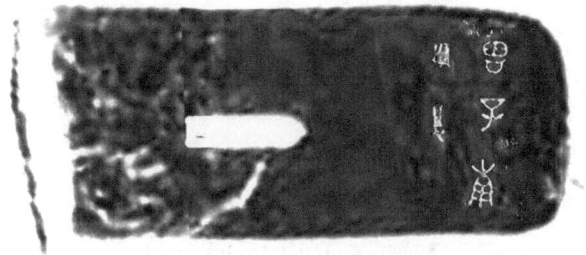

1421. 曾子南戈

【時　　代】春秋時期。
【收 藏 者】某收藏家。
【形制紋飾】長方形内，上有圭形横穿。
【著　　録】未著録。
【銘文字數】内部鑄銘文 6 字。
【銘文釋文】曾子南之用戈。

1422. 曾子叔这戈

【時　　代】春秋早期。

【收 藏 者】某收藏家。

【形制紋飾】長方形内，上有圭形横穿。

【著　　録】未著録。

【銘文字數】内部鑄銘文 6 字。

【銘文釋文】曾子弔（叔）这之散。

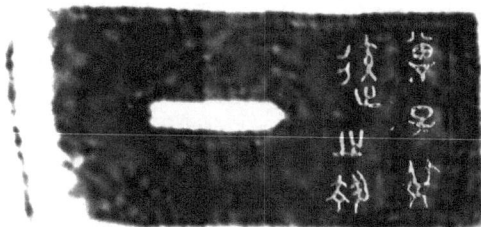

1423. 郜公戈

【時　　代】春秋早期。

【收 藏 者】某收藏家。

【尺度重量】通長 19.4、闌高 11.1 釐米。

【形制紋飾】直援尖鋒,中脊鼓起,三角形前鋒,中胡,闌側二長穿一小穿,闌下出齒, 内較長,上有一横穿。

【著　　録】未著録。

【銘文字數】内部鑄銘文 6 字。

【銘文釋文】郜公之斳(新)用戈。

1424. 鄄叔江戈（黑叔江戈）

【時　　代】春秋早期。

【收　藏　者】某收藏家。

【形制紋飾】直援，三角形鋒，脊綫明顯，短胡，闌側一長穿一小穿，闌下出齒，内上有一橫穿。

【著　　録】未著録。

【銘文字數】内部鑄銘文 6 字。

【銘文釋文】鄄（黑）弔（叔）江之元用。

（放大）

1425. 嚧子䚵父戈(嚧子紳父戈)

【時　　代】春秋早期。

【收　藏　者】某收藏家。

【形制紋飾】圭形援,尖鋒,中脊明顯,中胡較寬,闌側二長穿一小穿,長方形内,闌下
　　　　　　出齒,長方形内,上有一橫穿。

【著　　録】未著録。

【銘文字數】内部鑄銘文6字。

【銘文釋文】嚧子䚵(紳)父之戈。

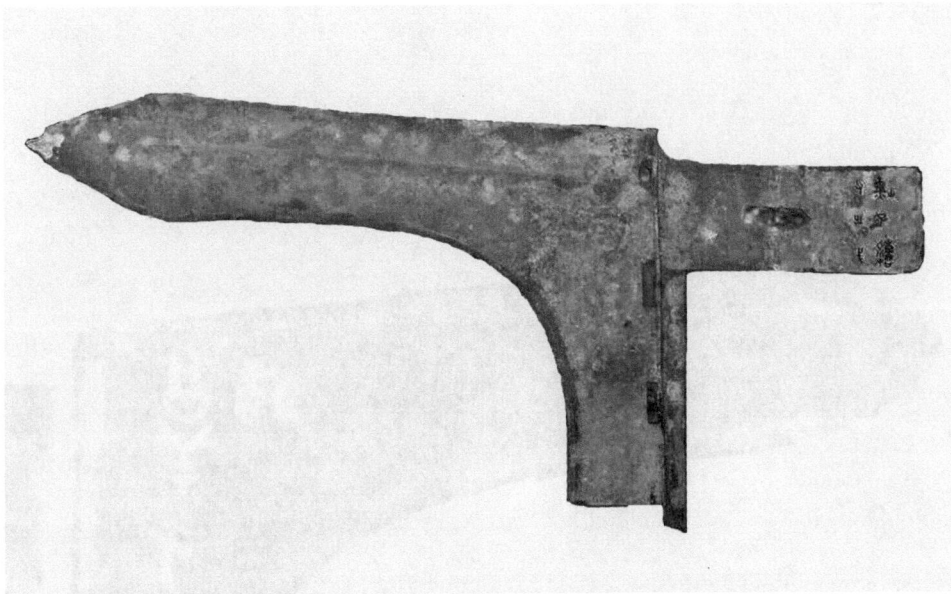

1426. 淳于公戈

【時　　代】春秋早期。

【出土時地】傳出山東。

【收　藏　者】現藏抱梅山房。

【形制紋飾】直援尖鋒，中胡，闌側
　　　　　　二穿，闌下出齒，長方
　　　　　　形內，上有一橫穿。

【著　　録】未著録。

【銘文字數】胡部鑄銘文 6 字。

【銘文釋文】靟（淳）于 公 之 左 舲
　　　　　　（造）。

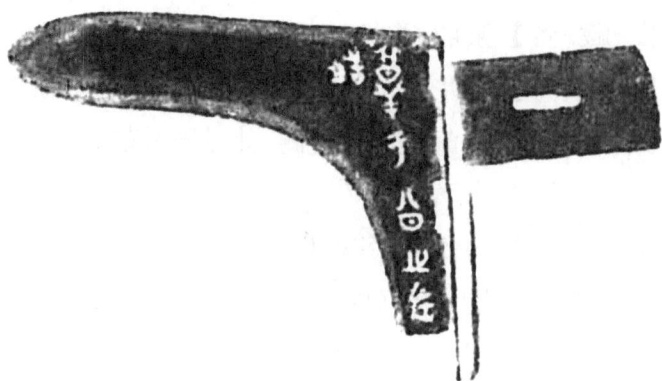

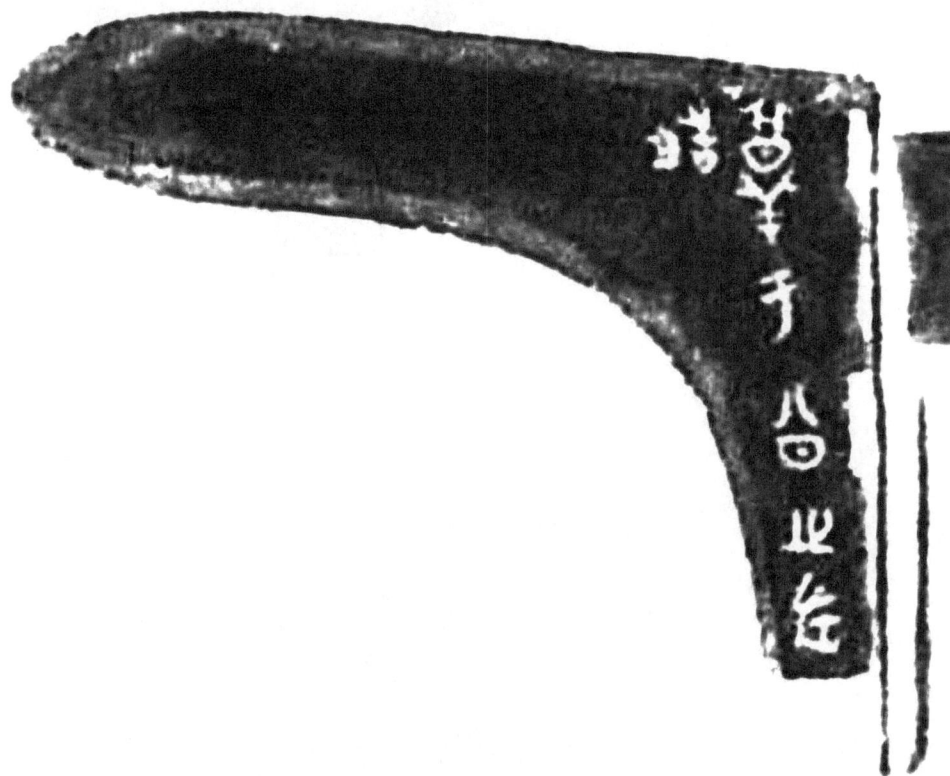

1427. 右造宮所戈

【時　　代】春秋早期。

【收 藏 者】某收藏家。

【尺度重量】通長 21.2、闌高 10 釐米。

【形制紋飾】直援上揚,尖鋒平脊,中胡,闌側三
　　　　　穿,闌下出齒,内上有一橫穿,下角
　　　　　有缺。

【著　　錄】未著錄。

【銘文字數】胡部有銘文 6 字。

【銘文釋文】右敨(造)宮所敨(造)戈。

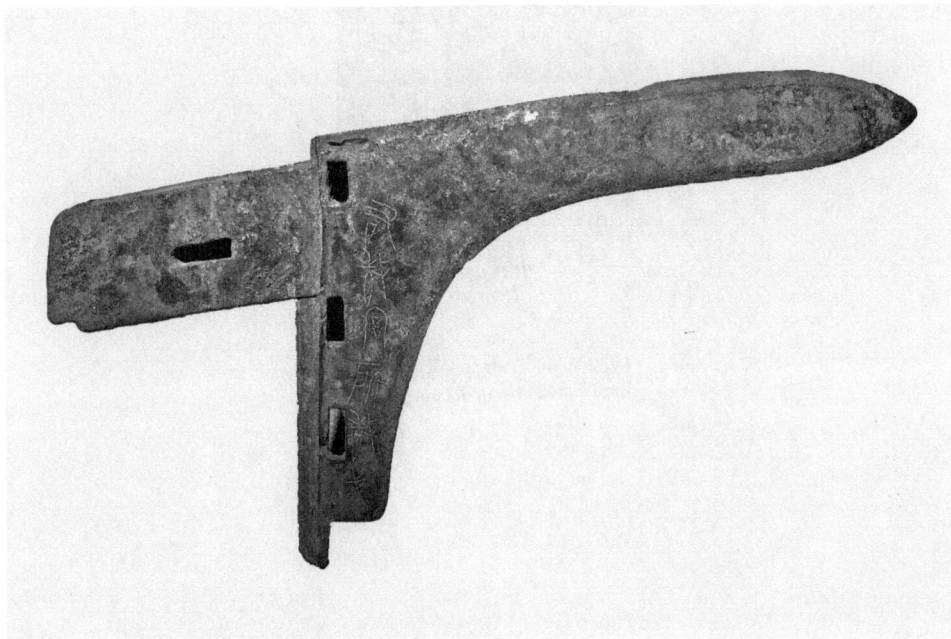

1428. 曾仲墨戟

【時　　代】春秋中期。

【收 藏 者】某收藏家。

【形制紋飾】直援尖鋒,胡較寬,闌側二長穿一小穿,闌下出齒,長方形內上有一橫穿。

【著　　錄】未著錄。

【銘文字數】胡部有銘文 6 字。

【銘文釋文】曾中(仲)墨之用戠(戟)。

1429. 鄝公戈(公子瘳戈)

【時　　代】春秋中期。

【出土時地】1995年8月河南淮濱
　　　　　　縣王崗鄉王崗村李營
　　　　　　組磚瓦廠1號墓。

【收　藏　者】信陽博物館。

【尺度重量】通長21.3、闌高10.45
　　　　　　釐米。

【形制紋飾】直援尖鋒。中脊偏上，
　　　　　　中長胡，闌下出齒，闌
　　　　　　側二長穿一小穿，長方形內，上有一橫穿，後部飾雙綫鳥首紋。

【著　　錄】江漢考古2018年4期封三2，信博銅177頁9。

【銘文字數】援部鑄銘文3字，胡部3字，共6字。

【銘文釋文】援銘：公子瘳；胡銘：鄝公盤(鑄)。

【備　　注】館藏號：01337。

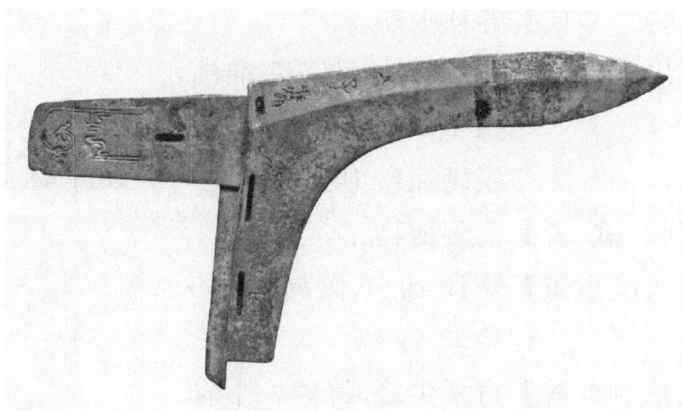

1430. 鄧公戈（公子瘠戈）

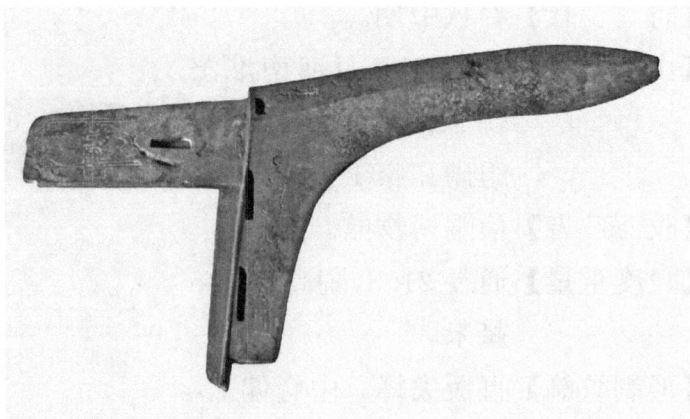

【時　　代】春秋中期。

【出土時地】1995 年 8 月河南淮濱
縣王崗鄉王崗村李營
組磚瓦廠 1 號墓。

【收 藏 者】信陽博物館。

【尺度重量】殘長 20.4、闌高 10.95
釐米。

【形制紋飾】直援尖鋒，鋒殘。中脊
偏上，中長胡，闌下出
齒，闌側二長穿一小穿，長方形內，上有一橫穿，後部飾雙綫鳥首紋。

【著　　錄】江漢考古 2018 年 4 期封三 3，信博銅 178 頁 10。

【銘文字數】援部鑄銘文 3 字，胡部 3 字，共 6 字。

【銘文釋文】援銘：公子瘠，胡銘：鄧公盤（鑄）。

【備　　注】館藏號：01338。

1431. 平王午戈甲

【時　　代】春秋時期。

【收 藏 者】某收藏家。

【形制紋飾】直援尖鋒，前部微下彎，中胡，闌側二長穿一小穿，闌下出齒，長方形內，上有一斜穿，後部飾雙綫鳥首紋。

【著　　錄】未著錄。

【銘文字數】援部與胡部鑄銘文6字。

【銘文釋文】坪（平）王午之賞（造）戈。

1432. 平王午戈乙

【時　　代】春秋時期。

【收 藏 者】某收藏家。

【形制紋飾】直援尖鋒，前部微下
　　　　　彎，中胡，闌側二長穿
　　　　　一小穿，闌下出齒，長
　　　　　方形內，上有一橫穿，
　　　　　後部飾雙綫鳥首紋。

【著　　錄】未著錄。

【銘文字數】援部與胡部鑄銘文
　　　　　6字。

【銘文釋文】坪（平）王午之賞（造）戈。

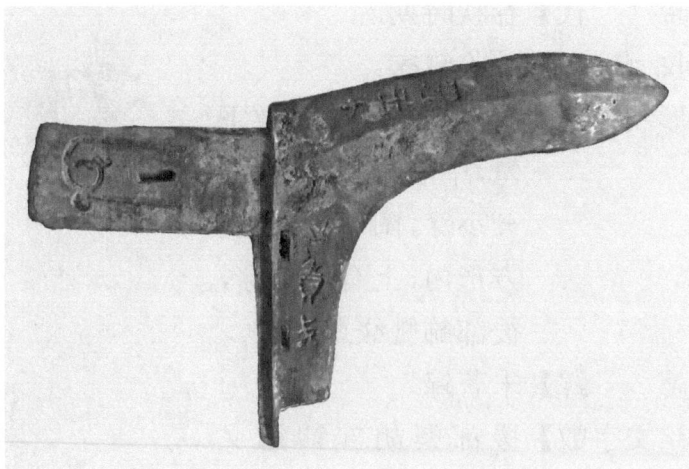

1433. 平王午戈丙

【時　　代】春秋時期。

【收　藏　者】某收藏家。

【形制紋飾】直援尖鋒，前部微下
　　　　　彎，中胡，闌側二長穿
　　　　　一小穿，闌下出齒，長
　　　　　方形内，上有一横穿，
　　　　　後部飾雙綫鳥首紋。

【著　　錄】未著錄。

【銘文字數】援部與胡部鑄銘文
　　　　　6字。

【銘文釋文】坪（平）王午之賞（造）戈。

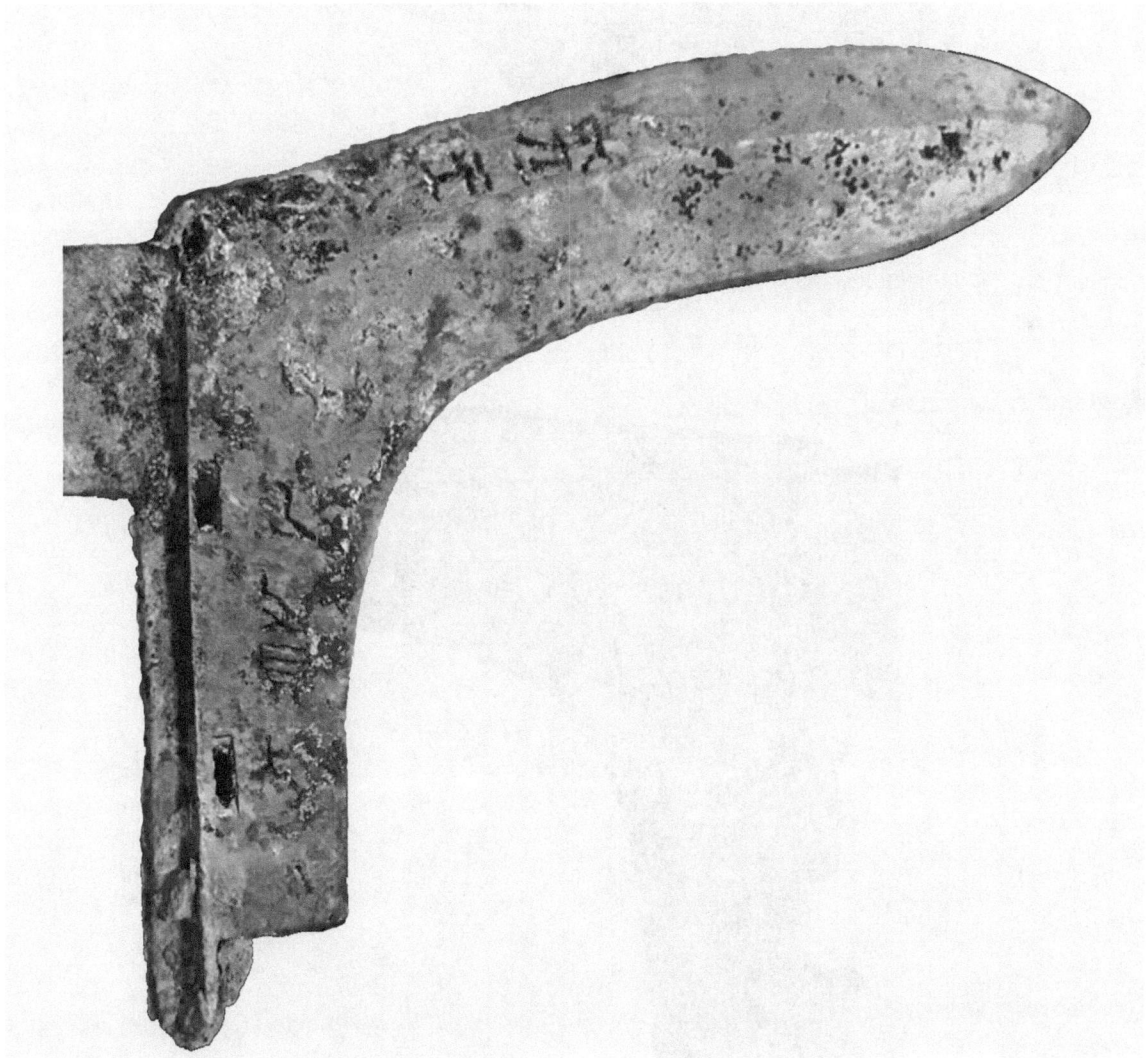

1434. 王子虎戈

【時　　代】春秋晚期。

【收　藏　者】某收藏家。

【形制紋飾】直援，前鋒圓鈍，脊隆起，闌側二長穿一小穿，中胡較寬，闌下出齒，長方
　　　　　　形內，後端圓角。內上有一橫穿，穿後飾錯金雙綫鳥頭紋。

【著　　錄】未著錄。

【銘文字數】援部與胡部有錯金鳥篆銘文 6 字。

【銘文釋文】王子虎之用戈。

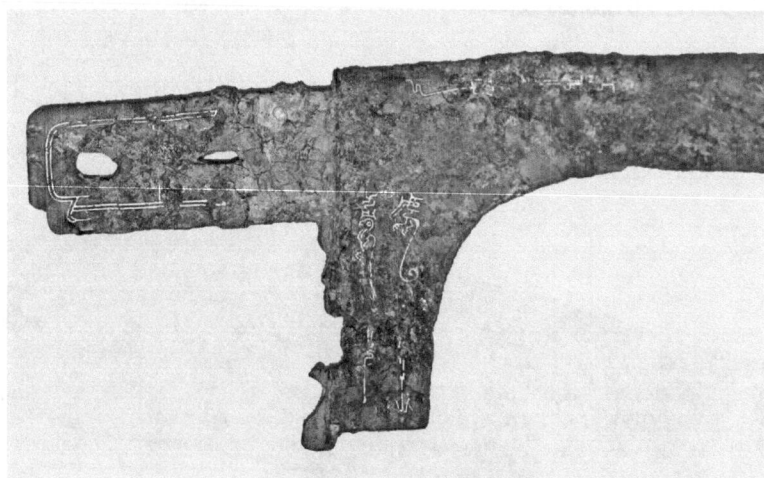

1435. 楚王孫戀戈

【時　　代】春秋晚期。

【收 藏 者】湖北長江文明館。

【尺度重量】通長 20、闌高 10.5、內長 7.7、內
寬 2.68 釐米。

【形制紋飾】直援上揚，前鋒較圓，中脊凸起，
長胡，援與胡均較寬，闌側三穿，
闌下出齒，長方形內，下角有缺，
中前部有一橫穿。出土時帶有
戈鐏。

【著　　錄】未著錄。

【銘文字數】援部與胡部鑄銘文 6 字。

【銘文釋文】楚王孫戀之用。

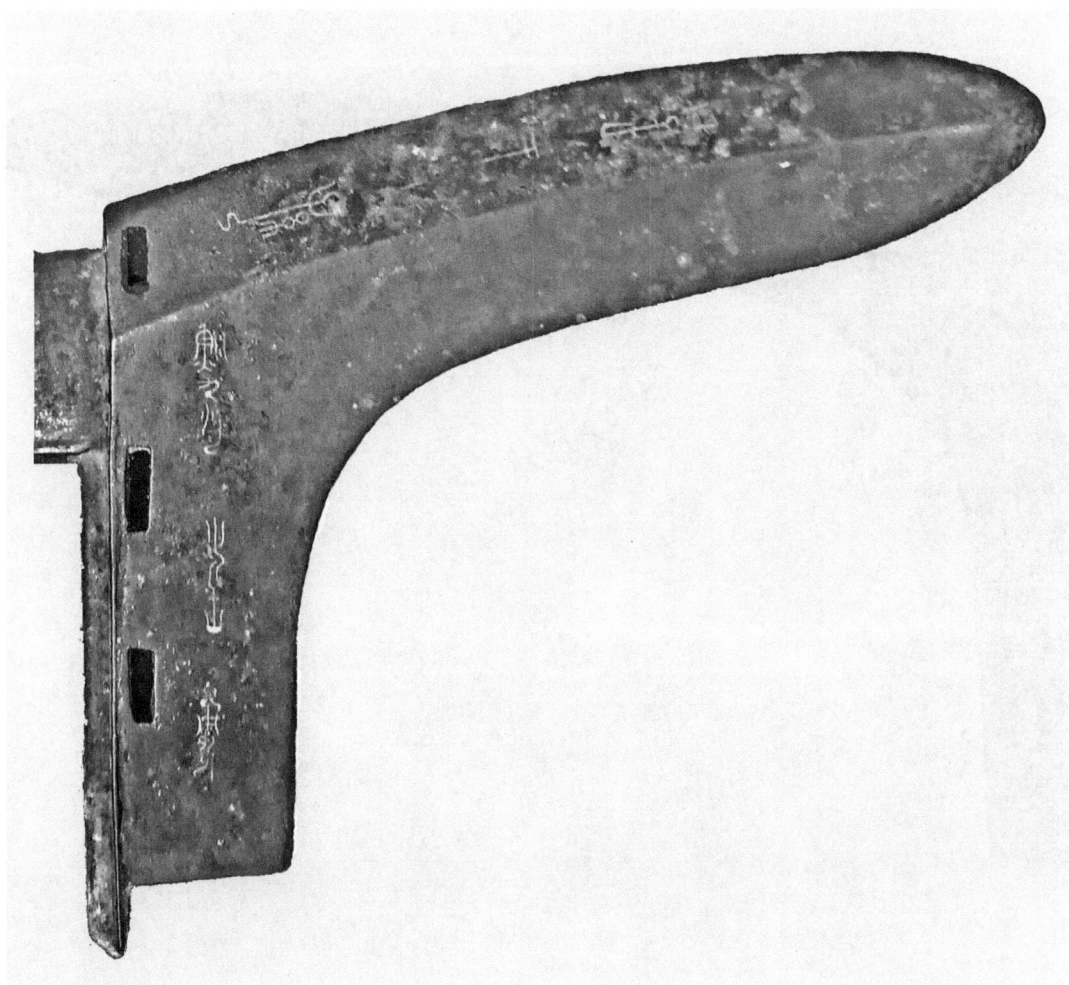

1436. 競孫虐戈（景孫虐戈）

【時　　代】春秋晚期。

【出土時地】河南駐馬店市上蔡縣
　　　　　　郭莊楚墓（M1）。

【收　藏　者】河南省文物考古研
　　　　　　究院。

【尺度重量】通長 26.3、闌高 12.5
　　　　　　釐米。

【形制紋飾】窄長援，前鋒尖銳，中
　　　　　　脊明顯，長胡，闌側二
　　　　　　長穿一小穿，闌下出齒，長方形內，上有一橫穿。

【著　　錄】出土全集 10.429。

【銘文字數】援部與胡部鑄銘文 6 字。

【銘文釋文】競（景）孫虐之用戈。

1437. 滕侯吴戟（滕侯昃戟）

【時　　代】春秋晚期。

【收　藏　者】某收藏家。

【形制紋飾】窄長援，有中脊，尖
鋒長胡，下刃微帶弧
度，闌側二長穿一小
穿，闌下出齒，長方
形内，中部有一橫
穿，後端三邊開刃。

【著　　　録】未著録。

【銘文字數】胡部鑄銘文 6 字。

【銘文釋文】滕（滕）厌（侯）吴（昃）之䤾（造）戜（戟）。

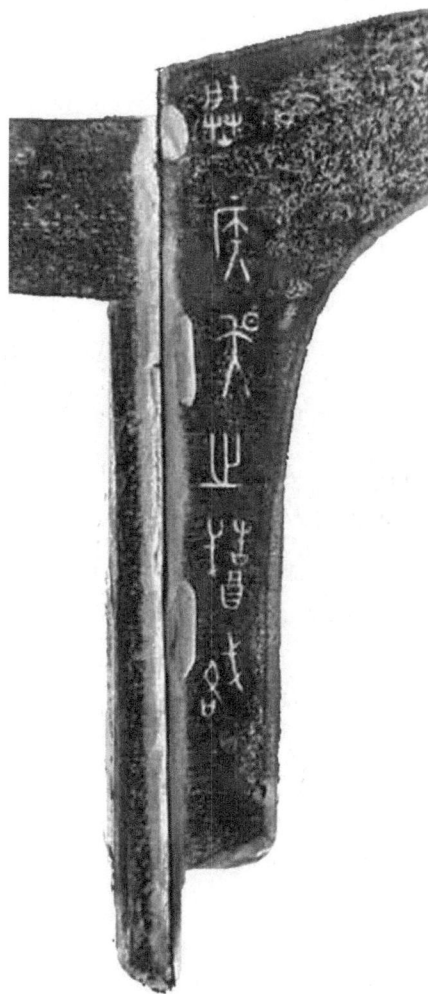

1438. 蔡公子吳戈

【時　　代】春秋晚期。
【出土時地】1995 年 8 月河南淮濱縣王崗鄉王崗村李營組
　　　　　　磚瓦廠 1 號墓葬。
【收 藏 者】信陽博物館。
【尺度重量】通長 20.6、寬 9.3 釐米。
【形制紋飾】直援尖鋒。中脊偏上，胡較寬，下齒殘缺，闌
　　　　　　側二長穿一小穿，長方形内，上有一橫穿和一
　　　　　　圓孔。
【著　　録】江漢考古 2018 年 4 期封三 1，信博銅 177 頁 8。
【銘文字數】胡部有錯金銘文 6 字。
【銘文釋文】帀（蔡）公子吳之用。
【備　　注】館藏號：01336。

1439. 蔡公子從戈

【時　　代】春秋晚期。

【收 藏 者】某收藏家。

【形制紋飾】直援較窄,前鋒尖銳,
中脊明顯,援與胡的夾
角近於 90 度,中胡,闌
側二長穿一小穿,闌下
出齒,長方形內,後角
圓鈍,上有一橫穿和一
圓孔。

【著　　錄】未著錄。

【銘文字數】援與胡有錯金鳥篆銘文 6 字。

【銘文釋文】希(蔡)公子從之用。

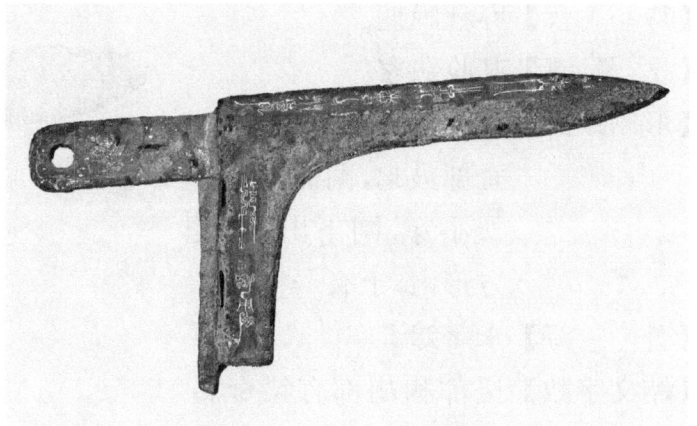

1440. 玄鏐鐈鋁戈

【時　　代】春秋晚期。

【收　藏　者】某收藏家。

【形制紋飾】直援上揚，尖鋒長胡，
　　　　　脊部鼓起，闌側三長穿
　　　　　一小穿，闌下出齒，長
　　　　　方形內，上有一橫穿。

【著　　錄】未著錄。

【銘文字數】援部和胡部有錯金鳥
　　　　　篆銘文 6 字。

【銘文釋文】玄 鏐（鏐） 夫（鐈） 鋁
　　　　　之用。

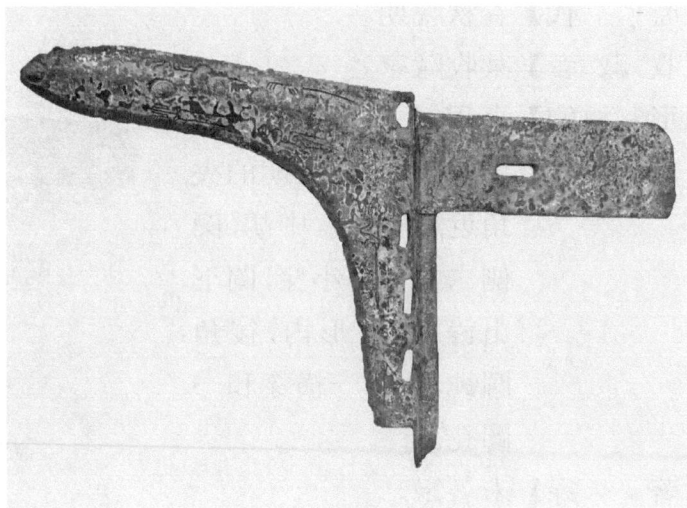

1441. 朝歌□門毐戈

【時　　代】戰國早期。

【收 藏 者】某收藏家。

【形制紋飾】直援尖鋒，中長胡，
闌側二長穿一小穿，
闌下出齒，長方形
內，上有一橫穿，下
角有缺。

【著　　録】未著録。

【銘文字數】胡部鑄銘文 6 字。

【銘文釋文】朝訶（歌）□門毐戈。

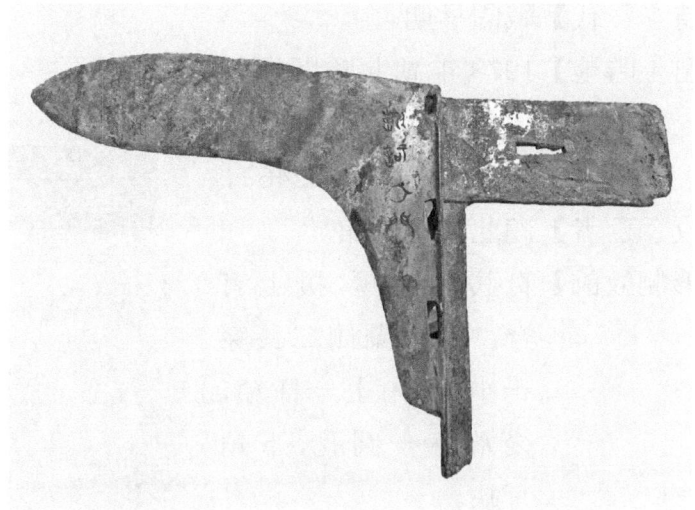

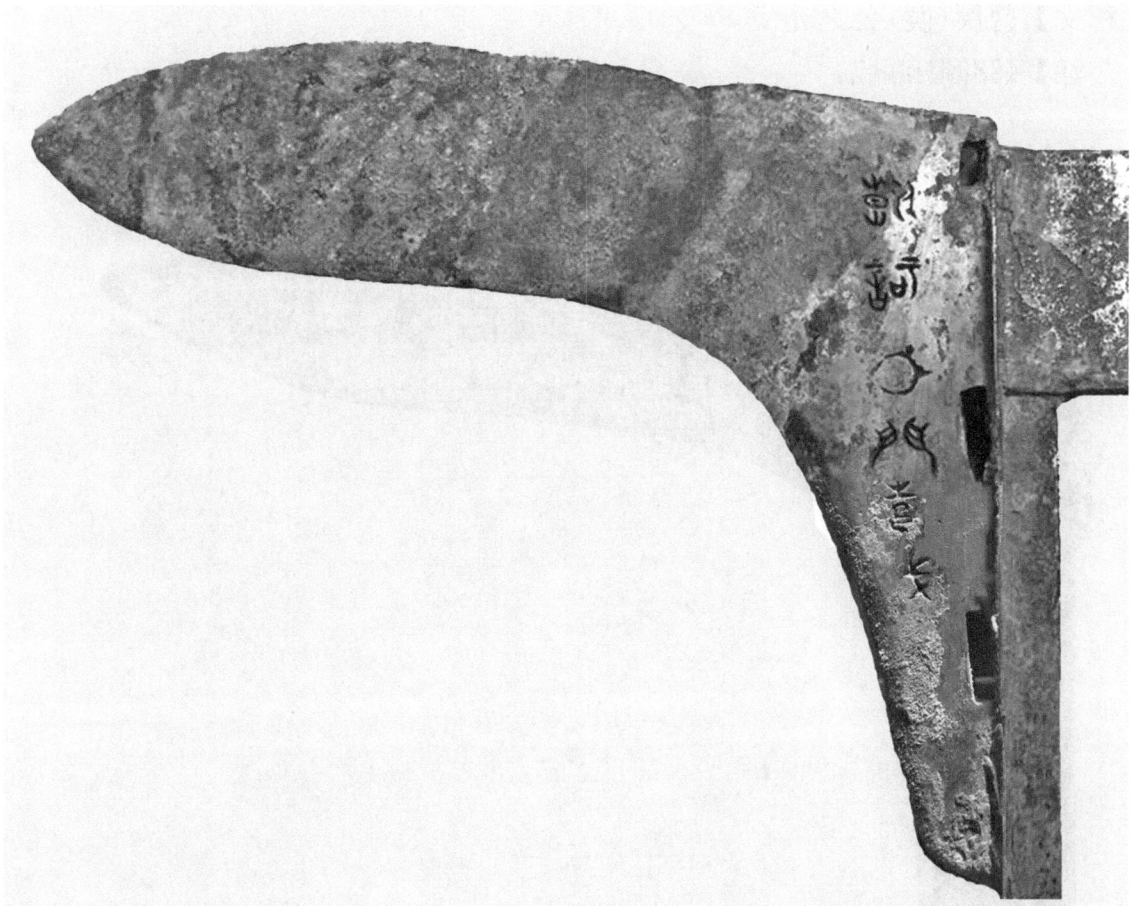

1442. 曾侯乙戈

【時　　代】戰國早期。

【出土時地】1978 年湖北隨縣擂鼓
墩（今屬隨州市曾都
區）曾侯乙墓（n246）。

【收 藏 者】湖北省博物館。

【形制紋飾】直援較寬短，援上有
脊，中胡，闌側二長穿
一小穿，內上一橫穿，
後端有一圓孔，下角
有缺。

【著　　錄】曾 侯 乙 257 頁 圖 版
八六：4。

【銘文字數】援部和胡部鑄銘文 6 字。

【銘文釋文】曾厌（侯）乙之走戈。

【備　　注】《銘圖》漏收。

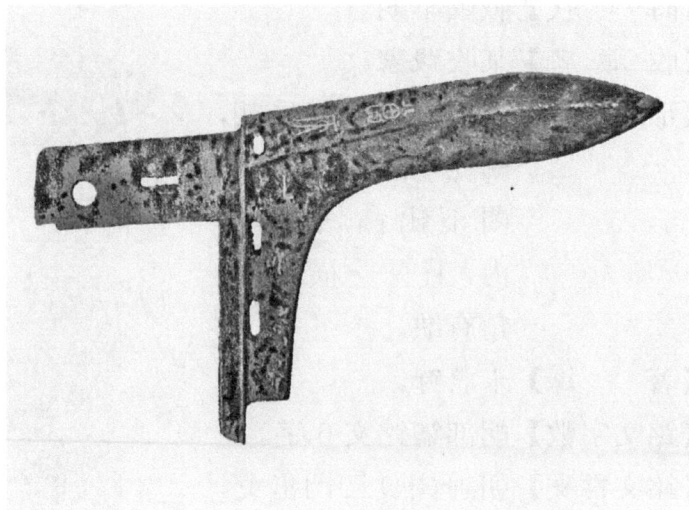

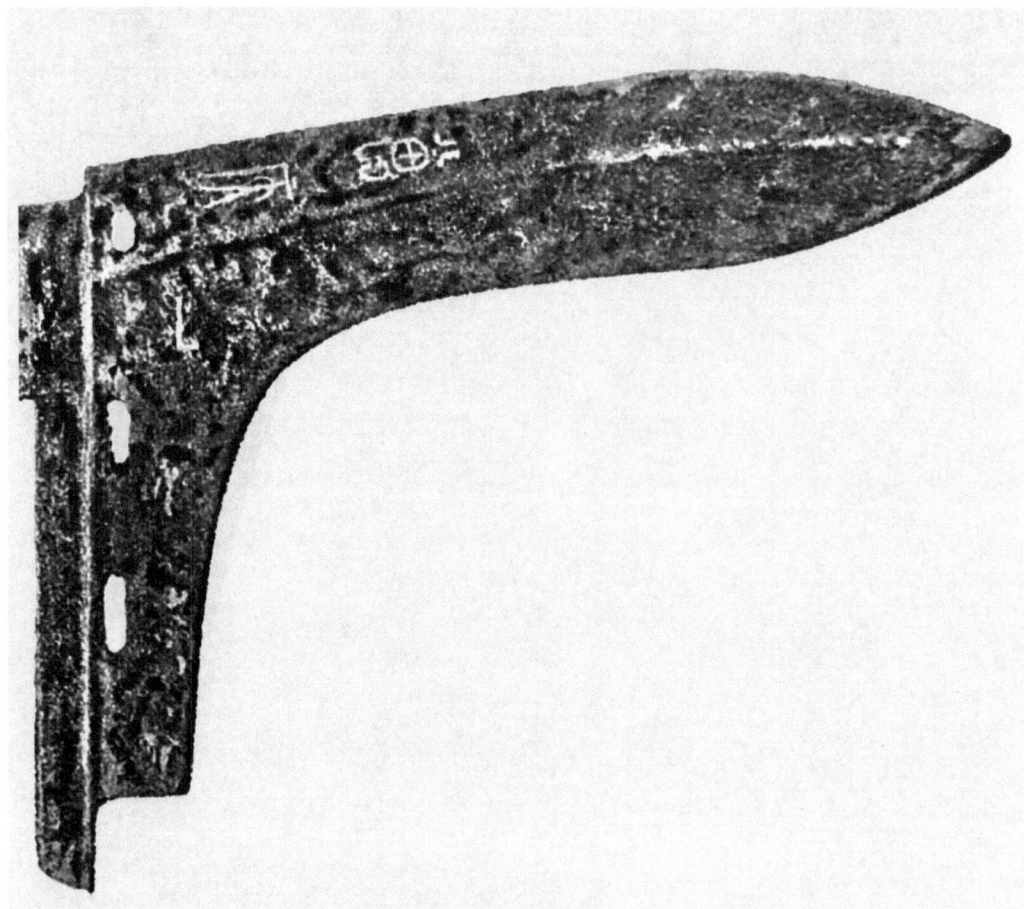

1443. 曾侯遻戈

【時　　代】戰國早期。

【收 藏 者】某收藏家。

【形制紋飾】直援尖鋒，脊部鼓起，長胡，闌側三長穿一小穿，闌下出齒，長方形内，前部有一横穿。

【著　　録】未著録。

【銘文字數】内部鑄銘文 6 字。

【銘文釋文】曾医（侯）遻之走戈。

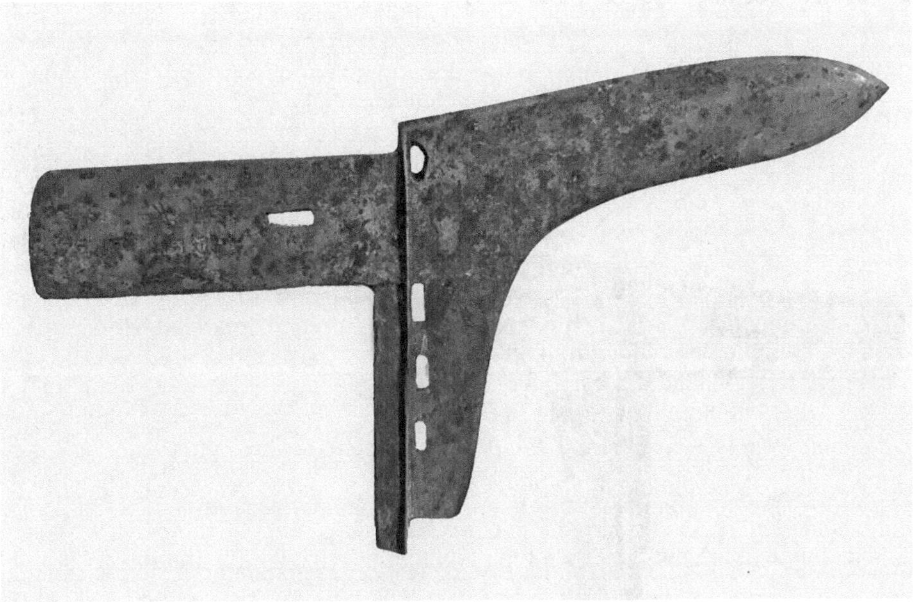

1444. 蔡襄尹啟戈

【時　　代】戰國早期。

【出土時地】1985 年 1 月安徽壽縣壽春鎮東關村柏家墳地戰國墓。

【收　藏　者】安徽省文物考古研究所壽縣中心工作站。

【尺度重量】通長 26.8、内長 8.1、闌高 10.6 釐米。

【形制紋飾】直援尖鋒,中脊突起,中長胡,闌側二長穿一小穿,闌的下齒殘,長方形
　　　　　　内,上有一橫穿,後下角圓收。内後部飾變形夔紋和圓渦紋。

【著　　錄】文物 2018 年 4 期 56 頁圖 1。

【銘文字數】援部及胡部有錯金鳥篆銘文 6 字。

【銘文釋文】㿦(蔡)㲋(襄)㝂(尹)啟之用。

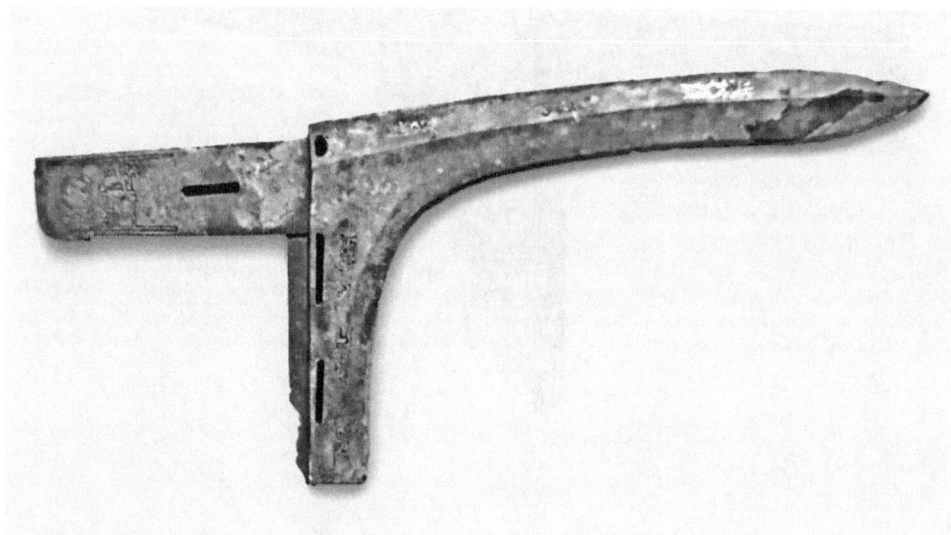

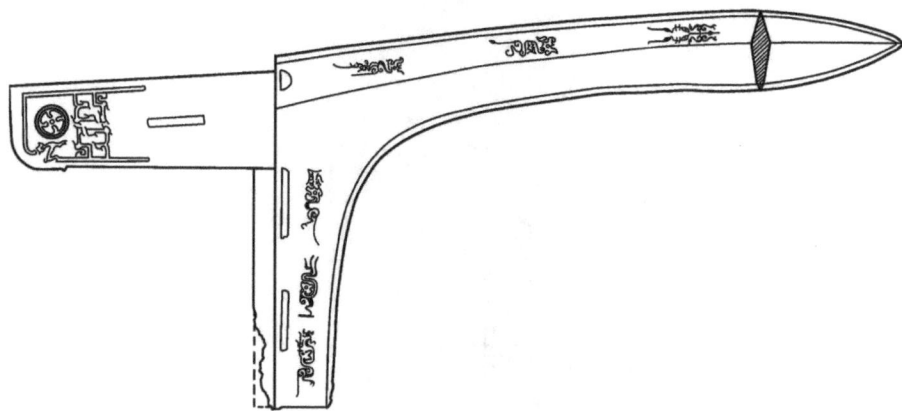

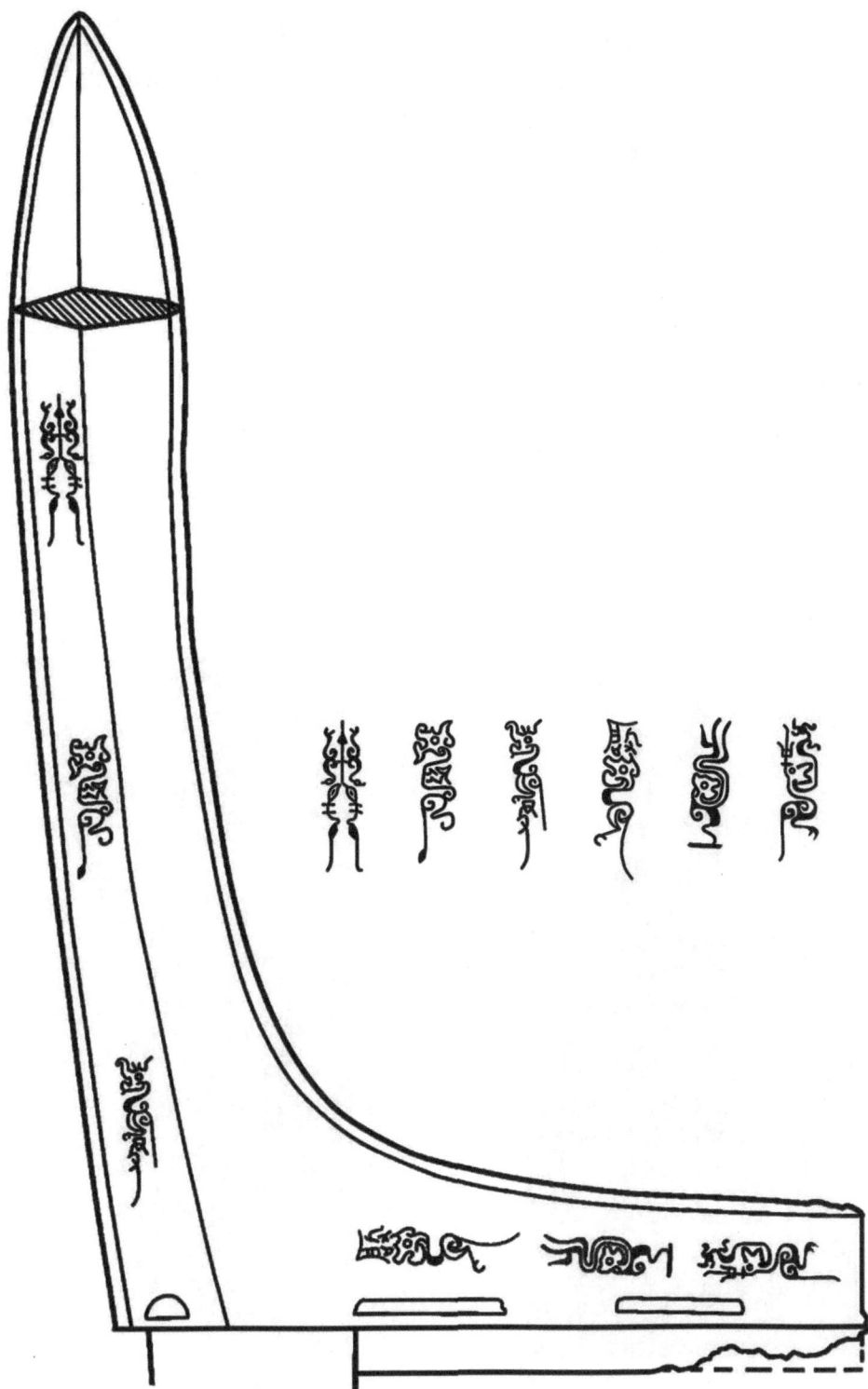

1445. 曾侯建戈

【時　　代】戰國早期。

【收藏者】某收藏家。

【形制紋飾】直援上揚，前鋒尖銳，
　　　　　中脊偏上，中長胡，闌
　　　　　側二長穿一小穿，闌下
　　　　　出齒，長方形內，上有
　　　　　一橫穿，其後有一圓
　　　　　孔。內後部飾雙綫鳥
　　　　　首紋。

【著　　錄】未著錄。

【銘文字數】援部和胡部有鳥篆銘文 6 字。

【銘文釋文】曾厌（侯）建之用戈。

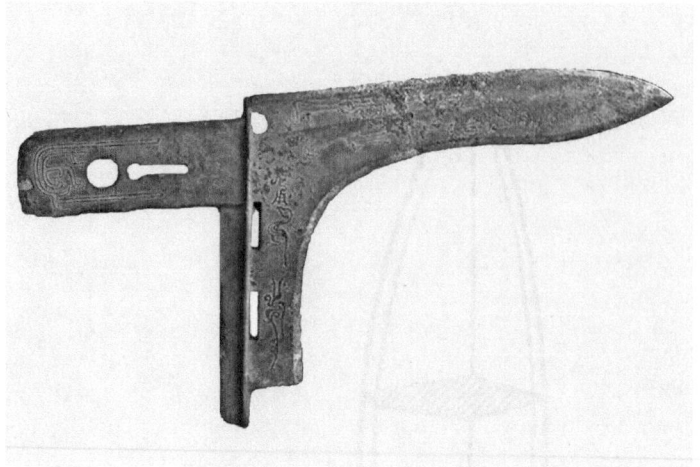

援部

胡部

1446. 蔡侯產戈

【時　　代】戰國早期。
【收　藏　者】某收藏家。
【形制紋飾】直援,前鋒尖銳,中脊
　　　　　　偏上,援與胡的夾角近
　　　　　　於 90 度,中胡,闌側二
　　　　　　長穿一小穿,闌下出
　　　　　　齒,長方形內,後上角
　　　　　　圓鈍,上有一橫穿,後
　　　　部飾雙綫鳥首紋、圓渦紋和幾何紋。
【著　　　錄】未著錄。
【銘文字數】援部與胡部有錯金鳥篆銘文 6 字。
【銘文釋文】 希(蔡)厌(侯)產之用戈。

1447. 蔡侯產戈

【時　　代】戰國早期。

【收　藏　者】某收藏家。

【形制紋飾】直援,前鋒較禿,脊不
　　　　　明顯,中胡,闌側二長
　　　　　穿,闌下出齒,長方形
　　　　　內上有一橫穿,後部有
　　　　　一圓孔。 內兩面均飾
　　　　　錯金雙綫鳥首紋。

【著　　　録】未著録。

【銘文字數】胡部有錯金鳥篆銘文
　　　　　6字。

【銘文釋文】𢼸(蔡)矦(侯)產之用戈。

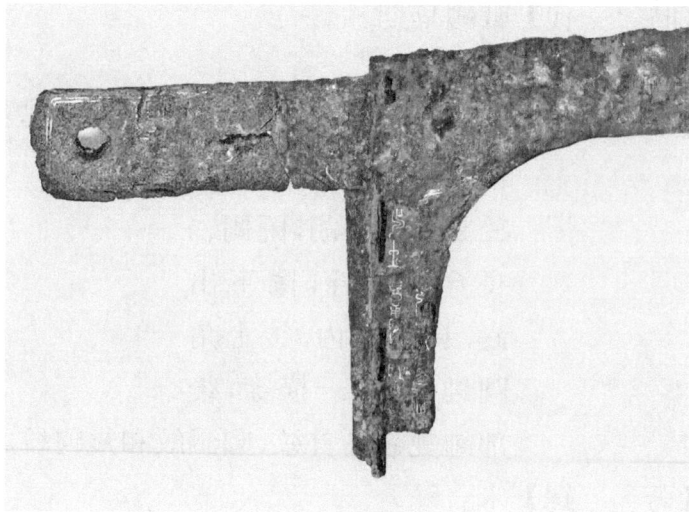

1448. 蔡侯產戟（蔡侯產戈）

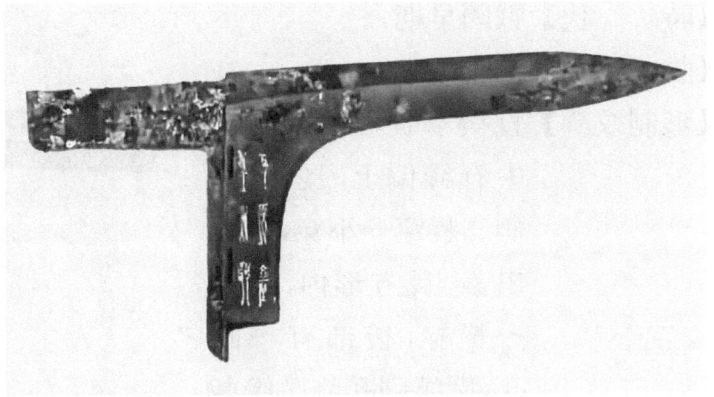

【時　　代】戰國早期。

【出土時地】2017 年 9 月安徽壽
春縣壽春城遺址西
圈墓地（M25）。

【收 藏 者】安徽省文物考古研
究所。

【尺度重量】通長 21.6、援寬 2.6、
內長 6.7 釐米。

【形制紋飾】戈矛組合的分體戟，戈體尖鋒直援，中脊偏上，中胡，闌側二長穿，闌下出
齒，長方形內上有一橫穿，後部有一圓孔。內兩面均飾鳥紋。

【著　　錄】未著錄。

【銘文字數】胡部有錯金鳥篆銘文 6 字。

【銘文釋文】𣄼（蔡）医（侯）產之用戈。

1449. 蔡侯產戟

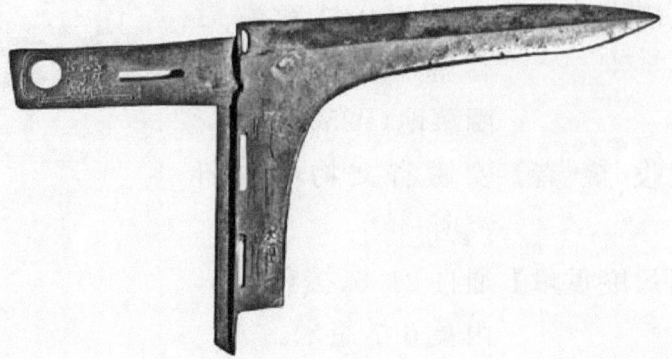

【時　　代】戰國早期。

【收　藏　者】某收藏家。

【形制紋飾】直援窄長,鋒甚尖銳,
中脊綫偏上,長胡,闌
側二長穿一小穿,闌下
出齒,長方形內,上有
一橫穿,後部有一圓
孔,圍繞圓孔飾雙綫鳥
首紋。

【著　　錄】未著錄。

【銘文字數】胡部鑄銘文 6 字。

【銘文釋文】䑞(蔡)医(侯)產之用戠(戟)。

1450. 周公戟

【時　　代】戰國中期。

【收 藏 者】某收藏家。

【形制紋飾】前鋒較圓，援首微下彎，長胡較窄，闌側二長穿一小穿，闌上下出齒，長方形內，上有一橫穿。

【著　　錄】未著錄。

【銘文字數】內部刻銘文 6 字。

【銘文釋文】周公乍（作）武用キ（戟）。

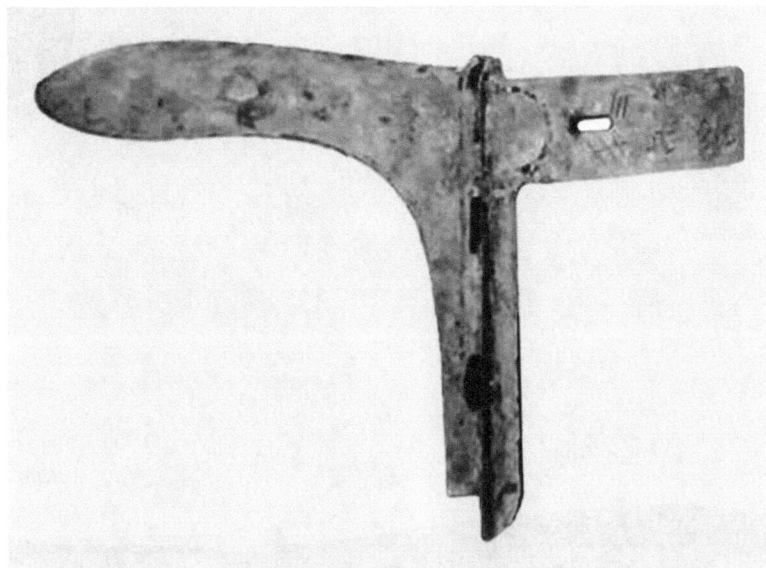

1451. 邦工窶戈

【時　　代】戰國晚期·秦。

【收藏者】河北保定市徐占勇達觀齋。

【尺度重量】通長 25 釐米。

【形制紋飾】直援尖鋒,脊部鼓起,長胡,闌側二長穿一
　　　　　　小穿,闌的上下出齒,長方形內,上有一橫
　　　　　　穿,後部作刀形,三邊開刃。

【著　　録】兵圖 17 頁。

【銘文字數】內部刻銘文 6 字。

【銘文釋文】廿七年,邦工窶。

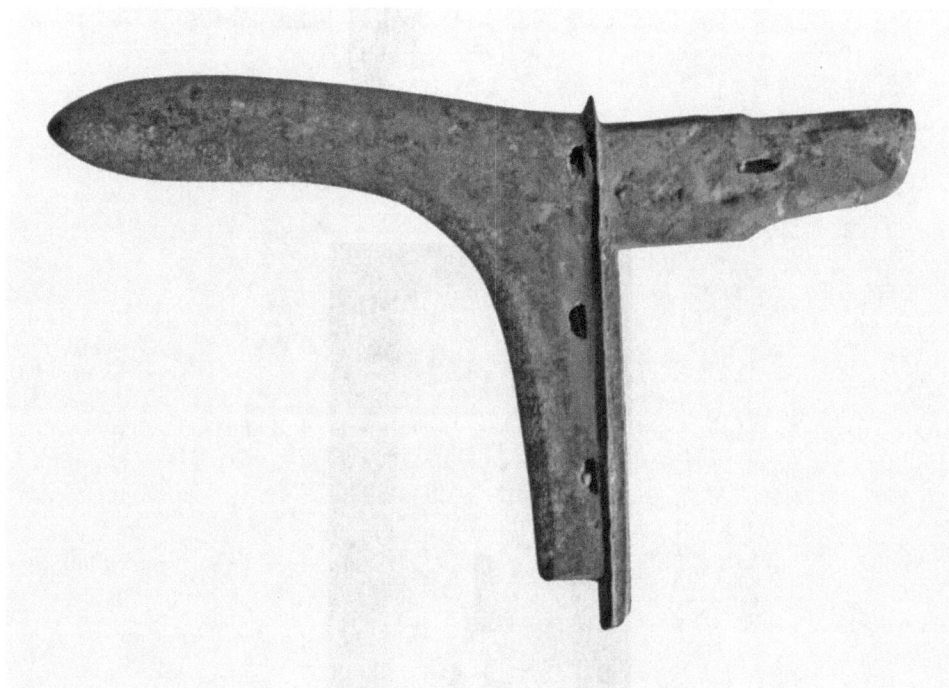

1452. 王孫保尼戈

【時　　代】春秋早期。

【收 藏 者】某收藏家。

【尺度重量】通長 27.8 釐米。

【形制紋飾】直援上揚,前鋒尖銳,脊綫明顯,援前部肥大,後部收束,中胡,闌側三長穿一小穿,闌下出齒。長方形內,上有一橫穿。內後部飾雙綫紋。

【著　　錄】未著錄。

【銘文字數】胡部鑄銘文 7 字。

【銘文釋文】王孫保尼之元用。

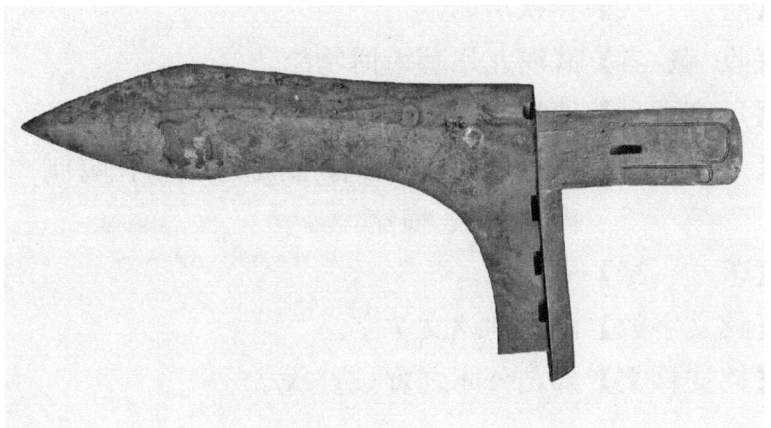

（放大）

1453. 鄭之公庫戈

【時　　代】春秋早期。

【收 藏 者】武漢九州藝術博物館。

【尺度重量】通長 21、闌高 11.3 釐米。

【形制紋飾】直援後部較寬,脊部鼓起,中胡,闌側二長穿一小穿,闌下出齒,長方形內,上有一橫穿。

【著　　録】未著録。

【銘文字數】內部刻銘文 7 字。

【銘文釋文】鄭之公庫之實(造)戈。

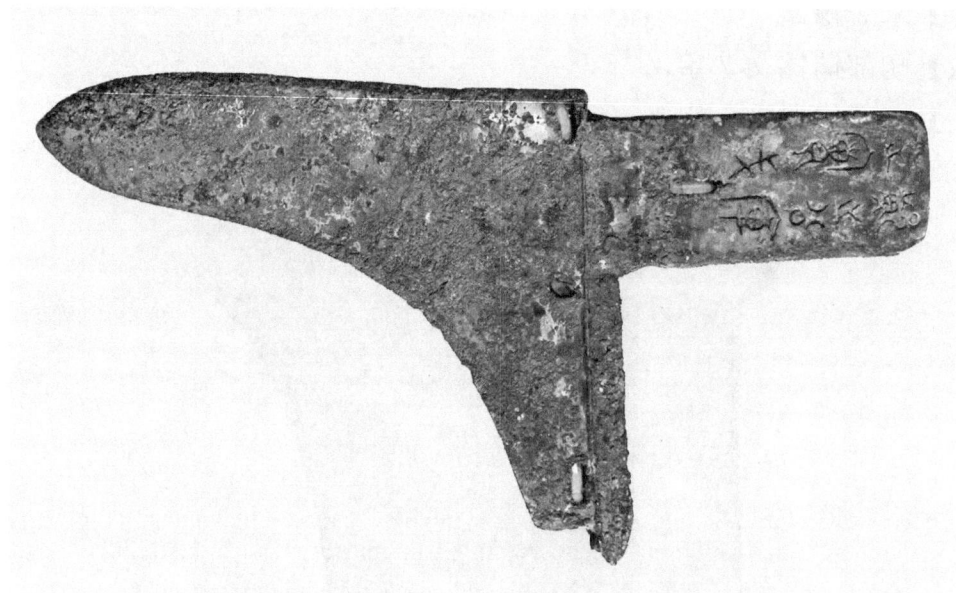

1454. 中都僕公戈

【時　　代】春秋中期。

【收 藏 者】某收藏家。

【尺度重量】通長27.3、闌高12.5釐米。

【形制紋飾】直援上揚,前鋒尖銳,有中脊,中胡,闌側三長穿一小穿,闌下出齒,長方
形内,上有一橫穿,後上角圓鈍,下角有缺。内後部邊緣飾單綫紋。

【著　　錄】未著錄。

【銘文字數】胡部鑄銘文7字。

【銘文釋文】串(中) 都斁(僕) 公乍(作) 戜戈。

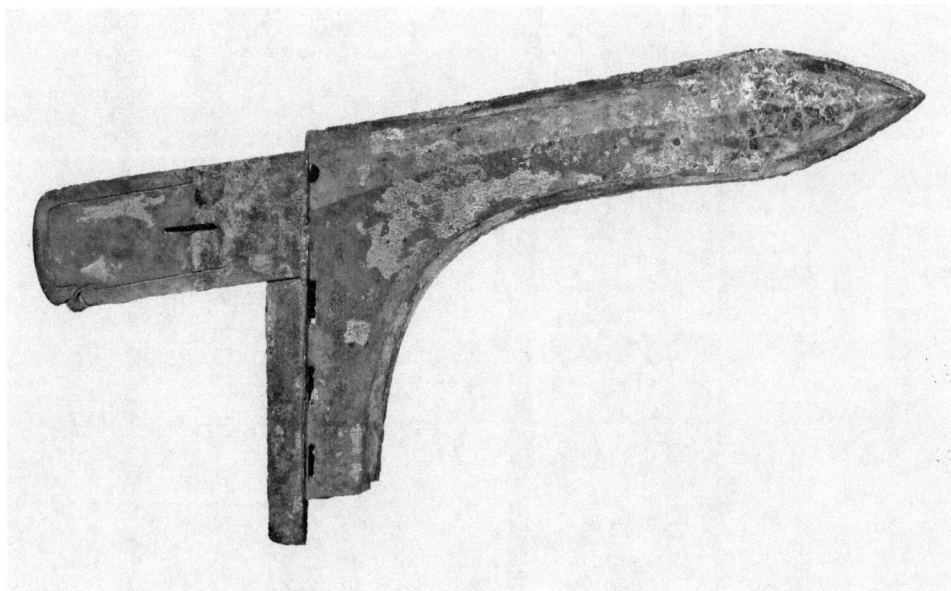

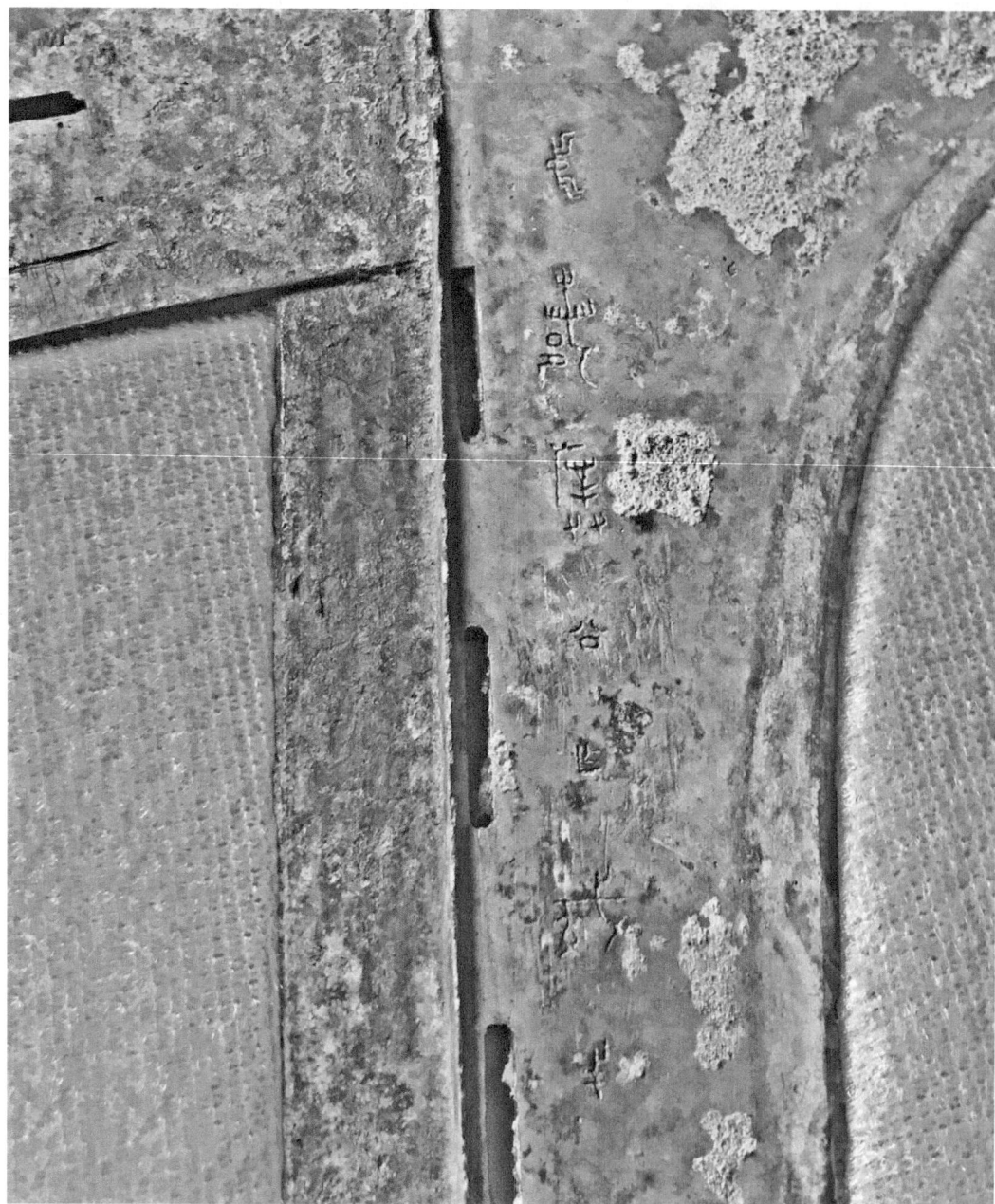

（放 大）

1455. 中都僕公戈

【時　　代】春秋中期。

【收　藏　者】某收藏家。

【形制紋飾】直援上揚,前鋒尖銳,
有中脊,中胡,闌側三
長穿一小穿,闌下出
齒,長方形内,上有一
横穿,後上角圓鈍,下
角有缺。内後部邊緣
飾單綫紋。

【著　　錄】未著錄。

【銘文字數】胡部鑄銘文7字。

【銘文釋文】聿(中)都屍(僕)公乍(作)戜戈。

【備　　注】銘文照片中"戜"字之下的"戈"字因被銹掩蓋,誤以爲無字而被裁掉。

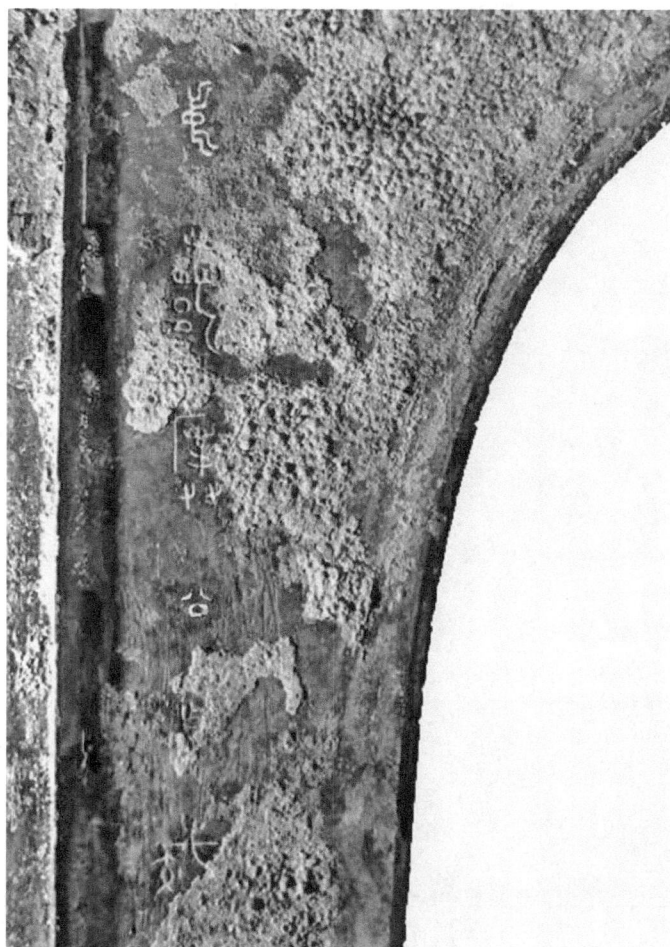

（放大）

1456. 薛侯戈（脖侯戈）

【時　　代】春秋晚期。

【收 藏 者】某收藏家。

【形制紋飾】直援，脊部鼓起，三
　　　　　角鋒，中胡，闌側二
　　　　　長穿一小穿，闌下
　　　　　出齒，長方形内，中
　　　　　部有一圓穿。

【著　　録】未著録。

【銘文字數】胡部鑄銘文 7 字。

【銘文釋文】脖（薛）厌（侯）之剛
　　　　　（？）乍（作）□戈。

1457. 王子于戈

【時　　代】春秋晚期·吳。

【收 藏 者】河北保定市徐占
　　　　　勇達觀齋。

【尺度重量】通長 22 釐米。

【形制紋飾】直援尖鋒,有中
　　　　　脊,中胡,闌側三
　　　　　穿,闌下出齒,長
　　　　　方形内,上有一
　　　　　橫穿。

【著　　錄】兵圖 19 頁。

【銘文字數】胡部有錯金鳥篆銘文 4 字,援上錯金 2 字,胡部背面 1 字,共 7 字。

【銘文釋文】王子扻(于)之用戈,捯(揚一鐈)。

【備　　注】銘文未除銹,内容參考《銘圖》16974 釋出。

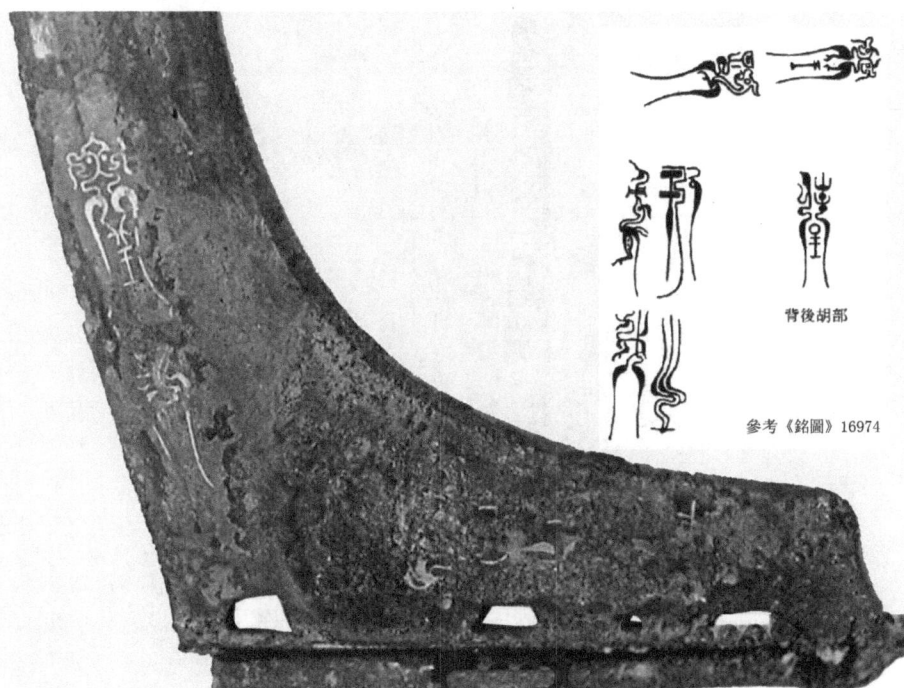

背後胡部

參考《銘圖》16974

1458. 蓼子厚戈(翏子厚戈)

【時　　代】春秋中期。

【收 藏 者】某收藏家。

【形制紋飾】直援微上揚，中脊明顯，前鋒尖銳，援前部肥大，後部略窄，胡較寬，闌側三長穿一小穿，闌下出齒，長方形內，上有一橫穿。內後部飾雙綫鳥首紋。

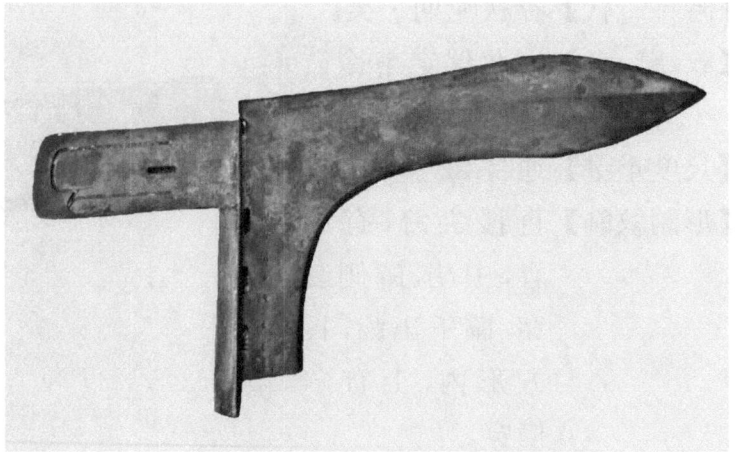

【著　　錄】未著錄。

【銘文字數】胡部鑄銘文7字。

【銘文釋文】翏(蓼)子厚之元用戈。

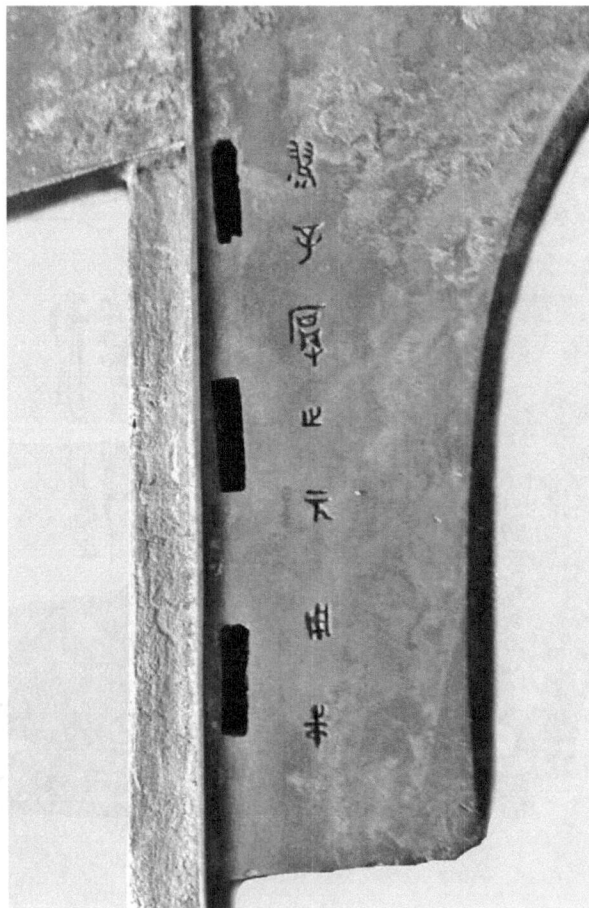

1459. 外郻鄘戈

【時　　代】春秋晚期。

【收 藏 者】某收藏家。

【形制紋飾】直援上揚，尖鋒，長胡，闌側二長穿一小穿，闌下出齒，長方形内，上有一橫穿，後角圓鈍。援上花紋係後人偽作。

【著　　錄】未著錄。

【銘文字數】内部鑄銘文 7 字。

【銘文釋文】外郻（舊）鄘邟（左）庫車戈。

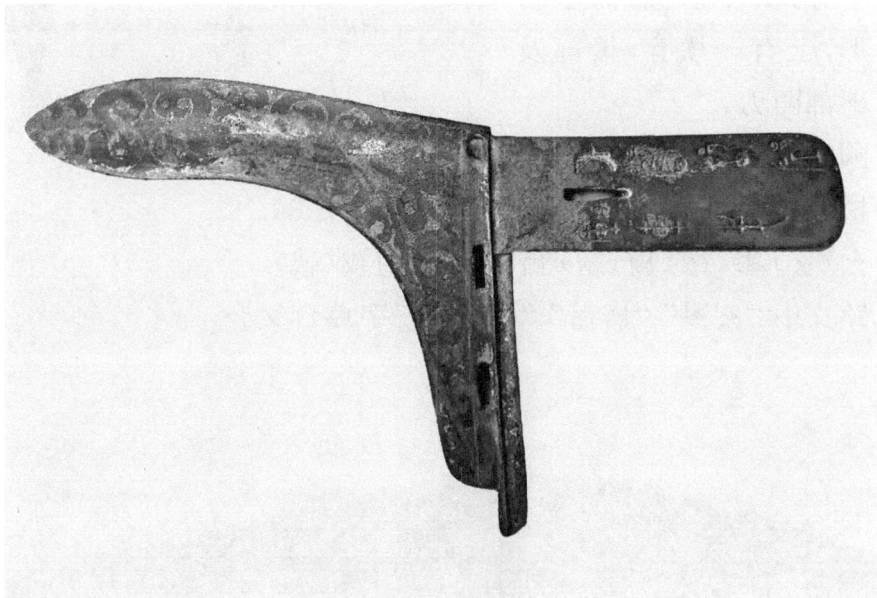

1460. 玄鏐鐠鋁戟（玄翏膚呂戟）

【時　　代】春秋晚期。

【出土時地】山西太原市公安局迎澤
　　　　　　分局打擊文物犯罪繳獲。

【收　藏　者】山西青銅器博物館。

【尺度重量】通長 25.5、闌高 11.3 釐
　　　　　　米，重 218 克。

【形制紋飾】直援，前部肥大，前鋒尖
　　　　　　銳，中胡，闌側二長穿一
　　　　　　小穿，闌下出齒，內呈刀
　　　　　　形，上有一橫穿，後部及
　　　　　　下部開刃。

【著　　錄】國寶（2018）164、165 頁。

【銘文字數】援和胡有錯金鳥篆銘文 7 字（其中合文 3）。

【銘文釋文】幺（玄）翏（鏐）膚（鐠）呂（鋁）之用戠（戟）。

【備　　注】銘文中"玄翏""膚呂""用戠"三字爲合文。

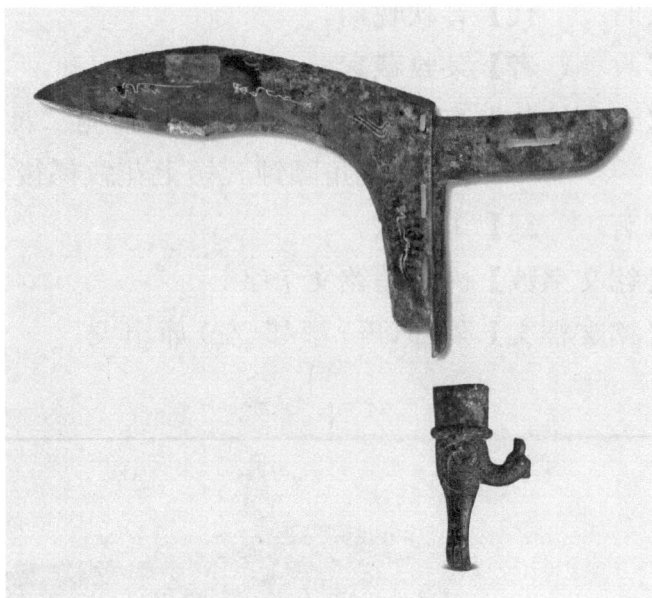

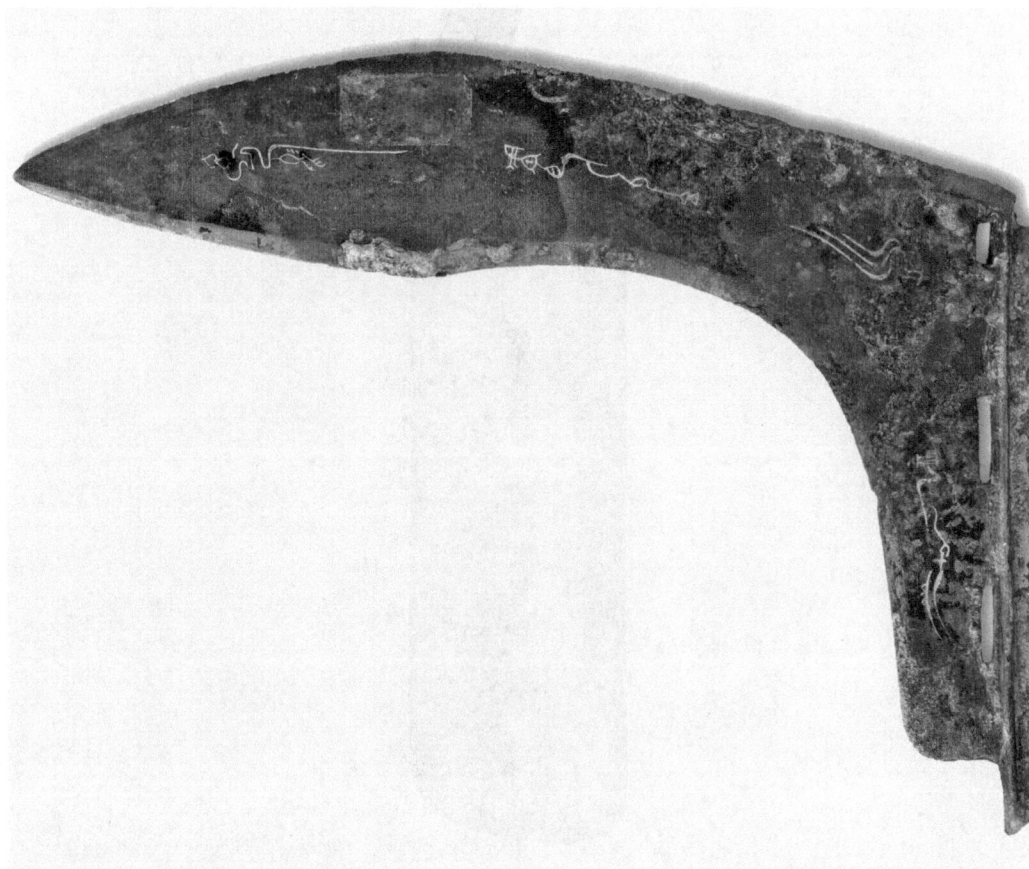

1461. 鴻子圍爕戟（鴻子圍爕戟）

【時　　代】春秋時期。

【收　藏　者】海外某收藏家。

【尺度重量】通長 25.5、闌高 11.5 釐米。

【形制紋飾】圭形直援，前鋒尖銳，中胡，闌側二長穿和一個半月形小穿，闌下出齒，長方形內，上有一橫穿，飾雙綫鳥首紋。

【著　　錄】未著錄。

【銘文字數】胡部鑄銘文 7 字。

【銘文釋文】鴻（鴻）子圍爕之所戝（戟）。

【備　　注】全形照片收藏家未提供。

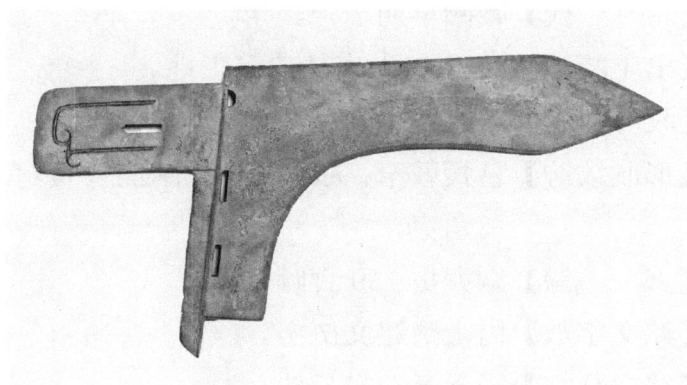

1462. 子禾子戈

【時　　代】戰國早期·齊。

【出土時地】2011 年山東某建築工地。

【收 藏 者】某收藏家。

【形制紋飾】直援較窄,尖鋒,中胡,闌側一長穿一小穿,闌下部殘,内寬長,上有一横三角穿。

【著　　錄】銅與史 189 頁圖 1。

【銘文字數】内上鑄銘文 7 字。

【銘文釋文】子禾子左邑丘鈛(戈)。

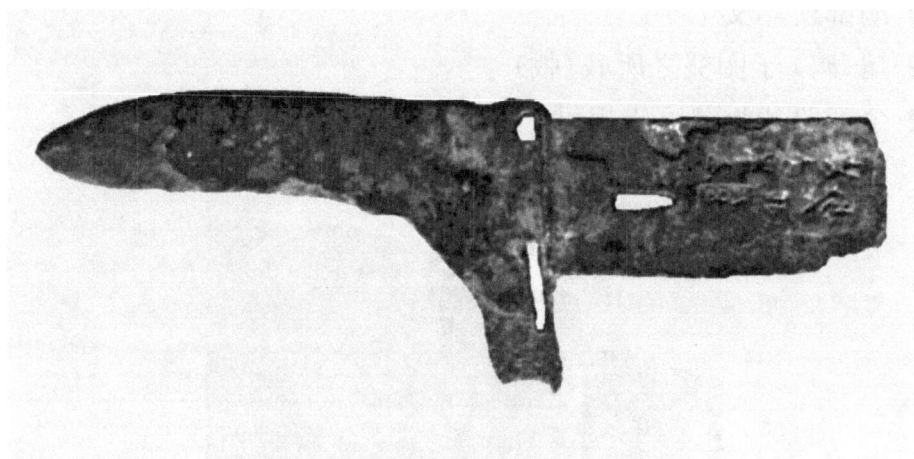

1463. 廿七年戈

【時　　代】戰國早期。

【收 藏 者】某收藏家。

【尺度重量】通長 21.6、闌高 10.4、內長 8 釐米。

【形制紋飾】直援尖鋒,脊偏上,長胡三穿,闌下出齒,內上有一橫穿,三邊開刃。

【著　　錄】未著錄。

【銘文字數】內部鑄銘文 7 字。

【銘文釋文】廿七年,毣(魏)宮(?),坓(冶)果。

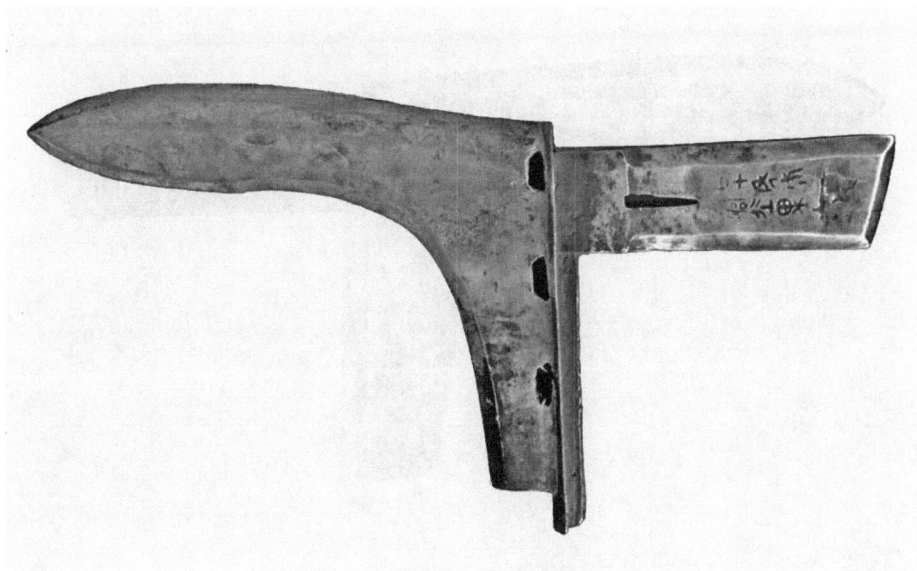

1464. 城進戈

【時　　代】戰國晚期。

【收 藏 者】日本東京台東區立書道博物館。

【形制紋飾】直援尖鋒，脊平緩，長胡，闌側二長穿一小穿，闌下出齒，長方形內，上有
一橫穿，後邊向下斜殺，三邊開刃。

【著　　錄】書道圖 14。

【銘文字數】內部刻銘文 7 字。

【銘文釋文】廿九年，城進，坓（冶）沱。

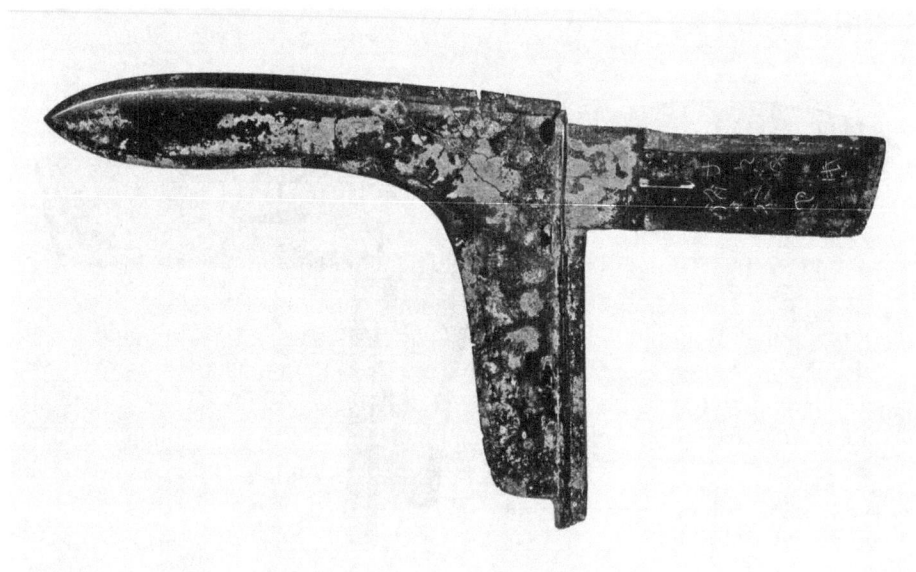

1465. 燕王詈戈(郾王詈戈)

【時　　代】戰國晚期。

【出土時地】河北。

【收　藏　者】河北保定市徐占勇達觀齋。

【尺度重量】殘長 26 釐米。

【形制紋飾】直援有脊,脊兩側有血槽,胡作二連弧形,闌上下出齒,闌側三穿,内作長
　　　　　　方形,下角有缺,前段有"凸"字形加厚層,其上有一横穿。

【著　　録】兵圖 4 頁。

【銘文字數】内部鑄銘文 7 字。

【銘文釋文】郾(燕) 王詈造行儀鈠(戟)。

銘文拓本　　　　　　　　　　　銘文照片

1466. 燕王䎃戈（郾王䎃戈）

【時　　代】戰國晚期。

【出土時地】河北。

【收　藏　者】河北保定市徐占勇達觀齋。

【尺度重量】通長 26.3 釐米。

【形制紋飾】直援尖鋒，有中脊，援前部肥碩，胡上部有一尖齒，闌上下出齒，闌側三穿，內前部有一橫穿，後部作刀形，三邊開刃。

【著　　録】兵圖 5 頁。

【銘文字數】內部鑄銘文 7 字。

【銘文釋文】郾（燕）王䎃造巨攺鋸。

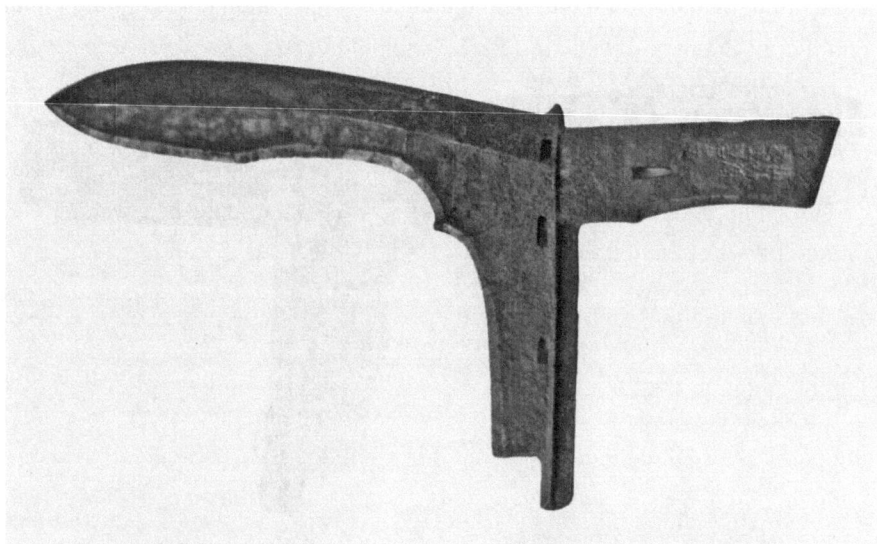

銘文拓本

銘文照片

1467. 陳子高戟

【時　　代】戰國晚期。

【收藏者】某收藏家。

【形制紋飾】窄長援上揚,脊綫突起,前鋒尖銳,胡部作四連弧形,闌側三長穿一小穿,
　　　　　　闌下部殘,長方形內,中部有一橫穿,後部三邊開刃。

【著　　録】未著録。

【銘文字數】胡部鑄銘文 7 字。

【銘文釋文】陳子高斁(廩)丘告(造)戠(戟)。

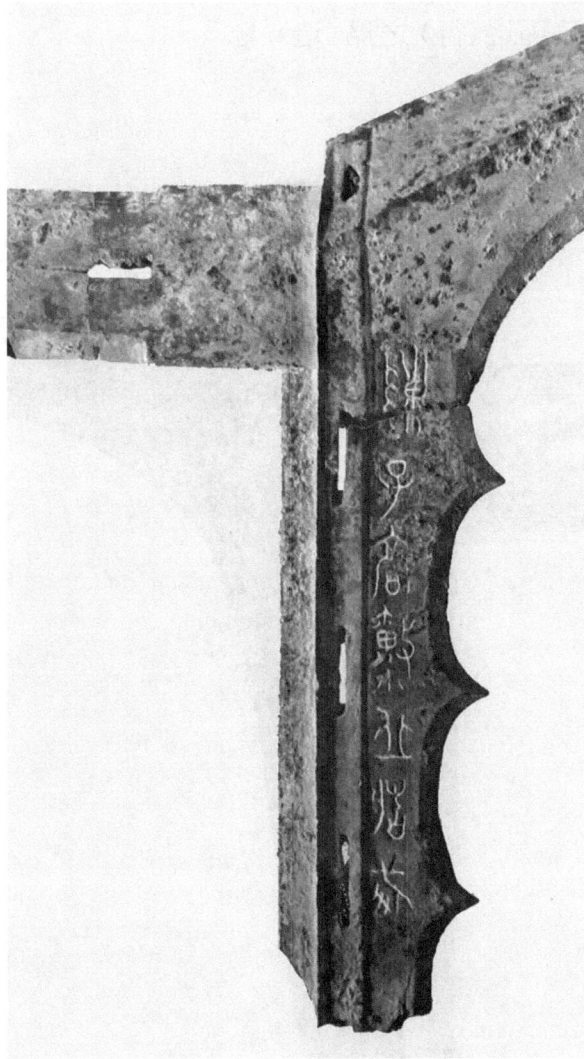

1468. 滕大司馬得戈（䊷大司馬逯戈）

【時　　代】戰國晚期。

【收　藏　者】某收藏家。

【形制紋飾】直援尖鋒，援上揚，前
　　　　　　部肥大，脊偏上，長胡，
　　　　　　闌側二長穿一小穿，闌
　　　　　　下出齒，長方形内，中
　　　　　　部有一橫穿，後部三邊
　　　　　　開刃。

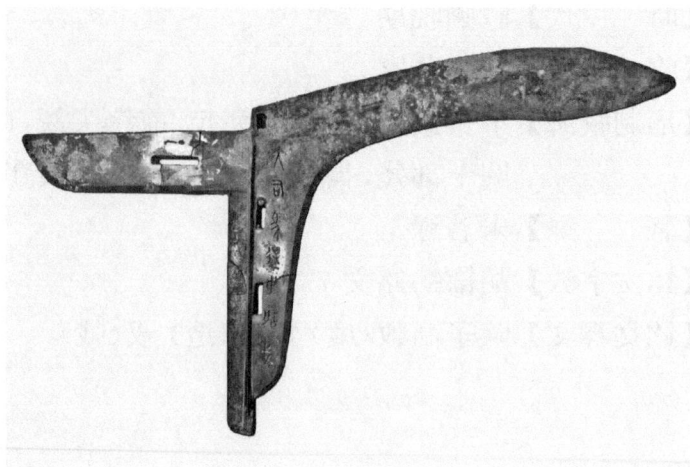

【著　　　錄】未著錄。

【銘文字數】胡部鑄銘文 7 字。

【銘文釋文】䊷（滕）大司馬逯（得）之䑸（造）戈。

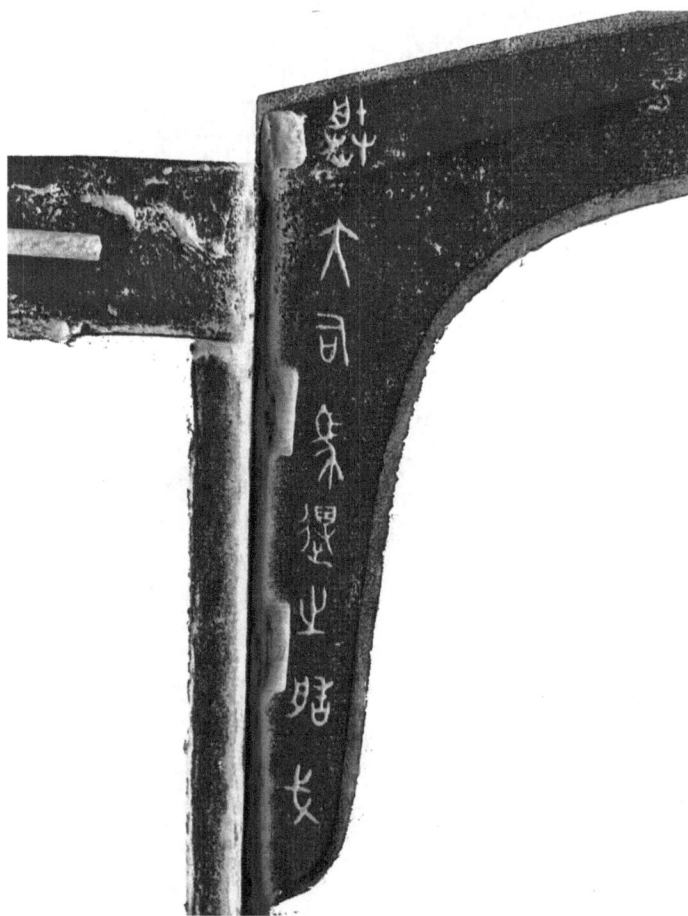

1469. 子蔡子敦戟

【時　　代】戰國晚期。

【收 藏 者】某收藏家。

【形制紋飾】長方形内，上有一橫穿，後部三邊開刃。

【著　　録】未著録。

【銘文字數】内部鑄銘文 7 字。

【銘文釋文】子帒（蔡）子敦之丘鍨（戟）。

1470. 臨江戈

【時　　代】戰國晚期。

【收　藏　者】河北保定市徐占勇達
　　　　　　　觀齋。

【尺度重量】通長 22.5 釐米。

【形制紋飾】直援尖鋒,有中脊,援
　　　　　　的前部肥碩,長胡三
　　　　　　穿,內上有一橫穿,後
　　　　　　部作刀形,三邊開刃。

【著　　錄】兵圖 13 頁。

【銘文字數】內正面刻 4 字,背面 3 字,共 7 字。

【銘文釋文】正面：臨江,成,武；背面：臨江,武。

【備　　注】銘文爲秦刻。

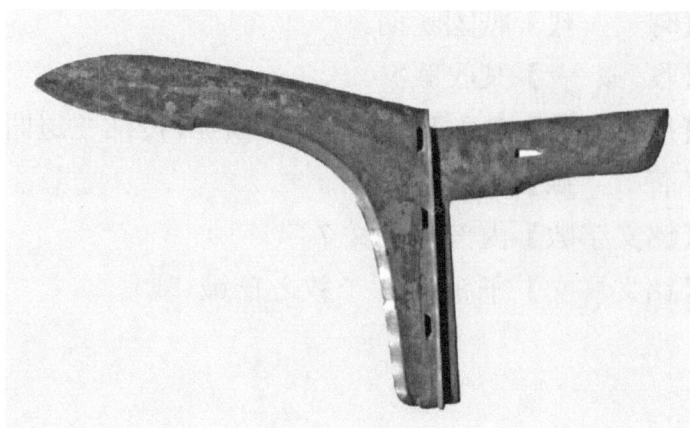

1471. 上庫戈

【時　　代】戰國晚期。

【出土時地】2010 年徵集。

【收 藏 者】陝西歷史博物館。

【尺度重量】通長 21.5 釐米。

【形制紋飾】直援較窄，尖鋒，長胡，
　　　　　　闌側三穿，闌下出齒，
　　　　　　内呈刀形，三邊開刃。

【著　　錄】陝 集 成 16 册 120 頁
　　　　　　1880。

【銘文字數】胡部刻銘文 7 字。

【銘文釋文】卅一年，上庫叴（冶）鑄。

【備　　注】"鑄" 字被裁掉。

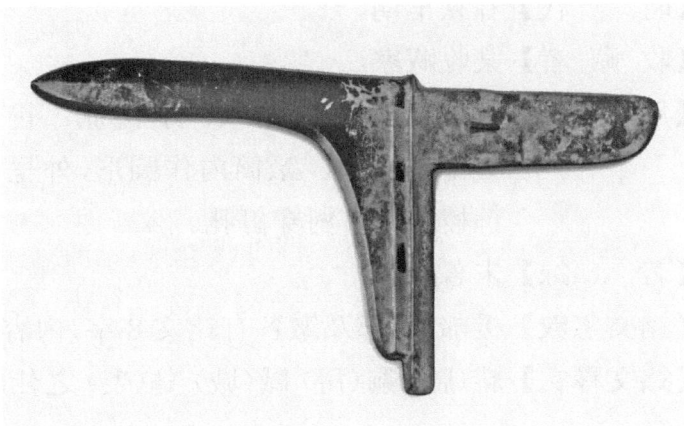

1472. 司城裘戈

【時　　代】春秋早期。

【收　藏　者】某收藏家。

【形制紋飾】直援上揚,尖鋒,中長胡,闌側二長穿一小穿,闌下出齒,內上有一橫穿,後部呈斜角。鐓筒內作圓形,外呈六邊形,上粗下細,上部有一道箍棱,箍棱之下有對穿釘孔。

【著　　錄】未著錄。

【銘文字數】援部、胡部及鐓各有銘文 8 字,內容相同。

【銘文釋文】縢(滕)嗣(司)𫮃(城)求(裘)之仕用戈。

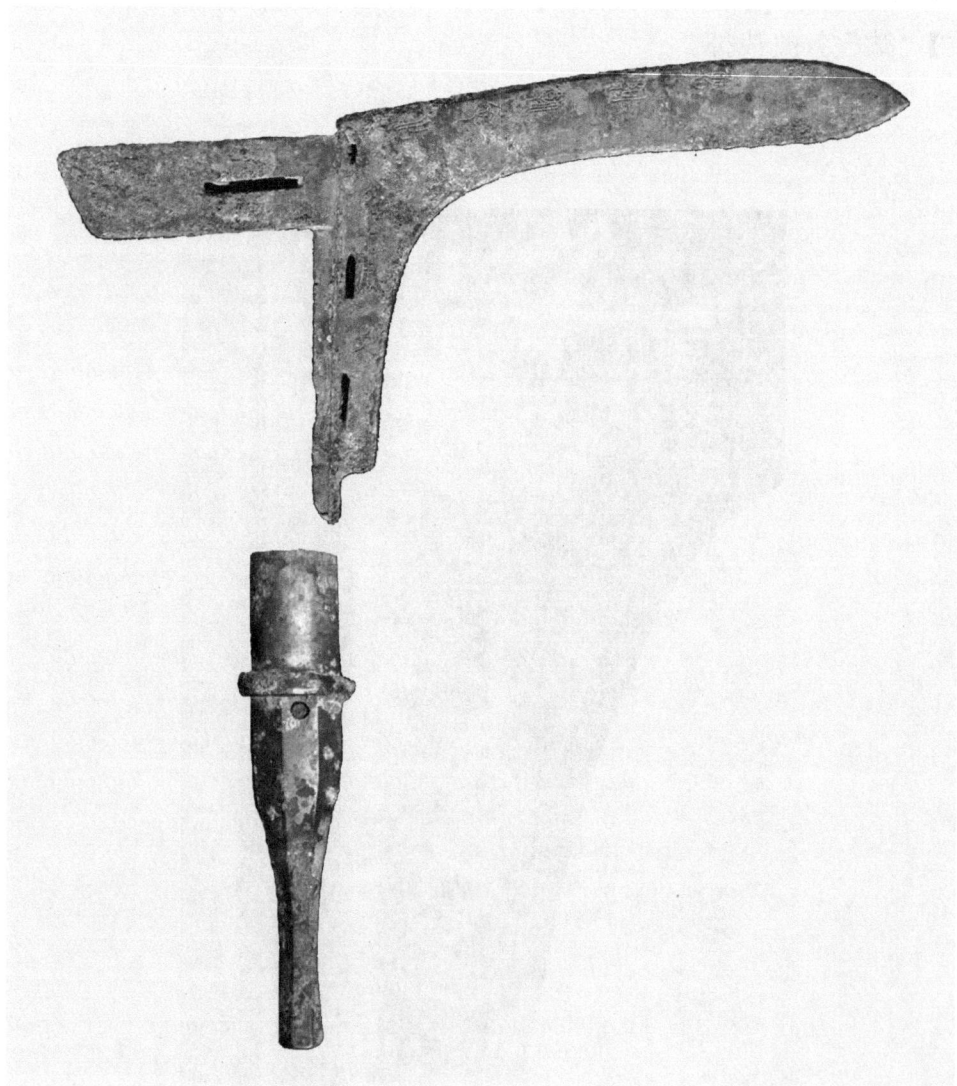

1473. 甈繸戈

【時　　代】春秋早期。

【收 藏 者】某收藏家。

【形制紋飾】直援尖鋒,中胡,闌側二長穿一小穿,闌下齒殘,長方形内,上有一横穿。

【著　　錄】未著録。

【銘文字數】内部鑄銘文8字。

【銘文釋文】甈繸乍(作)□金船(造)戈千。

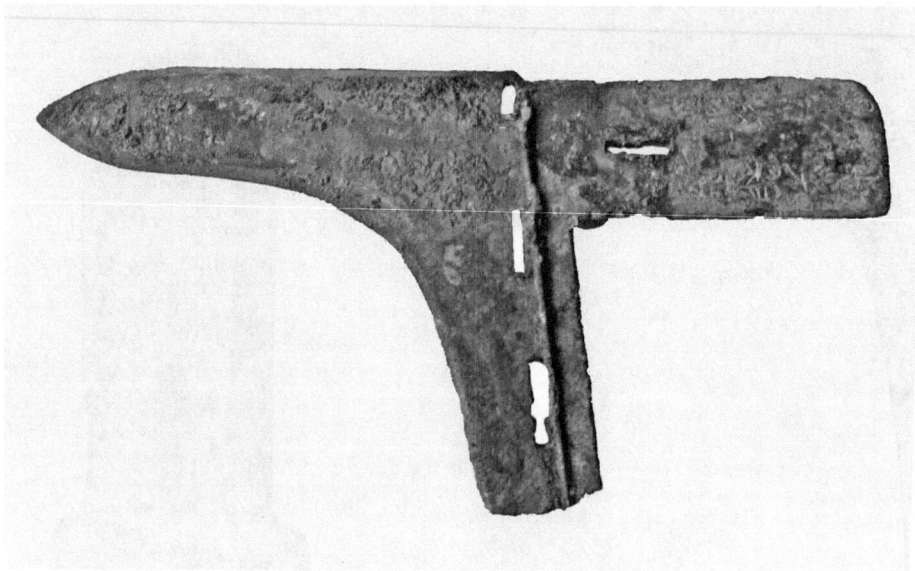

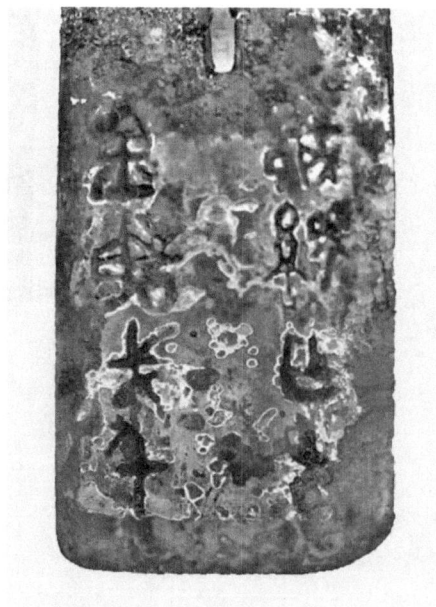

1474. □大司馬戟

【時　　代】春秋早期。

【收　藏　者】某收藏家。

【形制紋飾】直援尖鋒,脊部鼓起,
　　　　　　胡較寬,闌側二長穿一
　　　　　　小穿,闌下出齒,長方
　　　　　　形內,上有一橫穿。

【著　　錄】未著錄。

【銘文字數】胡部鑄銘文8字。

【銘文釋文】□大司馬□之族戈。

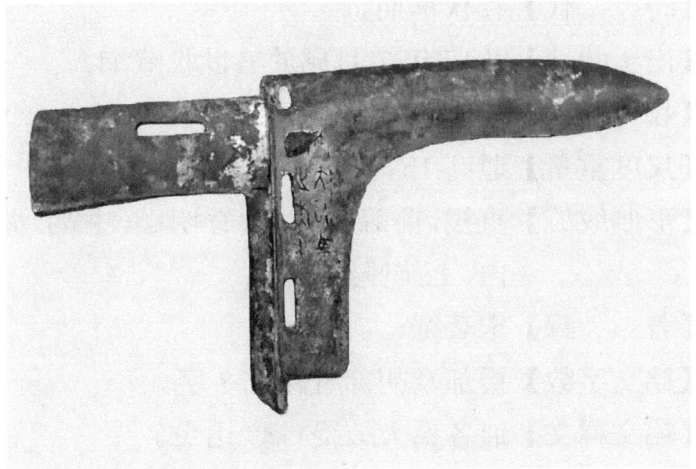

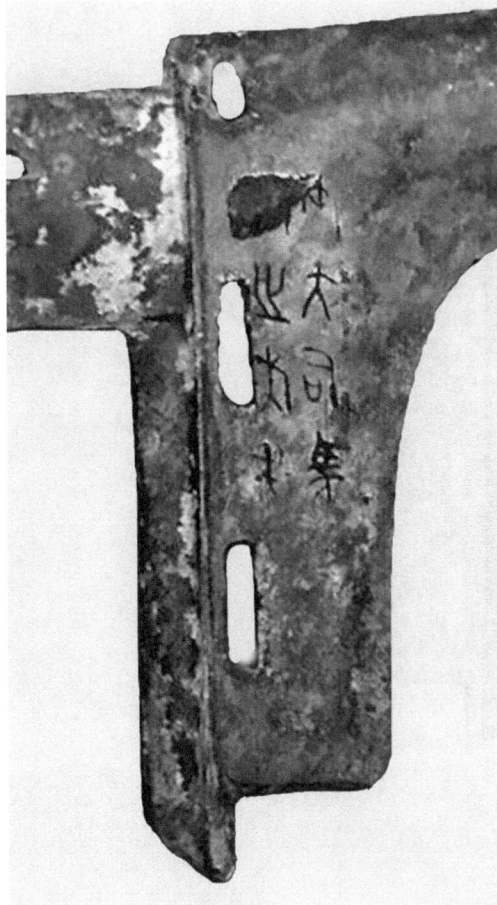

1475. 逋各戈

【時　　代】春秋早期。

【出土時地】2017 年 7 月見於盛世收藏網。

【收　藏　者】某收藏家。

【尺度重量】通高 15、口徑 38 釐米。

【形制紋飾】直援，前鋒尖銳，中脊明顯，中胡，闌側二長穿一小穿，闌下出齒，長方形內，上飾雙綫雷紋。

【著　　錄】未著錄。

【銘文字數】援部及胡部有銘文 8 字。

【銘文釋文】逋各爲大紋獎（鑄）用戈。

1476. 邗王是埜戈（邗王是野戈）

【時　　　代】春秋晚期·吴。

【出土時地】2018 年 5 月出現在香港大唐國際春季拍賣會。

【收 藏 者】某收藏家。

【尺度重量】通長 13.5、通高 7.5 釐米。

【形制紋飾】脊微隆起，兩側漸向下陷，援末下垂成胡，援根部有一圓形鑲嵌坑，鑲嵌物已掉，胡後有橢圓形銎，銎筒有兩道箍棱，其間有一對穿釘孔。內呈鏤空的數獸糾結形。

【著　　　録】未著録。

【銘文字數】援兩面共刻銘文 8 字。

【銘文釋文】邗王是埜（野）乍（作）爲元用。

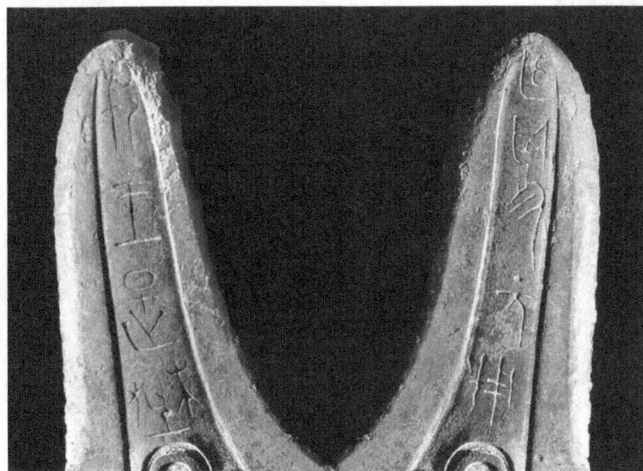

1477. 邘王是埜戈(邘王是野戈)

【時　　代】春秋晚期·吳。

【收 藏 者】某收藏家。

【形制紋飾】脊微隆起,兩側漸向下陷,援末下垂成胡,援根部有一圓形鑲嵌坑,鑲嵌
　　　　　物已掉,胡後有橢圓形銎,銎筒有兩道箍棱,其間有一對穿釘孔。內呈鏤
　　　　　空的數獸糾結形。

【著　　錄】未著錄。

【銘文字數】援兩面共刻銘文8字。

【銘文釋文】邘王是埜(野)乍(作)爲元用。

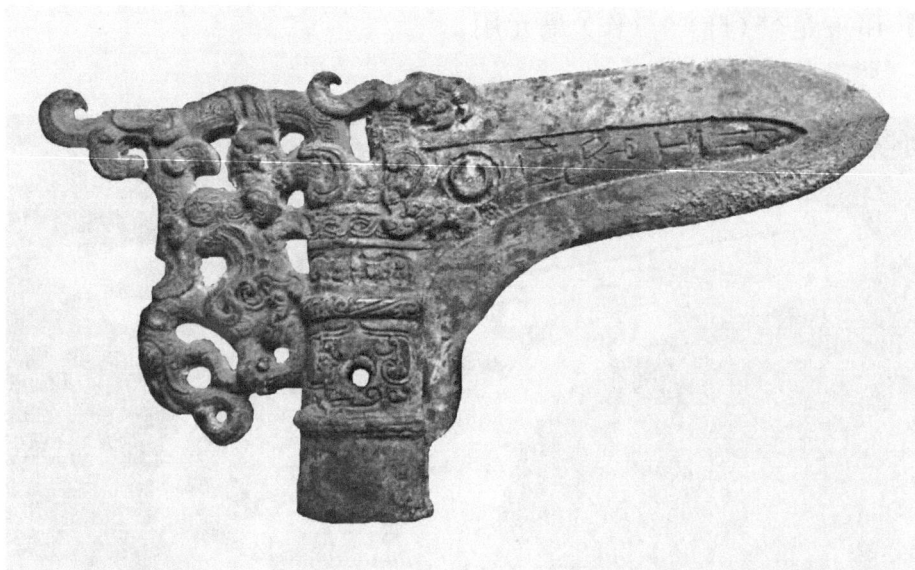

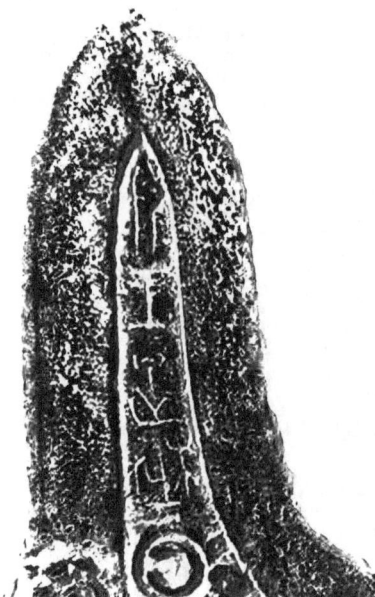

正面　　　　　　　　　　背面

1478. 武王攻堅戈

【時　　代】春秋晚期。

【收藏者】某收藏家。

【形制紋飾】直援中胡,尖鋒有脊,闌側二穿一小穿,闌下出齒,長方形内,上有一横
穿,末端上下角較圓。

【著　　録】未著録。

【銘文字數】内部鑄銘文 8 字。

【銘文釋文】武王攻堅乍(作)爲用戈。

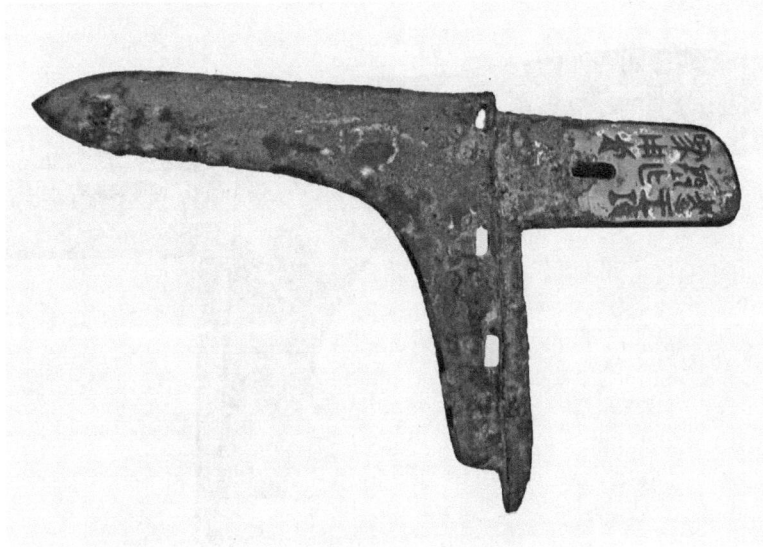

1479. 武王攻堅戈

【時　　代】春秋晚期。

【收 藏 者】某收藏家。

【形制紋飾】直援中胡，尖鋒，脊較平緩，闌側有二長穿一小穿，闌下出齒，長方形內，
上有一橫穿，末端上下角較圓。

【著　　錄】未著錄。

【銘文字數】內部鑄銘文8字。

【銘文釋文】武王攻堅乍（作）爲用戈。

1480. 合陽戈

【時　　代】戰國中期・魏。

【收 藏 者】某收藏家。

【形制紋飾】直援上揚，長胡，闌側三穿，闌下出齒，長方形內，上有一橫穿，後部三邊
　　　　　　開刃。

【著　　錄】未著錄。

【銘文字數】內部鑄銘文 8 字。

【銘文釋文】廿九年，合陽庫冶狄。

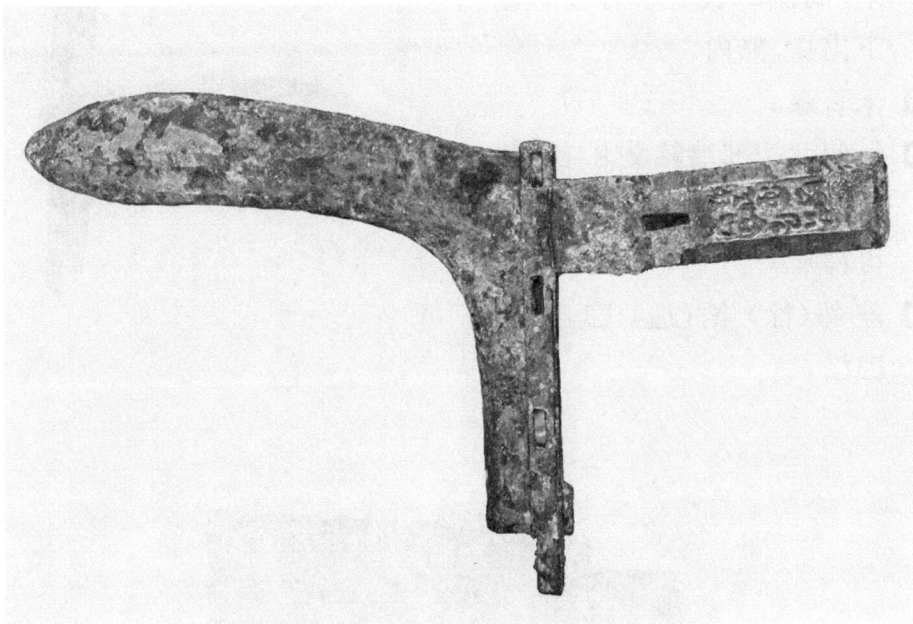

1481. 差徐戟

【時　　代】戰國中期(越王初無餘,前372－前361年)。

【收 藏 者】某收藏家。

【形制紋飾】三戈戟,上戈直援窄長,尖鋒,脊鼓起,中胡,闌側二長穿一小穿,闌下出齒,内甚長,上有一横穿。下二戈直援尖鋒,援較上戈短,中胡,闌側二長穿一小穿,闌下出齒,無内。

【著　　録】未著録。

【銘文字數】每個戈胡部鑄銘文8字(因未除銹,只有第二戈銘文可釋)。

【銘文釋文】差郐(徐)徣(造)□□□□□。

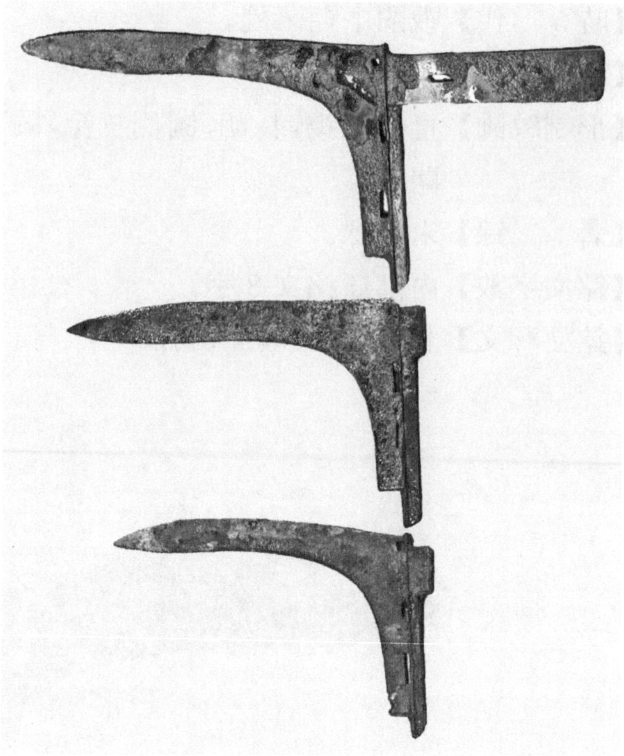

1482. 燕王詈戈(郾王詈戈)

【時　　代】戰國晚期。

【出土時地】河北。

【收　藏　者】河北保定市徐占勇達觀齋。

【尺度重量】通長 25 釐米。

【形制紋飾】直援尖鋒,脊平緩,援前部肥碩,胡作三連弧形,闌下出齒,闌側三穿,内作長方形,下角有缺,前段有"凸"字形加厚層,其上有一橫穿。

【著　　録】兵圖 6 頁。

【銘文字數】内部鑄銘文 8 字。

【銘文釋文】郾(燕)王詈造行議卒鈹。

1483. 燕王喜戈（郾王喜戈）

【時　　代】戰國晚期。

【出土時地】捐贈。

【收　藏　者】河北易縣燕下都文
　　　　　　　管所。

【尺度重量】通高 23.3 釐米。

【形制紋飾】直援尖鋒，長胡，胡
　　　　　　呈三連弧形，闌側三
　　　　　　穿，闌下出齒，内上
　　　　　　一横穿，後部飾陽綫

虎紋，以横豎短綫爲地紋，右上角有一繫綏的小横孔，右下角有缺。

【著　　　録】熠熠 185 頁。

【銘文字數】胡部有銘文 8 字。

【銘文釋文】郾（燕）王喜愿（作）御司馬鈠（戜）。

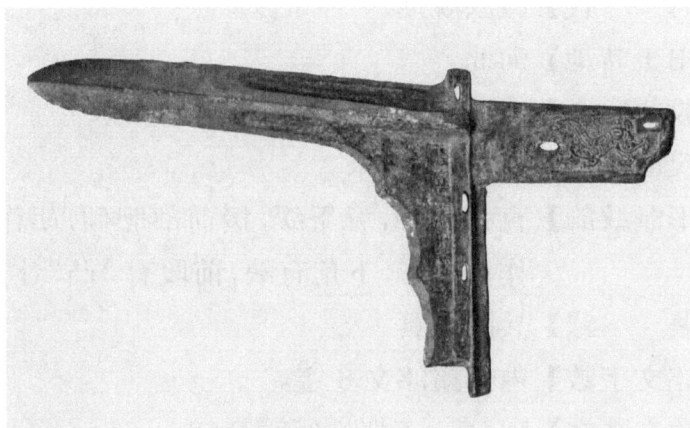

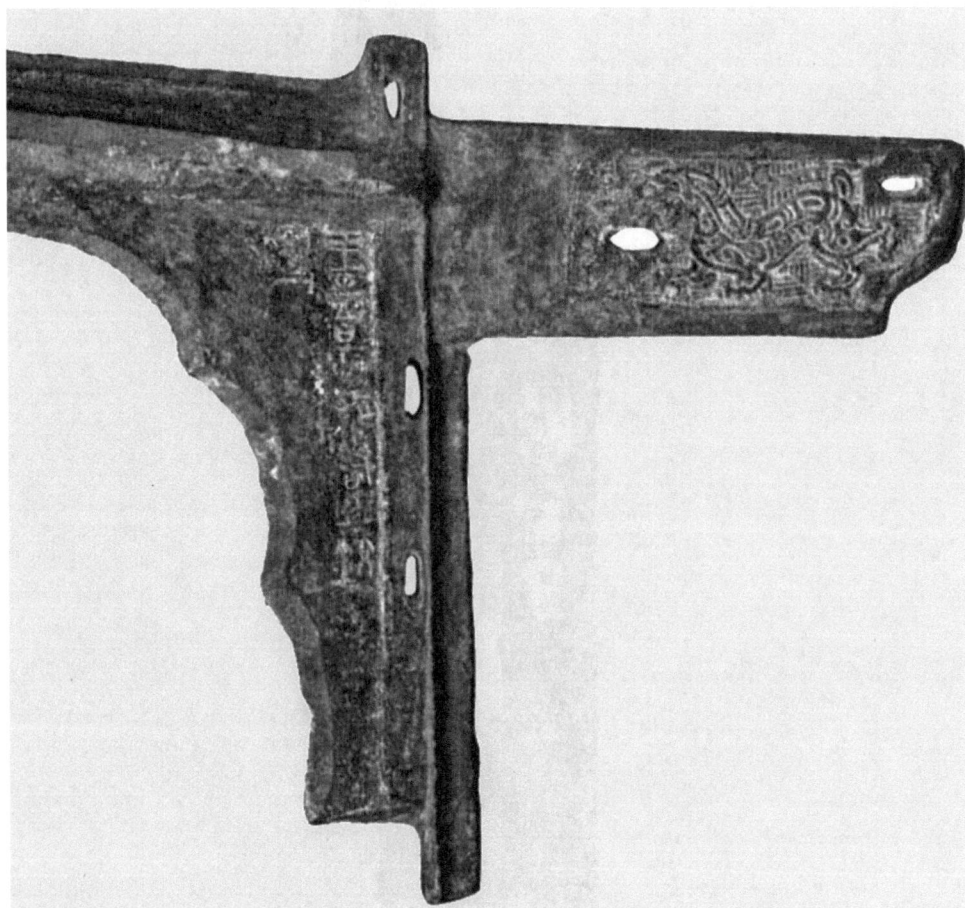

1484. 燕王喜戈(郾王喜戈)

【時　　代】戰國晚期。

【出土時地】河北。

【收　藏　者】河北保定市徐占勇達觀齋。

【尺度重量】通長27釐米。

【形制紋飾】直援,鋒稍殘,有中脊,援後部兩側有血
槽,胡作三連弧形,闌上下出齒,闌側三
穿,内作長方形,下角有缺,其上有一橫
穿。内後部裝飾人飼虎紋。

【著　　錄】兵圖8頁。

【銘文字數】胡部鑄銘文8字。

【銘文釋文】郾(燕)王喜惡(作)御司馬鎞(戢)。

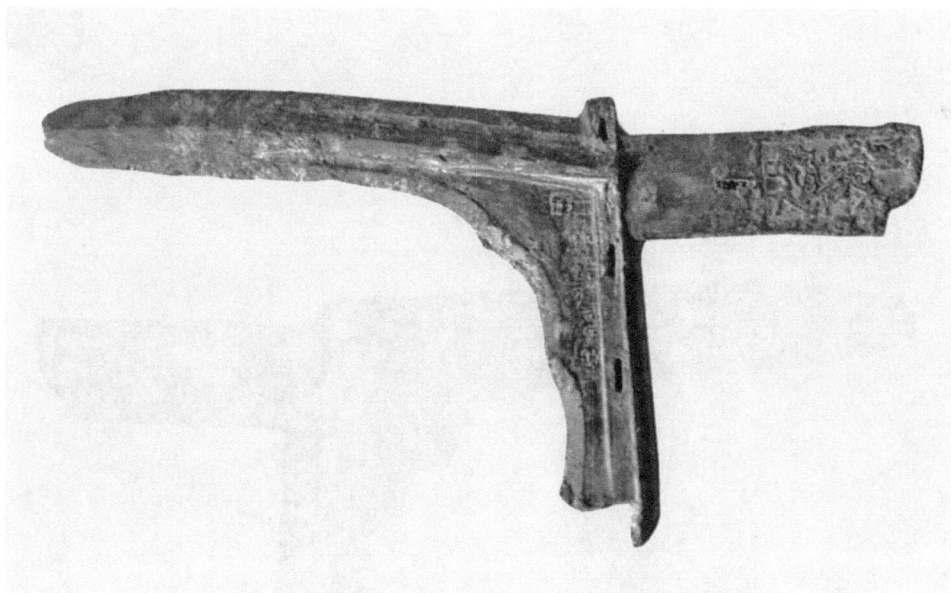

1485. 燕王喜戈（郾王喜戈）

【時　　代】戰國晚期。

【出土時地】河北。

【收　藏　者】河北保定市徐占勇達觀齋。

【尺度重量】通長 27 釐米。

【形制紋飾】直援，鋒稍殘，有中脊，援後部
　　　　　　兩側有血槽，胡作三連弧形，
　　　　　　闌上下出齒，闌側三穿，內作
　　　　　　長方形，下角有缺，其上有一
　　　　　　橫穿，右上角有一繫綏的小橫
　　　　　　孔，後部飾虎紋。

【著　　　錄】兵圖 9 頁。

【銘文字數】胡部鑄銘文 8 字。

【銘文釋文】郾（燕）王喜忞（作）御司馬鍨
　　　　　　（戣）。

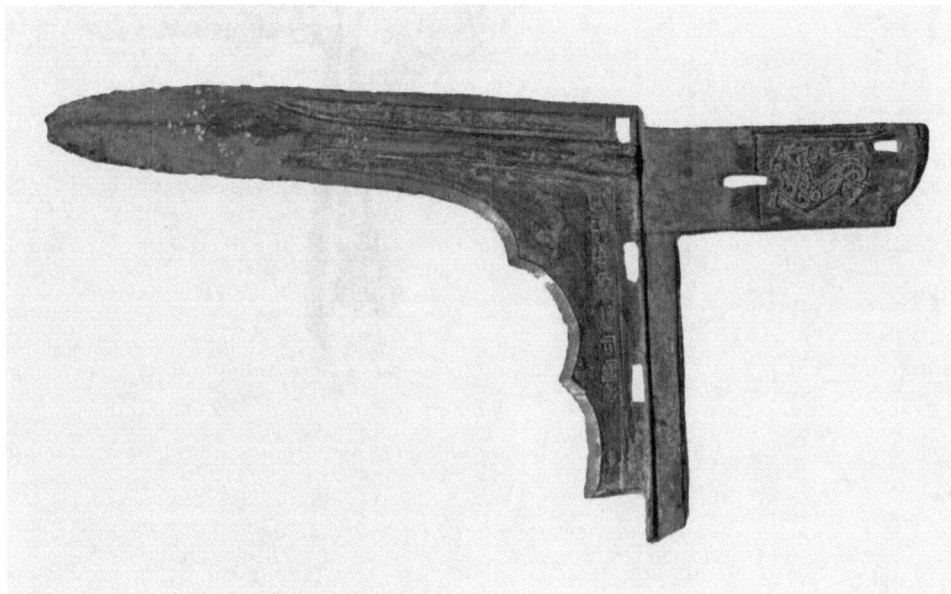

1486. 周王孫季怡戈（周王孫季訡戈）

【時　　代】春秋中期。

【收 藏 者】某收藏家。

【形制紋飾】直援尖鋒，平脊，中胡向下收窄，闌側二長穿一小穿，闌下出齒，長方形
　　　　　　内，上有一橫穿，後部飾雙綫鳥首紋。

【著　　録】未著録。

【銘文字數】援部和胡部鑄銘文 9 字。

【銘文釋文】周王孫季訡（怡）之元用戈。

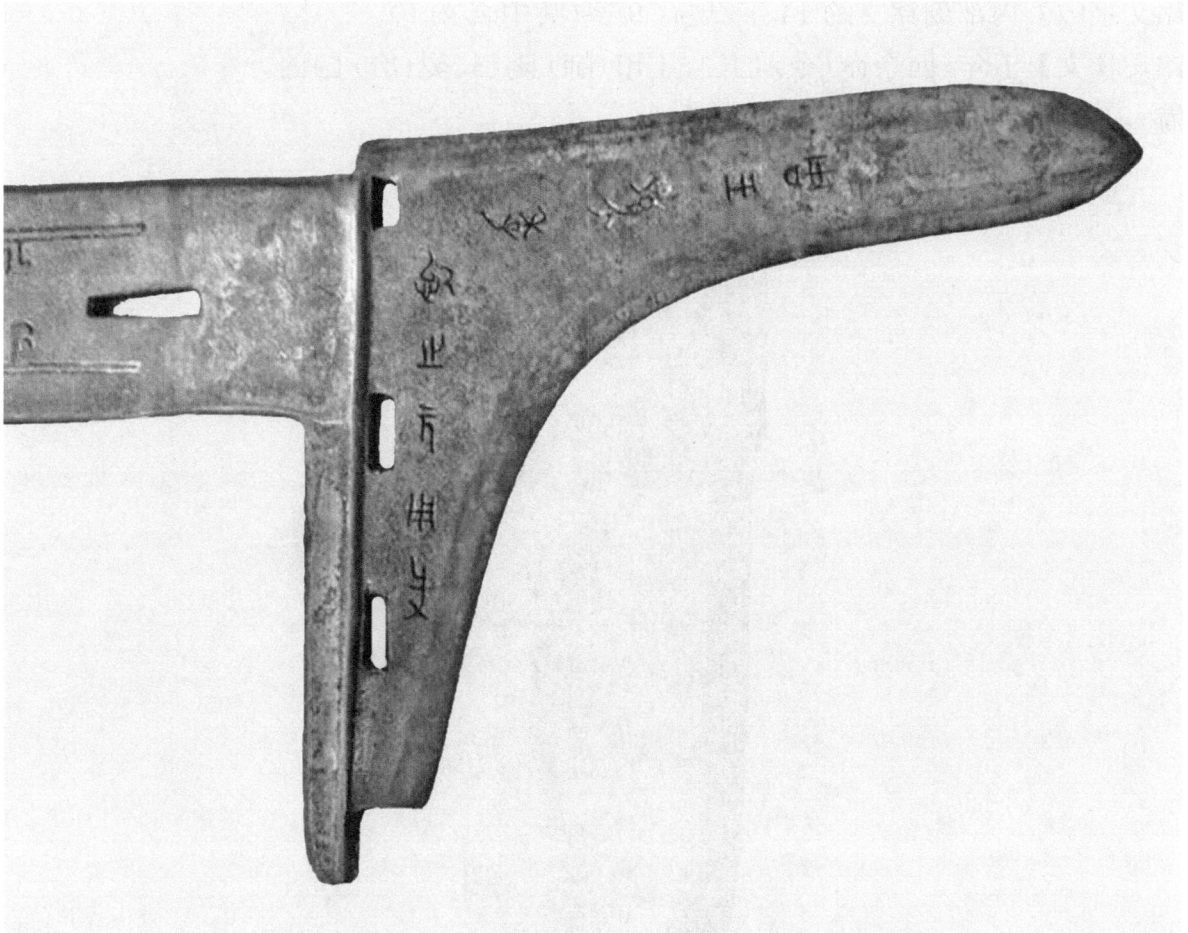

1487. 西余令戈

【時　　代】戰國晚期·趙。

【收藏者】某收藏家。

【形制紋飾】直援尖鋒,脊部鼓
起,援的前部較寬,
後部較窄,長胡,闌
側二長穿一小穿,
闌下出齒,内上有
一橫穿,三邊開刃。

【著　　録】文字研究 18 輯 35
頁圖 2。

【銘文字數】内部刻銘文約 14 字,現存 9 字(其中合文 1)。

【銘文釋文】五年,西余命(令)□□,工帀(師)陽□、冭(冶)□□。

【備　　注】銘文中"工帀(師)"爲合文。

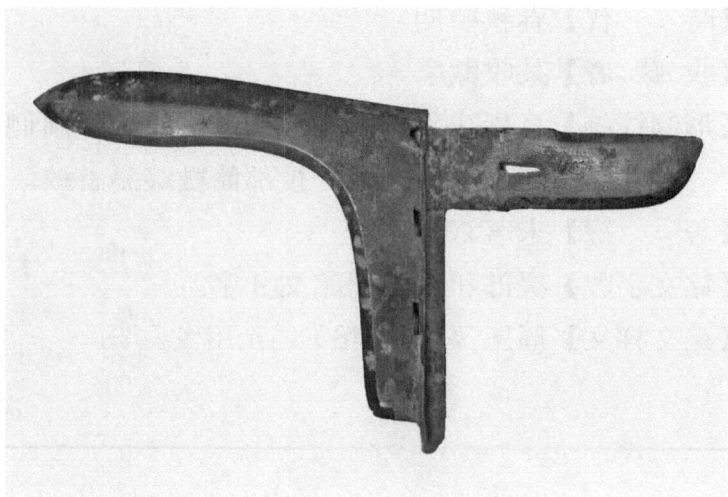

1488. 楚王戈

【時　　代】戰國早期。

【出土時地】2008 年河南南陽市臥龍區名門房地産公司工地M 46。

【收 藏 者】南陽市文物考古研究所。

【尺度重量】通長 29.6、内長 6.8 釐米。

【形制紋飾】直援尖鋒，脊部鼓起，中胡，闌側二長穿一小穿，闌下出齒，長方形内，上有一橫穿。内的正反兩面飾變形鳥啄形雙綫勾連紋。

【著　　録】出土文獻 13 輯 72 頁圖 1、73 頁圖 2。

【銘文字數】胡部鑄銘文 6 字，内部 4 字（其中合文 1），共 10 字。

【銘文釋文】胡部：楚王之用，克莒；内部：鑄之元戈。

【備　　注】内部銘文"元戈"二字爲合文。

胡部銘文

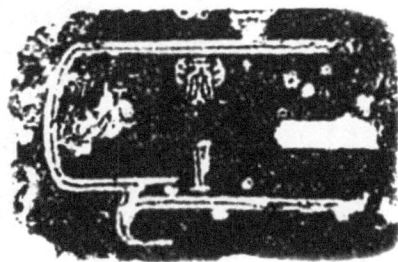

内部銘文

1489. 司寇韓戈（十六年戈）

【時　　代】戰國晚期。

【出土時地】捐贈。

【收　藏　者】河北易縣燕下都文
　　　　　　管所。

【尺度重量】通高26.7釐米。

【形制紋飾】直援尖鋒，中脊偏上，
　　　　　　長胡，闌側有三個半月
　　　　　　形穿，闌下出齒，內呈
　　　　　　刀形，前部有一橫穿，
　　　　　　後部三邊開刃。

【著　　錄】熠熠195頁。

【銘文字數】內部有銘文10字以上。

【銘文釋文】十六年□□□□司寇（寇）䩉（韓）……

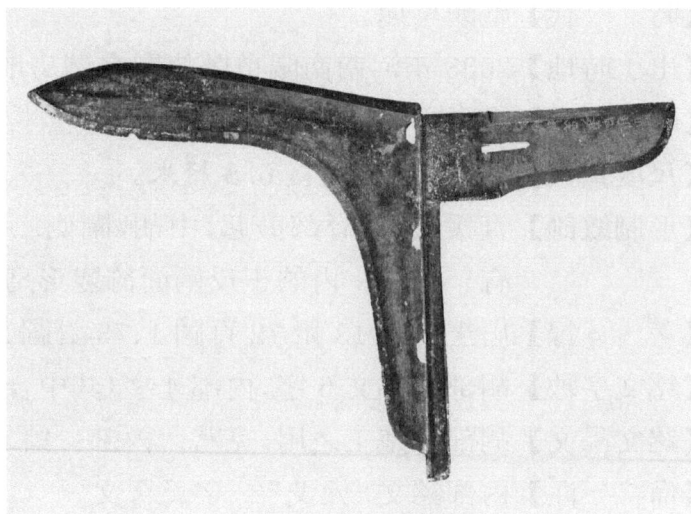

1490. 率夫余無戈

【時　　代】春秋早期。

【收藏者】某收藏家。

【尺度重量】通長 21.4、闌高 12.1
　　　　　　釐米。

【形制紋飾】直援，三角尖鋒，脊部
　　　　　　微鼓起，長胡，闌側二
　　　　　　長穿一小穿，援後部有
　　　　　　一圓孔，闌下出齒較
　　　　　　長，長方形內上有一橫
　　　　　　穿，後上角圓，後下角
　　　　　　有缺。

【著　　錄】未著錄。

【銘文字數】胡部鑄銘文 12 字。

【銘文釋文】逤（率）夫余無自乍（作）爲戈，用銅永用。

【備　　注】銘文反書。

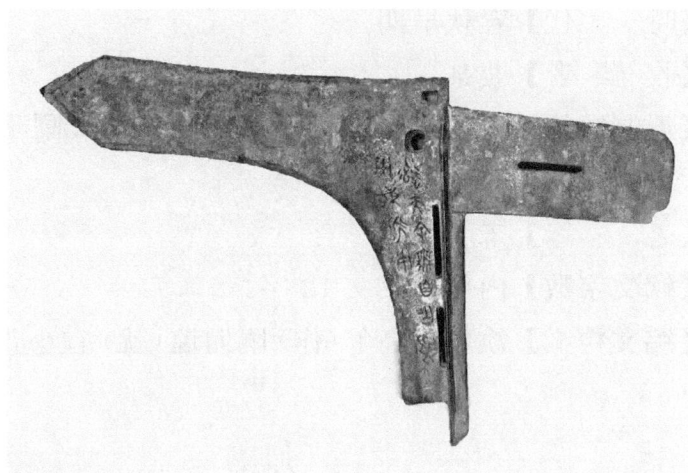

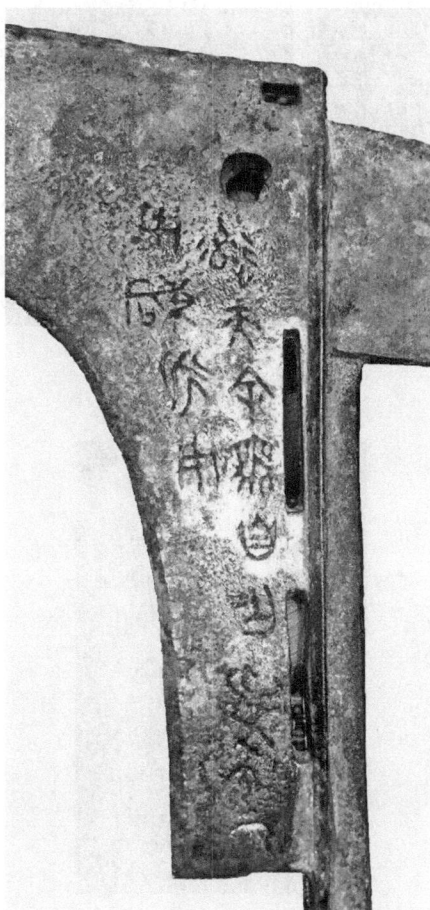

1491. 湀尔八高戈

【時　　代】春秋早期。

【收　藏　者】裴某。

【形制紋飾】直援尖鋒，長胡，闌側有四穿，闌下出齒，長方形內，上有一橫穿，後部
　　　　　　圓角。

【著　　錄】未著錄。

【銘文字數】內部鑄銘文 12 字。

【銘文釋文】湀尔八高乍（作）隔向逺（就）宜小告用。

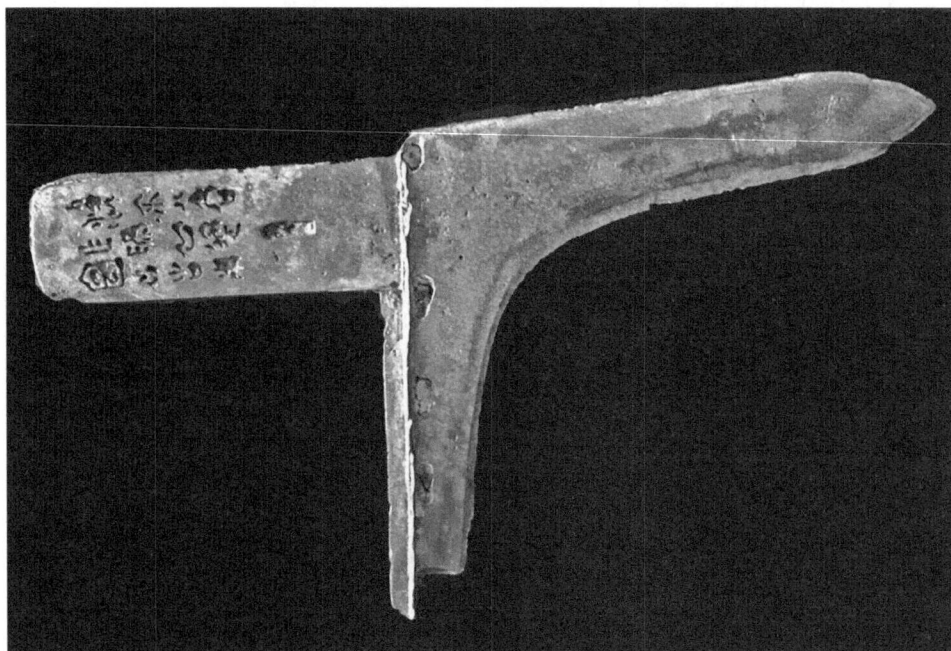

1492. 郳公戈（阮公戈）

【時　　代】春秋晚期。

【出土時地】山東滕州市春秋墓。

【收　藏　者】山東滕州市公安局。

【尺度重量】通長 28.1、闌高 11.6
　　　　　　釐米。

【形制紋飾】直援尖鋒，援微上揚，
　　　　　　脊綫明顯，長胡，闌側
　　　　　　有三個半圓形穿，闌下
　　　　　　無齒，内呈刀形，上有
　　　　　　一横穿，三邊開刃。

【著　　錄】未著録。

【銘文字數】胡部鑄銘文 12 字。

【銘文釋文】阮（郳）公克父羃（擇）其吉金，乍（作）其元用。

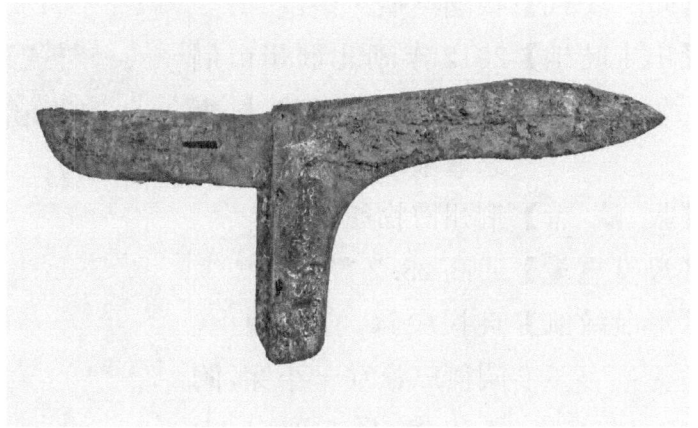

1493. 昭王之諻戈

【時　　代】戰國早期·楚。

【出土時地】2012 年湖北荊州市荊
州區紀南鎮三紅村李
家堰墓地（M113.2）。

【收 藏 者】荊州博物館。

【尺度重量】通高 23.2 釐米。

【形制紋飾】直援尖鋒，脊綫偏上，
闌側三長穿一小穿，闌
下出齒，長方形內，上
有一橫穿。

【著　　錄】江漢考古 2016 年 2 期 88 頁圖 2。

【銘文字數】援身鑄銘文 12 字。

【銘文釋文】邵（昭）王之諻羃（擇）元（其）吉金，乍（作）寺（持）輕（輇—萃）戈。

1494. 昭王之信戈

【時　　代】戰國早期。

【出土時地】2006 年 5 月湖北襄陽市襄州區東津鎮陳坡村楚墓（M10S.96）。

【收 藏 者】湖北省文物考古研究所。

【尺度重量】通長 23.6、援長 14.6、闌高 10.2 釐米。

【形制紋飾】直援上揚，隆脊，前鋒圓鈍，長胡，闌側三長穿一小穿，闌下出齒，長方形
　　　　　　內，上有一橫穿，內末下角有缺。鐓上部截面呈橢圓形，中空成銎，下部
　　　　　　作獸蹄形，中部鑄有羊形凸箍，銎口下有對穿釘孔。鐓體飾錯金銀勾連
　　　　　　雲紋。

【著　　錄】考古 2016 年 6 期 98 頁圖 1，古文字研究 32 輯 286 頁圖 1。

【銘文字數】援部鑄銘文 12 字。

【銘文釋文】卲（昭）王之信嘼（擇）元（其）吉金，乍（作）寺（持）䡓（䡓—萃）戈。

1495. 東陽上庫戈

【時　　代】戰國晚期・趙。

【出土時地】2007-2008 年安徽六安市雙龍機牀廠戰國墓地（M687.2）。

【收　藏　者】安徽省文物考古研究所。

【形制紋飾】直援尖鋒，長胡三穿，闌下出齒，闌中部有缺，長方形內，三邊有刃。

【著　　錄】東南文化 2017 年 1 期 87 頁圖 2。

【銘文字數】內部鑄銘文 12 字。

【銘文釋文】廿三年，東陽上庫工帀（師）篦、坙（冶）犾（伐）。

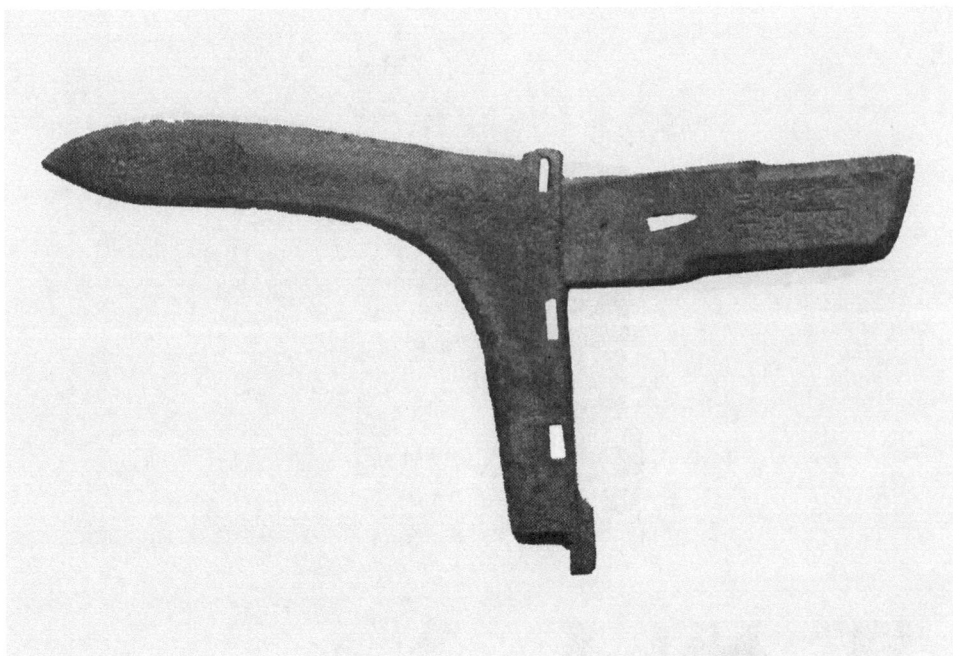

1496. 亭陽嗇夫鋬戈

【時　　代】戰國晚期。

【收　藏　者】某收藏家。

【尺度重量】通長 23 釐米。

【形制紋飾】直援微上揚，長胡，闌側三穿，闌下出齒，闌中部有缺，内上有一橫穿，後部作刀形，三邊開刃。

【著　　録】未著録。

【銘文字數】内部刻銘文 12 字（其中合文 1）。

【銘文釋文】三（四）年，亭陽嗇夫鋬，帀＝（工帀—師）何、坓（冶）倡。

【備　　注】銘文中"工帀（師）"爲合文，"嗇"字省卻下部。

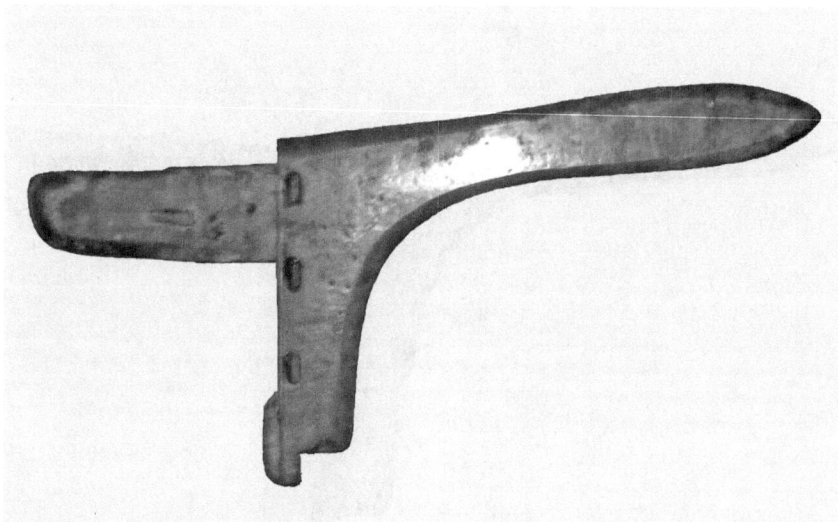

銘文照片（放大）　　　　　　　　銘文摹本（放大）

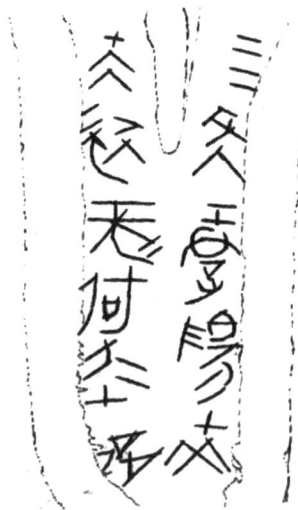

1497. 蔡子戈

【時　　代】春秋晚期。

【出土時地】商州地區出土,1990
　　　　　　年商州博物館調撥陝
　　　　　　西歷史博物館。

【收 藏 者】陝西歷史博物館。

【尺度重量】通 長 23.5、闌 殘 高
　　　　　　10.7 釐米,重 235 克。

【形制紋飾】直援尖鋒,脊綫偏上,
　　　　　　胡較寬,闌側二長穿一
　　　　　　小穿,闌的下齒殘斷,長方形内,上有一橫穿。

【著　　錄】文博 2016 年 3 期 51 頁圖 2。

【銘文字數】胡部鑄銘文 13 字。

【銘文釋文】希(蔡)子□之用戈,㠯(以)氒(厥)克成冬(終)□之。

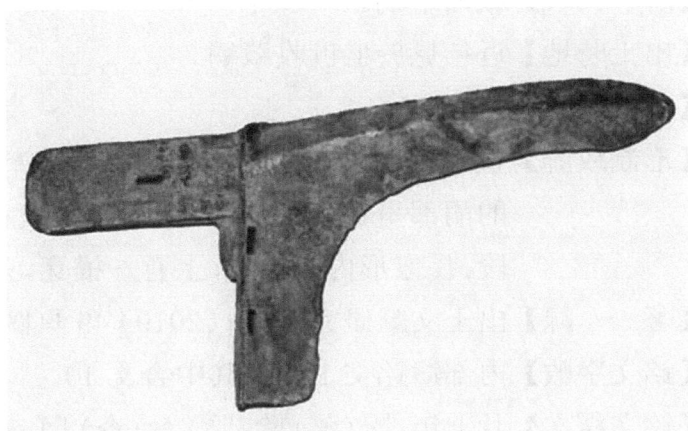

1498. 蕩陰令戈（陽陰令戈）

【時　　　代】戰國中期。

【出土時地】近年見於盛世收藏網。

【收　藏　者】某收藏家。

【形制紋飾】直援尖鋒，脊綫明顯，中長胡較窄，闌側三穿，有穿
　　　　　　的胡部呈長條形加厚，大部分闌缺省，只留下部一小
　　　　　　段，長方形内微上斜，上有一橫穿，三面開刃。

【著　　　録】出土文獻研究 17 輯（2019）49 頁圖 3。

【銘文字數】内部鑄銘文 13 字（其中合文 1）。

【銘文釋文】廿七年，陽（蕩）陰（陰）命（令）□，右庫帀＝（工帀—
　　　　　　師）䴏，斦（冶）象。

【備　　　注】"工師"二字爲合文。

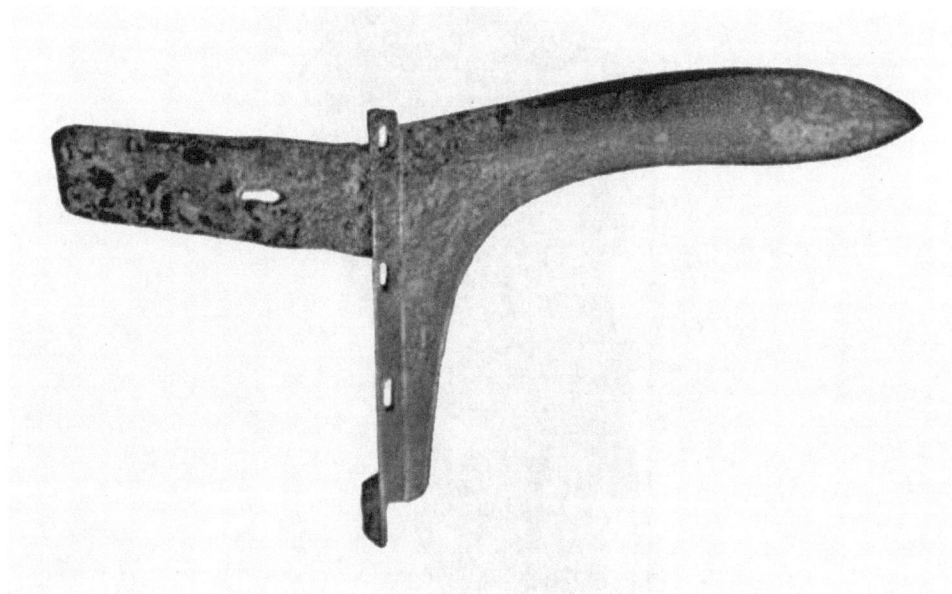

1499. 公乘斯戈

【時　　代】戰國晚期。

【收　藏　者】某收藏家。

【形制紋飾】直援上揚,有脊,長胡,闌側二長穿一
　　　　　　小穿,闌下出齒,長方形内,前部有一
　　　　　　橫穿,後下角有缺。

【著　　錄】未著錄。

【銘文字數】内部刻銘文 13 字(其中合文 1)。

【銘文釋文】十三年,邦司寇(寇)公乘斯,上庫帀〓
　　　　　　(工帀—師)。

【備　　注】"工師"二字合文,有合文符號。《銘續》
　　　　　　1249 曾著錄一件,因被銹掩,"十三
　　　　　　年"故誤爲"三年"。此戈銘文與之相
　　　　　　較,"工師"之後少刻"□議,鈈(冶)疾"
　　　　　　4 字。

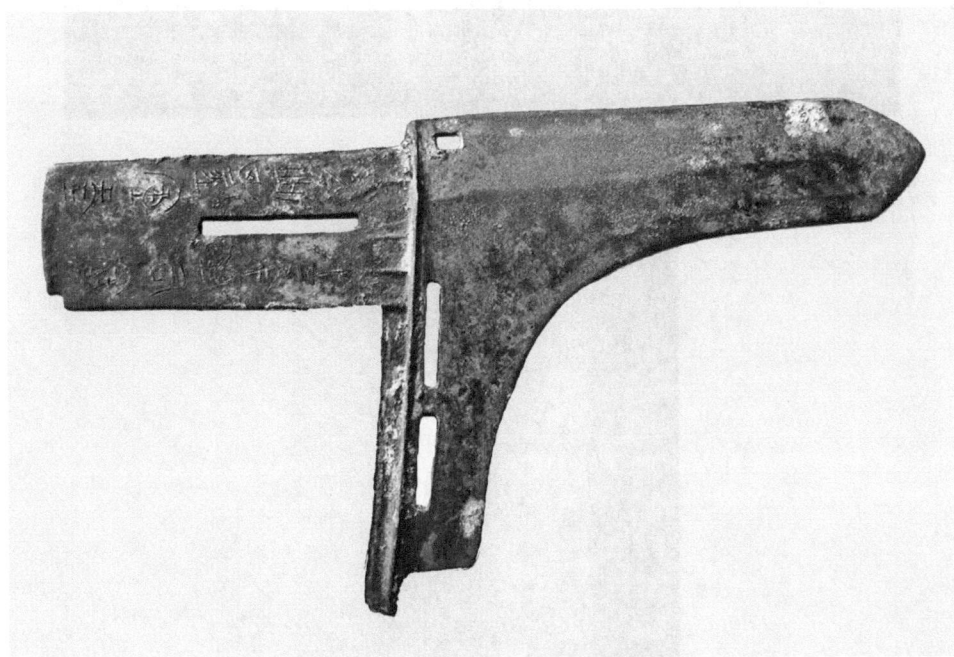

1500. 上洛左庫戈

【時　　代】戰國晚期·魏。

【收 藏 者】某收藏家。

【形制紋飾】援上揚,尖鋒,前部肥碩,脊綫偏上,長胡,闌側三穿,闌上下出齒。闌的中部省卻,內微上揚,前部有一橫穿,呈刀形,三邊開刃。

【著　　錄】未著錄。

【銘文字數】內部刻銘文 13 字(其中合文 2)。

【銘文釋文】廿＝(二十)八年,上洛左庫帀＝(工帀—師)杊、工口。

【備　　注】銘文中"廿"爲"二十"的合文,"工帀(師)"二字爲合文,均有合文符號。

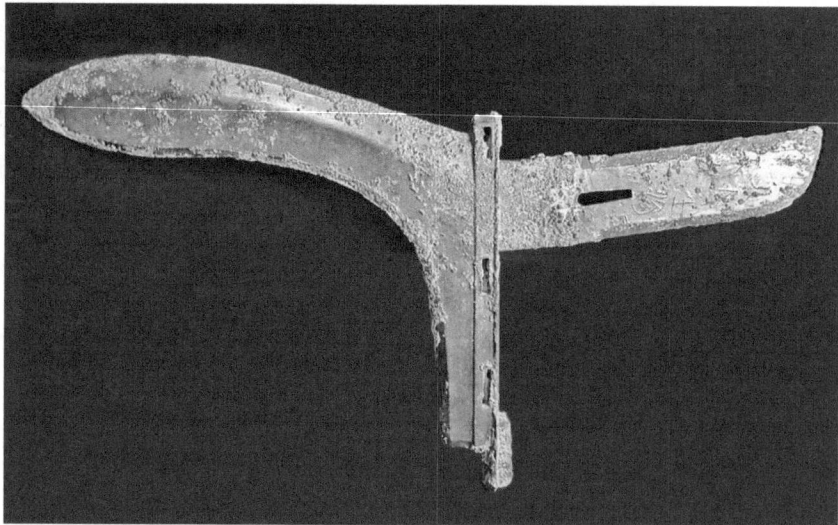

1501. 濩澤君戈（隻睪君戈）

【時　　代】戰國晚期・韓。

【出土時地】1971年河南新鄭市白廟范村。

【收 藏 者】河南博物院。

【尺度重量】殘長27、援寬3.2、胡高14釐米。

【形制紋飾】直援尖鋒，脊綫明顯，長胡，闌側二長穿一小穿，
　　　　　　闌下出齒，内上有一橫穿，後部三面開刃，尾
　　　　　　部殘。

【著　　録】出土文獻研究17輯（2019）52頁圖4。

【銘文字數】内部刻銘文13字。

【銘文釋文】隻（雙—濩）睪（澤）君七年，庫嗇夫樂疕，垼（冶）
　　　　　　畬（舒）賞（造）。

1502. 屬邦守薜戈

【時　　代】戰國晚期·秦。

【出土時地】浙江紹興市東郊西施山遺址。

【收　藏　者】紹興博物館。

【形制紋飾】直援上揚,尖鋒,援的前部肥碩,下刃弧曲,中有脊,脊兩側呈弧形凹下,形成血槽,胡長大於援長,闌側四穿,闌下出齒,内上揚,中部有一橫穿,後部作刀形,三邊開刃。

【著　　録】出土文獻與古文字研究 4 輯 115 頁。

【銘文字數】内正面刻銘文 12 字,背面戳印 1 字,共 13 字。

【銘文釋文】正面:二年,屬邦守薜(薜)造,工室建、工後;
　　　　　　背面:邦。

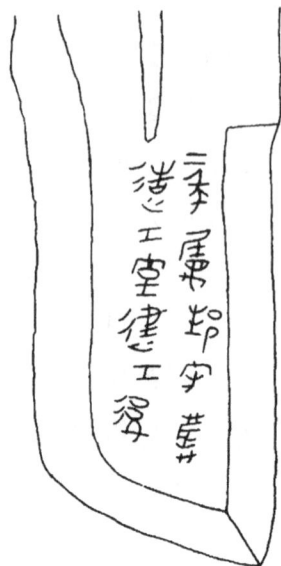

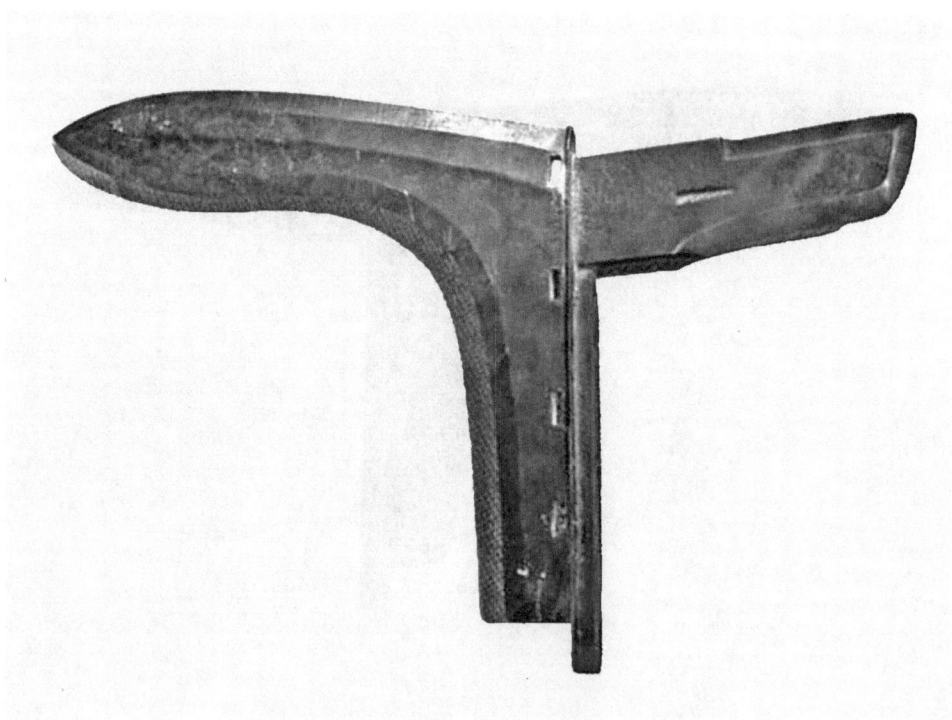

1503. 右御工尹戈

【時　　　代】戰國晚期。

【收　藏　者】河北保定市徐占勇達觀齋。

【尺度重量】通高 23.3 釐米。

【形制紋飾】直援尖鋒，援的前部肥碩，長胡，闌側三
　　　　　　穿，闌下出齒，內上有一橫穿，後部呈刀
　　　　　　形，三邊開刃。

【著　　　錄】兵圖 10 頁，出土文獻 14 輯 185。

【銘文字數】內上刻銘文 13 字（其中合文 1）。

【銘文釋文】六年，右御攻（工）𡨄（尹），［五］夫＝（大
　　　　　　夫）青，亓（其）容（厩）占（中）。

【備　　　注】銘文中"大夫"爲合文。

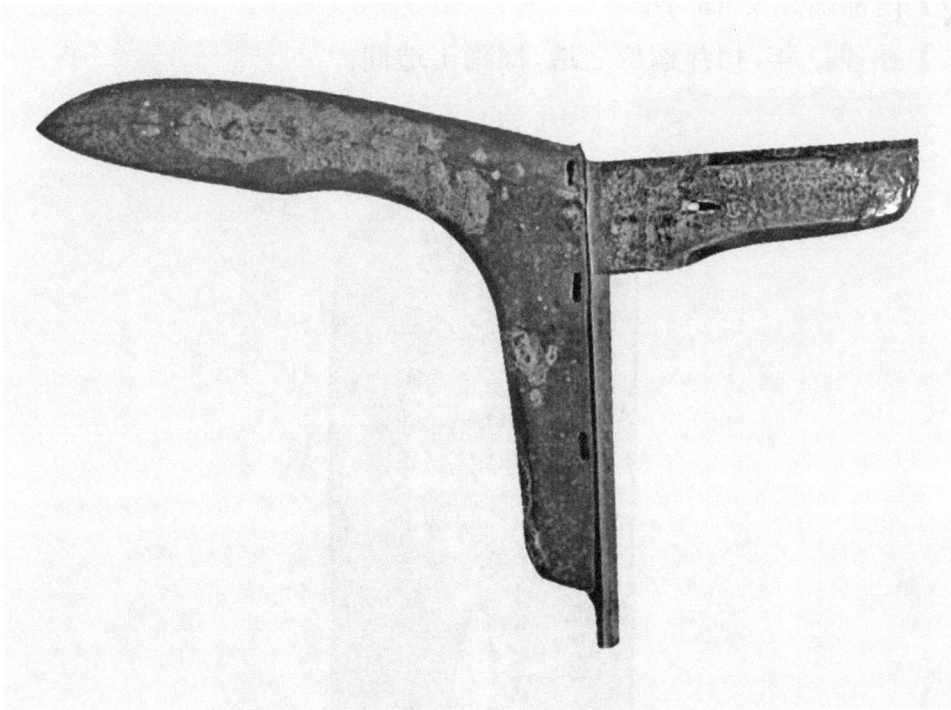

1504.　梁大令韓譙戈

【時　　　代】戰國晚期·韓(韓王安三年,前236年)。

【收 藏 者】某收藏家。

【形制紋飾】內上有一橫穿,後部呈刀形,三邊開刃。

【著　　　錄】銅與史1頁圖1。

【銘文字數】內部刻銘文13字(其中合文1)。

【銘文釋文】三年,䣜(梁)大命(令)倝(韓)譙,帀=(工帀─師)
　　　　　　　雯敬,坓(冶)目。

【備　　　注】"工帀(師)"爲合文。

1505.　相邦樛斿戈(40100)

【時　　　代】戰國中期·秦(秦惠文王後元四年,前321年)。

【收 藏 者】某收藏家。

【形制紋飾】直援上揚,長胡,闌側三穿,長方形內,上有一橫穿,上角呈圓弧形,下角
　　　　　　有缺。

【著　　　錄】未著錄。

【銘文字數】內部鑄銘文13字。

【銘文釋文】三(四)年,相邦樛斿之造,櫟陽工造閒。

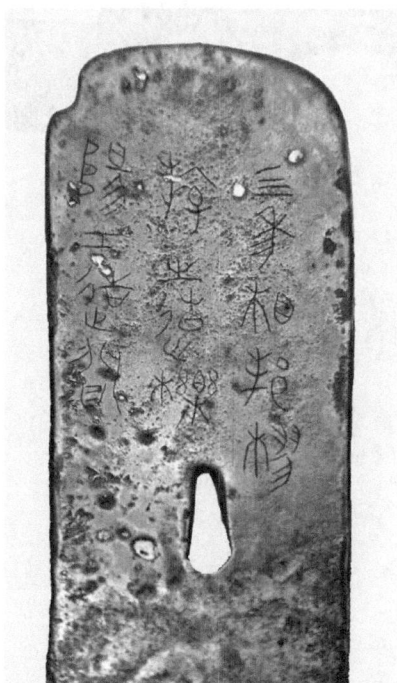

1506. 痠曹令狐嗇戈

【時　　代】戰國晚期。

【收　藏　者】某收藏家。

【形制紋飾】直援尖鋒,前部略顯肥大,長胡,闌側二長穿一小穿,闌下出齒,長方形
　　　　　　内,上有一橫穿,後部三邊開刃。

【著　　錄】未著錄。

【銘文字數】内部鑄銘文 13 字(其中合文 1)。

【銘文釋文】二(?)年,痠(?)𣍘(曹)命(令)狐嗇,帀=(工帀一師)任更、詔(冶)章。

【備　　注】"工帀(師)"爲合文。

1507. 郪氏令□悔戈（夌氏令□悔戈）

【時　　代】戰國晚期。

【收 藏 者】某收藏家。

【形制紋飾】直援尖鋒，脊部鼓起，長胡，闌側二長穿一小穿，闌下出齒，長方形內，上有一橫穿，三邊開刃。

【著　　錄】未著錄。

【銘文字數】內部鑄銘文 13 字（其中合文 1）。

【銘文釋文】八年郪（夌）氏命（令）□惥（悔）帀＝（工師）□□坖（冶）月。

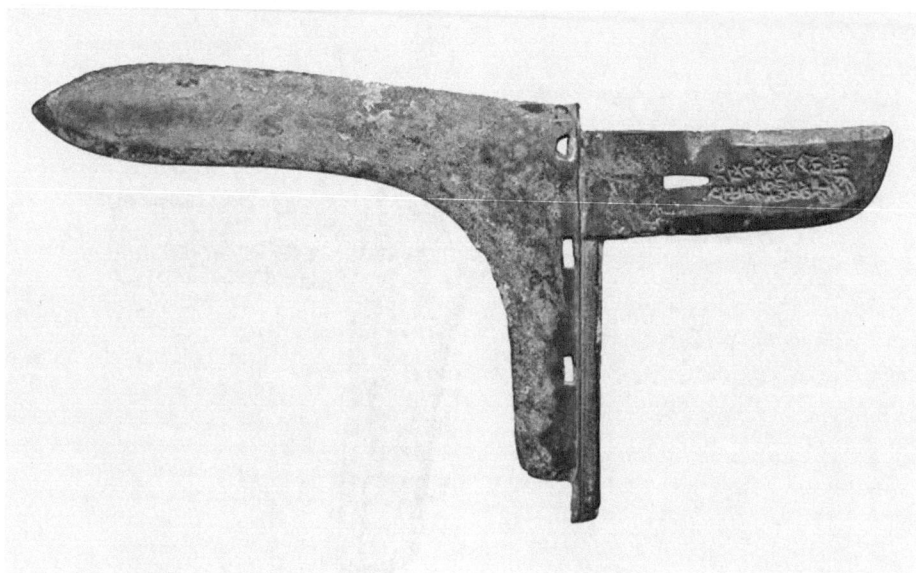

銘文拓本

銘文照片

1508. 雍丘令炆戈

【時　　代】戰國中期・魏（惠王廿八年，前 342 年）。
【出土時地】2012 年湖北荊州市荊州區紀南鎮三紅村李家堰墓地（M111.2）。
【收　藏　者】荊州博物館。
【尺度重量】通高 20.8 釐米。
【形制紋飾】直援上揚，尖鋒，中胡，闌側二長穿一小穿，闌下出齒，長方形内，上有一
　　　　　橫穿。
【著　　録】江漢考古 2016 年 2 期 88 頁圖 4。
【銘文字數】穿之間有銘文 14 字（其中合文 2）。
【銘文釋文】廿＝（二十）八年，售（雍）丘命（令）炆，帀＝（工帀—師）産，坙（冶）番黑。
【備　　注】"廿"爲"二十"的合文，"帀"爲"工帀（師）"的合文，均有合文符號。

1509. 燕王詈戈（郾王詈戈）

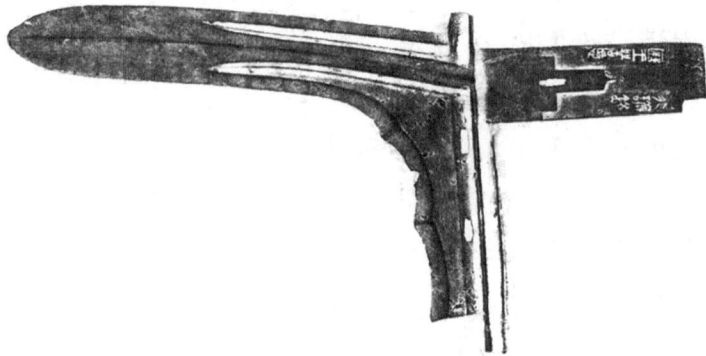

【時　　代】戰國晚期。

【收 藏 者】某收藏家。

【尺度重量】通長 27.4 釐米。

【形制紋飾】直援有脊，援後部
脊兩側有血槽，胡
作三連弧形，闌上
下出齒，闌側三穿，
内作長方形，下角
有缺，前段有"凸"
字形加厚層，其上有一橫穿。

【著　　録】未著録。

【銘文字數】内部正、背面各鑄銘文 7 字，共 14 字。

【銘文釋文】郾（燕）王詈惥（作）行儀鋄（戮），右攻（工）君（尹）青，亓（其）攻（工）豎。

正面

背面

1510. 陵陰令戈

【時　　代】戰國晚期。

【出土時地】1995 年 4 月徵集。

【收 藏 者】上海博物館。

【尺度重量】通長 25.1、内長 9.4、闌高 11.2 釐米，重 0.25 公斤。

【形制紋飾】直援尖鋒，前部肥碩，長胡三穿，闌的中部缺省，闌下出齒，内向上斜出，上有一橫穿，後部三邊開刃，向下斜殺。

【著　　録】文字研究 1 輯（1999 年）166 頁圖 1、167 頁圖 2。

【銘文字數】内部鑄銘文 14 字（其中合文 2）。

【銘文釋文】卅＝（三十）三年陵陰（陰）命（令）□右币＝（工币―師）慈（慈），坒（冶）离（离）。

【備　　注】"三十""工币（師）"均爲合文，有合文符號。

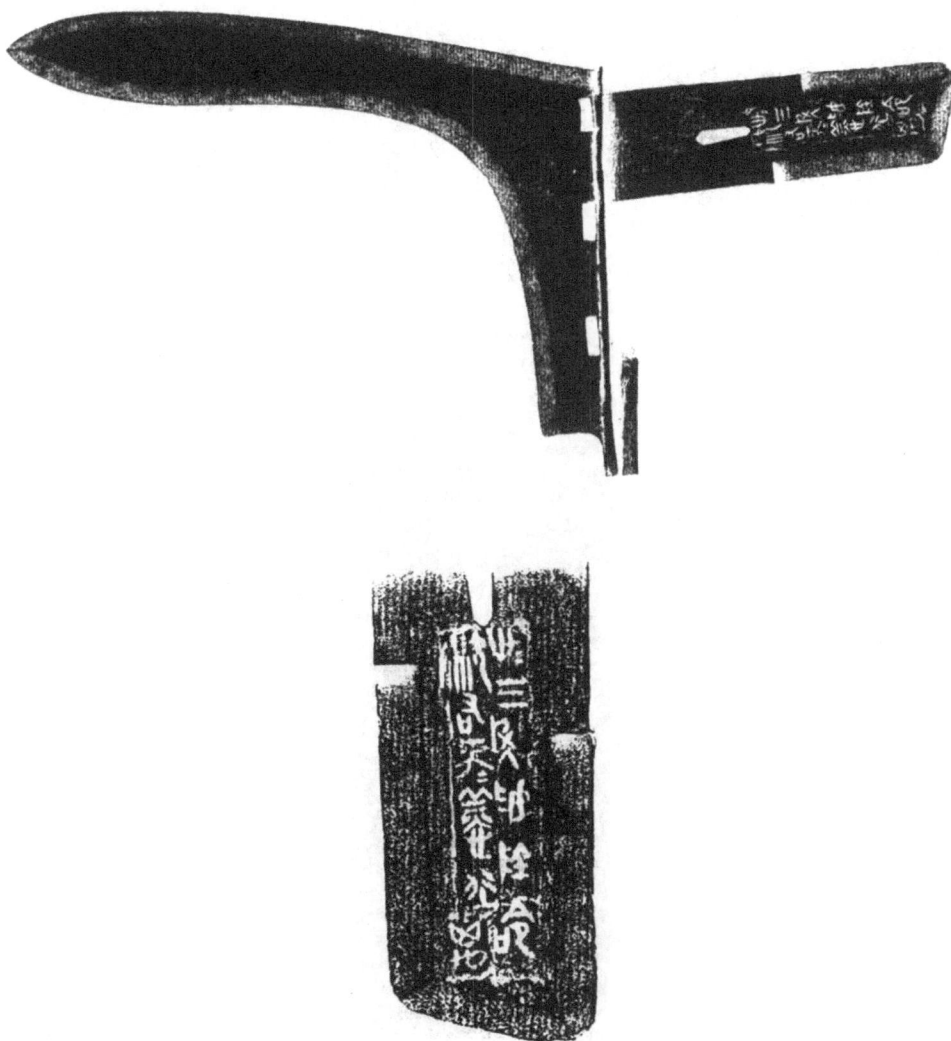

1511. 廿三年戈

【時　　代】戰國晚期・魏。

【收 藏 者】日本東京台東區立書道博物館。

【形制紋飾】直援尖鋒，有中脊，長胡，闌側三穿，闌下出齒，闌上部有長缺，長方形內，
　　　　　上有一橫穿，後部三邊開刃。

【著　　錄】書道圖 15。

【銘文字數】內部刻銘文 14 字（其中合文 1）。

【銘文釋文】廿三年，丘□命（令）坪殳□，帀＝（工帀—師）騆、𡎚（冶）攻。

【備　　注】"工帀（師）"爲合文。

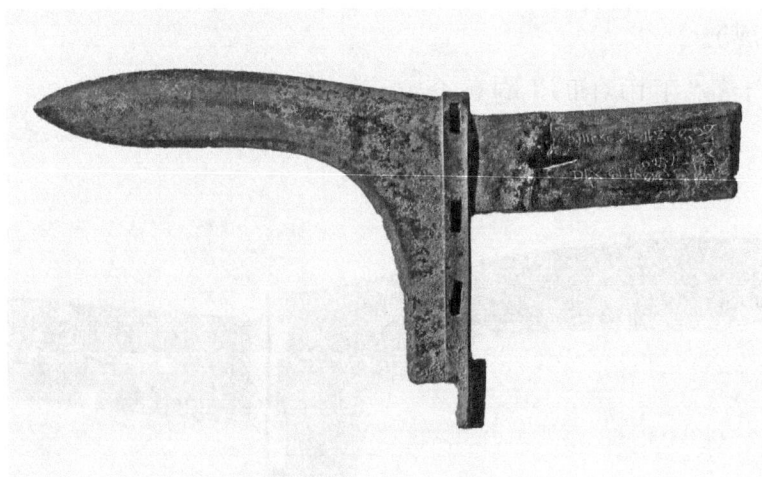

1512. 辛市令邯鄲昝戈

【時　　代】戰國晚期。

【收 藏 者】某收藏家。

【出土時地】近年見於盛世收藏網。

【形制紋飾】直援尖鋒，援前部略顯肥碩，長胡，闌側二
長穿一小穿，闌下出齒，内的前部有一橫
穿，後部作刀形，三邊開刃。

【著　　録】未著録。

【銘文字數】内壁鑄銘文 14 字（其中合文 1），另一面
胡部刻 1 字，共 15 字。

【銘文釋文】内銘：三（四）年辛夲（市）命（令）甘（邯）
丹（鄲）昝（僕），工帀（師）夜昏、坙（冶）諶。
胡銘：城。

【備　　注】"工帀（師）"爲合文。胡部銘文未拍照。

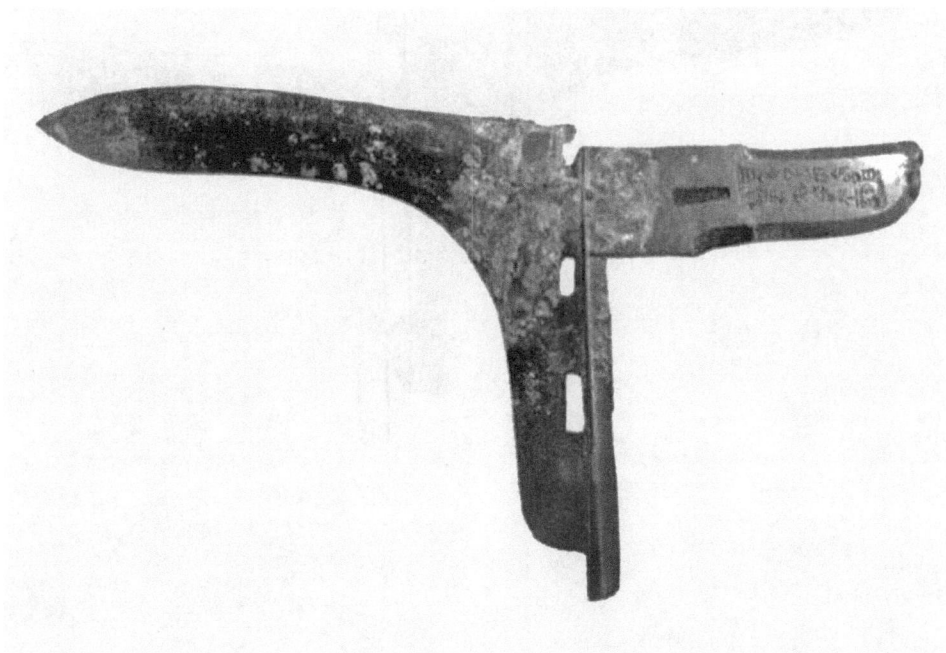

1513. 郑嗇夫蒕戈

【時　　代】戰國中期。

【出土時地】1982 年河南鄲城縣寧平公社（今寧平鎮）寧平村西 1 公里。

【收　藏　者】某收藏家。

【尺度重量】通長 23 釐米。

【形制紋飾】援上揚，前端略肥大，中脊凸起，長胡，闌的中部缺省，闌側三穿，闌上出
　　　　　　齒，下齒在胡的末端外側，內亦上揚，上有一橫穿，後端作斜刃。

【著　　錄】未著錄。

【銘文字數】援部和胡刻銘文約 14 字（其中合文 1），內部鑄銘文 1 字，共 15 字。

【銘文釋文】援胡銘：廿一年郑嗇夫蒕，工帀（師）喻，坒（冶）囗、龄（戟）刃。

　　　　　　內銘：郑。

【備　　注】銘文中“工帀（師）”爲合文。

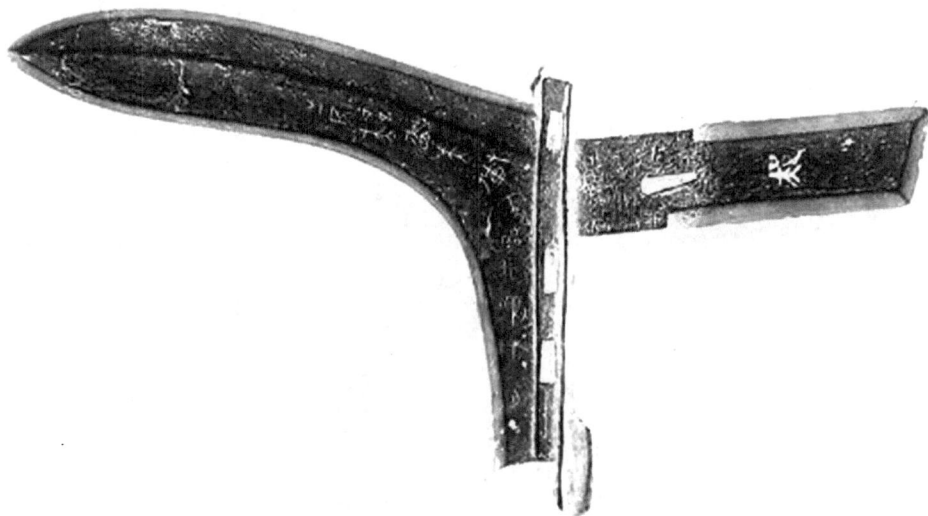

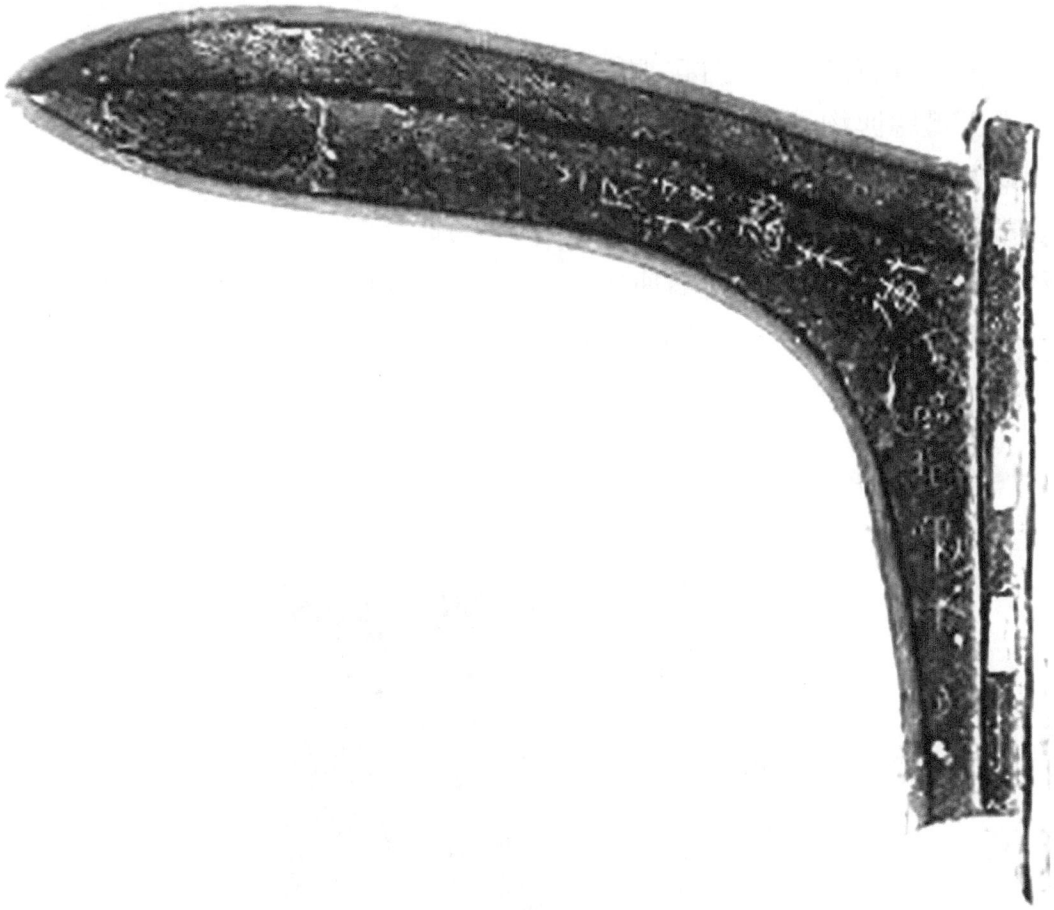

1514. 右庫工師戈

【時　　代】戰國晚期。

【出土時地】20 世紀 70 年代甘肅禮縣紅河鄉六八圖村。

【收　藏　者】禮縣博物館。

【著　　録】青銅器 150 頁。

【銘文字數】胡部刻銘文 15 字（其中合文 1）。

【銘文釋文】□□命（令）□文，右庫帀＝（工帀－師）啟□，肛（冶）西工敱（造）。

【備　　注】"帀＝（工帀－師）"爲合文。

1515. 吳邡令戟（三年吳邡令戈）

【時　　代】戰國晚期·韓。

【收 藏 者】某收藏家。

【形制紋飾】直援尖鋒，中脊明顯，中長胡，闌側二長穿一小穿，闌下出齒，內呈刀形，向上斜出，三邊開刃，前部有一個長三角形穿。

【著　　錄】青與金第 2 輯 90 頁圖 1。

【銘文字數】內部刻銘文 15 字（其中合文 1）。

【銘文釋文】三年，吳邡端（令）軐（韓）瘉，帀＝（工帀一師）苛狄，坙（冶）麿（慶）武旂（戟）。

【備　　注】"工帀（師）"爲合文。

1516. 相邦呂不韋戈

【時　　代】戰國晚期・秦（秦王政五年，前 242 年）。

【出土時地】1979-1981 年陝西西安市臨潼區秦始皇陵東側 1 號兵馬俑坑。

【收　藏　者】秦始皇陵博物院。

【尺度重量】通長 26.7 釐米。

【形制紋飾】直援尖鋒，脊部鼓起，長胡，闌側四穿，闌下出齒，内上有一橫穿，後段呈
　　　　　　刀形，三邊有刃。

【著　　錄】三秦 86 頁。

【銘文字數】内部刻銘文 15 字。

【銘文釋文】五年，相邦呂不韋造，寺工詟，丞義，工成。

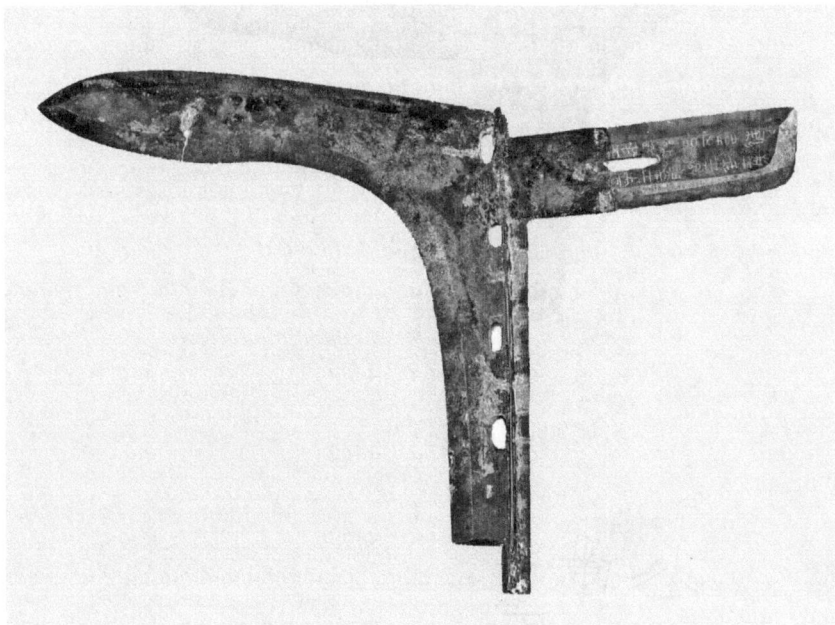

1517. 襄令陽儀戈

【時　　代】戰國晚期。

【收　藏　者】某收藏家。

【尺度重量】通長 26.7 釐米。

【形制紋飾】直援微曲，尖鋒，中脊鼓起，長胡，闌下出齒，闌側二長穿一小穿，内前部
　　　　　　有一橫穿，後部呈刀形，三邊開刃。

【著　　錄】未著錄。

【銘文字數】内部刻銘文 15 字（其中合文 1）。

【銘文釋文】十一年，襄命（令）陽儀，嗇夫世，帀（工帀——師）宋，炎（冶）㑥。

【備　　注】器物圖像收藏家未提供。"工帀（師）"爲合文。

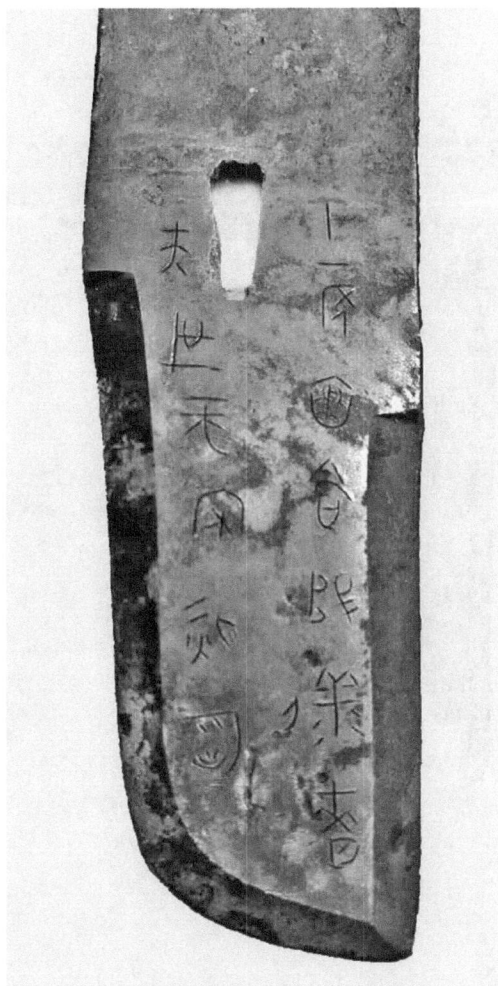

（放大）

1518. 羕陵工尹戈（養陵工尹戈）

【時　　代】戰國晚期・楚。

【收　藏　者】某收藏家。

【形制紋飾】援略呈弧形上揚，尖鋒，援部下刃中部內收，脊綫偏上，長胡，闌側二長穿一小穿，闌下出齒，內上有一橫穿，後部呈刀形，三邊開刃。

【著　　錄】吉大社科 2015 年 1 期 152 頁圖 1、2。

【銘文字數】內部刻銘文 15 字（其中合文 1）。

【銘文釋文】邙（呂）豊（禮）之戠（歲），羕（養）夌（陵）攻（工）尹鄴（僕）昜（陽）所佫（造），后（冶）己女。

【備　　注】"之戠（歲）"爲合文。

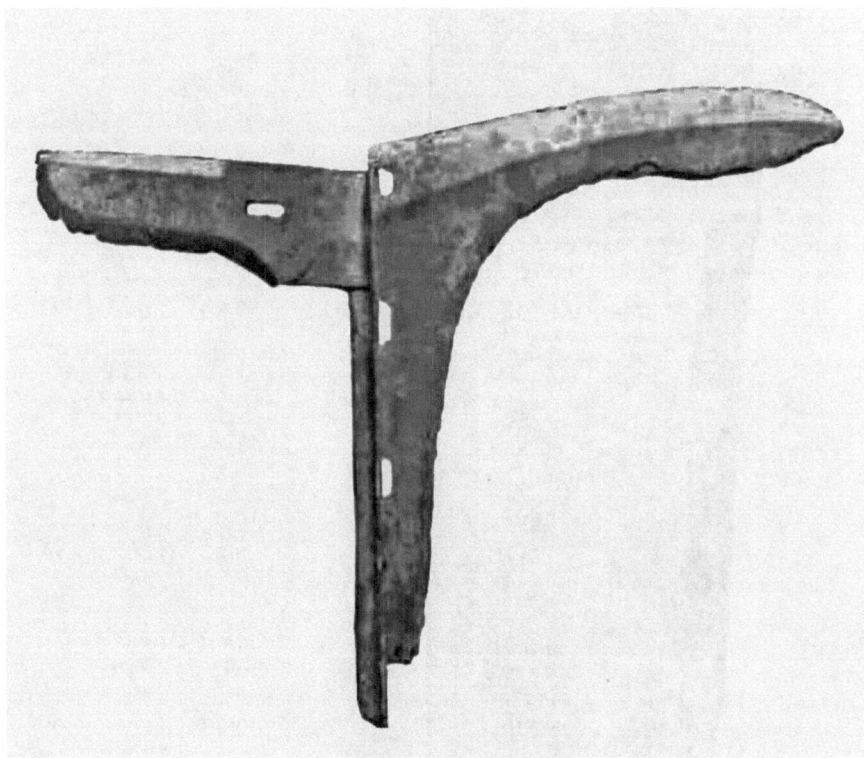

1519. 上郡守凌戈

【時　　　代】戰國晚期·秦昭襄王四十六年（前 261 年）。
【收 藏 者】某收藏家。
【著　　　錄】出土文獻研究 17 輯（2019）53 頁圖 6。
【銘文字數】內部刻銘文 15 字。
【銘文釋文】卌六年，上郡守凌造，高工，丞康，隸臣湏。
【備　　　注】銘文中漏刻高工之名。

1520. □陽令佐輦㞕戈

【時　　　代】戰國晚期。
【收 藏 者】某收藏家。
【形制紋飾】戈內部殘段。
【著　　　錄】未著錄。
【銘文字數】內上刻銘文約 16 字，現存 14 字（其中合
　　　　　　文 1）。
【銘文釋文】□陽倫（令）李（差—佐）輦㞕，司寇（寇）□，
　　　　　　庫帀＝（工帀—師）尹人犀，坓（冶）□。
【備　　　注】"工師"爲合文，有合文符號。

1521. 壬午吉日戈

【時　　代】春秋晚期。

【收　藏　者】某收藏家。

【尺度重量】通長 15.2 釐米。

【形制紋飾】舌形短援,脊微隆起,兩側漸向下陷,援末下垂成胡,胡後有橢圓形的銎,銎筒有兩道箍棱,其間有對穿釘孔;下一道箍飾雲紋,銎筒後側裝飾鏤空的動物紋樣,主體爲一前肢屈曲的昂首飛龍,後部是一隻銜蛇大雁。

【著　　錄】未著錄。

【銘文字數】援脊和銎部的正背面共有銘文 16 字。

【銘文釋文】壬午吉日乍(作)爲王用〔正面脊〕□君〔正面銎〕壽(壽)女□盧〔背面脊〕台(以)羕(永)〔背面銎〕。

【備　　注】背面銘文未拍照。

1522. 封氏令王僕戈

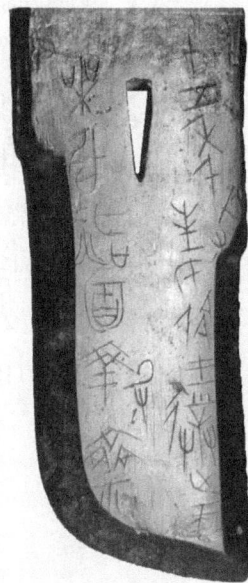

【時　　代】戰國晚期。

【收　藏　者】河北保定市徐占勇達觀齋。

【尺度重量】通長 24 釐米。

【形制紋飾】直援尖鋒,脊部平緩,長胡,闌側二長穿一小穿,
　　　　　闌下出齒,長方形内,上有一橫穿,後部作刀形,
　　　　　三邊開刃。

【著　　錄】兵圖 16 頁。

【銘文字數】内部刻銘文 16 字(其中合文 1)。

【銘文釋文】十五年,厇(封)氏倫(令)王選(僕)、帀=(工帀一
　　　　　師)喪弜、峀(冶)固敔(執)齋(劑)。

【備　　注】"帀=(工帀一師)"爲合文,有合文符號。

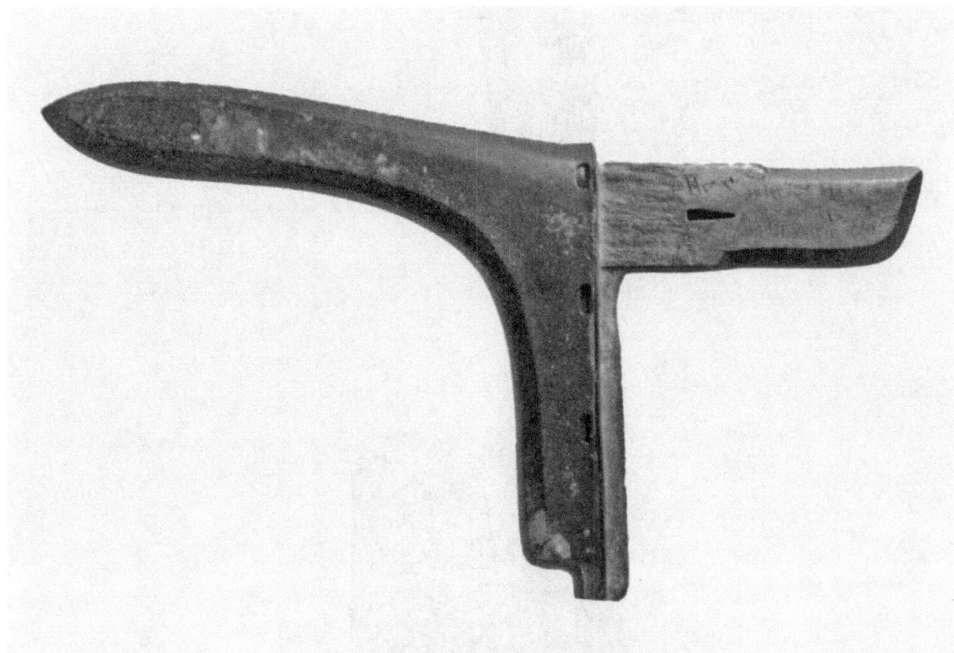

1523. 文敓令賈伖戈

【時　　代】戰國早期。

【收 藏 者】裴某。

【形制紋飾】直援上揚,尖鋒,脊綫偏上,長胡較寬,闌側有三穿,闌下出齒,長方形內,
上有一橫穿,後下部有方缺。

【著　　錄】未著錄。

【銘文字數】內部刻銘文 17 字(其中合文 1)。

【銘文釋文】六年,文敓倫(令)賈伖,上庫帀㆓(工帀一師)中均痘(?)、㳇(冶)人逢。

【備　　注】"工帀(師)"爲合文,有合文符號。

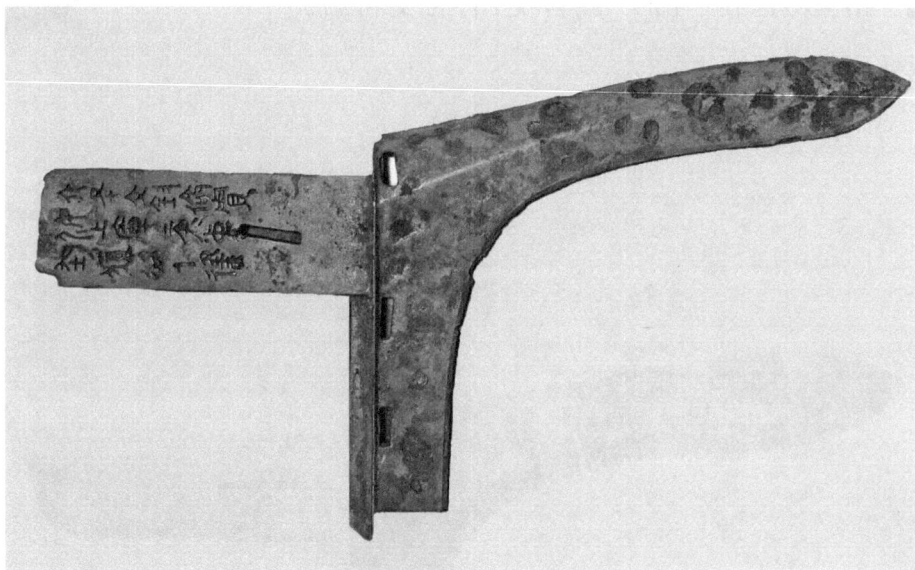

1524. 上郡守慶戈

【時　　代】戰國晚期·秦。

【收 藏 者】武漢九州藝術博物館。

【尺度重量】通 長 18.5、闌 高 10
　　　　　　釐米。

【形制紋飾】直援尖鋒,中脊明顯,
　　　　　　長胡,闌側二長穿一小
　　　　　　穿,闌下出齒,長方形
　　　　　　內,內上有一橫穿。

【著　　錄】未著錄。

【銘文字數】胡部刻銘文 17 字。

【銘文釋文】卅八年,上郡守慶造,桼(漆)工督,丞秦,工隸臣于。

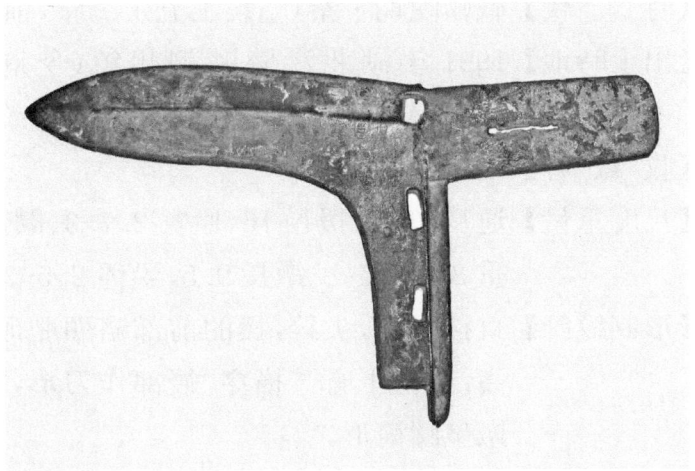

1525. 蜀假守竈戈

【時　　　代】戰國晚期·秦（昭襄王五十二年，前 255 年）。

【出土時地】1991 年湖北江陵縣荆州鎮（今荆州市郢城鎮）郢北村雞公山秦墓
（M249）。

【收　藏　者】荆州博物館。

【尺度重量】通長 25.8、援長 16、原寬 2.7-3、闌高 15.6、內長 10.1、內寬 3-3.4 釐米，
重 330 克。戈鐏長 9.5、鏨徑 2.5-3.5 釐米，重 200 克。

【形制紋飾】直援上揚，尖鋒，援的前部略顯肥碩，中脊偏上，長胡，闌側四穿，闌下出
齒，直內上有一橫穿，後部作刀形，三邊開刃。出土時秘下帶有戈鐏，戈
鐏呈圓筒形。

【著　　　錄】文物 2018 年 9 期 37 頁圖 1、2，38 頁圖 3、4，39 頁圖 5。

【銘文字數】正面內尾刻銘文 17 字，胡正面 2 字，胡背面 2 字，鐏上鑄銘 1 字、刻 1 字，
共 23 字。

【銘文釋文】內正面銘：五十二年蜀［叚（假）］守竈造，東工［師］□。丞杕，工云；
胡正面銘：丹陽；胡背面銘：丹陽（反書）；鐏銘：資（鑄銘）中（鏨刻）。

内部銘文照片

内部銘文摹本

胡部正面銘文摹本

胡部背面銘文照片

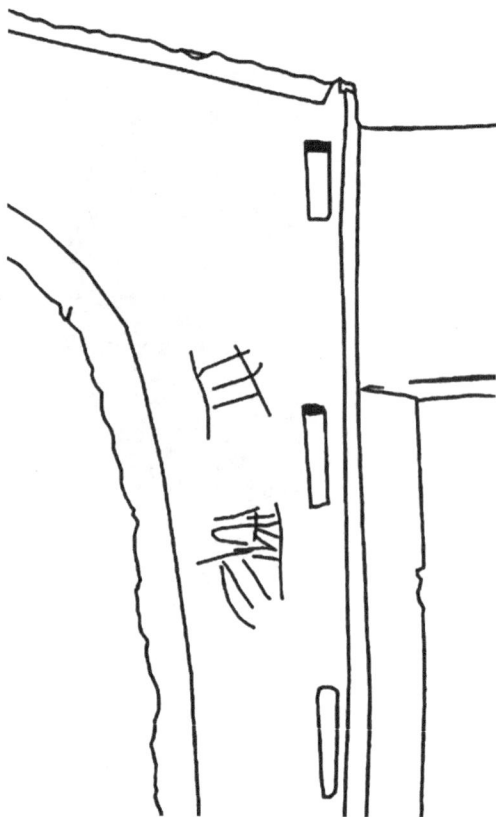

胡部背面銘文摹本

鐏銘照片

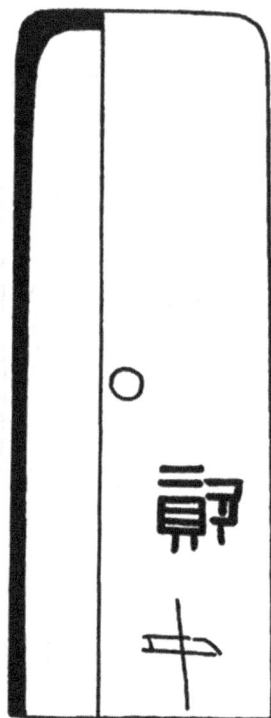

鐏銘摹本

1526. 相邦吕不韋戈

【時　　代】戰國晚期·秦（秦王政
　　　　　　五年，前 242 年）。

【收 藏 者】某收藏家。

【形制紋飾】直援上揚，尖鋒，脊部
　　　　　　鼓起，長胡，闌側四穿，
　　　　　　闌下出齒，內上有一橫
　　　　　　穿，後段呈刀形，三邊
　　　　　　開刃。

【著　　錄】未著錄。

【銘文字數】內的正面刻銘文 15
　　　　　　字，背面鑄銘文 2 字，共 17 字。

【銘文釋文】正面：五年，相邦吕不韋造，詔事圖，丞蕺，工寅；背面：詔事。

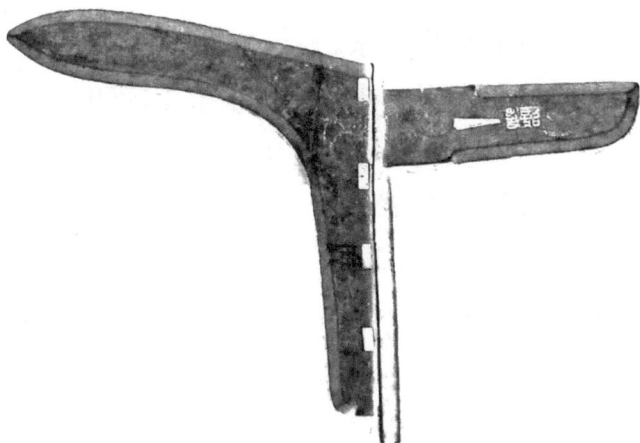

1527. 漢中左工戈

【時　　代】戰國晚期。

【收　藏　者】某收藏家。

【形制紋飾】直援上揚,尖鋒,援的前部略顯肥大,中脊偏上,胡特長,闌側四穿,闌下
出齒,長方形內,上有一橫穿,後部呈刀形,三邊開刃。

【著　　錄】未著錄。

【銘文字數】內部鑄銘文 4 字,刻銘文約 13 字,共 17 字。

【銘文釋文】鑄銘:漢中左工;刻銘:十八年漢中左工朢□□造,工□。

（放大）

1528. 燕王詈戈（十年郾王詈戈）

【時　　代】戰國晚期。

【出土時地】河北。

【收　藏　者】河北保定市徐占勇達觀齋。

【尺度重量】通長 27.5、柲帽高 8.2 釐米。

【形制紋飾】直援有脊，援後部脊兩側有血槽，胡作三連弧形，闌上下出齒，闌側三穿，內作長方形，下角有缺，前段有"凸"字形加厚層，其上有一橫穿。配有雞頭狀柲帽。

【著　　錄】兵圖 2、3 頁。

【銘文字數】內正面鑄銘文 9 字，背面 8 字，共 17 字。

【銘文釋文】正面：十年郾（燕）王詈造行儀鋄（戟）；背面：右御攻（工）君（尹）匠丌（其）、攻（工）中。

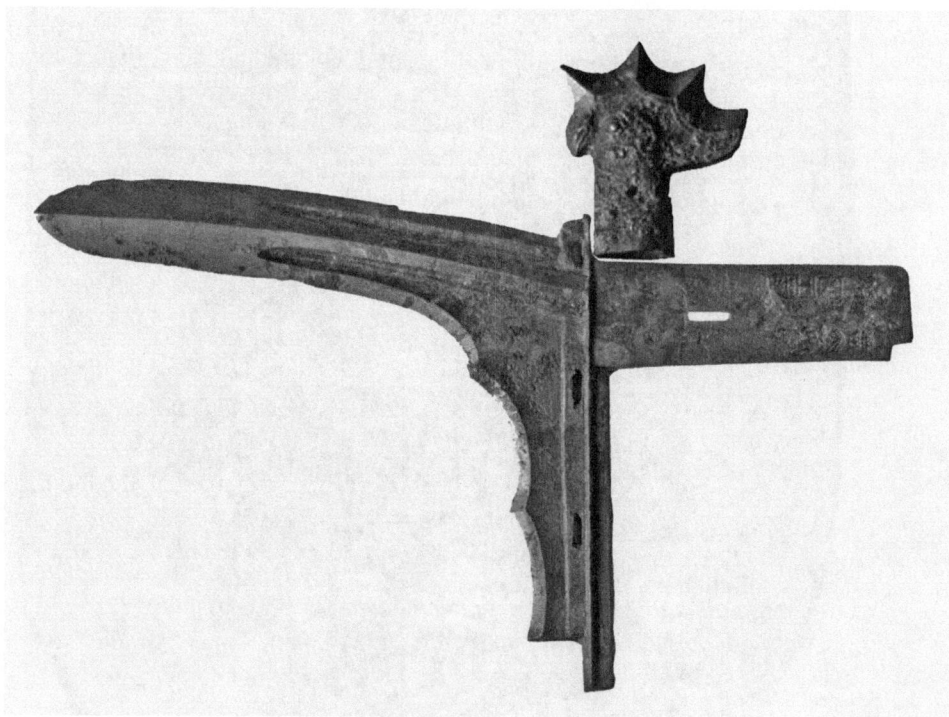

正面拓本 背面拓本

正面照片 背面照片

1529. 上郡守綰戈

【時　　代】戰國晚期・秦（昭襄王卅四年，前263年）。

【收　藏　者】某收藏家。

【形制紋飾】直援尖鋒，平脊，長胡，闌側三穿，闌下出齒，內上有一橫穿，後部三邊開刃。

【著　　錄】文字研究25輯27頁圖一、二、三。

【銘文字數】內正面刻銘文17字，背面現存4字，共21字。

【銘文釋文】正面：卅四年，上郡守綰造，漆工平、丞□、工隸臣弄。
　　　　　　背面：上武，衍，徒。

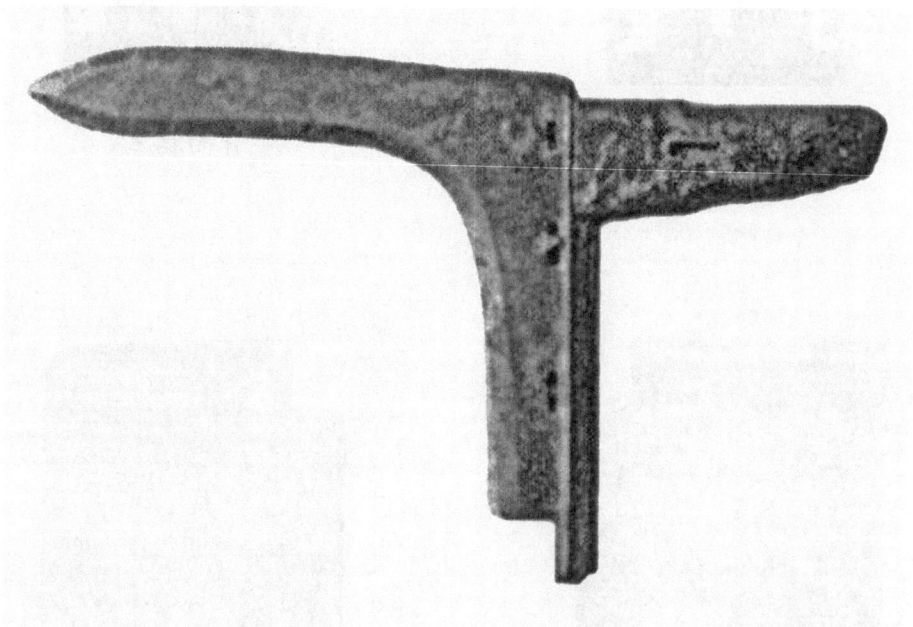

正面摹本　　　　　　　　　背面摹本

1530. 屯留令邢丘𠭳戈

【時　　　代】戰國晚期·韓。

【收　藏　者】某收藏家。

【形制紋飾】內呈長方形形，上有一橫穿。

【著　　　錄】未著錄。

【銘文字數】內部刻銘文 23 字（其中合文 3）。

【銘文釋文】廿＝（二十）二年，屯留倫（令）邟（邢）丘𠭳（僕）、司寇（寇）奠（鄭）含、右庫帀＝（工帀—師）彎瘵、刅（冶）窋（寶）敊（敊—造）。

【備　　　注】"廿" 為 "二十" 的合文，有合文符號；"帀" 為工帀（師）" 的合文，合文符號漫漶不清；"屯留" 亦為合文，但無合文符號。

（放大）

1531. 蜀假守肖戈

【時　　代】戰國晚期。

【收 藏 者】某收藏家。

【形制紋飾】直援尖鋒,脊綫偏上,胡長大於援長,闌側四長穿,闌下出齒,刀形內,三邊開刃,前部有一長三角形橫穿。帶有筒形柲帽。

【著　　録】未著録。

【銘文字數】內正面刻銘文 14 字,內背面 3 字;胡正面 7 字,胡背面 3 字,共 27 字。

【銘文釋文】內正面銘:三十二年蜀叚(假)守肖造,西工畫,丞□;內背面銘:□□栅;胡正面銘:孚(褒)厌(侯)國牛同□所;胡背面銘:十千三(四)。

内正面

内背面

胡正面

胡背面

1532. 邦大夫史賈戈

【時　　代】戰國晚期。

【出土時地】傳綏遠省(今屬内蒙古自治區中部)出土。

【收　藏　者】原藏山東省圖書館,現藏山東博物館。

【尺度重量】通長20.6、闌高10.1釐米。

【形制紋飾】直援尖鋒,援的前部肥大,後部較窄,長胡,闌側二長穿一小穿,闌下出
　　　　　齒,内上有一横穿,後部呈刀形,三邊開刃。

【著　　錄】文物2017年4期20-30頁。

【銘文字數】内部刻銘文30字(其中合文2)。

【銘文釋文】十九年,邦大夫事(史)賈,邦卸(御)事(史)稟(椁—郭)臺、孟腋。邦司
　　　　　寇樂湯、上庫工帀(師)稟(椁—郭)鳳、所來收器。

【備　　注】"大夫""工帀(師)"爲合文,有合文符號。

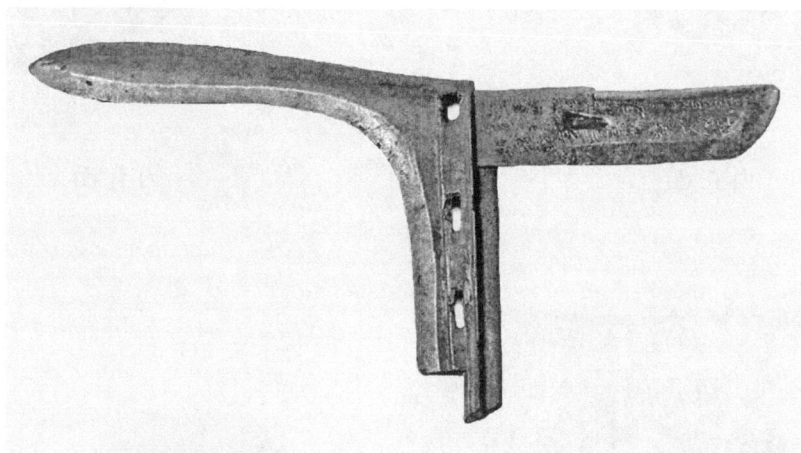

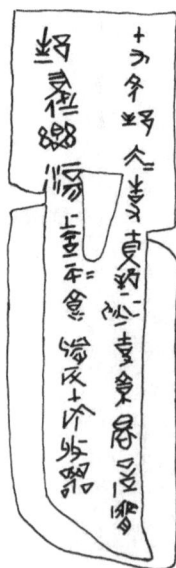

銘文拓本　　　　　　　　　銘文摹本

38. 矛、殳

（1533–1572）

1533. 倗矛（41332）

【時　　代】商代晚期。

【收 藏 者】某收藏家。

【尺度重量】通長 23.2 釐米。

【形制紋飾】體呈葉形，尖鋒，葉兩側後部圜收，然後向下延伸，骹兩側有半環形鈕，用以繫纓，圓筒形銎，直通葉後部。

【著　　錄】未著錄。

【銘文字數】骹部鑄銘文 1 字。

【銘文釋文】倗。

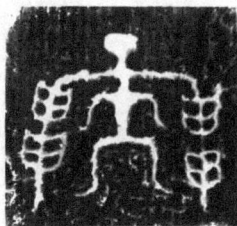
銘文拓本

銘文照片

1534. 狄矛（狄矛）

【時　　代】商代晚期。

【收 藏 者】某收藏家。

【尺度重量】通長 19.7 釐米。

【形制紋飾】尖葉形，尖鋒長骹，葉兩側後部圜收，中脊後部中空，與骹相通，骹後部有一對半環形鈕，用以繫纓。

【著　　錄】未著錄。

【銘文字數】骹部鑄銘文 1 字。

【銘文釋文】狄（狄—戒）。

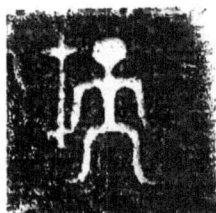

銘文拓本

銘文照片

1535. 中矛

【時　　代】商代晚期。

【收 藏 者】某收藏家。

【形制紋飾】桃葉形,尖鋒,葉下側圜收,圓筒形骹,上粗下細,中脊向下漸粗,與骹相
連,骹後部有一對小鈕。

【著　　録】未著録。

【銘文字數】左葉鑄銘文 1 字。

【銘文釋文】中(矛)。

1536. 王矛

【時　　代】戰國晚期。

【收 藏 者】河北保定市徐占勇達觀齋。

【尺度重量】通高 19.5 釐米。

【形制紋飾】尖鋒,葉向後漸寬,近骹處斜收,脊凸起,
　　　　　　中有一凹綫,骹作長筒形,上細下粗。脊
　　　　　　兩側飾"門"字形紋飾。出土時帶有矛鐏。

【著　　錄】兵圖 59 頁。

【銘文字數】骹部鑄銘文 1 字。

【銘文釋文】王。

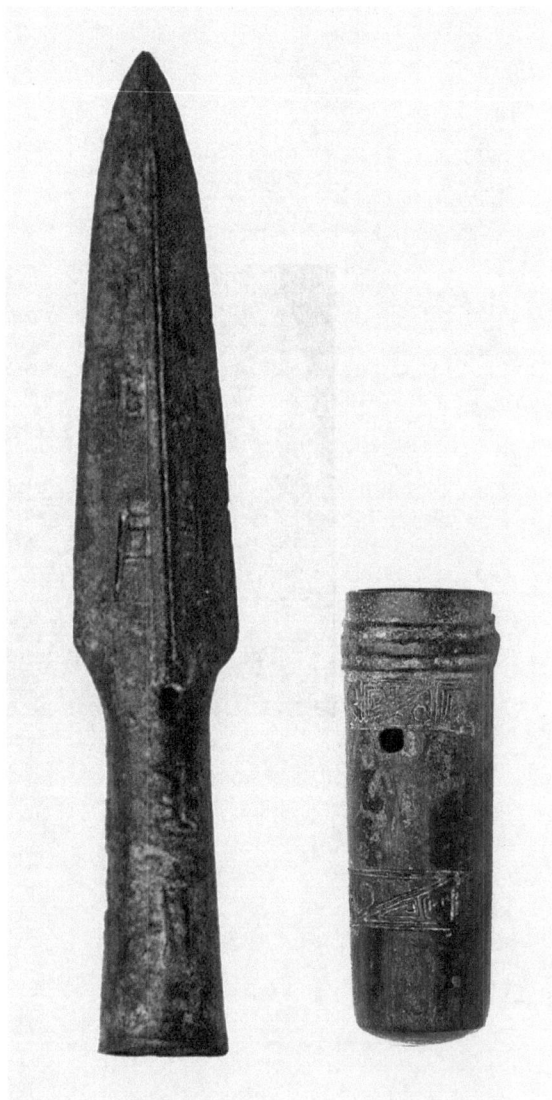

1537. 冀矛

【時　　代】戰國晚期·秦。

【收　藏　者】某收藏家。

【形制紋飾】橫截面呈菱形,尖鋒,中有脊,脊兩旁有血槽,骹作束腰橢圓筒形,下部有對穿釘孔。

【著　　錄】未著錄。

【銘文字數】骹下部刻銘文 1 字。

【銘文釋文】冀。

1538. 亞盉矛

【時　　代】商代晚期。

【收　藏　者】香港某收藏家。

【形制紋飾】刃呈三角形，前鋒尖銳，兩葉較寬，橢圓形骹，骹兩旁有側翼，翼下端各有一穿繫孔。

【著　　錄】青與金第 2 輯 391 頁圖 6。

【銘文字數】近骹口處鑄銘文 2 字。

【銘文釋文】亞盉。

【備　　注】同坑出土 2 件，形制、紋飾、大小、銘文均相同，另一件資料未公布。

1539. 燕王矛（郾王矛）

【時　　代】戰國晚期。

【收 藏 者】河北保定市徐占勇達觀齋。

【尺度重量】通高 13 釐米。

【形制紋飾】橫截面呈菱形，尖鋒，中脊凸起，兩邊開刃，脊兩側有血槽，骹正背面鑄
　　　　　　"山"字形紋，上部有釘孔。

【著　　録】兵圖 44 頁。

【銘文字數】骹部鑄銘文，僅見 2 字。

【銘文釋文】郾（燕）王。

1540. 雍咸矛（雝咸矛）

【時　　代】戰國晚期・秦。

【出土時地】2015 年 12 月 30 日見於盛世收藏網。

【收　藏　者】某收藏家。

【形制紋飾】橫截面呈菱形，前鋒尖銳，中脊突起，兩側有血槽，骹作橢圓筒形，中上部
　　　　　　有一個對穿釘孔。

【著　　録】未著録。

【銘文字數】骹筒刻銘文 2 字。

【銘文釋文】雝（雍）、咸。

1541. 寺工矛

【時　　代】戰國晚期・秦。

【出土時地】1976 年陝西臨潼縣（今西安市臨潼區）秦始皇陵東側 1 號兵馬俑坑
　　　　　　（T2G30451）。

【收　藏　者】陝西歷史博物館。

【尺度重量】通長 13.6 釐米。

【形制紋飾】窄葉形，橫截面呈菱形，中起脊，兩邊開刃，脊兩側有寬血槽。骹下部有
　　　　　　對穿釘孔，圓形銎，通體中空，唯鋒端 2 釐米處爲實心。

【著　　録】陝集成 13 册 23 頁 1450。

【銘文字數】骹部刻銘文 2 字。

【銘文釋文】寺工。

【備　　注】館藏號：九〇4。

1542. 寺工矛

【時　　代】戰國晚期・秦。

【出土時地】1979-1981 年陝西臨潼縣（今西安市臨潼區）秦始皇陵東側 1 號兵馬
俑坑。

【收 藏 者】秦始皇陵博物院。

【形制紋飾】窄葉形，橫截面呈菱形，中起脊，兩邊開刃，脊兩側有寬血槽。骹下部有
對穿釘孔，圓形銎，通體中空，唯鋒端 2 釐米處爲實心。

【著　　錄】陝集成 13 册 22 頁 1449。

【銘文字數】骹部刻銘文 2 字。

【銘文釋文】寺工。

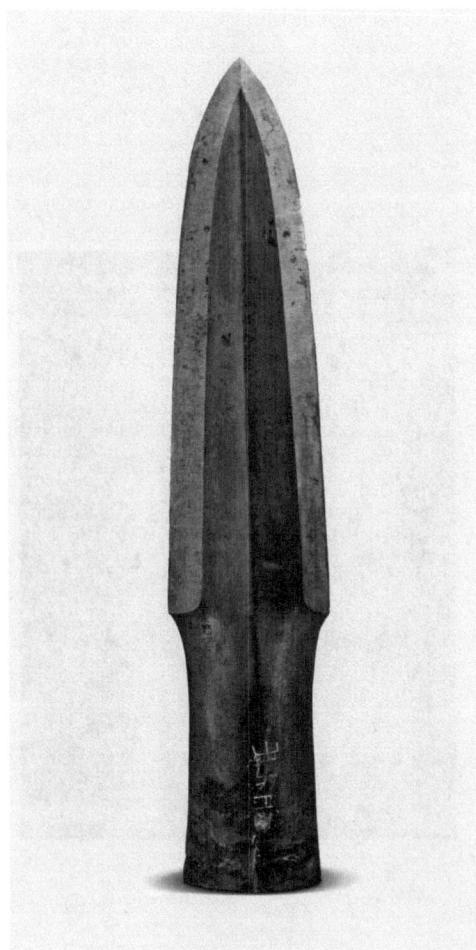

1543. 寺工矛

【時　　代】戰國晚期・秦。

【出土時地】1979-1981 年陝西臨潼縣（今西安市臨潼區）秦始皇陵東側 1 號兵馬俑坑。

【收　藏　者】秦始皇陵博物院。

【尺度重量】通長 17.5、葉寬 3.6、骹口徑 2 × 2.8 釐米，重 0.15 公斤。

【形制紋飾】窄葉形，橫截面呈菱形，中起脊，兩邊開刃，脊兩側有寬血槽。骹下部有對穿釘孔，圓形骹，通體中空，唯鋒端 2 釐米處爲實心。

【著　　錄】陝集成 13 册 23 頁 1450。

【銘文字數】骹部刻銘文 2 字。

【銘文釋文】寺工。

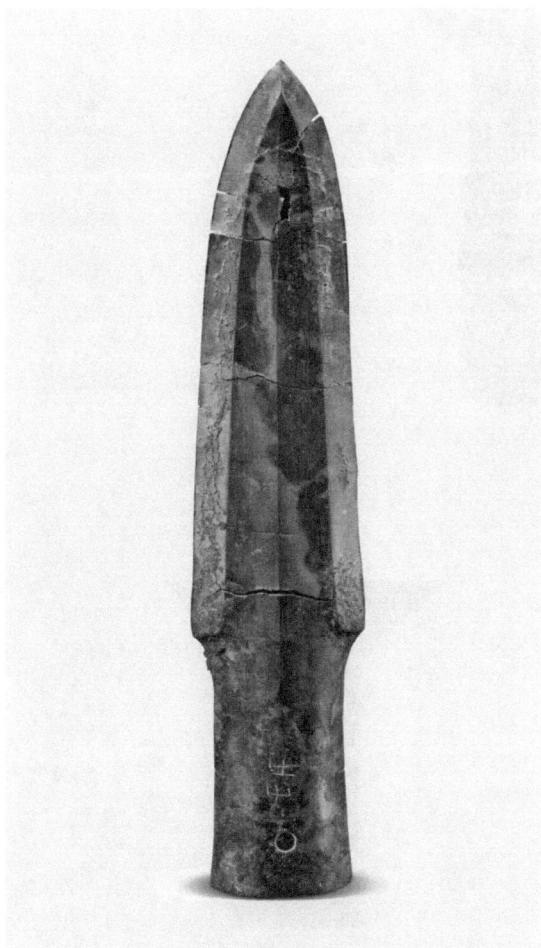

1544. 叔殳(原稱叔鐓)

【時　　代】戰國晚期。

【收　藏　者】河北保定市徐占勇達觀齋。

【尺度重量】通高 7.6 釐米。

【形制紋飾】頭呈八面體,圓筒形長銎穿過頭部,中下部有一箍棱。

【著　　錄】兵圖 66 頁。

【銘文字數】壁上鑄銘文 2 字。

【銘文釋文】弔(叔)乍(作)。

銘文拓本

銘文照片

1545. 甹□骹矛

【時　　代】春秋時期。

【收　藏　者】某收藏家。

【形制紋飾】矛頭較小，呈棗核形，脊鼓起，細長骹，上細下粗，下部有一釘孔，圓形
　　　　　　銎筒。

【著　　錄】未著錄。

【銘文字數】骹部鑄銘文 3 字。

【銘文釋文】甹□骹。

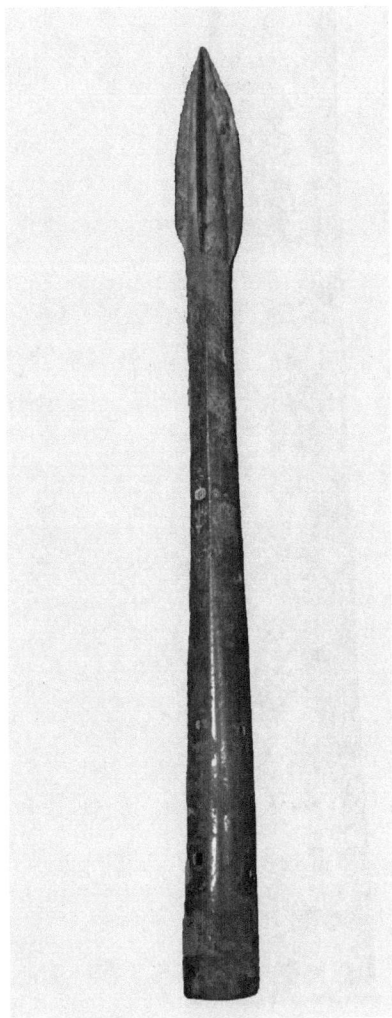

1546. 嚴口妙矛

【時　　代】春秋時期。

【收　藏　者】某收藏家。

【形制紋飾】矛頭較小,呈棗核形,脊鼓起,細長骹,上細下粗,下部有一釘孔,圓形
銎筒。

【著　　錄】未著錄。

【銘文字數】骹部鑄銘文 3 字。

【銘文釋文】嚴(嚴)口妙。

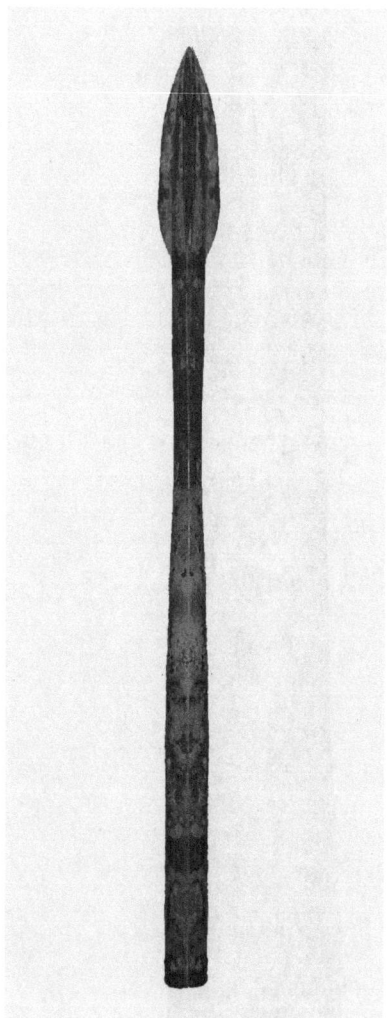

1547. 武口續矛

【時　　代】春秋時期。

【收 藏 者】某收藏家。

【形制紋飾】矛頭較小，呈棗核形，脊鼓起，細長骹，上細下粗，下部有一釘孔，圓形
銎筒。

【著　　錄】未著錄。

【銘文字數】骹上鑄銘文 3 字。

【銘文釋文】武口縛（續）。

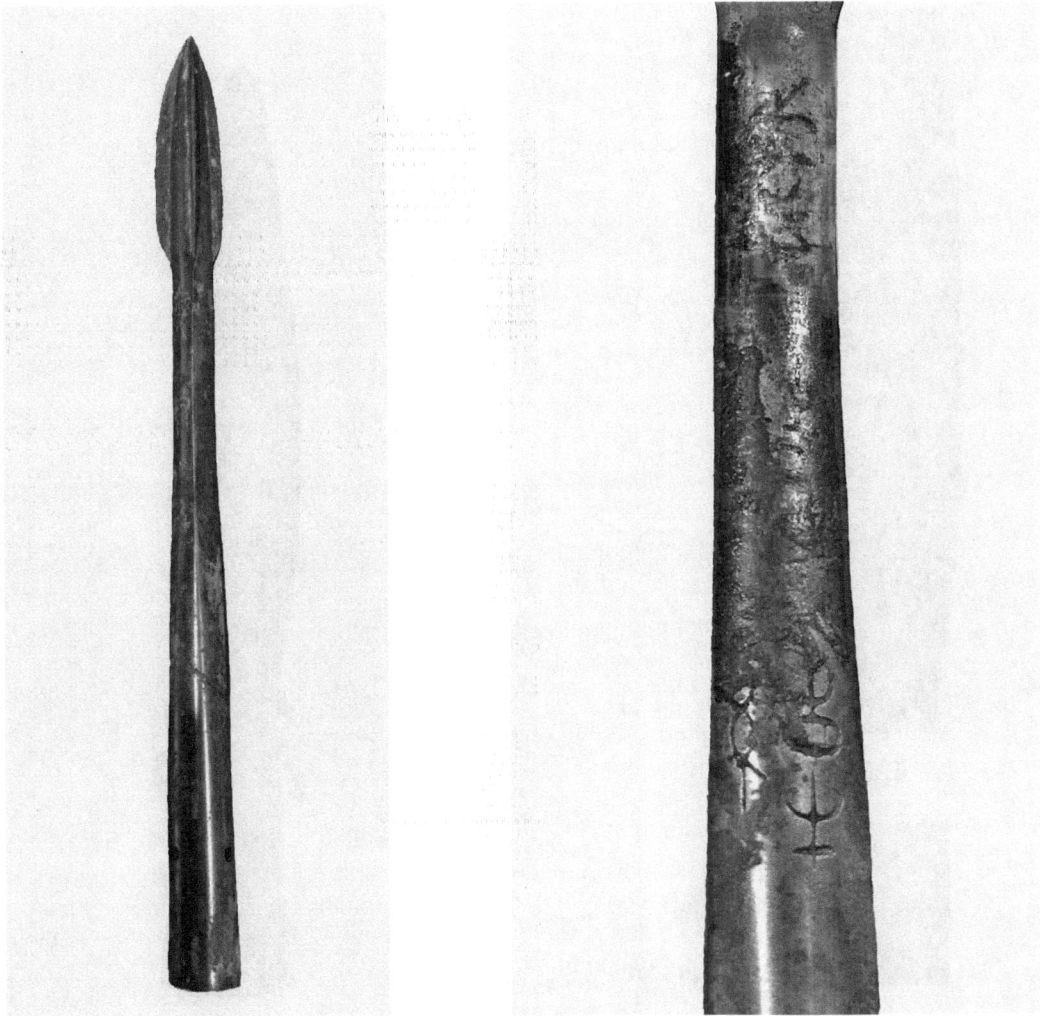

1548. 成都矛

【時　　代】戰國晚期。

【出土時地】2016 年 9 月四川蒲江縣鶴山鎮飛虎村船棺葬（M32.2）。

【收　藏　者】成都市文物考古研究所。

【形制紋飾】柳葉形，尖鋒，圓脊，兩葉向下與骸收平，圓筒形骸，上細下粗，中部有一
　　　　　　對穿釘孔，身與骸相交處有一對弓形鈕。

【著　　録】未著録。

【銘文字數】矛身中部正面刻銘文 2 字，背面 1 字，共 3 字。

【銘文釋文】正面：成都；背面：公。

正面銘文

背面銘文

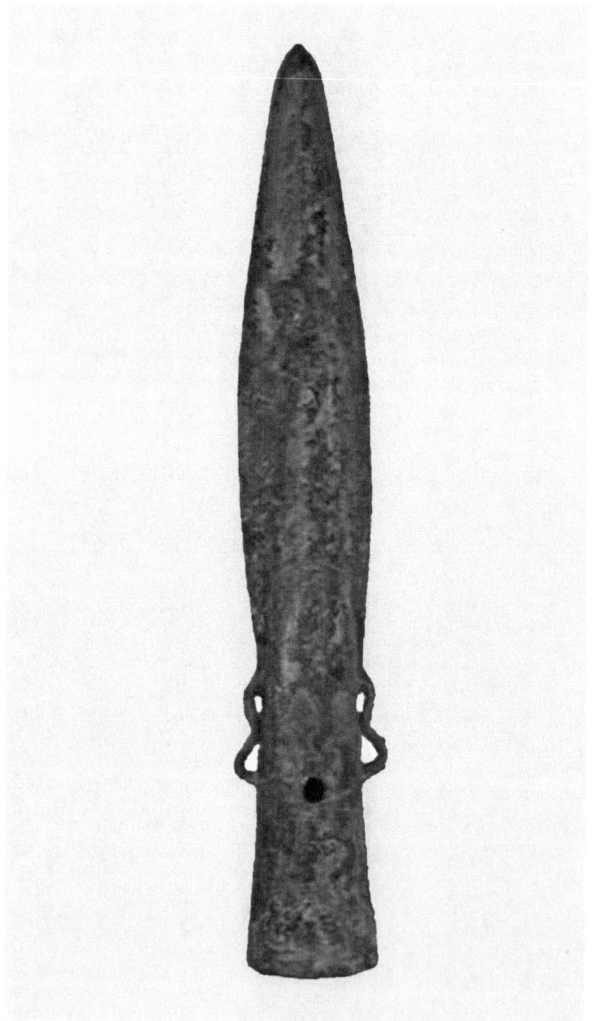

1549. 成固矛(城固矛)

【時　　代】戰國晚期・秦。

【收 藏 者】某收藏家。

【形制紋飾】造型與寺工矛相同,尖鋒,中脊凸起,葉兩面開刃,脊兩側有血槽,血槽寬
大,筒形長骹,下部有一對穿釘孔。

【著　　錄】未著錄。

【銘文字數】葉下部正面刻銘文 2 字,骹背面鑄銘文 1 字,共 3 字。

【銘文釋文】正面:成(城)固;背面:公。

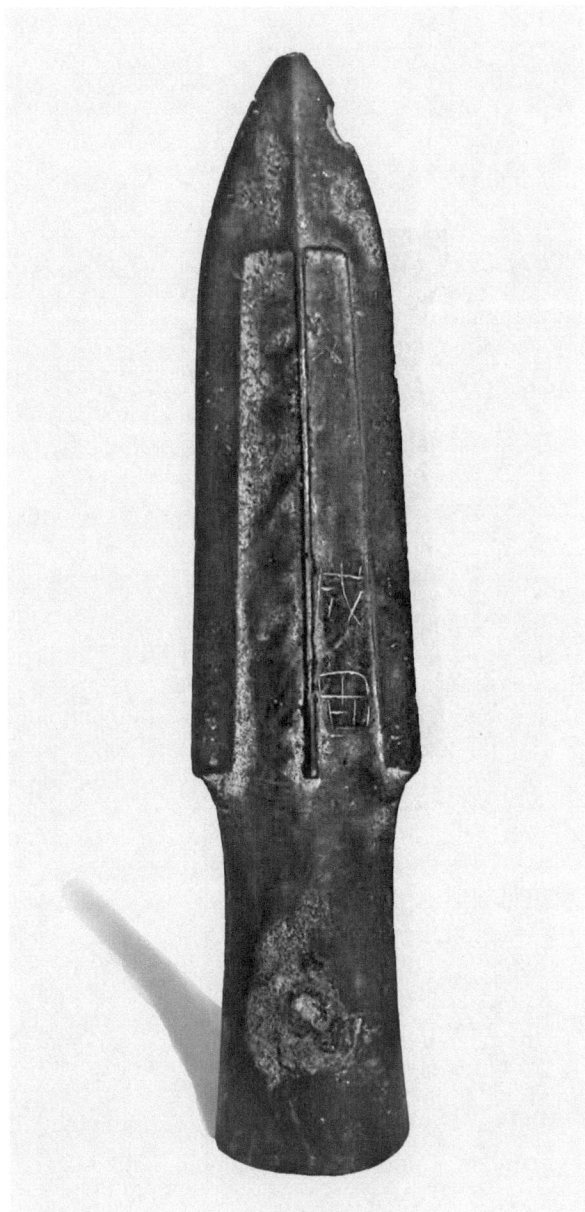

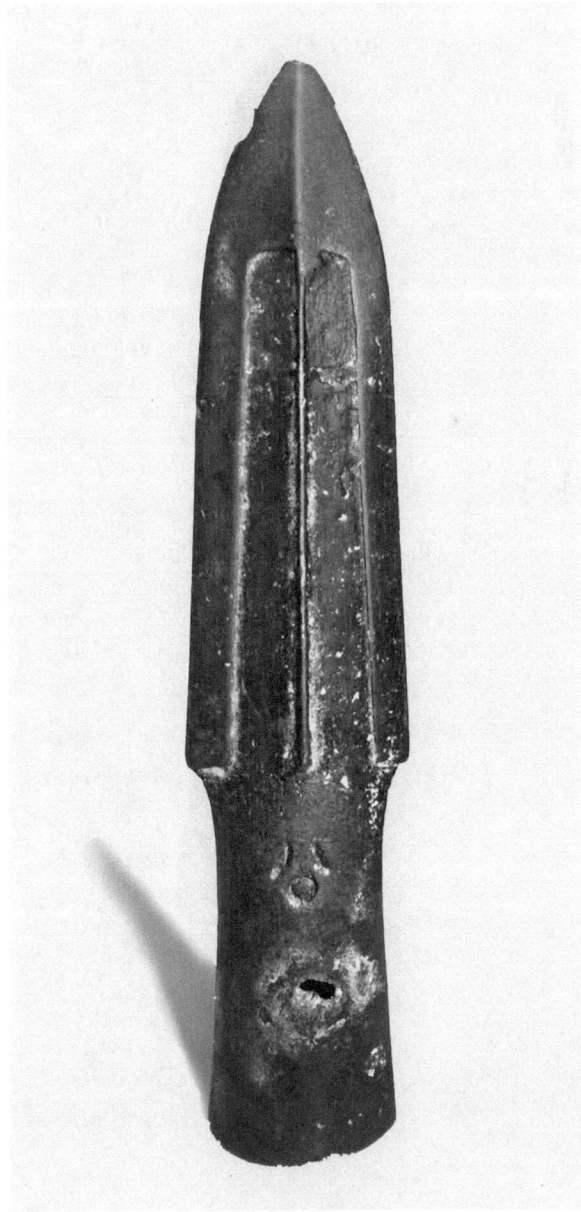

1550. 燕王桓矛（郾王逗矛）

【時　　代】戰國晚期。

【收　藏　者】河北保定市徐占勇達觀齋。

【尺度重量】通長 14.8 釐米。

【形制紋飾】葉窄長，脊隆起，脊兩側有血槽，圓形骹，上細下粗，骹上有對穿釘孔。

【著　　録】兵圖 52 頁。

【銘文字數】骹部鑄銘文 3 字。

【銘文釋文】郾（燕）王逗（桓）。

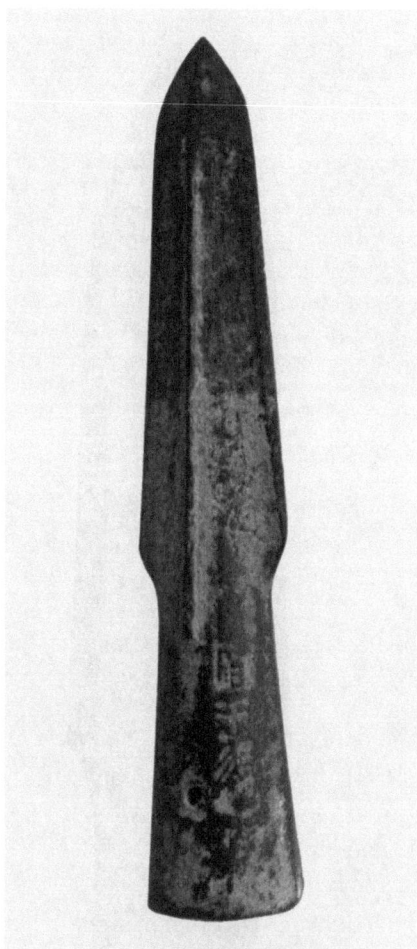

1551. 公矛

【時　　　代】春秋早期·秦。

【收　藏　者】某收藏家。

【形制紋飾】窄葉形,前鋒尖銳,葉後部斜收,脊向後
漸寬厚,與骹筒合爲一體,骹後部有對穿
釘孔。

【著　　　録】未著録。

【銘文字數】骹正面鑄銘文2字,背面鑄2字,共4字。

【銘文釋文】公矛,諆徒。

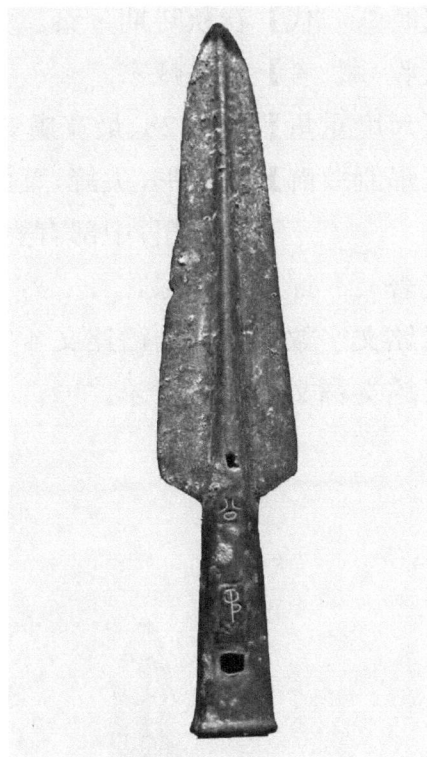

1552. 公車矛

【時　　代】春秋時期·秦。

【收　藏　者】某收藏家。

【尺度重量】通長 28、最寬處 3.3 釐米。

【形制紋飾】柳葉形,尖鋒,葉面向後漸寬,脊窄而高,橫截面呈"十"字形,骹甚長,上細下粗,中部有對穿釘孔。骹後部飾三角紋。

【著　　錄】未著錄。

【銘文字數】葉右側鑄銘文 4 字。

【銘文釋文】公車用矛。

1553. 司工矛

【時　　代】戰國早期。

【收　藏　者】某收藏家。

【尺度重量】通高 25.5 釐米。

【形制紋飾】前鋒鋭利,中有脊,兩縱有血槽,下部圜收,兩刃下部有突刺,圓筒形骹,
　　　　　　前細後粗,弧形口。骹筒有一釘孔,後部有塔形紋飾。

【著　　錄】未著錄。

【銘文字數】骹筒前部釘孔左右共鑄銘文 4 字。

【銘文釋文】司工右寇(？)。

銘文 1

銘文 2

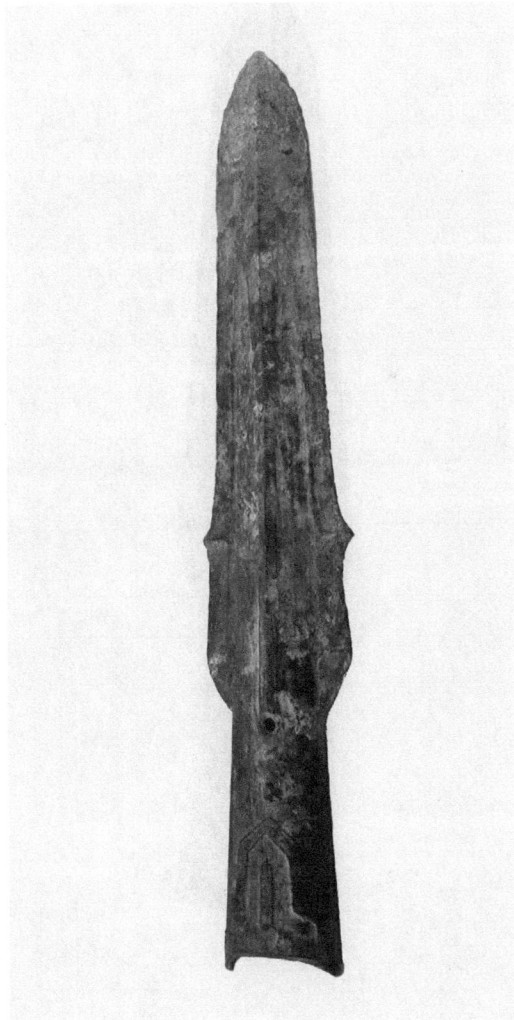

1554. 燕王喜矛（郾王喜矛）

【時　　代】戰國晚期。

【收 藏 者】河北保定市徐占勇達觀齋。

【尺度重量】通高 14.6 釐米。

【形制紋飾】橫截面呈菱形，尖鋒，中脊凸起，兩邊開刃，脊兩側有血槽，骸下部有釘孔。

【著　　錄】兵圖 49 頁。

【銘文字數】骸部鑄銘文 4 字。

【銘文釋文】郾（燕）王喜憑（作）。

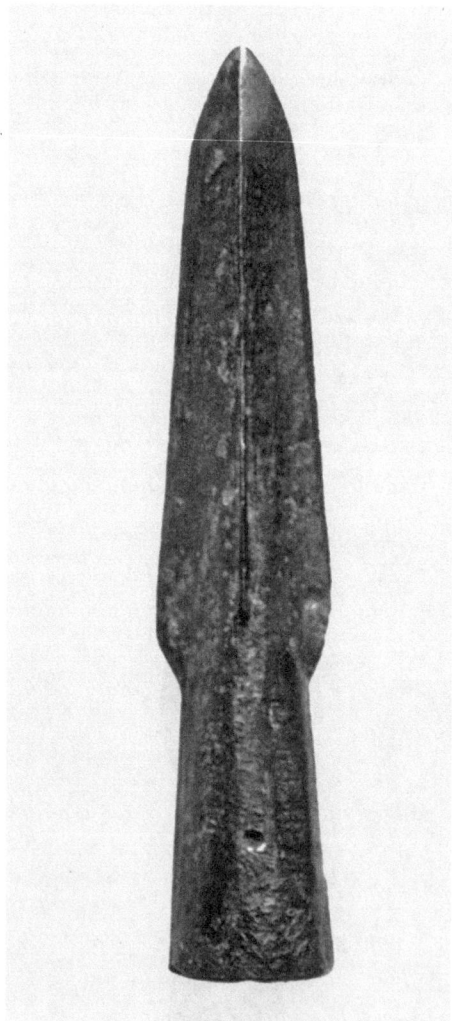

1555. 燕王喜矛（郾王喜矛）

【時　　代】戰國晚期。

【收 藏 者】河北保定市徐占勇達觀齋。

【尺度重量】通高 14.9 釐米。

【形制紋飾】橫截面呈菱形，尖鋒，中脊凸起，兩邊開刃，脊兩側有血槽，骸下部有
　　　　　　釘孔。

【著　　録】兵圖 47 頁。

【銘文字數】骸部鑄銘文 4 字。

【銘文釋文】郾（燕）王喜□。

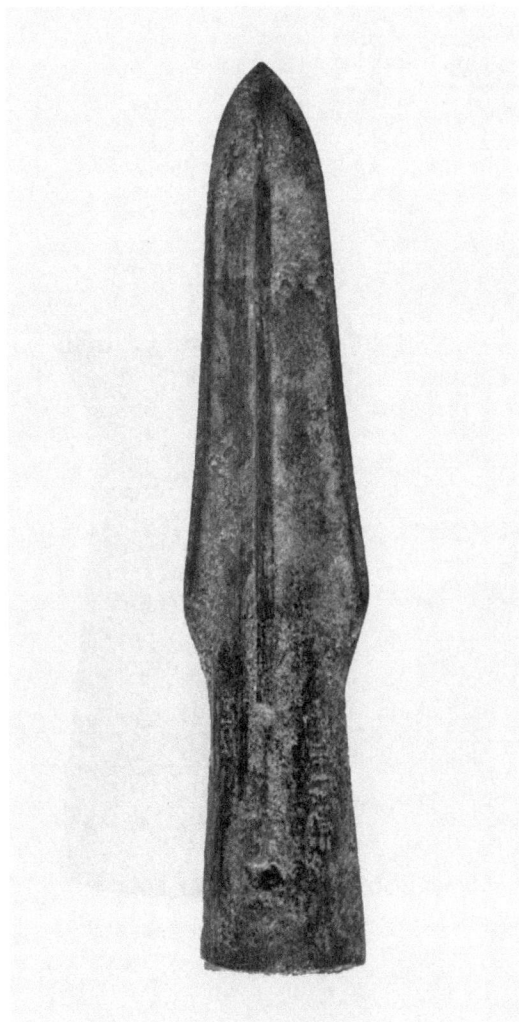

1556. 燕王喜矛（郾王喜矛）

【時　　代】戰國晚期。

【收　藏　者】河北保定市徐占勇達觀齋。

【尺度重量】通高 14.6 釐米。

【形制紋飾】橫截面呈菱形，尖鋒，中脊凸起，兩葉向下漸寬，下部斜收，脊兩側有血
　　　　　　槽，骹下部有釘孔。出土時帶有鐓。

【著　　録】兵圖 48 頁。

【銘文字數】骹部鑄銘文 4 字。

【銘文釋文】郾（燕）王喜□。

1557. 高陽左庫矛

【時　　代】戰國晚期。
【出土時地】2019 年 6 月出現在杭州西泠印社拍賣會。
【收　藏　者】原藏香港趙氏山海樓。
【尺度重量】通高 22.2 釐米。
【形制紋飾】高脊,尖鋒,脊兩側有血槽,長筒形骹,一側有橋形鈕,銎口微殘。
【著　　錄】未著錄。
【銘文字數】骹下部刻銘文 4 字。
【銘文釋文】高傿(陽)左庫。

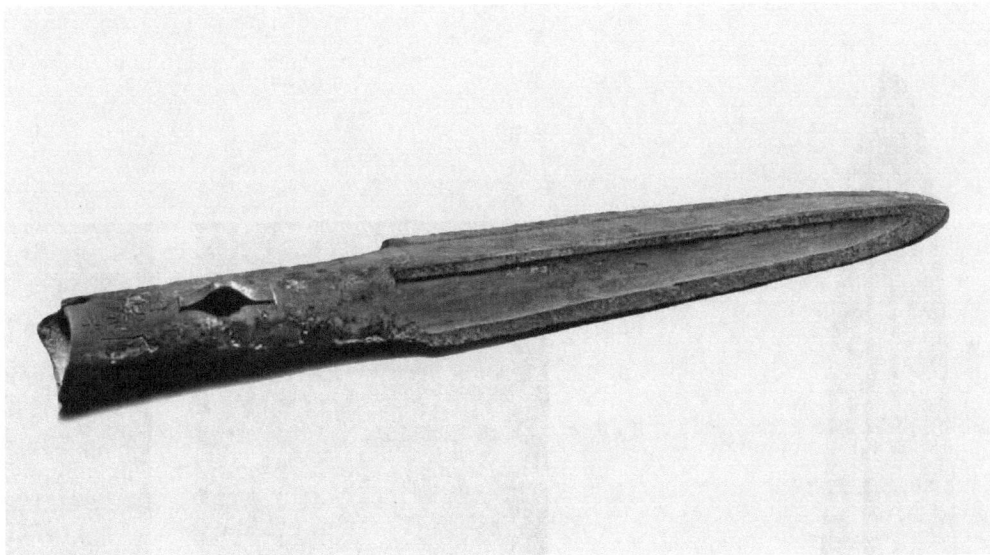

1558. 陽城矛

【時　　代】戰國晚期。

【收 藏 者】河北保定市徐占勇達觀齋。

【尺度重量】通高 15 釐米。

【形制紋飾】尖鋒,中脊凸起,兩邊開刃,脊部呈弧形鼓起,兩側形成血槽,骹呈亞腰形,上部有釘孔。

【著　　錄】兵圖 57 頁。

【銘文字數】骹部刻銘文 5 字。

【銘文釋文】陽城,歸(歸)陽城。

【備　　注】銘文照片中後一"城"字被裁掉。

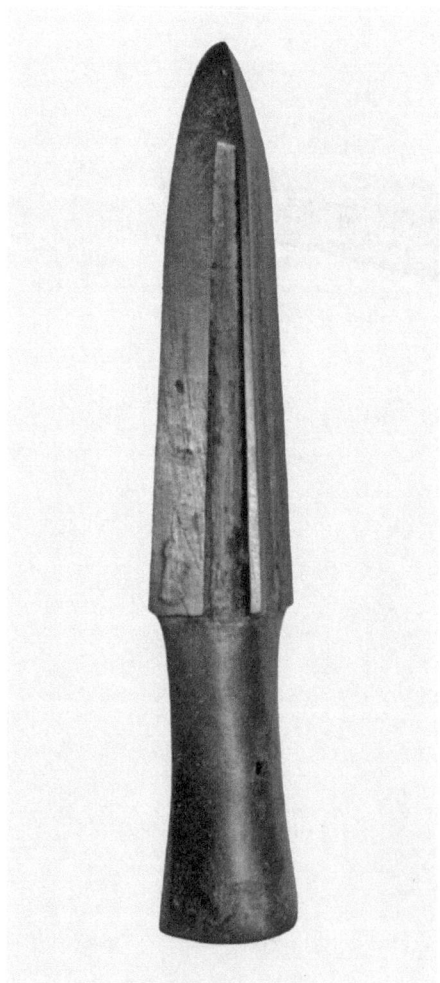

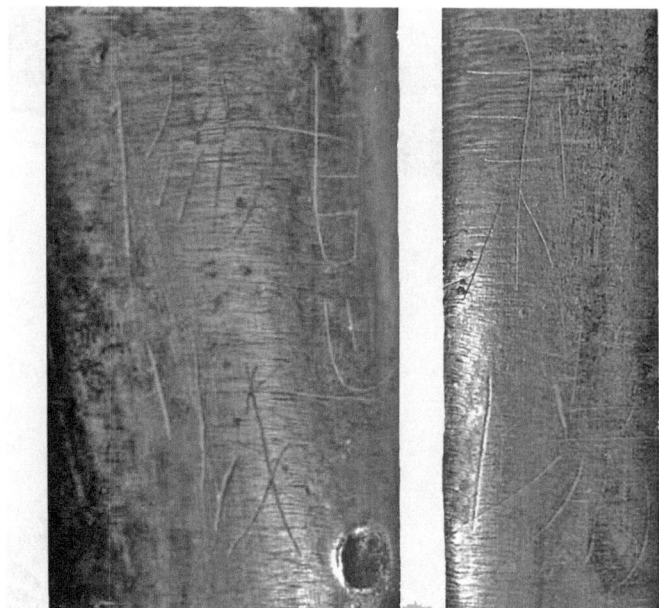

1559. 杜陽矛

【時　　代】戰國晚期·秦。

【出土時地】1977 年出土於遼寧省遼陽市太子河區喇嘛園。

【收　藏　者】遼陽博物館。

【尺度重量】通長 14、寬 3.4 釐米。

【形制紋飾】矛體橫截面呈菱形,前鋒尖銳,脊隆起,兩側有血槽,圓筒形骹,骹上有對穿小孔。

【著　　錄】考古與文物 2018 年 1 期 124 頁圖 1、2。

【銘文字數】骹正面刻篆書銘文 4 字,背面 1 字,共 5 字。

【銘文釋文】正面:□徒,杜陽;背面:衍。

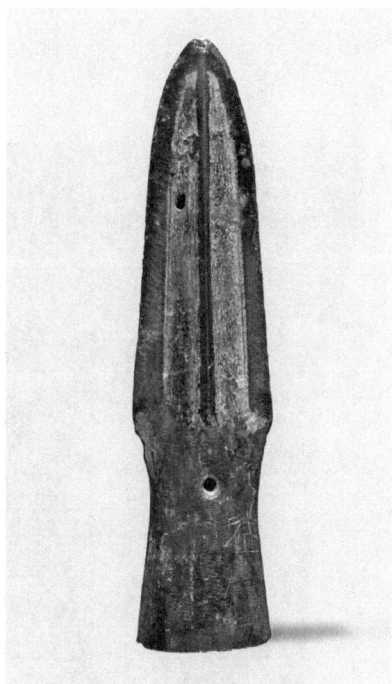
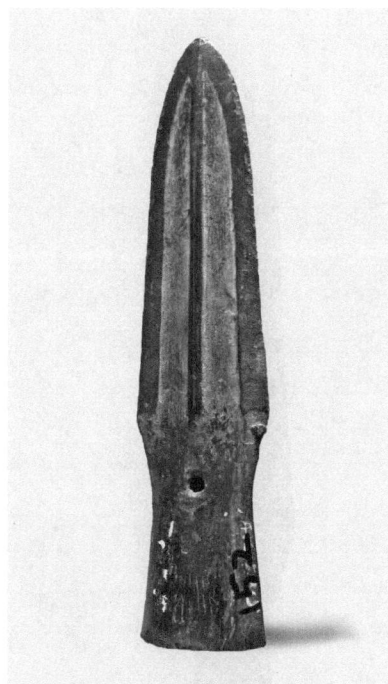

1560. 蔡公子果矛

【時　　代】春秋晚期。

【收 藏 者】某收藏家。

【尺度重量】通長 27 釐米。

【形制紋飾】窄葉形,矛脊起棱,兩側呈坡形,脊刃之間有血槽,後鋒罄折,圓形長骹,前細後粗,其上有小鈕。

【著　　録】未著録。

【銘文字數】骹部有鳥篆銘文 6 字。

【銘文釋文】希(蔡)公子果之用。

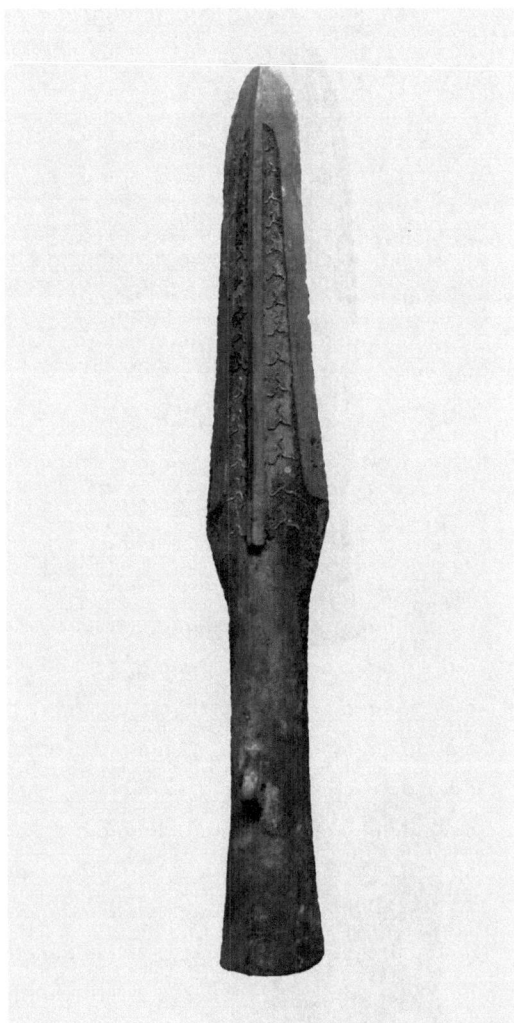

1561. 燕王職矛（郾王職矛）

【時　　代】戰國晚期。

【收 藏 者】河北保定市徐占勇達觀齋。

【尺度重量】通高 12.8 釐米。

【形制紋飾】窄葉形，橫截面呈菱形，鋒
　　　　　　較圓鈍，中脊凸起，兩邊開
　　　　　　刃，脊兩側有血槽，矛本部
　　　　　　飾浮雕獸頭，骸的正背面
　　　　　　鑄有"山"字紋，山上部有
　　　　　　釘孔。

【著　　錄】兵圖 45 頁。

【銘文字數】矛骸鑄銘文 6 字。

【銘文釋文】郾（燕）王職乍（作）□□。

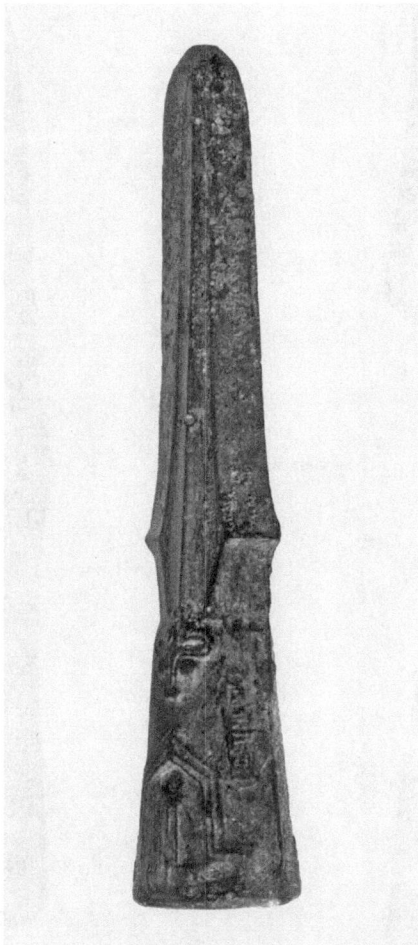

1562. 燕王職矛（郾王職矛）

【時　　代】戰國晚期。

【收　藏　者】河北保定市徐占勇達觀齋。

【尺度重量】通高 13 釐米。

【形制紋飾】橫截面呈菱形，尖鋒，中脊凸起，兩邊開刃，脊兩側有血槽，矛本部飾浮雕獸頭，骹的正背面鑄有"山"字紋，"山"上端有釘孔。

【著　　録】兵圖 56 頁。

【銘文字數】骹部鑄銘文 6 字。

【銘文釋文】郾（燕）王職乍（作）□□。

1

2

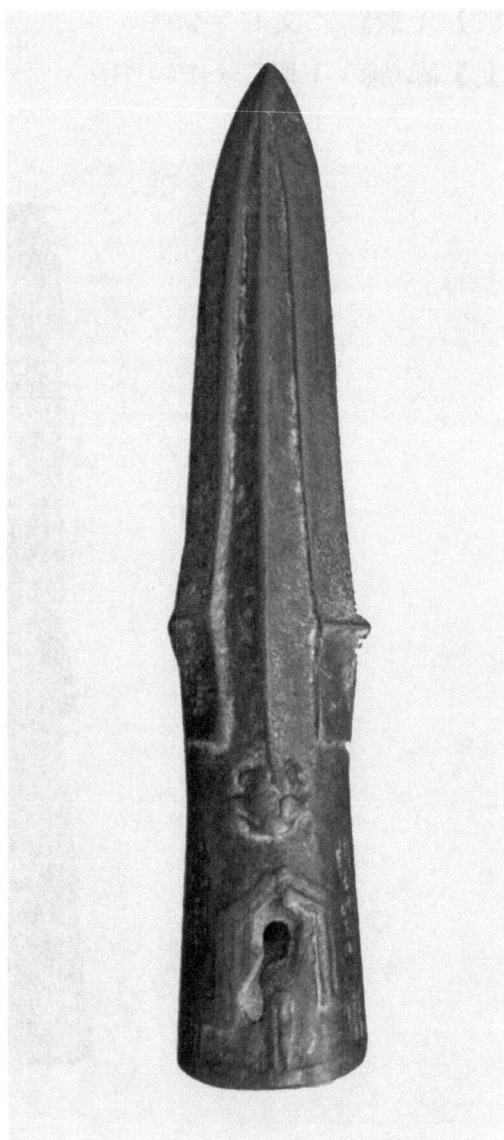

1563. 燕王職矛(郾王職矛)

【時　　代】戰國晚期。
【收 藏 者】河北保定市徐占勇達觀齋。
【尺度重量】殘高 6.4 釐米。
【形制紋飾】上部殘,骹的下部有釘孔。
【著　　録】兵圖 51 頁。
【銘文字數】骹部鑄銘文 6 字。
【銘文釋文】郾(燕)王職乍(作)攷鈦。

正面

背面

1564. 燕王職矛（郾王職矛）

【時　　代】戰國晚期。

【收　藏　者】某收藏家。

【形制紋飾】鋒較圓，中脊凸起，脊兩旁有血槽，骹作圓筒形，上有一釘孔。

【著　　錄】未著錄。

【銘文字數】骹下部鑄銘文7字。

【銘文釋文】郾（燕）王職乍（作）旟萃鍨（？）。

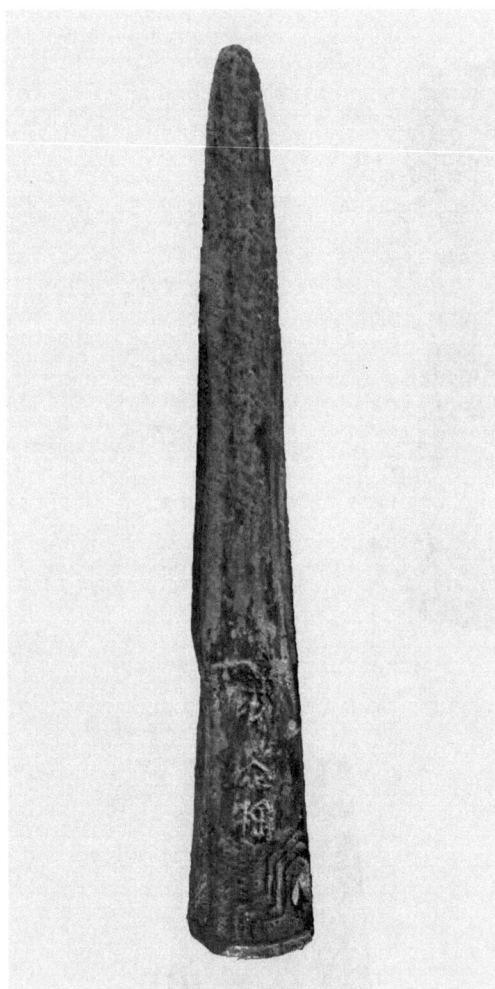

1565. 燕王喜矛（郾王喜矛）

【時　　代】戰國晚期。

【收 藏 者】河北保定市徐占勇達觀齋。

【尺度重量】通高 20 釐米。

【形制紋飾】體窄長，橫截面呈菱形，尖鋒，中脊凸起，兩邊開刃，脊兩側有血槽，骹的
　　　　　　下部有釘孔。

【著　　録】兵圖 54 頁。

【銘文字數】骹部鑄銘文 7 字。

【銘文釋文】郾（燕）王喜愆（作）□萃鈦。

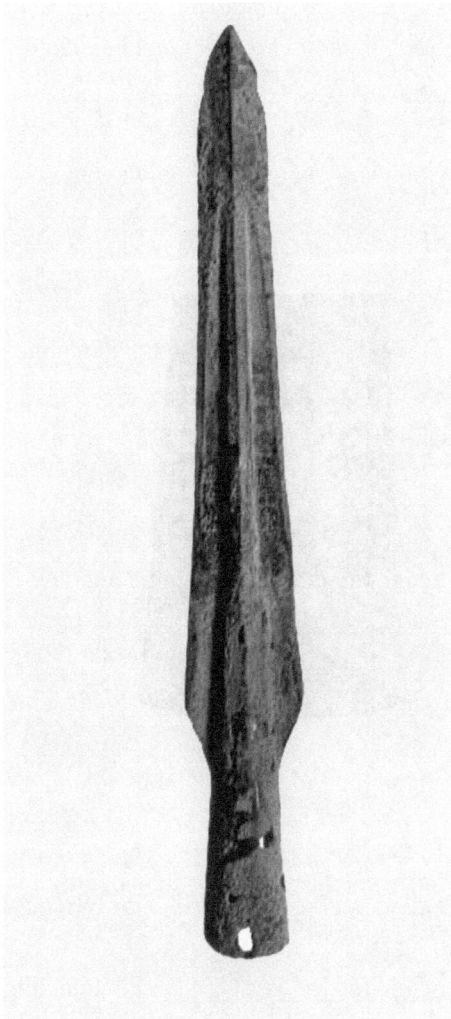

1566. 燕王喜矛（郾王喜矛）

【時　　代】戰國晚期。

【出土時地】捐贈。

【收　藏　者】河北易縣燕下都文管所。

【尺度重量】通高 23.3 釐米。

【形制紋飾】葉窄形，脊棱突起，斷面呈六邊形，兩葉下部斜收，脊旁有兩道血槽，圓骹
　　　　　　上細下粗，下部有對穿釘孔。

【著　　錄】熠熠 185 頁。

【銘文字數】骹部鑄銘文 7 字。

【銘文釋文】郾（燕）王喜惑（作）□車鈠。

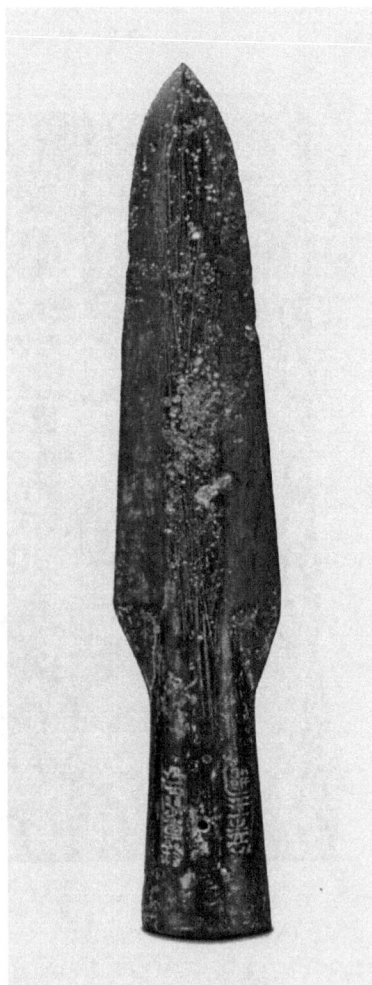

1567. 燕王戎人矛(郾王戎人矛)

【時　　代】戰國晚期。

【收　藏　者】河北保定市徐占勇達觀齋。

【尺度重量】通長 19.5 釐米。

【形制紋飾】葉窄長,尖鋒,脊隆起,脊兩側有血槽,葉下部斜收,圓形長銎,上細下粗,骹正面有一獸鈕。

【著　　錄】兵圖 53 頁。

【銘文字數】骹部鑄銘文 7 字。

【銘文釋文】郾(燕)王戎人乍(作)萃鈦。

A

B

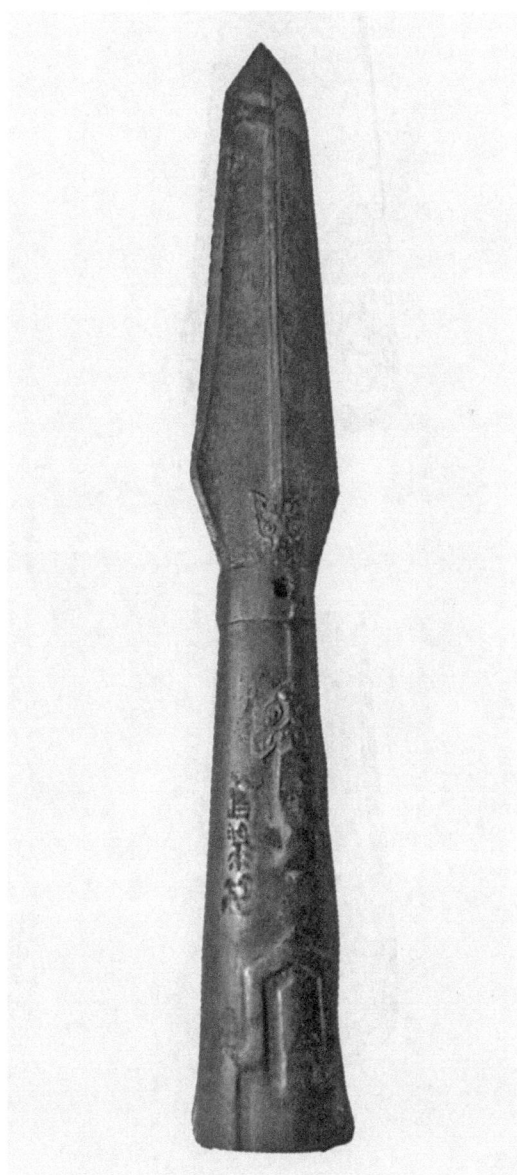

1568. 燕王戎人矛（郾王戎人矛）

【時　　代】戰國晚期。

【收　藏　者】某收藏家。

【尺度重量】通高 13.1、銎徑 2.3 釐米。

【形制紋飾】葉窄長，尖鋒，脊隆起，脊兩側有血槽，葉下部斜收，圓筒形長銎，上細下
　　　　　　粗，中部有一對穿釘孔。

【著　　錄】未著錄。

【銘文字數】骹部鑄銘文 8 字。

【銘文釋文】郾（燕）王戎人乍（作）雩萃釪（矛）。

1

2

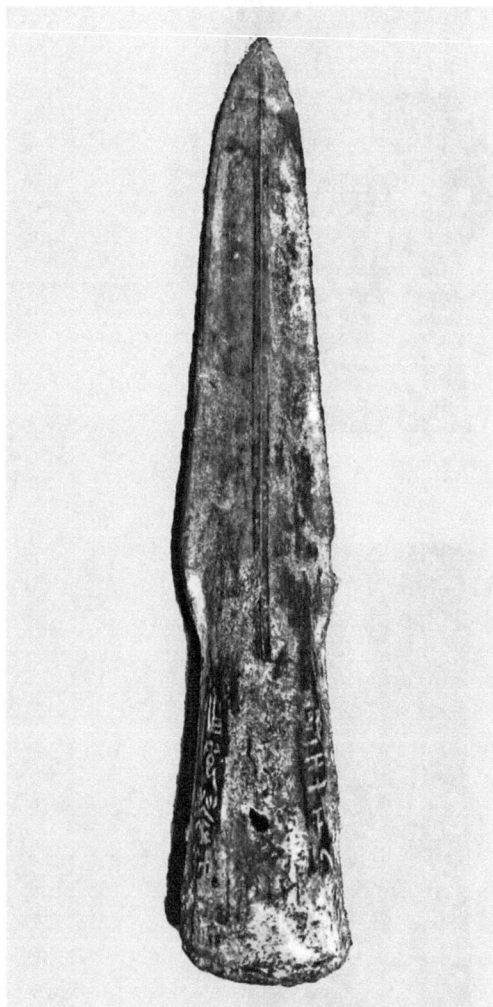

1569. 寺工矛

【時　　代】戰國晚期·秦。

【收　藏　者】河北保定市徐占勇達觀齋。

【尺度重量】通高 15 釐米。

【形制紋飾】橫截面呈菱形,中起脊,兩邊開刃,脊兩側有寬血槽。骹下部有對穿釘孔,
　　　　　　圓形骹,通體中空,唯鋒端爲實心。

【著　　錄】兵圖 58 頁。

【銘文字數】骹部刻銘文 7 字。

【銘文釋文】寺工,武庫受屬邦。

A

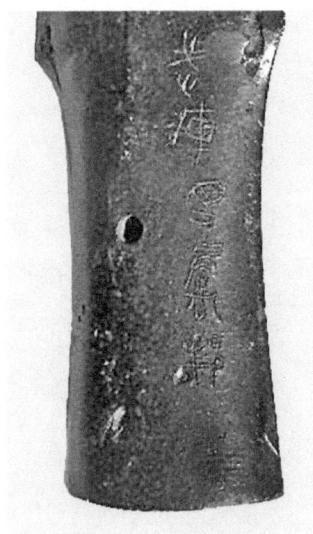

B

1570. 不誨矛

【時　　代】戰國時期。

【收 藏 者】河北保定市徐占勇達觀齋。

【尺度重量】通高 14.5 釐米。

【形制紋飾】窄葉形,橫截面呈菱形,尖鋒,中脊凸起,兩邊開刃,兩葉向下漸寬,下部斜收,脊兩側有血槽,骹的前部細而後部粗,下口作燕尾形,上部有釘孔。

【著　　錄】兵圖 55 頁。

【銘文字數】矛骹鑄銘文 12 字,刻 3 字,共 15 字。

【銘文釋文】不誨受命,胄(祇)乍(作)戎□,箴弜(強)□□,□壴睘(縣)。

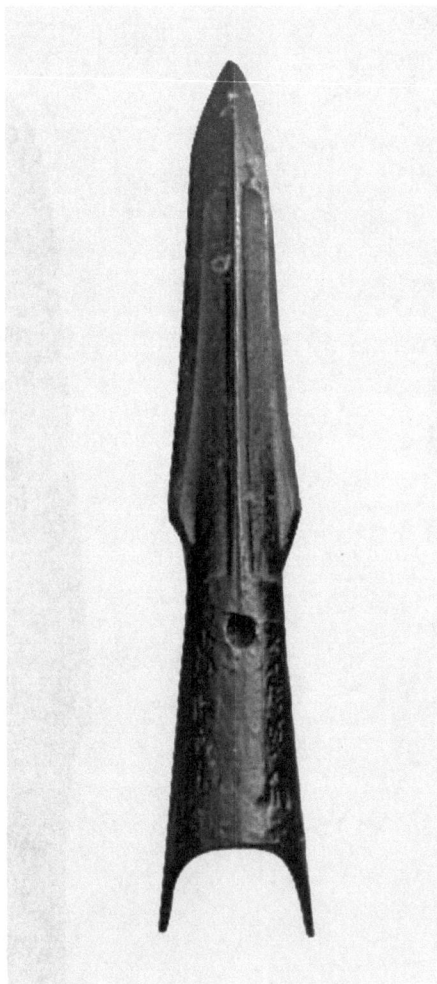

1

2

3

4

1571. 二年上郡守鋳矛

【時　　代】戰國晚期・秦（秦王政二年，前 245 年）。

【出土時地】2008 年見於網絡。

【收 藏 者】某收藏家。

【著　　録】文字研究 92 頁圖一：2。

【銘文字數】骹部刻銘文 16 字。

【銘文釋文】二年，上郡守鋳造，漆工衍、丞圂、工隸臣周。

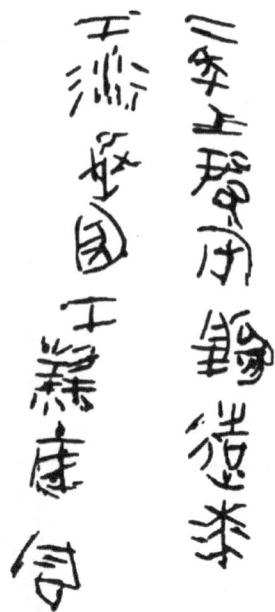

1572. 三年上郡守鋳矛

【時　　代】戰國晚期・秦（秦王政三年，前 244 年）。

【出土時地】2008 年見於網絡。

【收 藏 者】某收藏家。

【著　　録】文字研究 94 頁圖二。

【銘文字數】骹部刻銘文 16 字。

【銘文釋文】三年，上郡守鋳造，漆工衍、丞圂、工隸臣周。

39. 劍、鈹

（1573–1619）

1573. 公劍（公字復合劍）

【時　　代】戰國早期。

【收 藏 者】某收藏家。

【形制紋飾】扁條形，前鋒尖銳，前部窄，向後漸寬，中部較厚，兩邊開刃，無格，窄條莖，前寬後窄。中脊以含銅量大的合金鑄造，兩縱及刃部以含錫量大的合金鑄造。

【著　　錄】未著錄。

【銘文字數】正面鑄銘文1字。

【銘文釋文】公。

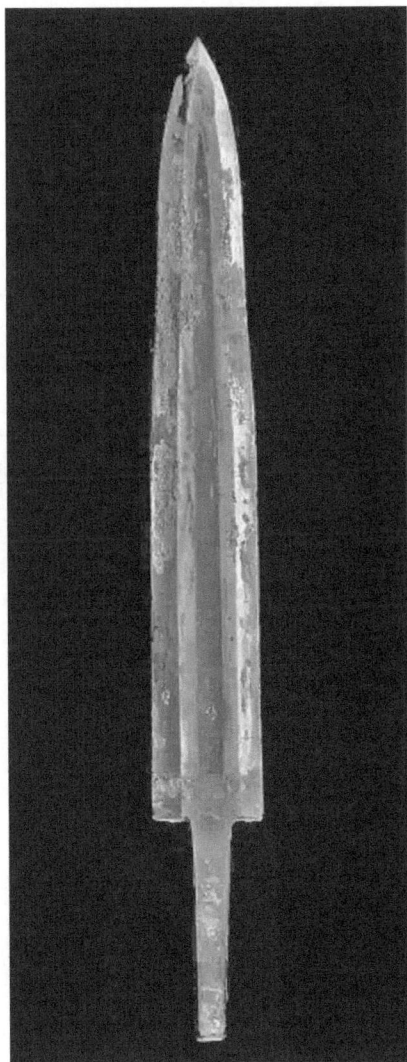

1574. 阿劍

【時　　代】戰國早期。

【收　藏　者】河北保定市徐占勇達觀齋。

【尺度重量】通長 56、寬 4.5 釐米。

【形制紋飾】窄長條,中有脊,尖鋒,縱的前部略有弧曲,莖作實心橢圓柱形,兩道箍棱,格寬而厚,劍首呈圓餅形。

【著　　録】兵圖 24 頁。

【銘文字數】格上鑄銘文 1 字。

【銘文釋文】阿。

1575. 銘文劍

【時　　代】春秋晚期。

【收　藏　者】某收藏家。

【形制紋飾】扁條形，劍身有中脊，前端刃稍內弧，格較寬，莖為圓柱形，上有兩道箍棱，劍首呈圓餅形。

【著　　錄】未著錄。

【銘文字數】縱上鑄銘文 2 字。

【銘文釋文】□□（不識）。

【備　　注】劍身泥土未清洗。

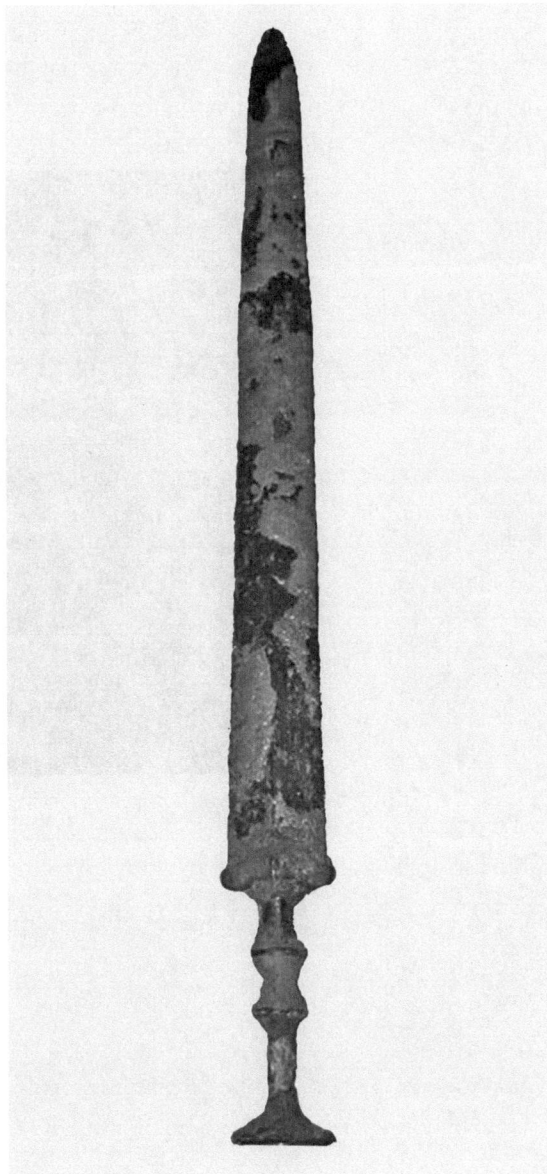

1576. 昭陽劍

【時　　代】戰國中期。

【收 藏 者】某收藏家。

【形制紋飾】柳葉形,脊部呈弧形鼓起,長條莖,無首,莖上有一圓孔。

【著　　錄】未著錄。

【銘文字數】脊側鑄銘文2字。

【銘文釋文】卲(昭)𣃔(陽)。

1577. 成陽劍

【時　　代】戰國晚期。

【收 藏 者】某收藏家。

【形制紋飾】長臘尖鋒,中脊鼓起,凹字形格,細圓莖,上有兩道圓箍,劍首呈圓餅形。

【著　　録】未著録。

【銘文字數】縱部刻銘文 3 字。

【銘文釋文】成易(陽)□。

1578. 攗王劍

【時　　代】春秋晚期。

【出土時地】早年安徽壽縣壽春鎮。

【收 藏 者】下落不明。

【尺度重量】通長 3 尺（周尺）。

【著　　録】未著録。

【銘文字數】右縱有鳥篆銘文 4 字。

【銘文釋文】攗王乍（作）用。

1579. 陰明武劍

【時　　代】春秋晚期。
【出土時地】早年陝西寶雞市博物館從廢品公司揀選。
【收　藏　者】寶雞青銅器博物院。
【尺度重量】通長 53.8 釐米,重 0.64 公斤。
【形制紋飾】窄長條,尖鋒,有脊有格,莖作圓柱形,上有兩道棱,圓餅形劍首。
【著　　錄】陝集成 8 册 237 頁 0974。
【銘文字數】脊左側鑄銘文 4 字。
【銘文釋文】陰明武用。
【備　　注】館藏號:IA8.224。

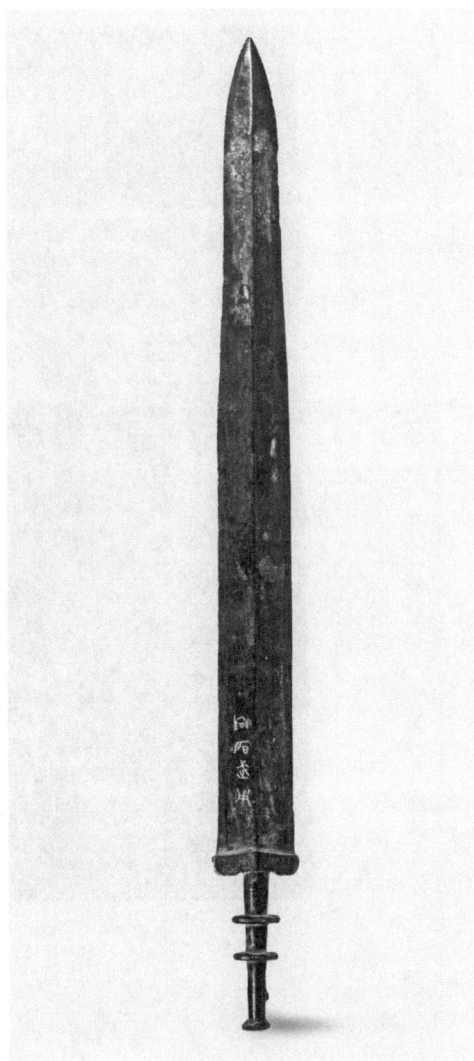

1580. 蔡侯產劍

【時　　代】戰國早期。

【收　藏　者】某收藏家。

【尺度重量】通長 49.5、格長 5、首徑 4 釐米。

【形制紋飾】長條形,尖鋒,前部略窄,兩縱微凹,中有脊,橫截面呈菱形,凹字形格,圓莖上有兩道箍棱,劍首呈圓餅形。劍格兩面飾獸面紋。

【著　　錄】未著錄。

【銘文字數】兩縱有錯金鳥篆銘文 6 字。

【銘文釋文】希(蔡)医(侯)產乍(作)畏(畏—威)戏(教)。

1581. 郘王薈劍

【時　　代】春秋晚期。

【收　藏　者】某收藏家。

【尺度重量】通長 40 釐米。

【形制紋飾】扁條形，斷面呈菱形，前鋒尖銳，中有脊，菱形窄格，扁筒形莖，前細後粗，
中空圓首。

【著　　錄】未著錄。

【銘文字數】左縱部鑄銘文 7 字。

【銘文釋文】郘王薈自伐（作）甬（用）鐱（劍）。

【備　　注】銘文頭向劍格。

1582. 燕王喜鈹（郾王喜鈹）

【時　　代】戰國晚期。

【收　藏　者】河北保定市徐占勇達觀齋。

【尺度重量】殘長 23.5 釐米。

【形制紋飾】通體呈柳葉狀，尖鋒平脊，兩邊開刃，無首無格，後部殘斷。

【著　　錄】兵圖 38 頁。

【銘文字數】鈹身脊部鑄銘文 7 字。

【銘文釋文】郾（燕）王喜惎（作）桀旅鈦。

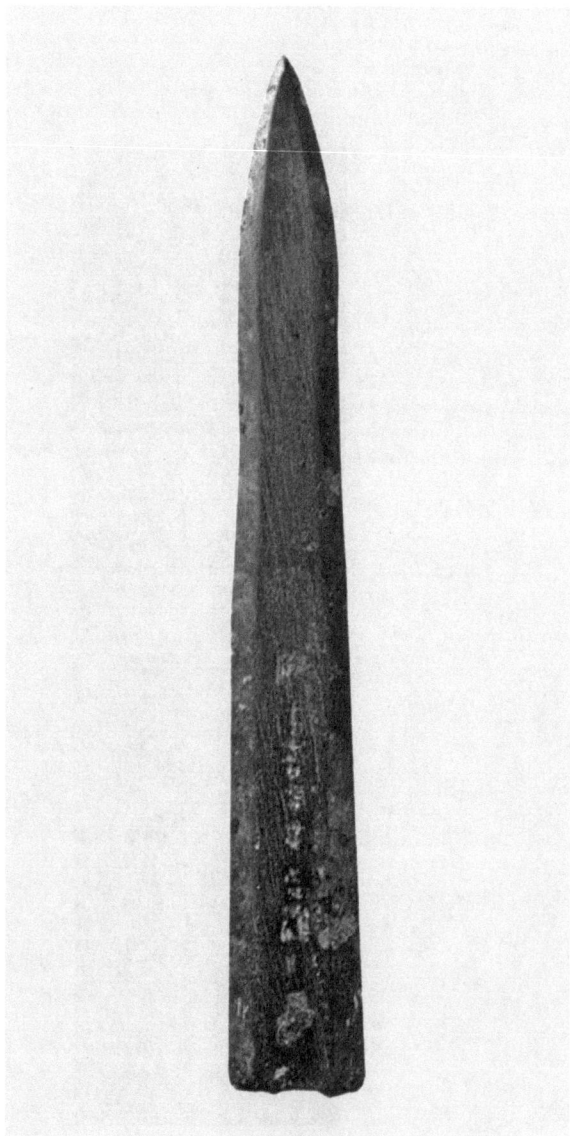

1583. 燕王喜鈹（郾王喜鈹）

【時　　代】戰國晚期。

【收　藏　者】河北保定市徐占勇達觀齋。

【尺度重量】殘長 11 釐米。

【形制紋飾】通體呈柳葉狀，尖鋒平脊，兩邊開刃，無首無格，前部和莖後部殘斷。

【著　　錄】兵圖 39 頁。

【銘文字數】鈹身脊部鑄銘文 7 字。

【銘文釋文】郾（燕）王喜忑（作）桀旅鈦。

1584. 人頭紋劍

【時　　代】西周時期。

【收藏者】某收藏家。

【形制紋飾】柳葉形,有中脊,後部兩面呈凹槽形,柄作長方形,上有兩圓孔,柄上所接
　　　　　　的木柄已朽無存。劍身後部兩面均飾人頭紋。

【著　　錄】未著錄。

【銘文字數】劍身後部兩面各鑄銘文4字,共8字。

【銘文釋文】不識。

正面

背面

1585. 公子伐劍

【時　　代】春秋晚期。

【收 藏 者】某收藏家。

【形制紋飾】窄長條,尖鋒,兩縱斜寬,中部起脊,凹字形寬格,莖作圓柱形,上有兩道
　　　　　　箍棱,圓餅形劍首。劍格飾獸面紋。

【著　　録】未著録。

【銘文字數】脊兩側鑄銘文8字。

【銘文釋文】□公子伐自乍(作)用鐱(劍)。

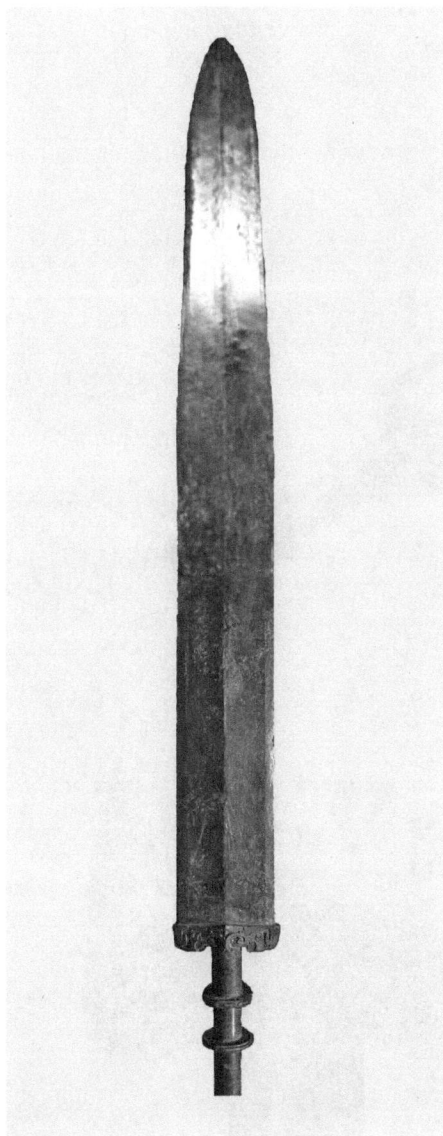

1586. 越王諸稽於賜劍（戈王者旨於賜劍）

【時　　代】戰國早期（越王鼫與，前 464 – 前 459 年）。

【收 藏 者】某收藏家。

【形制紋飾】厚格寬縱式。尖鋒扁體，兩縱寬平，中脊隆起，格作倒“凹”字形，圓柱形莖，上有兩道圓箍，箍上有細陽綫花紋，圓盤形劍首，中心凹陷。劍首飾三組同心圓紋。

【著　　錄】未著錄。

【銘文字數】劍格兩面鑄雙鈎鳥篆銘文 8 字。

【銘文釋文】正面：戈（越）王戈（越）王；背面：者（諸）旨（稽）於賜。

正面　　　　　　　　　　　背面

1587. 越王諸稽於賜劍（戉王者旨於賜劍）

【時　　代】戰國早期（越王鼫與，前 464 - 前 459 年）。

【出土時地】2018 年 10 月出現在香港大唐國際秋季拍賣會。

【收　藏　者】某收藏家。

【尺度重量】通長 52.5 釐米。

【形制紋飾】劍體窄長，中有脊，尖鋒，縱的前部略有弧曲，厚格呈“凹”字形，莖作實
心橢圓柱形，中有兩道箍棱，箍上飾雲紋，劍首呈圓餅形，有同心圓紋。

【著　　録】未著録。

【銘文字數】劍格兩面有鳥篆銘文 8 字（其中重文 2）。

【銘文釋文】正面：戉（越）王戉（越）王；背面：者（諸）旨（稽）於賜。

正面

背面

1588. 越王諸稽於賜劍（戊王者旨於賜劍）

【時　　代】戰國早期（越王鼫與，前 464 – 前 459 年）。

【出土時地】2019 年 5 月出現在香港大唐國際拍賣會。

【收　藏　者】原藏歐洲某收藏家。

【尺度重量】通長 66 釐米。

【形制紋飾】劍體窄長，中有脊，尖鋒，縱的前部略有弧曲，厚格呈"凹"字形，莖作實心橢圓柱形，中有兩道箍棱，文字間鑲嵌綠松石。劍首呈圓餅形，有同心圓紋。

【著　　錄】未著錄。

【銘文字數】劍格兩面有鳥篆銘文 8 字（其中重文 2）。

【銘文釋文】正面：戊（越）王戊（越）王；背面：者（諸）旨（稽）於賜。

1589. 越王州句劍(戉王州句劍)

【時　　代】戰國早期(越王朱句,前448－前412年)。

【收 藏 者】浙江省博物館。

【尺度重量】通長57、身寬4、格寬4.5釐米。

【形制紋飾】窄長條,尖鋒,中有脊,兩縱微凹,莖作圓筒形,"凹"字形劍格,劍首呈圓餅形,正面有十一周同心圓。兩縱飾相對的圓弧形暗紋,其間填以鱗甲紋。

【著　　錄】大邦021頁。

【銘文字數】兩縱後部有錯金銘文8字。

【銘文釋文】戉(越)王州句,自乍(作)用僉(劍)。

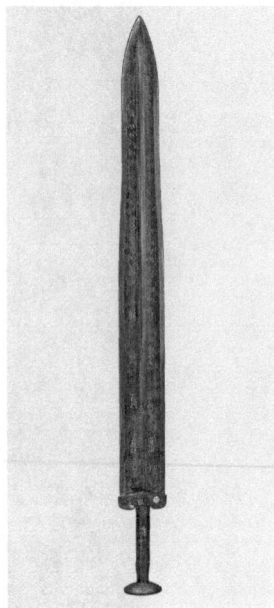

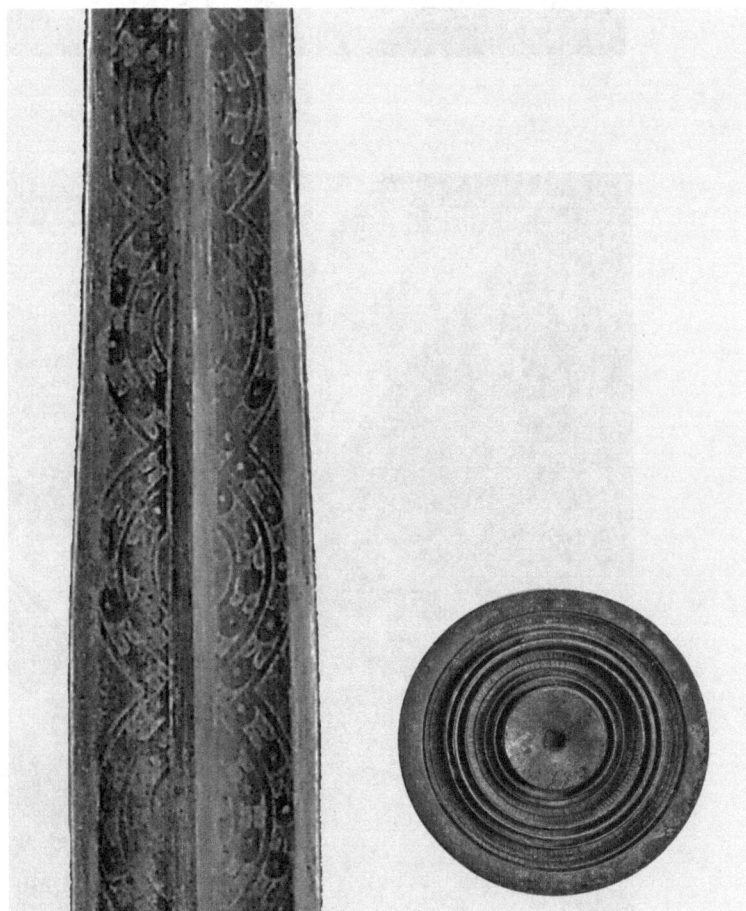

1590. 燕王職劍

【時　　　代】戰國晚期（燕昭王，前311－前279年）。

【出土時地】2019年10出現在香港大唐國際拍賣會。

【收　藏　者】原藏日本某私家。

【尺度重量】通高42、寬6.5釐米。

【形制紋飾】長條形，尖鋒平脊，圓柱形莖，上有兩道箍棱，"凹"字形白玉劍格，圓餅形白玉劍首，後部內凹。劍格飾勾雲紋，劍首飾渦紋間以穀紋。

【著　　　錄】未著錄。

【銘文字數】平脊鑄銘文8字。

【銘文釋文】郾（燕）王職乍（作）武桀（樺）鏃（旅）鐱（劍）。

1591. 句吴王夫差劍（攻吴王夫差劍）

【時　　代】春秋晚期（夫差元年至二十三年，前 495 - 前 473 年）。

【收 藏 者】某收藏家。

【形制紋飾】窄長扁條形，中有脊，前段較窄，圓柱莖中空，菱形窄格，劍首作璧形。

【著　　録】未著録。

【銘文字數】劍身近格處的脊兩側鑄銘文 10 字。

【銘文釋文】攻（句）致（敔）王夫碧（差），自乍（作）其元用。

1592. 句吳王夫差劍(攻致王夫差劍)

【時　　　代】春秋晚期(夫差元年至二十三年,前 495 - 前 473 年)。

【出土時地】2018 年 5 月出現在香港大唐國際春季拍賣會。

【收　藏　者】某收藏家。

【尺度重量】通長 46 釐米。

【形制紋飾】長臘尖鋒,前部略窄,菱形窄格,中脊隆起,圓柱形莖,莖上有兩道箍棱,
　　　　　　玉璧形劍首。莖後部仍殘存部分緱繩。

【著　　　錄】未著錄。

【銘文字數】脊兩側鑄銘文 10 字。

【銘文釋文】攻(句)致(吳)王夫碐(差),自乍(作)其夫(元)用。

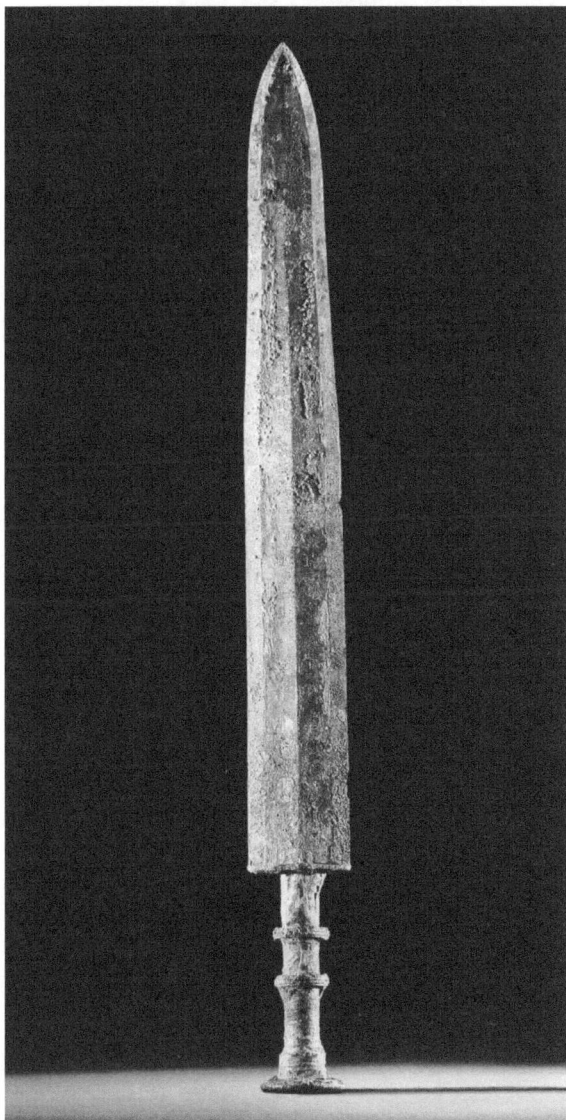

1593. 王子虎劍

【時　　代】春秋晚期。

【收 藏 者】某收藏家。

【形制紋飾】長條葉形，尖鋒，中有脊，橫斷面呈菱形，莖作窄扁條。

【著　　錄】未著錄。

【銘文字數】兩縱有鳥篆銘文10字。

【銘文釋文】王子虎台（以）幺（玄）翏（鏐）自乍（作）用僉（劍）。

1594. 春平侯鈹

【時　　代】戰國晚期・趙。
【收　藏　者】河北保定市徐占勇達觀齋。
【尺度重量】殘長 17 釐米。
【形制紋飾】通體呈柳葉狀,尖鋒雙刃,無首無格,平脊隆起,扁莖前寬後窄,後部有一
　　　　　　小孔。鈹前部和莖後部殘斷。
【著　　錄】兵圖 34 頁。
【銘文字數】鈹身正面刻銘文,現存 11 字左右(其中合文 1)。
【銘文釋文】……晜(春)平厌(侯),……邦帀=(工帀―師)□,……□室所爲……
【備　　注】"工帀(師)"爲合文。

1595. 下庫鈹

【時　　代】戰國晚期·趙。

【收 藏 者】河北保定市徐占勇達觀齋。

【尺度重量】殘長 10 釐米。

【形制紋飾】通體呈柳葉狀,前鋒和柄部殘斷,兩邊開刃,平脊隆起。

【著　　錄】兵圖 31 頁。

【銘文字數】鈹身刻銘文,現存 10 字(其中合文 1)。

【銘文釋文】······級(給),徆(下)庫帀〓(工帀一師)事,······爲(御)級(給)事敄(執)
　　　　　　齋(劑)。

【備　　注】"工帀(師)"爲合文。

銘文照片

銘文摹本

1596. 巴蜀劍

【時　　代】戰國晚期。

【收 藏 者】河北保定市徐占勇達觀齋。

【尺度重量】通長 36.5 釐米。

【形制紋飾】通體呈柳葉狀，尖鋒，中部起脊，無首無格，莖部前寬後窄，上有兩個小
　　　　　　孔。正面飾虎、鹿、二戈戟等，背面飾鳥、手、心、植物、環首刀、劍等圖案。

【著　　錄】兵圖 40 頁。

【銘文字數】劍身正背面鑄有 10 多個巴蜀符號。

【銘文釋文】不識。

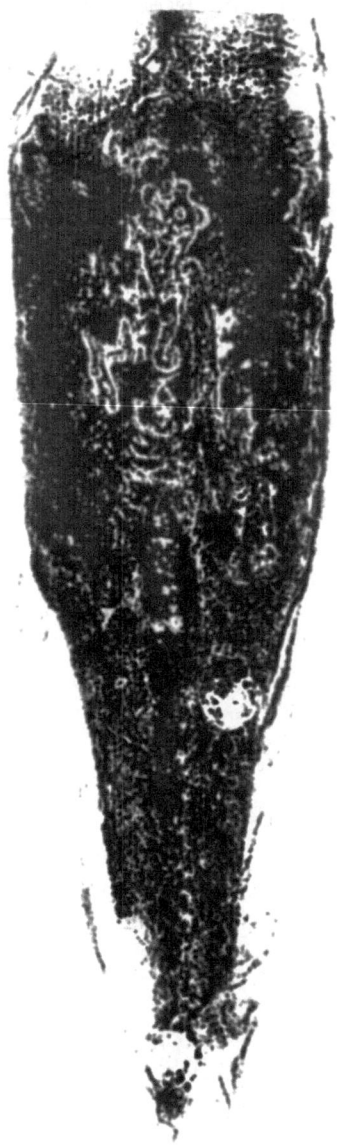

正面拓本　　　　　　　　　　　背面拓本

正面照片

背面照片

1597. 司敗壴章劍

【時　　代】戰國早期・楚。

【收　藏　者】某收藏家。

【尺度重量】通長53.2、格長5.3、首徑3.8釐米。

【形制紋飾】長條形,尖鋒,前部略窄,兩縱微凹,中有脊,橫截面呈菱形,菱形窄格,圓
　　　　　　筒形莖,前細向後漸粗,玉璧形劍首。劍格一面有錯金雲紋,另一面爲錯
　　　　　　銀雲紋。

【著　　錄】未著錄。

【銘文字數】劍首鑄銘文12字,隔字錯金銀。

【銘文釋文】司敗壴章羃(擇)乓(厥)吉金,自戈(作)甬(用)僉(劍)。

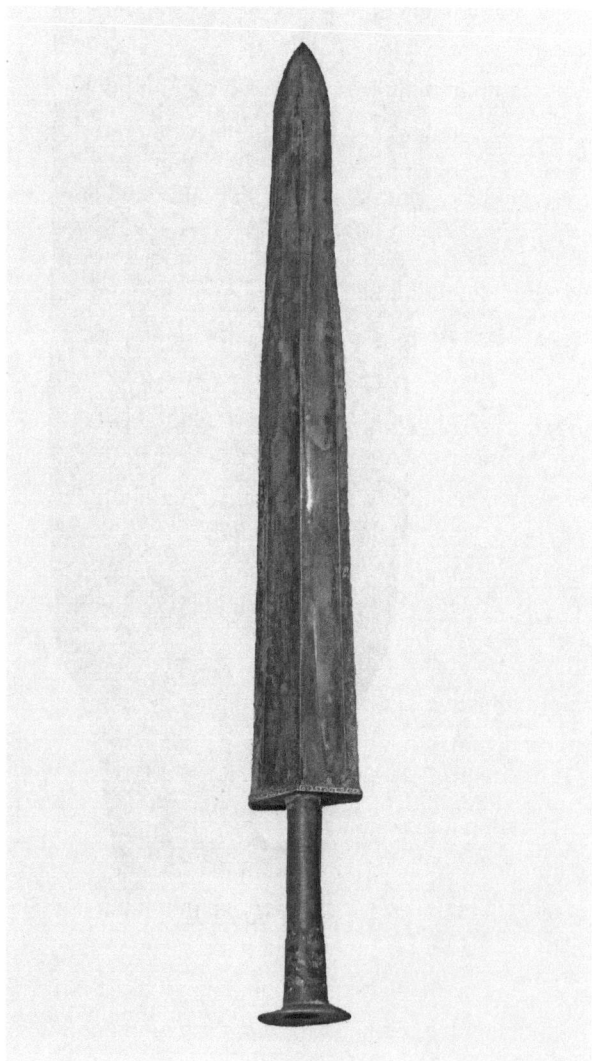

1598. 越王州句劍（戉王州句劍）

【時　　代】戰國早期（越王朱句，前 448 – 前 412 年）。

【出土時地】2018 年 5 月出現在香港大唐國際春季拍賣會。

【收 藏 者】某收藏家。

【尺度重量】通長 52 釐米。

【形制紋飾】長臘尖鋒，中脊凸起，兩縱微凹，“凹”字形格，細圓莖，上有兩道箍棱，首作圓餅形。劍格一面飾獸面紋，銘文以斜綫紋填地，莖的箍棱飾斜綫紋，劍首有同心圓紋。

【著　　録】未著録。

【銘文字數】劍格正面鑄鳥篆銘文 6 字，背面 8 字，共 14 字。

【銘文釋文】正面：戉（越）王州句州句；背面：自乍（作）用僉（劍），自乍（作）用僉（劍）。

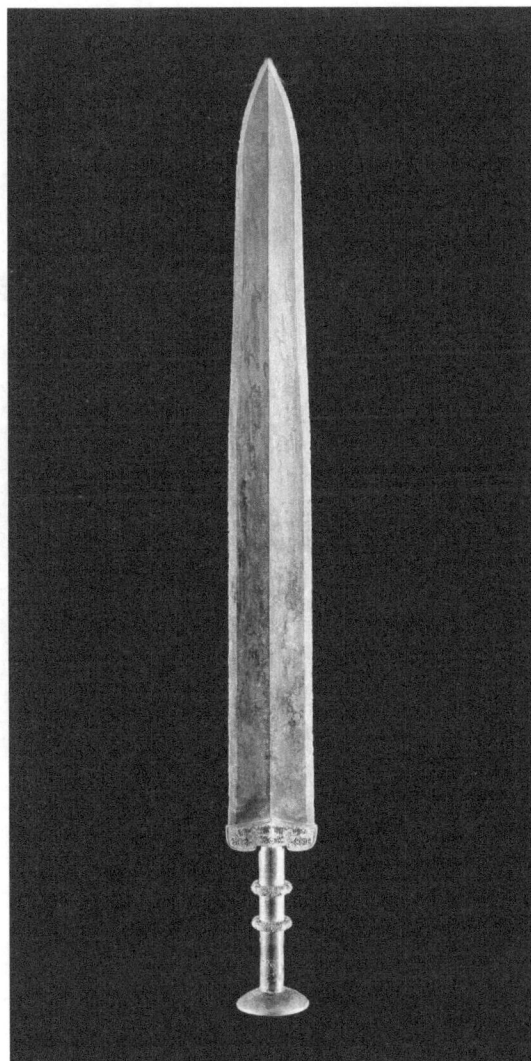

1599. 越王州句劍（戉王州句劍）

【時　　代】戰國早期（越王朱句，前 448－前 412 年）。

【收　藏　者】某收藏家。

【形制紋飾】窄長條，尖鋒，有脊有格，莖作圓柱形，上有兩道箍，首作圓餅形。銘文空間及雙箍上鑲嵌綠松石。

【著　　録】未著録。

【銘文字數】劍格正面鑄銘文 6 字，背面 8 字，共 14 字。

【銘文釋文】正面：戉（越）王州リ（勾）州リ（勾）；背面：自乍（作）用僉（劍），自乍（作）用僉（劍）。

【備　　注】全形照片和劍格背面銘文未拍照。

1600. 相邦春平侯鈹

【時　　代】戰國晚期・趙。

【收 藏 者】河北保定市徐占勇達觀齋。

【尺度重量】殘長 14 釐米。

【形制紋飾】通體呈柳葉狀,尖鋒雙刃,無首無格,平脊隆起,前部和扁莖後部殘斷。

【著　　録】兵圖 36 頁。

【銘文字數】鈹身正面刻銘文,現存 10 字(其中合文 1),背面 5 字,共 15 字。

【銘文釋文】正面：……年,相邦皀(春)平［厌(侯)］……,帀＝(工帀－師)囗璽
　　　　　　(璽)……,詢(冶)……；背面：大攻(工)君(尹)軑(韓)岢。

【備　　注】"工帀(師)"爲合文。

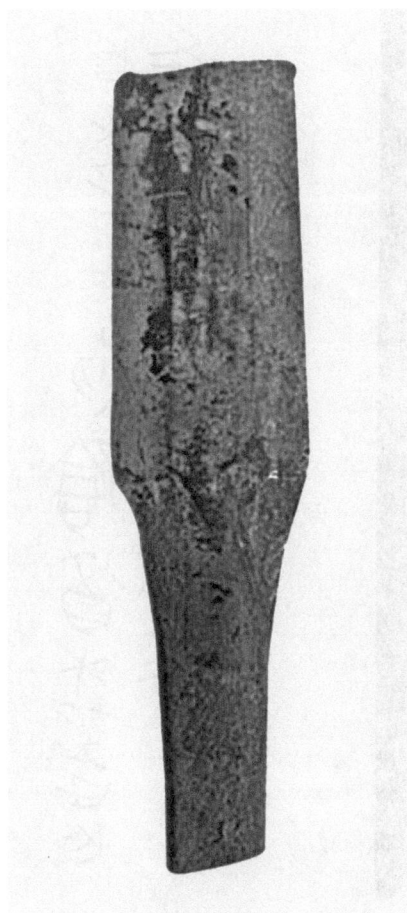  

正面銘文　　　　　　　　背面銘文

1601. 橐良鈹（郭良鈹）

【時　　代】戰國晚期・趙。

【收　藏　者】河北保定市徐占勇達觀齋。

【尺度重量】殘長 24.5 釐米。

【形制紋飾】通體呈柳葉狀，尖鋒雙刃，無首無格，平脊隆起，扁莖後端殘。

【著　　錄】兵圖 32 頁。

【銘文字數】鈹身刻銘文，現存 15 字（其中合文 1）。

【銘文釋文】王立事，□倫（令）橐（椁一郭）良（？），左庫帀＝（工帀一師）於曼，斜（冶）所。

【備　　注】"工帀（師）"爲合文。

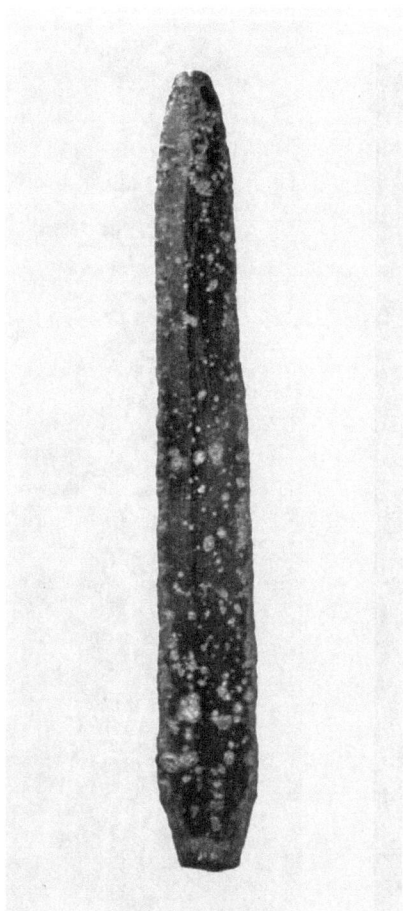

1602. 越王旨翳劍（戉王旨殹劍）

【時　　代】戰國中期（越王翳，前 411- 前 376 年）。

【出土時地】傳浙江紹興地區出土。

【收 藏 者】某收藏家。

【形制紋飾】劍體窄長，中有脊，尖鋒，縱的前部略有弧曲，莖作實心橢圓柱形，中有兩
　　　　　　道箍棱，格寬而厚，劍首殘。

【著　　錄】古文字研究 32 輯 284 頁體 10-11。

【銘文字數】劍格正背面各有鳥篆銘文 8 字，共 16 字。

【銘文釋文】正面：戉（越）王旨殹（翳），戉（越）王旨殹（翳）；背面：自乍（作）用僉
　　　　　　（劍），自乍（作）用僉（劍）。

正　面

背　面

1603. 代相趙敢鈹

【時　　代】戰國晚期·趙。

【收　藏　者】齊國故城博物館。

【尺度重量】殘長 19.7、寬 3.5 釐米。

【形制紋飾】通體呈柳葉狀，形體短小，無首無格，雙刃鋒利，劍身平脊隆起，扁莖端有
　　　　　　一小圓孔。

【著　　錄】未著錄。

【銘文字數】劍身近莖處刻銘文 16 字（其中合文 1）。

【銘文釋文】三年，代相肖（趙）叔（敢），左冢帀＝（工帀—師）海樊，工閒敦（執）亳（劑）。

【備　　注】"工帀（師）"爲合文。

1604. 邯丘假令鈹（右工尹鈹）

【時　　代】戰國晚期・趙。

【收 藏 者】河北保定市徐占勇達觀齋。

【尺度重量】通長 30 釐米。

【形制紋飾】通體呈柳葉狀，尖鋒雙刃，無首無格，平脊隆起，扁莖前寬後窄。

【著　　録】兵圖 33 頁。

【銘文字數】鈹身正面刻銘文，現存 15 字（其中合文 1），背面 3 字，共 18 字。

【銘文釋文】正面：王立事，邯丘叚（假）侖（令）□□，上庫帀〓（工帀—師）□□，鉥（冶）□敦（執）齋（劑）；背面：右攻（工）君（尹）。

【備　　注】"工帀（師）"爲合文。

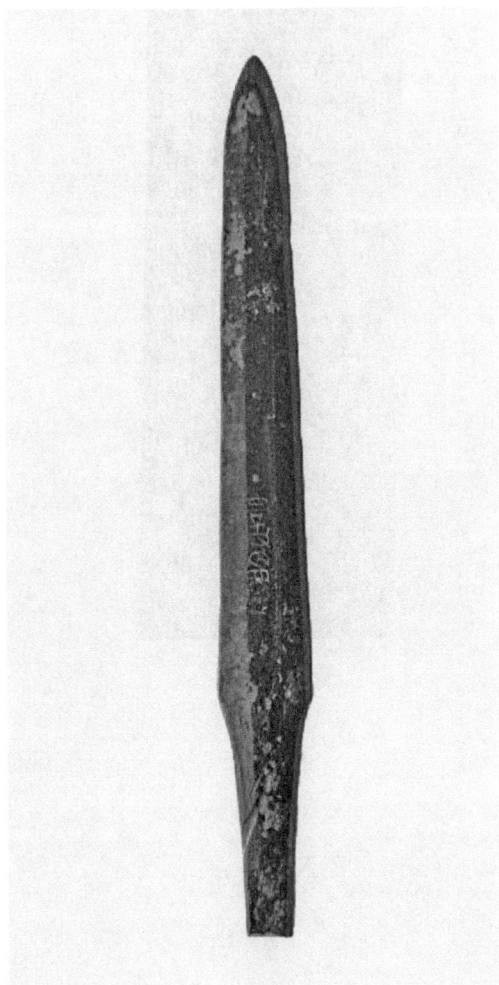

正面照片

王公尊子的金氏俞

正面摹本　　　　　　　　　　　　　背面照片

1605. 東新城令張黻鈹（東新城倫令長黻鈹）

【時　　代】戰國晚期・趙。

【收 藏 者】河北保定市徐占勇達觀齋。

【尺度重量】通長 33.5 釐米。

【形制紋飾】長條形，形似短劍，前窄後寬，兩邊開刃，尖鋒平脊，橫截面成六邊形，扁
　　　　　　莖下部有一小孔。鈹鞘僅剩銅套箍。

【著　　錄】兵圖 25 頁。

【銘文字數】脊上刻銘文 19 字（其中合文 1）。

【銘文釋文】二年，東新城倫（令）長（張）黻，左庫帀＝（工帀―師）□□、冶（冶）君（尹）
　　　　　　覤（顡）敊（執）齋（劑）。

【備　　注】"工帀（師）"爲合文。

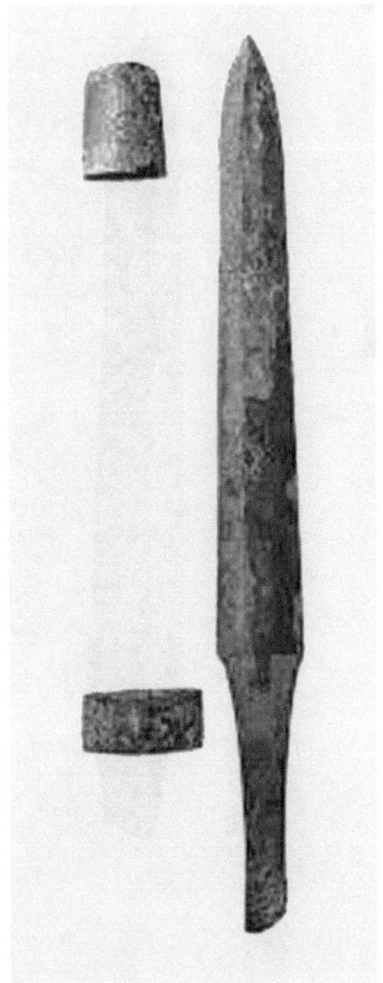

1606.　代相樂宬鈹

【時　　　代】戰國晚期·趙。

【收 藏 者】河北保定市徐占勇達觀齋。

【尺度重量】殘長 26 釐米。

【形制紋飾】通體呈柳葉狀，尖鋒雙刃，無首無格，平脊隆起，扁莖後端殘。

【著　　　録】兵圖 28 頁。

【銘文字數】鈹身刻銘文 19 字（其中合文 1）。

【銘文釋文】三（四）年，邞（代）相樂宬，左庫帀＝（工帀—師）肖（趙）臣，剠（冶）事（吏）
囍（譊）級（給）事敊（執）鄜（齋—劑）。

【備　　　注】"工帀（師）"爲合文。

1607. 邦御令露疸鈹

【時　　代】戰國晚期・趙。

【收　藏　者】河北保定市徐占勇達觀齋。

【尺度重量】殘長 17 釐米。

【形制紋飾】通體呈柳葉狀，前鋒和柄部殘斷，兩邊開刃，平脊隆起。

【著　　錄】兵圖 29 頁。

【銘文字數】鈹身刻銘文 19 字（其中合文 1）。

【銘文釋文】五年，邦御倫（令）霂（露）疸，左庫市＝（工帀—師）㠯敬（？），䤼（冶）郛
　　　　　 甈級（給）事伐。

【備　　注】"工帀（師）"爲合文。

1608. 御庶子樂勸鈹

【時　　代】戰國晚期·趙。

【收　藏　者】河北保定市徐占勇達觀齋。

【尺度重量】殘長 17、寬 3.7 釐米。

【形制紋飾】通體呈柳葉狀，前鋒和柄部殘斷，兩邊開刃，平脊隆起。

【著　　錄】兵圖 30 頁。

【銘文字數】鈹身刻銘文 20 字。

【銘文釋文】七年，卸（御）庶子樂勸，邦卸（御）事轵（韓）㞑、穌（蘇）均，釿（冶）叙所爲敦（執）𩰫（齋—劑）。

1609. 邦司寇趙厷鈹

【時　　代】戰國晚期·趙。

【收 藏 者】河北保定市徐占勇達觀齋。

【尺度重量】殘長22釐米。

【形制紋飾】通體呈柳葉狀,尖鋒雙刃,無首無格,平脊隆起,扁莖後部殘斷。

【著　　録】兵圖35頁。

【銘文字數】鈹身正面刻銘文20字(其中合文1)。

【銘文釋文】［二年,邦］司寇(寇)肖(趙)厷,下庫帀＝(工帀—師)孫疋,冶(冶)君(尹)
　　　　　紐,級(給)事敎(執)鄭(齋—劑)。

【備　　注】銘文中"二年,邦"3字被銹所掩,據珍秦齋同銘鈹補釋。"工帀(師)"爲
　　　　　合文。

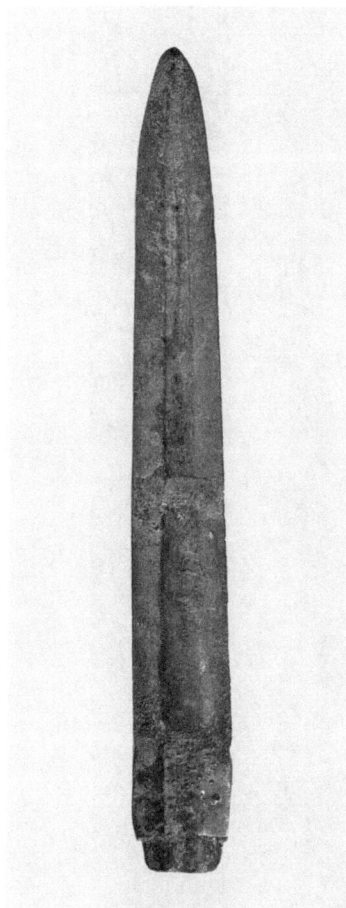

1610. 徐王義楚詐蘪之攻劍

【時　　代】春秋晚期。

【收 藏 者】某收藏家。

【形制紋飾】扁長條,橫截面呈菱形,前鋒尖銳,菱形窄格,劍身中綫起脊,刃部鋒利,
圓柱形莖,玉璧形劍首。

【著　　録】未著録。

【銘文字數】側面刻銘文 20 字。

【銘文釋文】[郐(徐)]王義楚詐蘪(蘪)之攻自乍(作)[僉(劍)],用吕(以)獸(狩)
鄥(邊)邦,莫叙(敢)不從。

【備　　注】此劍與 1991 年 8 月河南洛陽中州路東周王城内 M3352 出土的吴王夫差
劍形制相同。

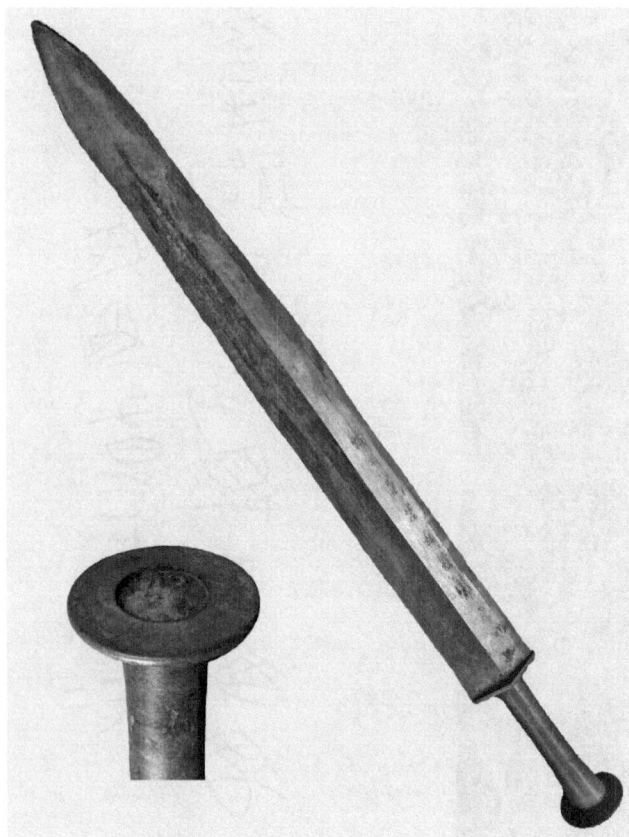

1611. 越王不光劍（戉王不光劍）

【時　　代】戰國中期（越王翳，前411-前376年）。

【收 藏 者】浙江紹興博物館。

【尺度重量】通長67.3、身寬4.5、格寬5.2釐米。

【形制紋飾】窄長條，橫截面呈菱形，前鋒尖銳，中脊明顯，莖作圓筒形，菱形窄格，首作玉璧形，孔封堵。

【著　　錄】大邦027頁。

【銘文字數】劍格兩面有錯金銀銘文8字，劍首12字，共20字。

【銘文釋文】劍格：戉（越）王戉（越）王，不光不光；劍首：戉（越）自蕾，戉（越）自兴，戉（越）自㠯（以），戉（越）自兴。

【備　　注】劍格正面兩"戉"字錯金，兩"王"字錯銀，背面四字錯銀；劍首四字錯金，八字錯銀。

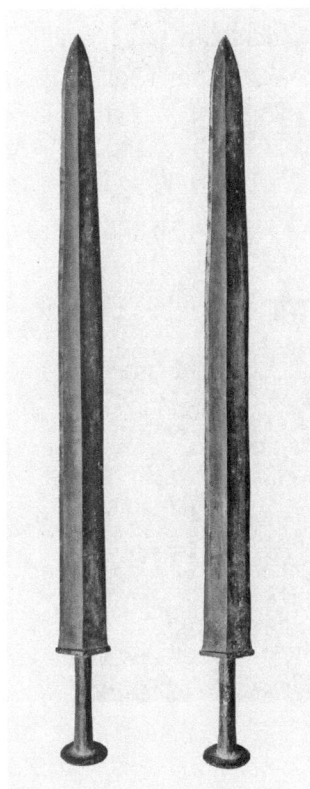

1612. 相邦春平侯劍

【時　　代】戰國晚期・趙悼襄王八年（前 237 年）。

【出土時地】2018 年 1 月出現在北京。

【收 藏 者】某收藏家。

【形制紋飾】窄長條，前部較窄，向後漸寬，尖鋒平脊，凹字形格，圓柱形莖，上有兩道
　　　　　　箍棱。劍首殘缺。

【著　　錄】未著錄。

【銘文字數】劍身一面刻銘文約 20 字。

【銘文釋文】八年，相邦曻（春）平庆（侯）邦左□□□□□□□□□□□。

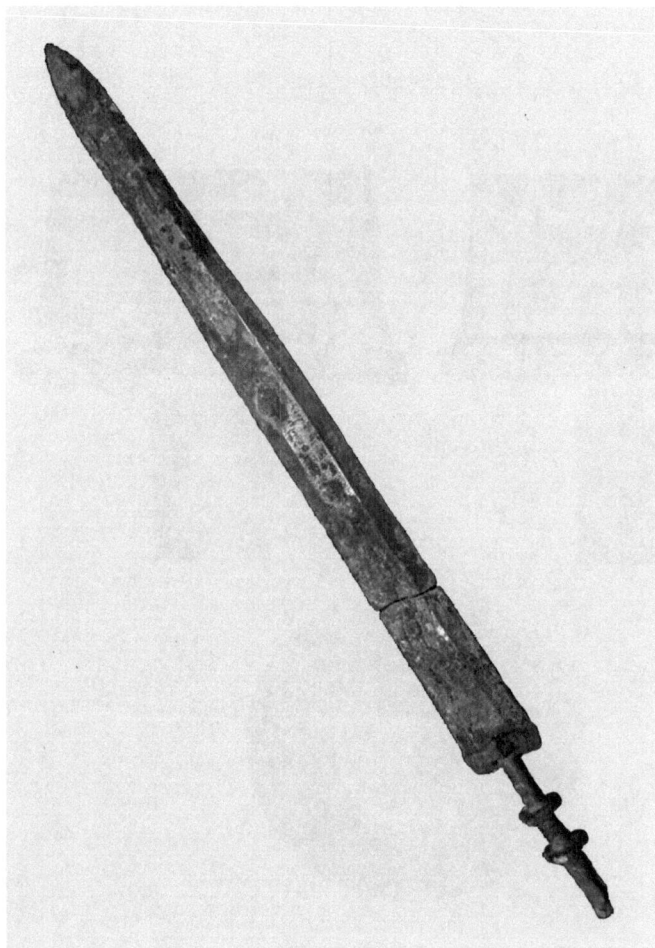

1613. 相邦平國君鈹

【時　　代】戰國晚期・趙。

【收 藏 者】河北保定市徐占勇達觀齋。

【尺度重量】殘長 14 釐米。

【形制紋飾】通體呈柳葉狀,尖鋒雙刃,無首無格,平脊隆起,前部和扁莖後部殘斷。

【著　　錄】兵圖 37 頁。

【銘文字數】鈹身正面刻銘文 21 字(其中合文 1),背面 5 字,共 26 字。

【銘文釋文】正面:十八年,相邦平國君,邦左伐哭(器),段(鍛)帀(工帀一師)吳症
　　　　　　(瘩),耑(冶)疛(痕)報齋;背面:大攻(工)疛(尹)肖(趙)罕(觸)。

【備　　注】"工帀(師)"爲合文。

鈹殘段

背面銘文拓本

正面銘文照片　　　　　　　　　　正面銘文摹本

1614. 越王州句劍（戉王州句劍）

【時　　代】戰國早期（越王朱句，前 448－前 412
　　　　　　年）。

【收 藏 者】某收藏家。

【尺度重量】通高 47.6、莖長 8.8、劍格橫 6.5 釐米。

【形制紋飾】窄長條，尖鋒，兩刃近鋒處內收成弧
　　　　　　形，中部起脊，寬格作倒"凹"字形，橢
　　　　　　圓柱形莖，上有兩道箍，圓首微內凹。
　　　　　　劍首內有七道同心圓紋，空間飾纖細
　　　　　　的斜綫紋。銘文空隙處亦飾纖細的斜
　　　　　　綫紋。

【著　　錄】未著錄。

【銘文字數】劍格正面鑄銘文 6 字，背面 8 字，箍棱
　　　　　　8 字，共 22 字。

【銘文釋文】正面：戉（越）王州句州句；背面：自
　　　　　　乍（作）用僉（劍），自乍（作）用僉（劍）；
　　　　　　箍棱：奠唯僉（劍）戉（越），墨（夷）元乍（作）易（賜）。

【備　　注】箍棱銘文似可讀爲"唯奠越劍，元夷賜作"。

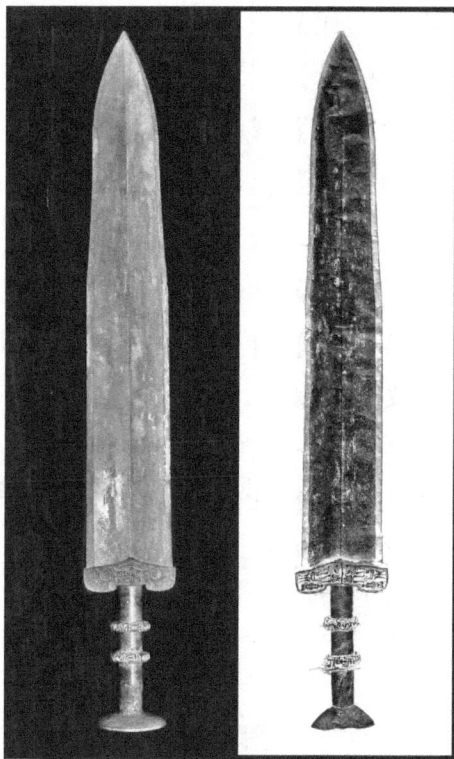

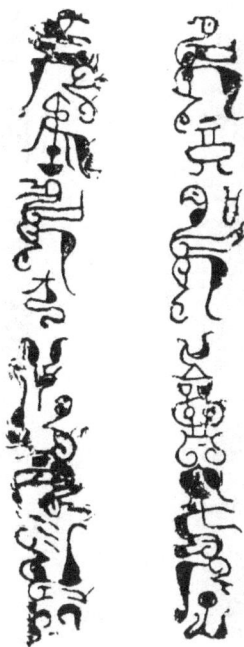

箍棱銘　　　　　　　　　　劍格銘

1615. 邦司寇趙厷鈹(邦司寇肖厷鈹)

【時　　代】戰國晚期·趙。

【收　藏　者】河北保定市徐占勇達觀齋。

【尺度重量】殘長 26 釐米。

【形制紋飾】長條形,形似短劍,前部殘,兩邊開刃,平脊,橫截面成六邊形,扁莖下部
　　　　　　有一小孔。

【著　　錄】兵圖 26 頁。

【銘文字數】脊上刻銘文 23 字(其中合文 2,重文 1),現存 19 字(其中合文 1,重文 1)。

【銘文釋文】二年,邦寇(寇)司肖(趙)厷,逯(下)庫[工帀(師)鄼(焦)]宁、朐(冶)
　　　　　　君(尹)覾(顙)所爲,級＝(級—給事)爲敊(執)[齎(劑)]。

【備　　注】此銘缺字據保利博物館的二年邦司寇趙或鈹(《銘圖》18069)補出。

【備　　注】"給事"爲合文。

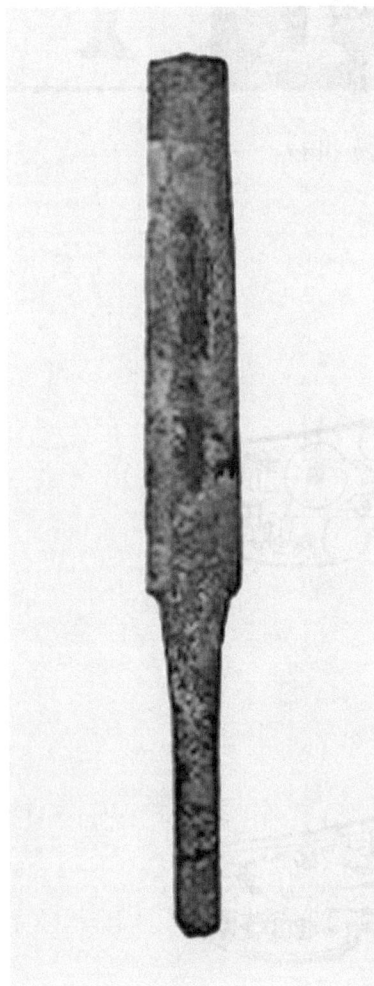

銘文照片　　　　　　銘文摹本

1616. 上成氏府假令張坤鈹（上成氏府假令長妵鈹）

【時　　代】戰國晚期·趙。

【收　藏　者】河北保定市徐占勇達觀齋。

【尺度重量】殘長 22 釐米。

【形制紋飾】長條形,形似短劍,後半部殘,兩邊開刃,尖鋒平脊,橫截面成六邊形。

【著　　錄】兵圖 26 頁。

【銘文字數】脊上刻銘文 27 字（其中合文 1）。

【銘文釋文】三(四)年,上成氏寍(府)叚(假)倫(令)長(張)妵(坤),左庫楜邘𦞫,
　　　　　市=(工市—師)長(張)纘鋊(鑊)、吏夜檽(樹)、𨤲(冶)昌敦(執)齋(劑)。

【備　　注】"工市(師)"爲合文。陳劍將"敦(執)"釋爲"報"。

銘文照片

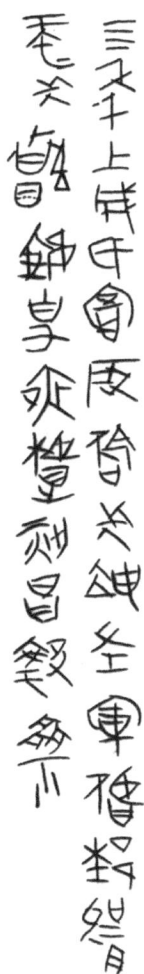

銘文摹本

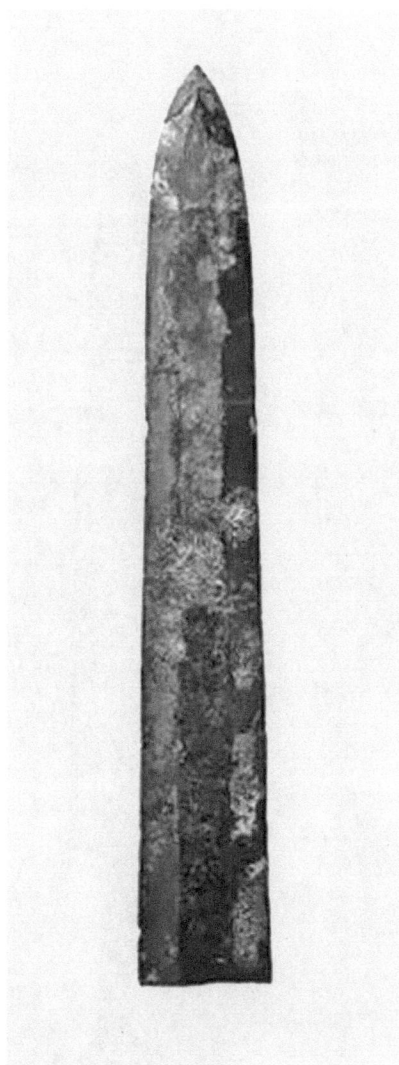

1617. 句吳王姑發者坂劍（工盧王姑癹者坂劍、吳王諸樊劍）

【時　　代】春秋晚期（前 560－前 548 年）。

【出土時地】2019 年 1 月河南湯陰縣韓莊鄉羑河村東周墓地（M1.66）。

【收 藏 者】安陽市文物考古研究所。

【尺度重量】通長 41.8、柄長 9、格寬 4.9 釐米。

【形制紋飾】劍身呈柳葉形，脊隆起呈三角狀，斜縱較寬，前鍔收窄，鋒殘斷一小截，菱形窄格，莖中間略內收，劍首呈玉璧形。

【著　　錄】中原文物 2019 年 4 期 31 頁圖 16、封三。

【銘文字數】中脊兩側鑄銘文 29 字（其中重文 1）。

【銘文釋文】工（句）盧（吳）王姑癹（發）者（諸）坂（樊），自乍（作）兀（元）用，云（員）用云（員）隻（獲），莫敢（敢）御余＝（余，余）處江之陽，台（以）北南西行。

【備　　注】銘文中右行除“工盧王”3 字外，皆作反書，“乍（作）”字倒書。

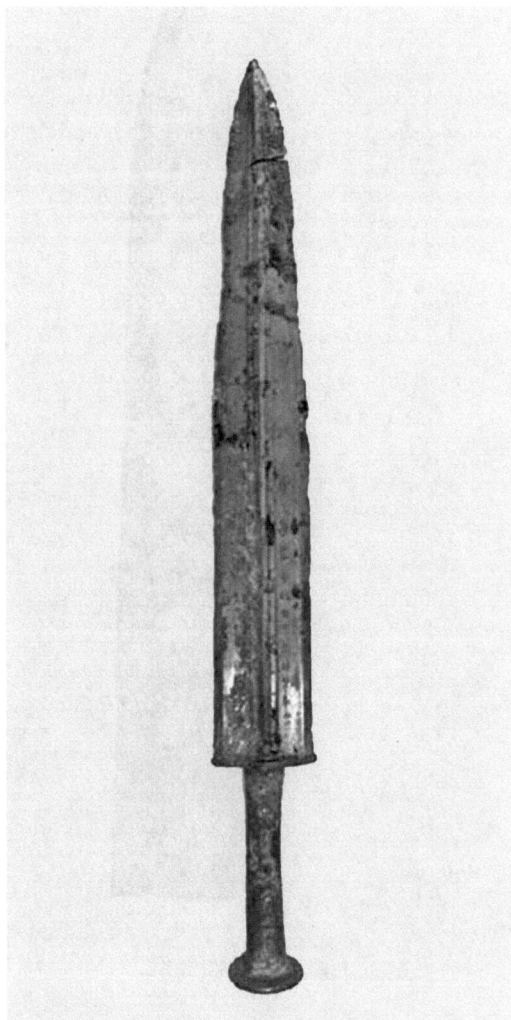

銘文拓本

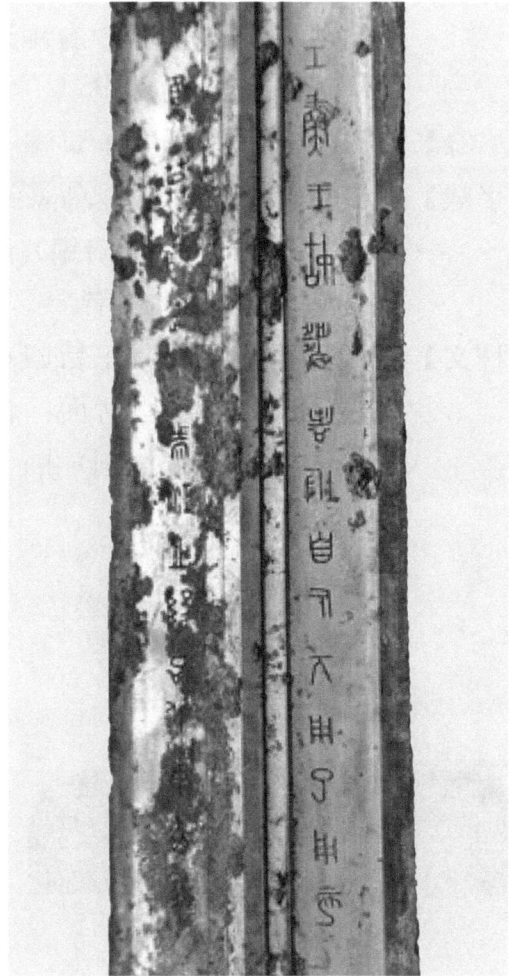

銘文照片

1618. 越王旨羿劍（戈王旨殹劍）

【時　　代】戰國中期（越王羿，前411－前376年）。

【出土時地】2017年12月見於杭州西泠印社拍賣會。

【收　藏　者】原藏盧芹齋，20世紀30年代由盧吳古玩公司
售於日本藏家塩冶金雄，現藏不明。

【尺度重量】通長49.5、寬5釐米。

【形制紋飾】劍體窄長，中有脊，尖鋒，縱的前部略有弧曲，
莖作實心橢圓柱形，中有兩道箍棱，格寬而厚。
劍首呈圓餅形。

【著　　録】古文字研究32輯281頁圖1-4。

【銘文字數】劍格正背面各有錯金鳥篆銘文10字（隔字錯
金銀，4字錯金、6字錯銀），劍首10字（5字錯
金、5字錯銀），共30字。

【銘文釋文】劍格正面：戈（越）王旨殹（羿）古，戈（越）王
旨殹（羿）古；劍格背面：自乍（作）用僉（劍）
古，自乍（作）用僉（劍）古；劍首：戈（越）王旨殹（羿），自乍（作）用僉
（劍））隹（唯）古。

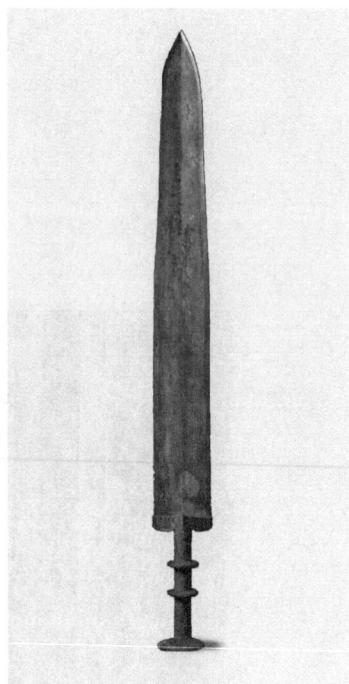

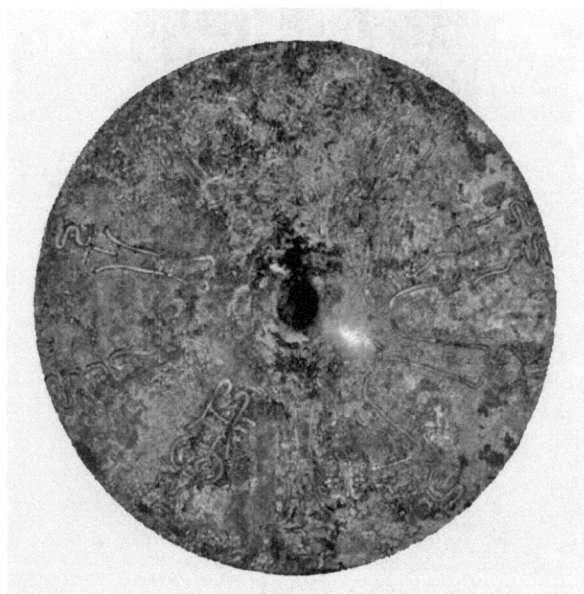

1619. 越王旨翳劍（戉王旨殹劍）

【時　　代】戰國中期（越王翳，前 411 - 前 376 年）。

【收 藏 者】浙江紹興某收藏家。

【形制紋飾】劍體窄長，中有脊，尖鋒，縱的前部略有弧曲，莖作實心橢圓柱形，中有兩
　　　　　　道箍棱，格寬而厚，劍首呈圓餅形。

【著　　錄】古文字研究 32 輯 282 頁圖 5-9。

【銘文字數】劍格正背面各有錯金鳥篆銘文 10 字（其中重文 5 字，4 字錯金、6 字錯
　　　　　　銀），劍首 10 字（5 字錯金、5 字錯銀），共 30 字。

【銘文釋文】劍格正面：戉（越）王旨殹（翳）古，戉（越）王旨殹（翳）古；劍格背面：
　　　　　　自乍（作）用僉（劍）古，自乍（作）用僉（劍）古；劍首：戉（越）王旨殹（翳），
　　　　　　自乍（作）用僉（劍）隹（唯）古。

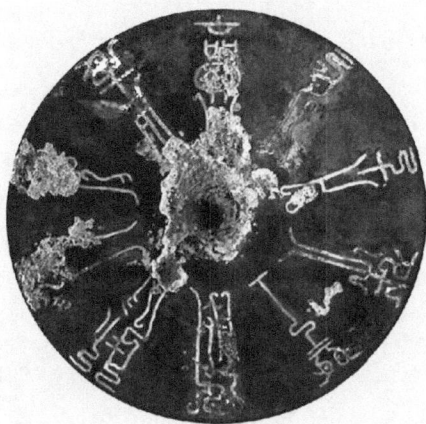

40. �

（1620–1623）

1620. 獸鉞

【時　　代】商代晚期。

【出土時地】1957 年陝西綏德縣。

【收　藏　者】綏德縣博物館。

【尺度重量】通長 17.8、刃寬 9 釐米，重 0.427 公斤。

【形制紋飾】長方體，弧刃，鋬後有一段長方形內。

【著　　錄】陝集成 16 冊 10 頁 1814。

【銘文字數】內部鑄銘文 1 字。

【銘文釋文】獸。

1621. 八字鉞

【時　　代】商代晚期。

【收　藏　者】洛陽某收藏家。

【尺度重量】通長 16.5、內長 6、肩寬 5.9、刃寬 6.4 釐米,重 0.215 公斤。

【形制紋飾】寬體束腰,弧刃,長方形內,闌側二穿,穿側有四個圓凸,援後部有一大圓孔。

【著　　錄】未著錄。

【銘文字數】鉞體兩面各鑄銘文 1 字,內容相同。

【銘文釋文】八。

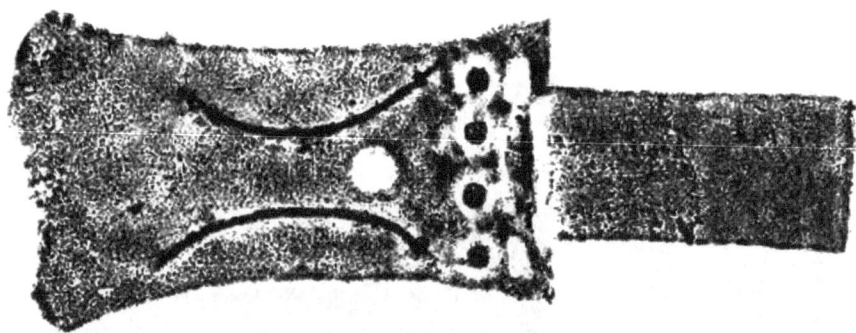

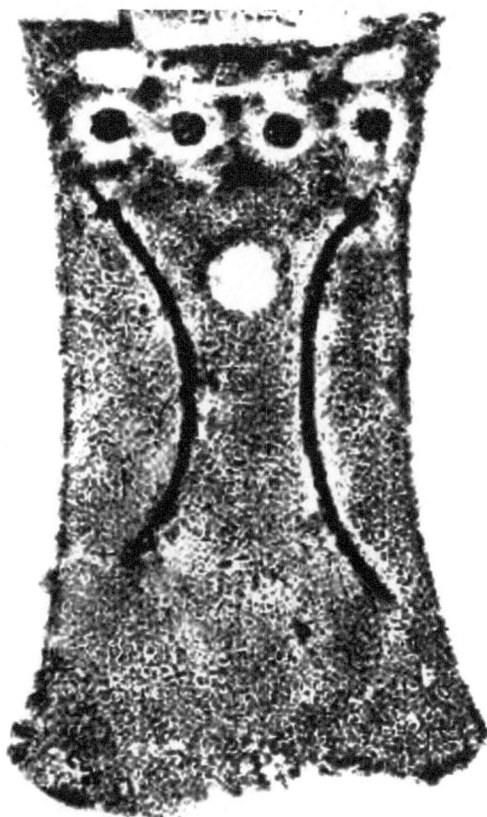

1622. 亞戉鉞（亞疑鉞）

【時　　代】商代晚期。

【收 藏 者】某收藏家。

【尺度重量】通長 19.6 釐米。

【形制紋飾】鉞身扁平，兩側稍內凹，弧形刃，長方形內。援後部裝飾鑲嵌綠松石的圓渦紋。

【著　　錄】未著錄。

【銘文字數】內部有鑲嵌綠松石銘文 2 字。

【銘文釋文】亞戉（疑）。

1623. 亞❡天黽鉞

【時　　代】商代晚期。

【收 藏 者】某收藏家。

【形制紋飾】寬平體，大弧刃，闌側
有二長穿，長方形內，
上有一圓穿。體後部
飾浮雕圓圈，圓圈內各
有七個小圓圈，其前飾
三個三角獸面紋。

【著　　錄】未著錄。

【銘文字數】內兩面共鑄銘文4字。

【銘文釋文】正面：亞❡；背面：
天黽。

正面

背面

41. 矢鏃

（1624-1636）

1624. 錛鏃

【時　　代】戰國晚期。

【收　藏　者】河北保定市徐占勇達觀齋。

【形制紋飾】兩翼型，前鋒較圓，中起脊，兩翼向後延伸，
　　　　　　後鋒略短於本，圓鋌。

【著　　錄】兵圖 71 頁左。

【銘文字數】右翼上方鑄銘文 1 字。

【銘文釋文】錛。

1625. 錛鏃

【時　　代】戰國晚期。

【收　藏　者】河北保定市徐占勇達觀齋。

【形制紋飾】兩翼型，前鋒較圓，中起脊，兩翼向後延伸，後鋒
　　　　　　略短於本，圓鋌。

【著　　錄】兵圖 71 頁中。

【銘文字數】右翼上方鑄銘文 1 字。

【銘文釋文】錛。

矢
鏃

1626. 鍾鏃

【時　　代】戰國晚期。

【收 藏 者】河北保定市徐占勇達觀齋。

【形制紋飾】兩翼型,前鋒銳利,中起脊,兩翼向後延伸,後鋒略
短於本,圓鋌。

【著　　錄】兵圖71頁右、75頁(重出)。

【銘文字數】右翼上方鑄銘文1字。

【銘文釋文】鍾。

1627. 中鏃

【時　　代】戰國晚期。

【收 藏 者】河北保定市徐占勇達觀齋。

【形制紋飾】兩翼型,前鋒尖銳,中起脊,兩翼向後延伸,後
鋒斜收,略短於本,圓鋌。

【著　　錄】兵圖73頁左。

【銘文字數】右翼上方鑄銘文1字。

【銘文釋文】毌(中)。

1628. 中鏃

【時　　代】戰國晚期。
【收　藏　者】河北保定市徐占勇達觀齋。
【形制紋飾】兩翼型，前鋒尖銳，中起脊，兩翼向後延伸，
　　　　　　後鋒斜收，略短於本，圓鋌。
【著　　録】兵圖 73 頁中。
【銘文字數】右翼上方鑄銘文 1 字。
【銘文釋文】串（中）。

1629. 中鏃

【時　　代】戰國晚期。
【收　藏　者】河北保定市徐占勇達觀齋。
【形制紋飾】兩翼型，前鋒尖銳，中起脊，兩翼向後延伸，後
　　　　　　鋒斜收，略短於本，圓鋌。
【著　　録】兵圖 73 頁右。
【銘文字數】右翼上方鑄銘文 1 字。
【銘文釋文】串（中）。

矢鏃

1630. 鄭鍾鏃

【時　　代】戰國時期。

【收　藏　者】某收藏家。

【形制紋飾】前鋒尖銳，三翼，翼的下角尖銳，脊鼓起，形成血槽，長關長鋌。

【著　　錄】未著錄。

【銘文字數】關上鑄銘文2字。

【銘文釋文】奠（鄭）鍾。

1631. 徐鍾鏃（郐鍾鏃）

【時　　代】戰國時期。
【收　藏　者】某收藏家。
【形制紋飾】柳葉形，長鋒，截面呈菱形，兩翼較長，作倒鬚
　　　　　　形，雙刃鋒利，實心圓形長鋌。
【著　　錄】未著錄。
【銘文字數】葉部鑄銘文 2 字。
【銘文釋文】郐（徐）鍾。

1632. 右得工鏃

【時　　代】戰國晚期。
【收　藏　者】河北保定市徐占勇達觀齋。
【形制紋飾】三棱錐體，尖鋒，圓鋌，翼後部作弧形下垂。
【著　　錄】兵圖 72 頁右。
【銘文字數】脊部鑄銘文 3 字（其中合文 1）。
【銘文釋文】右叏（得）工。
【備　　注】銘文中"得工"爲合文。

1633. 右得工鏃

【時　　代】戰國晚期。

【收 藏 者】河北保定市徐占勇達觀齋。

【形制紋飾】三棱錐體，尖鋒，圓鋌，翼後部作弧形下垂。

【著　　錄】兵圖72頁中。

【銘文字數】脊上鑄銘文3字（其中合文1）。

【銘文釋文】右㝵（得）工。

【備　　注】銘文中"得工"爲合文。

1634. 右得工鏃

【時　　代】戰國晚期。

【收 藏 者】河北保定市徐占勇達觀齋。

【形制紋飾】三棱錐體，尖鋒，圓鋌，翼後部作弧形下垂。

【著　　錄】兵圖74頁右。

【銘文字數】右翼上方鑄銘文3字。

【銘文釋文】右㝵（得）工。

【備　　注】銘文中"得工"爲合文。

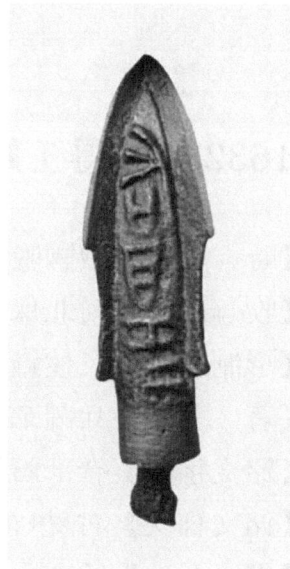

1635. 左得工鏃

【時　　代】戰國晚期。

【收　藏　者】河北保定市徐占勇達觀齋。

【形制紋飾】三棱錐體，尖鋒，圓鋌，翼後部作弧形下垂。

【著　　錄】兵圖 72 頁左。

【銘文字數】脊上鑄銘文 3 字（其中合文 1）。

【銘文釋文】左夏（得）工。

【備　　注】銘文中“得工”爲合文。

1636. 左得工鏃

【時　　代】戰國晚期。

【收　藏　者】河北保定市徐占勇達觀齋。

【形制紋飾】三棱錐體，尖鋒，圓鋌，翼後部作弧形下垂。

【著　　錄】兵圖 74 頁左。

【銘文字數】右翼上方鑄銘文 3 字。

【銘文釋文】左夏（得）工。

【備　　注】銘文中“得工”爲合文。

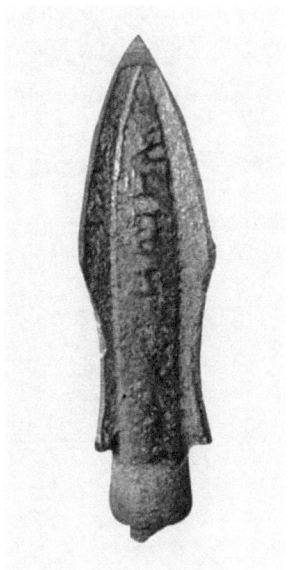

42．雜兵

（1637–1655）

1637. 緐陽鐓（繁陽鐓）

【時　　代】戰國時期。

【收　藏　者】X Yang Tsun。

【形制紋飾】圓筒形，底部近平，上部有對穿釘孔。

【著　　録】彙編 977。

【銘文字數】表面鑄銘文 2 字。

【銘文釋文】緐（繁）陽。

1638. 武庫鐓

【時　　代】戰國晚期。

【收　藏　者】河北保定市徐占勇達觀齋。

【形制紋飾】橫截面呈圓形，底部外凸，中部有三道箍棱，中間箍棱粗兩邊細，箍棱之
　　　　　　上有對穿釘孔。

【著　　録】兵圖 69 頁。

【銘文字數】下部刻銘文 2 字。

【銘文釋文】武庫。

1639. 少府工慧鐓

【時　　代】戰國晚期·秦。

【收　藏　者】河北保定市徐占勇達觀齋。

【尺度重量】通長 10 釐米。

【形制紋飾】橫截面呈卵圓形,上粗下細,中部有一道凸起的寬帶,其上有箍棱。

【著　　錄】兵圖 68 頁。

【銘文字數】箍棱下部刻銘文 4 字,箍棱上部 2 字,共 6 字。

【銘文釋文】少府工慧,上武。

【備　　注】銘文中"上武"當是"上郡武庫"的簡稱。

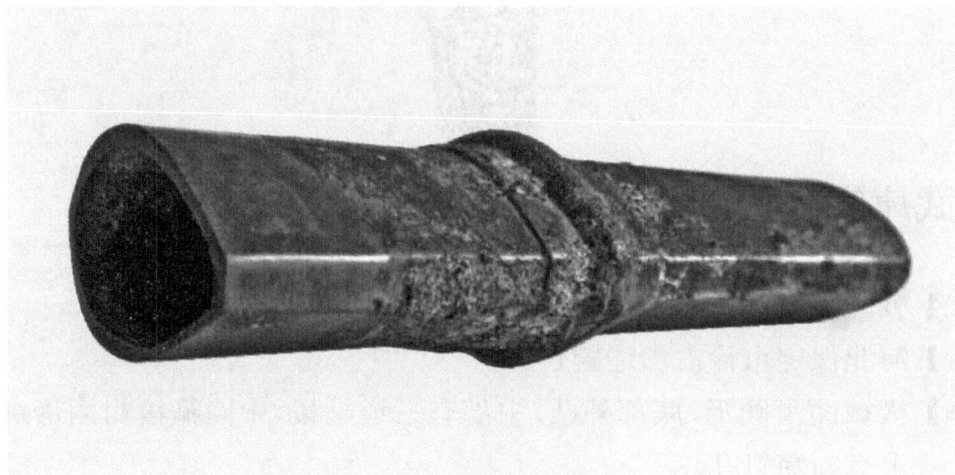

1640. 公乘斯戈鐏

【時　　代】戰國晚期。

【收 藏 者】某收藏家。

【形制紋飾】鐏筒內作圓形，外呈八邊形，上部有一道寬箍棱，寬箍棱中部又有一道窄箍棱。

【著　　録】未著録。

【銘文字數】八面共刻銘文 55 字（其中合文 1）。

【銘文釋文】三年，邦司旦（馬）公乘斯，上庫市＝（工帀—師）敔，坙（冶）命，平之覞分□釜，夻命（令）均元□丘缶，平陽命（令）川□□□，上庫公行貸爻馬詔兀啟豙□詢（信），□□□□□膚□。

【備　　注】藏家未提供鐏的全形照片。"工帀（師）"爲合文。

1

2

3   4   5

6   7   8

1641. 弯弩機

【時　　代】戰國晚期·燕。

【收 藏 者】河北保定市徐占勇達觀齋。

【尺度重量】通高 19.5、廓長 13 釐米,重 1.3 公斤。

【形制紋飾】由廓、望山、懸刀、牛(鉤心)和兩栓塞等部分組成。

【著　　錄】兵圖 96 頁。

【銘文字數】懸刀右側有銘文 2 字,左側 1 字,内容相同。

【銘文釋文】弯。

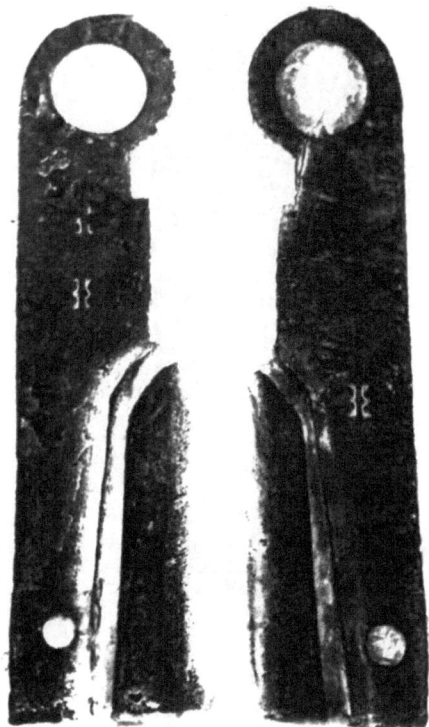

1642. 宮庫弩機飾

【時　　代】戰國晚期。

【收 藏 者】某收藏家。

【尺度重量】通長 5.7 釐米。

【形制紋飾】青銅質,體呈長方形,左面(照片的上面)鼓起,頂部平封(照片的右面),
　　　　　下面(照片的左面)開有方孔,右面(照片的下面)全空,弩機木體納入其
　　　　　內。體飾"V"字形幾何紋和雲頭紋,花紋錯金銀。

【著　　録】未著録。

【銘文字數】刻銘文 2 字。

【銘文釋文】宮庫。

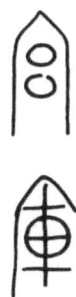

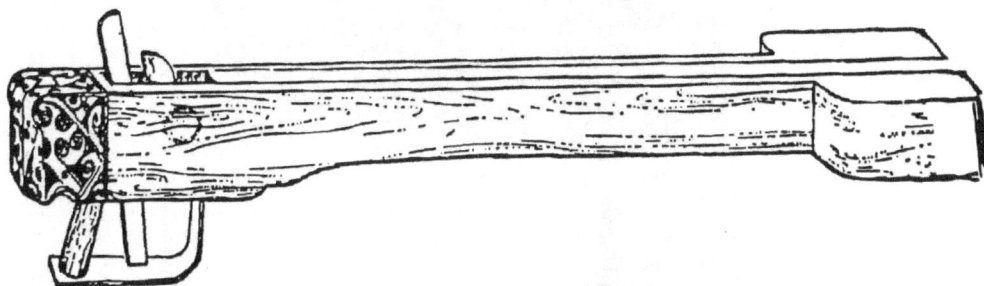

1643. 八十七弩機

【時　　代】戰國晚期·燕。

【收　藏　者】某收藏家。

【形制紋飾】由牙、懸刀和鈎牙組成，無郭。

【著　　録】未著録。

【銘文字數】牙、懸刀和鈎牙各刻銘文 3 字，内容相同。

【銘文釋文】八十七。

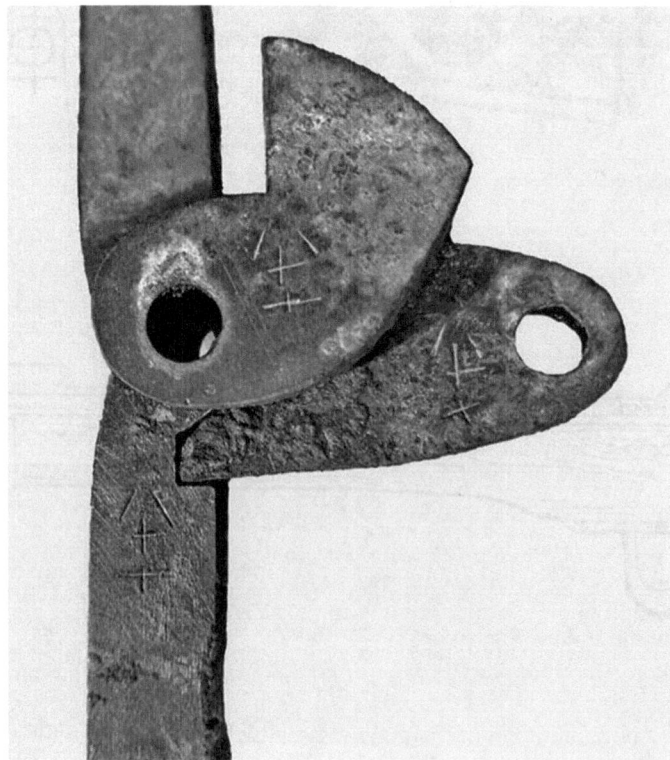

1644. 右士工尹弩機

【時　　代】戰國晚期·燕。

【收　藏　者】河北保定市徐占勇達觀齋。

【尺度重量】望山高 9.6 釐米。

【形制紋飾】無廓,望山、懸刀、牛(鈎心)、栓塞(鍵)和鈎牙齊備。

【著　　錄】兵圖 87 頁。

【銘文字數】望山刻銘文 4 字。

【銘文釋文】右士攻(工) 君(尹)。

1645. 左呈弩機

【時　　代】戰國晚期·秦。

【收　藏　者】河北保定市徐占勇達觀齋。

【形制紋飾】無廓,望山、懸刀、牛(鈎心)、栓塞(鍵)和鈎牙齊備。

【著　　錄】兵圖 95 頁。

【銘文字數】懸刀刻銘文 2 字,鈎心 2 字,望山 1 字,共 5 字。

【銘文釋文】懸刀:左呈;鈎心:高工;望山:左。

【備　　注】銘文中"高工"爲"高奴工師"的簡稱。

懸刀銘

鈎心銘

望山銘

1646. 左庫弩機

【時　　代】戰國晚期·趙。

【收 藏 者】河北保定市徐占勇達觀齋。

【形制紋飾】無廓,現存望山、懸刀、牛(鈎心)三部分。

【著　　録】兵圖 97 頁。

【銘文字數】望山左側刻銘文,現存 8 字。

【銘文釋文】……倫(令)上囗,左庫……䦂(冶)明(瞿)敦(執)〔齋(劑)〕。

1647. 河內工官弩機

【時　　代】戰國晚期。

【收 藏 者】某收藏家。

【形制紋飾】無郭,牛、懸刀、望山、鈎牙和栓塞(鍵)齊全。

【著　　錄】未著錄。

【銘文字數】兩栓塞刻銘文,其一現存5字,其二9字。

【銘文釋文】牛：河內工官蔫三工九□廿三□；懸刀：河內工官蔫三工九□廿三□；

　　　　　鈎牙：河內工官蔫三工九□廿三□；鍵一：河內工官蔫三工九□廿三

　　　　　□；鍵二：河內工官……三。

牛銘

鈎牙銘

懸刀銘

鍵銘 1

鍵銘 2

1648. 鄂令弩牙

【時　　代】戰國晚期。

【收 藏 者】某收藏家。

【形制紋飾】近長方形扁條，右上角呈弧形。

【著　　録】未著録。

【銘文字數】表面刻銘文 13 字。

【銘文釋文】廿五年鄂（圬）命（令）屈更，攻伏國甫（通），炒（冶）□。

（放大）

1649. 武城令董給弩機

【時　　　代】戰國晚期·趙。

【收　藏　者】河北保定市徐占勇達觀齋。

【尺度重量】望山高 8.1 釐米。

【形制紋飾】無廓，望山、懸刀、牛（鈎心）、栓塞（鍵）和鈎牙齊備。

【著　　　錄】兵圖 92 頁。

【銘文字數】望山刻銘文 15 字（其中重文 1，合文 1）。

【銘文釋文】八年，武城倫（令）郵（董）給，囗＝（囗囗）帀＝（工帀—師）虷（韓）適，冶
　　　　　　（冶）畫。

【備　　　注】"工帀（師）"爲合文，有合文符號。

1650. 串令公乘美弩機

【時　　代】戰國晚期・趙。

【收 藏 者】河北保定市徐占勇達觀齋。

【尺度重量】望山高 8.1 釐米。

【形制紋飾】無廓，望山、懸刀、牛（鈎心）、栓塞（鍵）和鈎牙齊備。

【著　　錄】兵圖 92 頁。

【銘文字數】望山刻銘文 16 字（其中重文 1）。

【銘文釋文】廿九年，串侖（令）公乘美，□₌（□□）嗇夫肖（趙）姬、耑（冶）困。

1651. 邘令時印距末

【時　　代】戰國晚期。

【收 藏 者】某收藏家。

【尺度重量】高 4 釐米左右。

【形制紋飾】圓柱形，頂端前部呈斜坡形，下部有一個半圓形凹槽。

【著　　錄】未著錄。

【銘文字數】表面刻銘文 12 字（其中合文 1）。

【銘文釋文】五年，邘命（令）旹（時）印，帀=（工帀—師）長（張）态、弢（發）犀。

【備　　注】“工帀（師）”爲合文，有合文符號。

1652. 五泡(⋈泡)

【時　　代】西周早期。

【出土時地】1956年陝西岐山縣京當鄉賀家村。

【收 藏 者】岐山縣博物館。

【尺度重量】直徑14.1釐米,重0.14公斤。

【形制紋飾】圓片形,寬邊,中部呈圓形鼓起,背面有橋形鈕。通體光素。

【著　　錄】陝集成1冊41頁0023。

【銘文字數】鈕旁鑄銘文1字。

【銘文釋文】⋈(五)。

【備　　注】館藏號:Z701。同坑出土2件,另1件《銘圖》18462已收錄。

1653. 乙泡

【時　　代】西周早期。

【出土時地】陝西岐山縣早年出土。

【收　藏　者】原藏陝西省博物館，現藏陝西歷史博物館。

【形制紋飾】體呈鐃鈸形，周邊有平沿，中部鼓起，中部背面有小鈕。

【著　　録】陝集成2冊100頁補001。

【銘文字數】背面鑄陽文1字。

【銘文釋文】乙。

【備　　注】館藏號：五五391。

1654. ↑田泡

【時　　代】西周早期。

【出土時地】1995 年陝西岐山縣京當鎮京當中學。

【收　藏　者】岐山縣博物館。

【尺度重量】直徑 12.5 釐米。

【形制紋飾】圓形，寬平沿，中部呈弧形鼓起，邊緣殘缺一部分。光素無飾。

【著　　錄】陝集成 1 册 198 頁 0087。

【銘文字數】背面鑄陽文 2 字。

【銘文釋文】↑田。

銘文拓本

銘文照片

1655. ↑田↑泡

【時　　代】西周早期。

【出土時地】1995 年陝西岐山縣京當鎮京當中學。

【收　藏　者】岐山縣博物館。

【尺度重量】直徑 12.5 釐米。

【形制紋飾】圓形,寬平沿,中部呈弧形鼓起。光素無飾。殘破較甚。

【著　　錄】陝集成 1 冊 199 頁 0088。

【銘文字數】背面鑄陽文 3 字。

【銘文釋文】↑田↑。

銘文拓本

銘文照片

43．農具

（1656）

1656. ∪鏟

【時　　代】春秋時期。

【出土時地】傳出陝西鳳翔縣。

【收　藏　者】鳳翔縣博物館。

【尺度重量】高 16.7、銎口長 4、銎口寬 3 釐米。

【形制紋飾】圓肩弧刃。長方形銎，上寬下窄，銎口加厚，下部有對穿釘孔。

【著　　錄】考古與文物 1984 年 1 期 61 頁圖 15，陝集成 7 册 88 頁 0740。

【銘文字數】銎下部鑄銘文 1 字。

【銘文釋文】∪。

44．工具

（1657–1664）

1657. 單斧

【時　　代】西周中期。

【出土時地】早年陝西寶雞縣（今寶雞市陳倉區）城關鎮廢品收購站揀選。

【收　藏　者】寶雞市陳倉區博物館。

【尺度重量】通長 13.7、寬 5.1、厚 3.9 釐米。

【形制紋飾】長條形，雙面開成弧刃，長方形銎，向下漸窄薄，銎口下有一道寬帶箍棱，一側有一耳形鈕。

【著　　錄】陝集成 7 册 126 頁 0760。

【銘文字數】銎正面鑄銘文 1 字。

【銘文釋文】單。

【備　　注】館藏號：968。

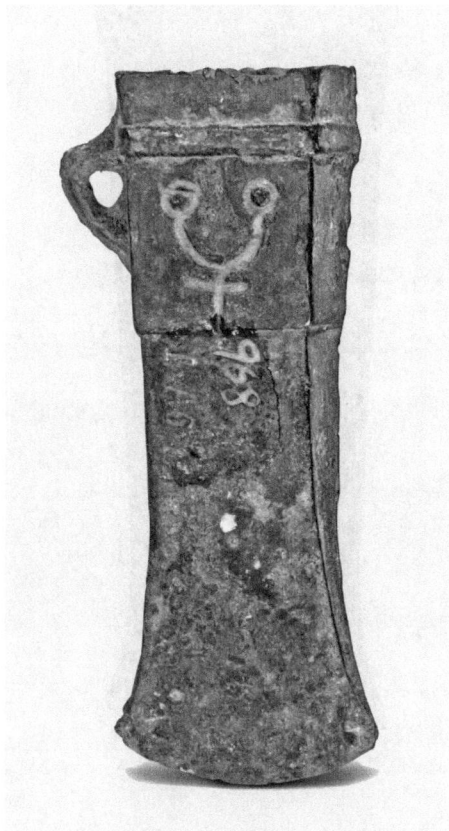

1658. 縣斧

【時　　代】西周時期。

【收 藏 者】某收藏家。

【形制紋飾】長方楔形,頂部有長方形銎,銎口加厚,兩面開刃,刃口呈弧形,微向兩邊
延伸。

【著　　錄】未著錄。

【銘文字數】表面鑄銘文 1 字。

【銘文釋文】縣。

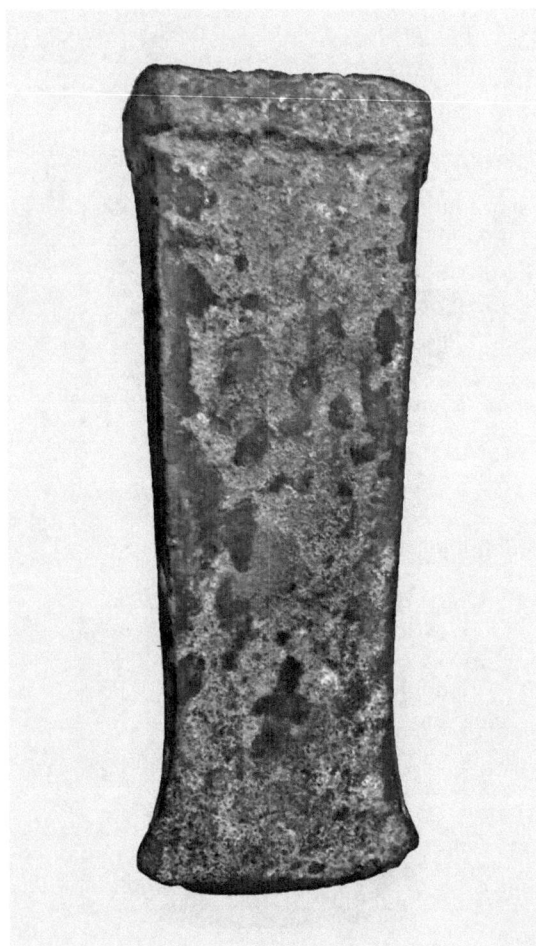

1659. ↓鏟

【時　　代】西周時期。

【收 藏 者】某收藏家。

【形制紋飾】正面呈長方形,側面呈楔形,頂部有長方形銎孔,銎口斜殺,一面開刃,刃
　　　　　呈弧形,上部有一周陽綫,正面綫下有一對凸目。

【著　　録】未著録。

【銘文字數】表面有陽文 1 字。

【銘文釋文】↓。

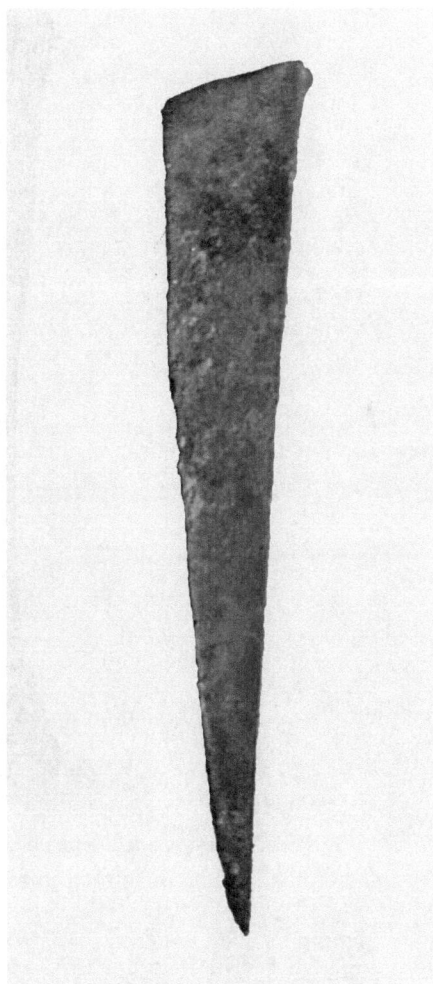

1660. 五五斧

【時　　代】西周時期。

【出土時地】陝西武功縣出土。

【收　藏　者】武功縣文物管理委員會。

【形制紋飾】略呈長方楔形，束腰弧刃，長方形銎，向下漸窄，弧刃向兩邊延伸。

【著　　錄】陝集成 9 册 85 頁 1022。

【銘文字數】表面鑄陽文 2 字。

【銘文釋文】五五。

1661. 巴蜀斧（原誤爲鉞）

【時　　代】戰國時期。

【收　藏　者】河北保定市徐占勇達觀齋。

【尺度重量】通長 16 釐米，重 346 克。

【形制紋飾】長方形銎，側面呈楔形，正面呈亞腰形，銎口邊加厚，大弧刃。斧上部兩
　　　　　　面均飾陽綫曲尺紋。

【著　　錄】兵圖 64 頁。

【銘文字數】正面鑄 1 組符號。

【銘文釋文】不識。

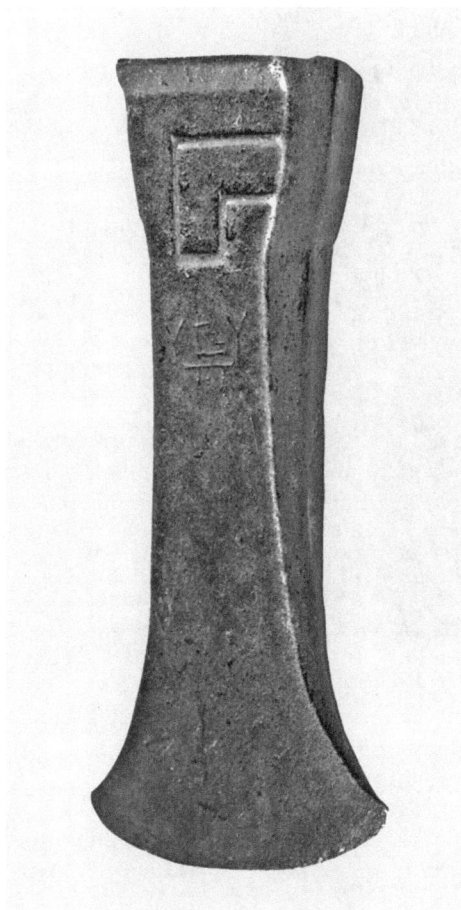

1662. 公鏟

【時　　代】春秋早期。

【收　藏　者】原藏陝西省博物館,現藏陝西歷史博物館。

【尺度重量】通長 10.6、刃寬 3.8 釐米。

【形制紋飾】長方楔形,弧刃,刃部殘,長方形鍪,一面開刃,上部有長方形對穿釘孔。

【著　　録】陝集成 16 册 69 頁 1852。

【銘文字數】正面鑄陽文 1 字。

【銘文釋文】公。

【備　　注】館藏號: 七一 740。

1663. 大庫鏟

【時　　代】春秋時期。

【出土時地】2017 年 9 月出現在北京。

【收　藏　者】某收藏家。

【形制紋飾】長方楔形,上部有一道加厚的箍棱,其下有對穿圓孔,長方形銎,一邊開
刃,刃部微弧。

【著　　錄】未著錄。

【銘文字數】一側鑄銘文 2 字。

【銘文釋文】大庫。

1664. 劉欼鑿

【時　　代】戰國晚期。

【收 藏 者】某收藏家。

【形制紋飾】長方楔形，頂端有方銎，向下漸收，兩面開刃。

【著　　錄】未著錄。

【銘文字數】一側有錯金銘文 2 字。

【銘文釋文】劉欼。

45. 度量衡

（1665–1675）

1665. 郳坿王尺（郳市王尺）

【時　　代】戰國時期·楚。

【出土時地】安徽省六安市。

【收 藏 者】某收藏家。

【尺度重量】通長 23.1、寬 3、厚 0.7 釐米，重 0.46 公斤。

【形制紋飾】長條形，側面從左向右僅刻有五寸格，第五格豎綫上增刻"×"號，右端
有一個小孔，可穿繫。

【著　　錄】未著錄。

【銘文字數】正面刻銘文 4 字。

【銘文釋文】郳坿（市）王尺。

1666. 莫赵絮權

【時　　代】戰國晚期。

【收　藏　者】某收藏家。

【形制紋飾】饅頭形,平底,頂部有鼻鈕。

【著　　錄】未著錄。

【銘文字數】表面刻銘文5字。

【銘文釋文】莫迻(趙)絮,一斤。

A

B

1667. 右行詻環權

【時　　代】戰國晚期。

【出土時地】2014 年 4 月見於華夏古泉網。

【收 藏 者】某收藏家。

【尺度重量】直徑 25.79-25.98、孔徑 3.54-3.69、厚 3.6 毫米，重 12.35 克。

【形制紋飾】玉璧形。

【著　　錄】出土文獻第 8 輯 49 頁圖。

【銘文字數】表面鑄銘文 6 字。

【銘文釋文】右行詻爲𡚱（市）益（鎰）。

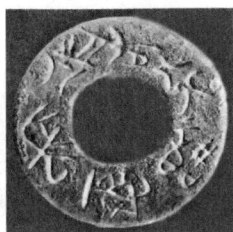

1668. 莆子砝碼

【時　　代】戰國時期。

【收　藏　者】某收藏家。

【形制紋飾】由三枚組成。長方平板,上角均呈弧形內凹,前兩枚上部略窄,後一枚略寬。第二枚左下部打洞後灌鉛,以校正重量。

【著　　錄】未著錄。

【銘文字數】每枚正面有鑲紅銅銘文 2 字,內容相同;每枚背面 3 字(有一些紅銅片脫落),內容不同。

【銘文釋文】正面銘:莆子。背面:1. 六,鋝(鈴)圢(市);2. 三(四),鋝(鈴)圢(市); 3. 二,鋝(鈴)圢(市)。

正　面

背　面

1669. 始皇詔權

【時　　代】秦代（始皇廿六年 – 前 221
　　　　　　年）。

【收　藏　者】北京某收藏家。

【形制紋飾】體呈吊鐘形，表面有八棱，
　　　　　　頂部有鼻鈕，內灌鑄鐵。

【著　　錄】未著錄。

【銘文字數】外壁刻廿六年始皇詔書
　　　　　　40 字。

【銘文釋文】廿六年，皇帝盡并兼天下諸
　　　　　　侯，黔首大安，立號爲皇帝，
　　　　　　乃詔丞相狀、綰，灋（法）度
　　　　　　量則（則）不壹，歉疑者皆明
　　　　　　壹之。

1670. 一斤四兩橢量

【時　　代】戰國晚期·秦。

【出土時地】2018 年 3 月見於西安。

【收 藏 者】某收藏家。

【尺度重量】通高 3.5、通長 16、口寬 8、口長 11.35 釐米。

【形制紋飾】口呈橢圓形，直口，口沿外撇，腹壁向下漸收，平底，一側有短柄，柄上平面，且與器口平齊，下部作弧形，柄的銎口內留存木柄朽塊。

【著　　錄】未著錄。

【銘文字數】柄下部刻銘文 5 字。

【銘文釋文】今一斤四兩。

1671. 倉王市斗

【時　　代】戰國早期。

【收 藏 者】某收藏家。

【形制紋飾】殘存底部,壁較薄,斂腹
平底,一側有柄,已殘缺。
銘文左右各有兩個長方
形凹槽,右側有一個大的
長方形凸起。

【著　　錄】未著錄。

【銘文字數】内底鑄陽文4字。

【銘文釋文】倉王宑(市)斗。

銘文拓本

銘文照片

1672. 桶量銅箍殘段

【時　　代】秦代（秦始皇廿六年，前 221 年）。

【收 藏 者】安陽博物館。

【尺度重量】殘長 18.5、寬 3.5 釐米。

【形制紋飾】長條形，一邊有長方形突，中有釘孔。

【著　　錄】故宮院刊 2017 年 3 期 20-30 頁。

【銘文字數】表面存銘文 7 字。

【銘文釋文】……下諸侯，黔首大安，……

【備　　注】根據熊長雲復原圖秦桶量約高 21-23、腹深 20.2、口內徑 35.5、口外徑 37.5 釐米，容積 20000 毫升。

桶箍殘段照片

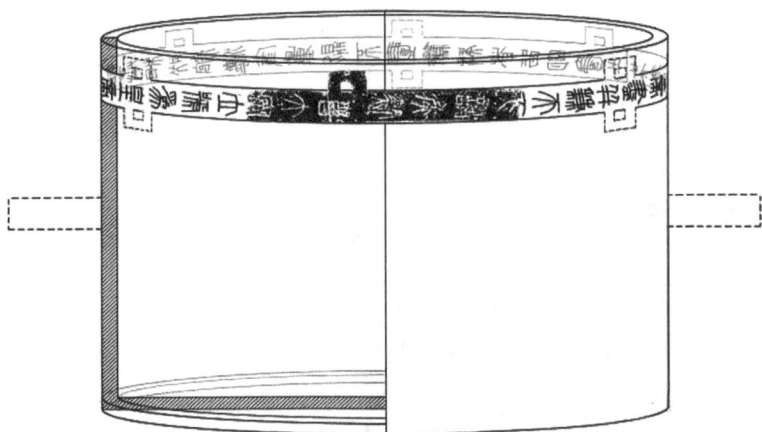

秦桶量復原圖

銘文拓本

1673. 大府量

【時　　代】戰國晚期·楚。

【收 藏 者】武漢九州藝術博物館。

【尺度重量】通高 15、口徑 14.5 釐米。

【形制紋飾】圓筒形,直壁平底,腹部有一對圓環形把手,一高一低。通體光素。

【著　　錄】未著錄。

【銘文字數】外壁刻銘文 37 字。

【銘文釋文】燊(秦)客張義狟(桓)楚之戠(歲)囗月丙戌(?)之日,囗囗都宛尹邘囗
競囗囗集易盨(鑄)刃(冶)毃(穀)於大膚(府)亓(其)囗少(筲),囗易(陽)。

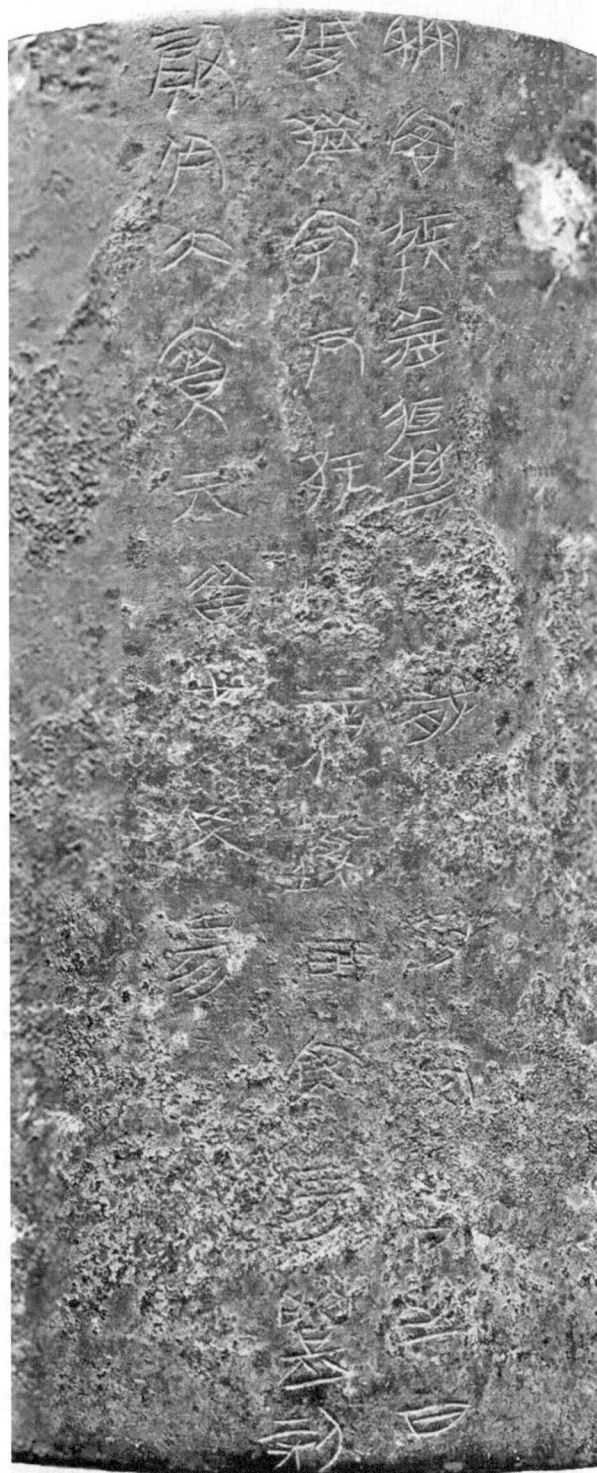

（原高 15 釐米）

1674. 兩詔詔版

【時　　代】秦二世（前 210 年－前 207 年）。

【收　藏　者】原藏陝西省博物館，現藏陝西歷史博物館。

【尺度重量】殘長 10、寬 6.5、厚 0.2 釐米。

【形制紋飾】長方形平板，四角有小釘孔。下部殘。

【著　　錄】陝集成 16 册 111 頁 1874。

【銘文字數】正面刻秦始皇廿六年詔書 40 字和二世元年詔書 60 字。

【銘文釋文】始皇詔：〔廿六年，皇帝盡并兼天下諸侯，黔〕首大安，立號爲皇帝，乃詔丞相狀、〔綰，灋（法）〕度量劃（則）不壹，歉疑者皆明壹之。

二世詔：元年制詔丞相〔斯〕、去疾，灋（法）度量盡始皇帝爲之，皆〔有〕刻辭焉。今襲號，而刻辭不稱〔始皇帝。其於久遠也，如後嗣爲之者，不稱成功盛德。刻此詔，故刻左，使毋疑〕。

【備　　注】館藏號：3205。

1675. 二世詔版

【時　　　代】秦二世（前 210 - 前 207 年）。

【出土時地】加拿大多倫多皇家安大略博物館網。

【收　藏　者】皇家安大略博物館。

【形制紋飾】長方形銅板，四角伸出長方條，其上各有一個釘孔。

【著　　　録】銘照 273 頁 831。

【銘文字數】表面有秦二世元年詔書 60 字。

【銘文釋文】元年制詔丞相斯、去疾，灋（法）度量盡始皇帝爲之，皆有刻辭焉。今襲號，
　　　　　　而刻辭不稱始皇帝。其於久遠也，如後嗣爲之者，不稱成功盛德。刻此詔，
　　　　　　故刻左，使毋疑。

46. 車馬器

（1676–1689）

1676. 子當盧

【時　　代】西周早期。

【出土時地】早年陝西寶雞市博物館徵集。

【收　藏　者】寶雞青銅器博物院。

【尺度重量】通高 18 釐米，重 0.172 公斤。

【形制紋飾】體中部呈甲泡形，上方有兩歧角，下邊垂長方形鼻梁，背面犄角之下有一
　　　　　　橫鈕，犄角上部和鼻梁下部各有一個豎小鈕。

【著　　錄】陝集成 8 冊 234 頁 0971。

【銘文字數】背面鑄銘文 1 字。

【銘文釋文】子。

【備　　注】館藏號：IA6.50-1。

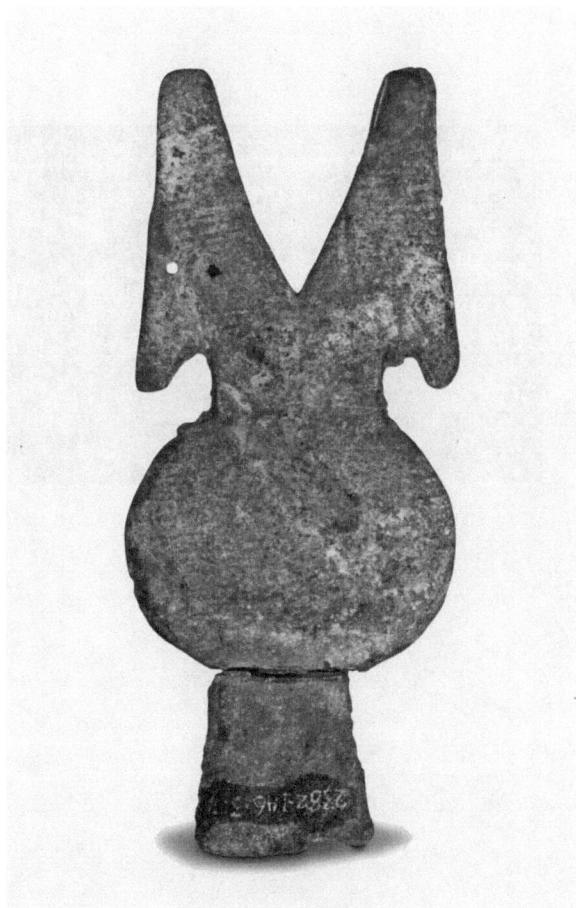

1677. 子當盧

【時　　代】西周早期。

【出土時地】早年陝西寶雞市博物館徵集。

【收　藏　者】寶雞青銅器博物院。

【尺度重量】殘高 14 釐米。

【形制紋飾】體中部呈甲泡形，上方有兩歧角，下邊垂長方形鼻梁（殘缺），背面犄角之下有一橫鈕，犄角上部和鼻梁下部各有一個豎小鈕。下部殘缺。

【著　　錄】陝集成 8 册 235 頁 0972。

【銘文字數】背面鑄銘文 1 字。

【銘文釋文】子。

【備　　注】館藏號：IA6.50-2。

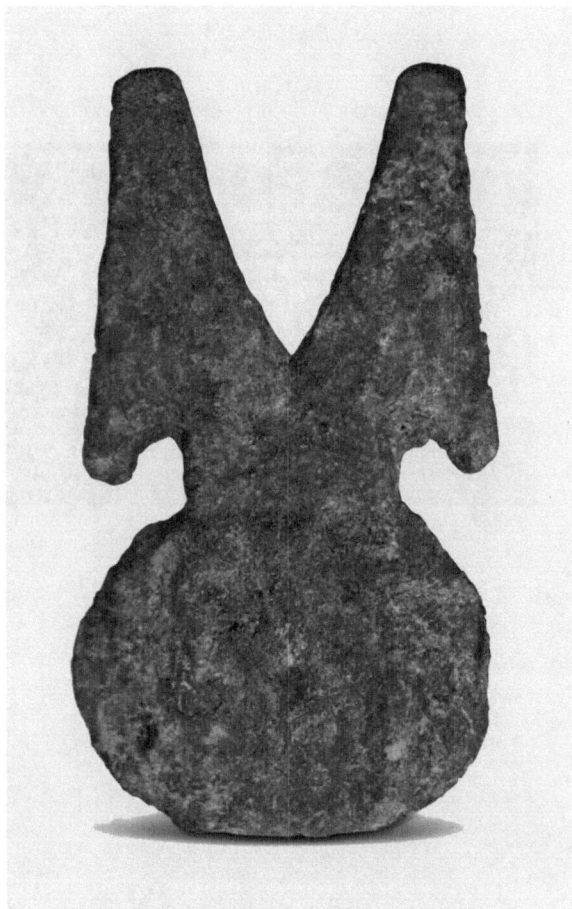

1678. 矢當盧

【時　　代】西周早期。

【出土時地】陝西鳳翔縣。

【收　藏　者】寶雞青銅器博物院。

【形制紋飾】體中部呈甲泡形，上方有兩歧角，牁角以寬橫梁相連，中部形成空三角，
下邊垂長方形鼻梁，背面牁角上部和鼻梁下部各有一個豎小鈕。

【著　　錄】陝集成 7 册 20 頁 0697。

【銘文字數】背面鑄陽文 1 字。

【銘文釋文】矢。

【備　　注】館藏號：IA6.45。

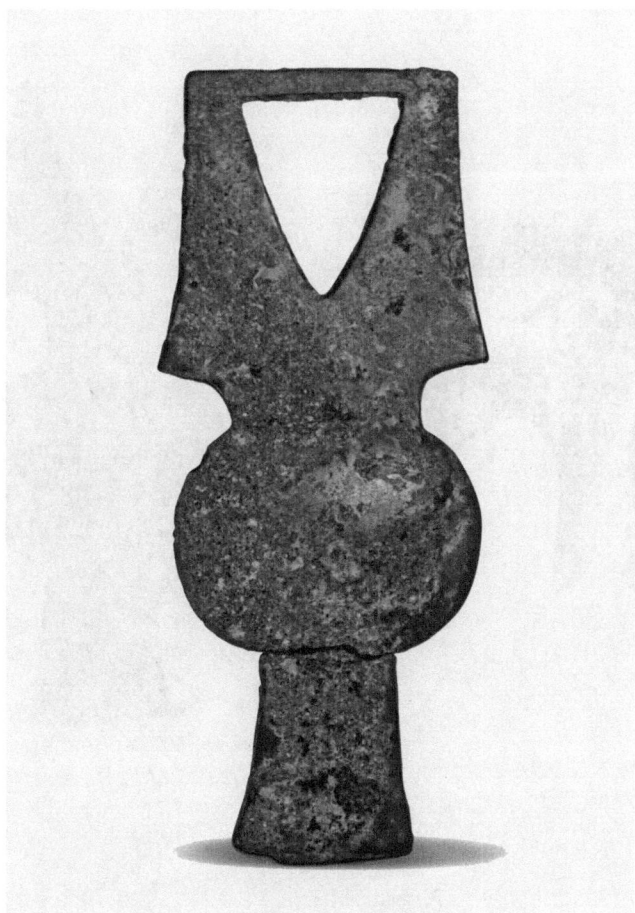

1679. 矢人當盧

【時　　代】西周早期。

【出土時地】1995 年 5 月陝西岐山縣鳳鳴鎮帖家河。

【收　藏　者】岐山縣博物館。

【尺度重量】通高 19、寬 8.1 釐米，重 0.16 公斤。

【形制紋飾】體中部呈甲泡形，上方有兩歧角，下邊垂長方形鼻梁，背面犄角之下有一
　　　　　　橫鈕，犄角上部和鼻梁下部各有一個豎小鈕。

【著　　錄】陝集成 2 冊 24 頁 0110。

【銘文字數】背面鑄陽文 2 字。

【銘文釋文】矢人。

【備　　注】館藏號：總 1134。

1680. 矢人當盧

【時　　代】西周早期。

【出土時地】1995 年 5 月陝西岐山縣鳳鳴鎮帖家河。

【收　藏　者】岐山縣博物館。

【尺度重量】通高 19、寬 8.1 釐米,重 0.16 公斤。

【形制紋飾】體中部呈甲泡形,上方有兩歧角,下邊垂長方形鼻梁,背面犄角之下有一
　　　　　　横鈕,犄角上部和鼻梁下部各有一個豎小鈕。

【著　　録】陝集成 2 册 25 頁 0111。

【銘文字數】背面鑄陽文 2 字。

【銘文釋文】矢人。

【備　　注】館藏號:總 1135。

1681. 左四馬銜

【時　　代】春秋時期。

【收 藏 者】某收藏家。

【形制紋飾】由兩節組成,分鑄套接而成。每節有一大一小兩個橢圓環,中間以橫杆連接,第一節的兩環呈垂直分佈。

【著　　錄】未著錄。

【銘文字數】第一節橫杆鑄銘文 2 字。

【銘文釋文】右(左)四。

1682. 舊庫馬銜(舊㢟馬銜)

【時　　代】戰國中期。

【出土時地】2014 年 6 月湖北襄陽市襄城區歐廟鎮卸甲山墓地(M3.11)。

【收　藏　者】襄陽市文物考古研究所。

【尺度重量】通長 20 釐米,重 0.18 公斤。

【形制紋飾】由兩節組成,分鑄套接而成。每節有一大一小兩個橢圓環,中間以橫杆連接,第一節的兩環呈垂直分佈。

【著　　録】江漢考古 2017 年 4 期 15 頁圖 6。

【銘文字數】一鏈環上鑄銘文 2 字。

【銘文釋文】舊㢟(庫)。

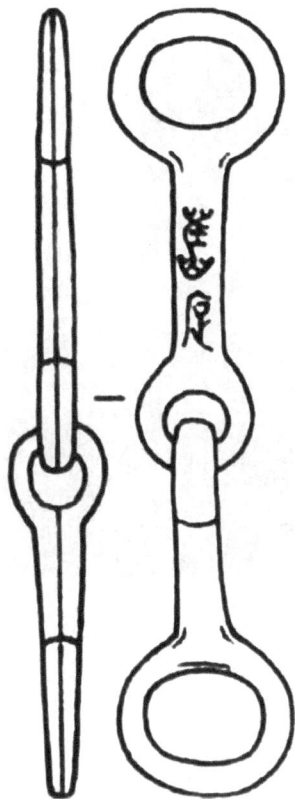

1683. 公車軎

【時　　代】戰國晚期・秦。

【出土時地】2014 年陝西咸陽市渭城區底張鎮閆家寨戰國秦車馬坑（K4.3）。

【收 藏 者】陝西省考古研究院。

【尺度重量】通長 7.5、軜端長 6.6、孔徑 3.6、轄長 7、轄寬 1.6、轄厚 0.6 釐米。

【形制紋飾】圓筒形，軜端有一周凸棱，賢端外侈，呈玉璧形，長條形轄，首尾各有一孔，首飾簡易獸頭。

【著　　錄】考古與文物 2018 年 4 期 38 頁圖 60、61。

【銘文字數】外壁鑄銘文 1 字。

【銘文釋文】公。

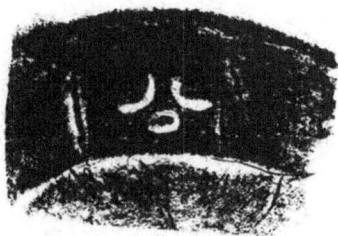

1684. 左庫車書

【時　　代】戰國時期。

【收 藏 者】河北保定市徐占勇達觀齋。

【尺度重量】通長 9.5 釐米。

【形制紋飾】外呈六邊形，內孔圓筒形，軹端較細，賢端有圓形箍棱，長方形轄孔，內附
長方條形車轄。

【著　　録】兵圖 67 頁。

【銘文字數】上有銘文 4 字。

【銘文釋文】左庫□□。

1685. 陵里車飾

【時　　代】戰國晚期。

【收　藏　者】某收藏家。

【形制紋飾】圓筒形，一頭封頂，中部有
　　　　　　一道箍棱。飾錯銀流雲紋。

【著　　錄】未著錄。

【銘文字數】頂部有錯銀銘文 2 字。

【銘文釋文】陵里。

【備　　注】同坑出土 4 件，形制、紋飾、
　　　　　　大小、銘文均相同。

1686. 陵里車飾

【時　　代】戰國晚期。

【收　藏　者】某收藏家。

【形制紋飾】圓筒形,一頭封頂,中部有一道箍棱。裝飾錯銀流雲紋。

【著　　録】未著録。

【銘文字數】頂部有錯銀銘文 2 字。

【銘文釋文】陵里。

【備　　注】同坑出土 4 件,形制、紋飾、大小、銘文均相同。

1687. 陵里車飾

【時　　代】戰國晚期。

【收　藏　者】某收藏家。

【形制紋飾】"U"形,表面飾錯銀流雲紋和綫條紋。

【著　　錄】未著錄。

【銘文字數】中部紋飾間有錯銀銘文2字。

【銘文釋文】陵里。

【備　　注】共四件,形制、紋飾、大小、銘文均相同。

1688. 陵里車飾

【時　　代】戰國晚期。

【收　藏　者】某收藏家。

【尺度重量】通高7.1釐米。

【形制紋飾】青銅體,圓筒形,上部有五道箍棱,平頂。下部飾雲朵紋,箍棱飾豎綫紋
和S綫紋,花紋錯銀。

【著　　錄】未著錄。

【銘文字數】體中部有錯銀銘文2字。

【銘文釋文】陵里。

（放大）

1689. 陵里車飾

【時　　代】戰國晚期。

【收　藏　者】某收藏家。

【尺度重量】通高 7.1 釐米。

【形制紋飾】青銅體，圓筒形，上部有五道箍棱，平頂。下部飾雲朵紋，箍棱飾豎綫紋
　　　　　　和 S 綫紋，花紋錯銀。

【著　　録】未著録。

【銘文字數】體中部有錯銀銘文 2 字。

【銘文釋文】陵里。

（放大）

47．符節

（1690）

1690. 獸面紋璽

【時　　代】商代晚期。

【出土時地】1998 年安陽殷墟東南部的安陽水利局院內一處商代晚期夯土房基內出土。

【收　藏　者】中國社會科學院考古研究所。

【尺度重量】上下邊長 1.5、左右邊長 1.6、厚 0.33、鈕高 0.46 釐米。

【形制紋飾】基本呈正方形,半環形鈕,鈕環的橫截面略呈圓形。璽面鑄陽綫獸面紋。

【著　　錄】考古 2012 年 12 期 71 頁圖 1.2。

【銘文字數】璽面鑄陽文獸面紋。

【備　　注】獸面紋。

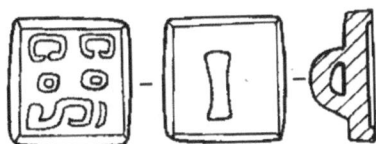

48．其他

（1691–1732）

1691. 叟罐（原稱叟卣）

【時　　代】商代晚期。

【出土時地】1991年河北定州市城區北莊子商墓。

【收　藏　者】原藏保定地區文物管理所,現藏保定市博物館。

【尺度重量】通高26釐米。

【形制紋飾】侈口束頸,鼓腹圜底,矮圈足,頸部有一對環鈕,套接圓雕青蛙扭索狀提
梁。頸部飾三周弦紋,腹部素面。

【著　　錄】收藏家2018年1期7頁圖13。

【銘文字數】內壁鑄銘文1字。

【銘文釋文】叟。

1692. 冉杆頭飾（𠂤杆頭飾）

【時　　代】商代晚期。

【收 藏 者】某收藏家。

【形制紋飾】整體呈叉形，下部爲銎筒，上部似曲張的牛角，角尖尖鋭。銎筒上細下粗，
上部有一對耳狀裝飾，中下部有對穿釘孔，角上飾鱗狀紋，銎筒飾闊口獸
面，彎眉圓目。

【著　　録】未著録。

【銘文字數】銎筒釘孔之下鑄銘文 1 字。

【銘文釋文】𠂤（冉）。

【備　　注】河南淇縣大李莊商代晚期墓地出土同類器物 5 件，稱爲叉狀器，其中
M2.1 與此最爲相似，通高 14、銎口徑 2×3.1 釐米，重 58 克，但製作粗糙，
無紋飾。

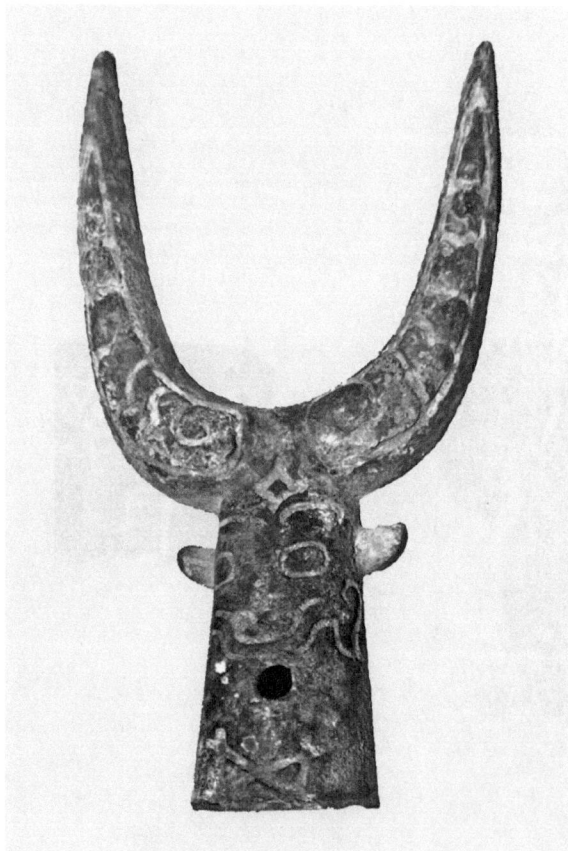

1693. 鳥器

【時　　代】商代晚期。
【收　藏　者】某收藏家。
【形制紋飾】器形不明。
【著　　錄】未著錄。
【銘文字數】內底鑄銘文 1 字。
【銘文釋文】鳥。

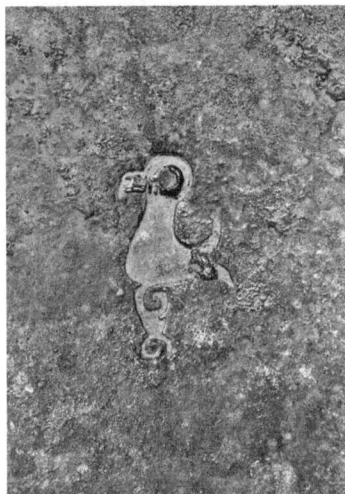

1694. 牵旅器

【時　　代】商代晚期。
【收　藏　者】某收藏家。
【形制紋飾】器形不明。
【著　　錄】未著錄。
【銘文字數】內壁鑄銘文 2 字。
【銘文釋文】牵旅。

1695. 衛册器（蟲册器）

【時　　代】商代晚期。
【收　藏　者】某收藏家。
【形制紋飾】器形不明。
【著　　錄】未著錄。
【銘文字數】鑄銘文 2 字。
【銘文釋文】蟲（衛）册。

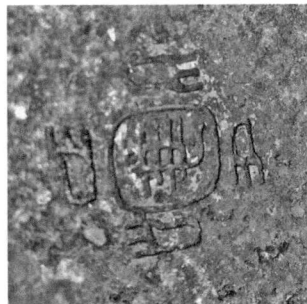

1696. 尹侖🗲器

【時　　代】西周早期。
【出土時地】甘肅平涼地區。
【收　藏　者】平涼市博物館。
【形制紋飾】器形不明。
【著　　録】平涼 82 頁 1。
【銘文字數】鑄銘文 3 字。
【銘文釋文】尹侖🗲。

1697. 魚父辛器

【時　　代】西周早期。
【出土時地】甘肅平涼地區。
【收　藏　者】平涼市博物館。
【形制紋飾】器形不明,從拓本形狀來看,似爲爵、角、斝之類的器物。
【著　　録】平涼 82 頁 4。
【銘文字數】鑄銘文 3 字。
【銘文釋文】魚父辛。

1698. 裸丼父丁器（䏍丼父丁彝）

【時　　代】商代晚期。

【收　藏　者】下落不明。

【形制紋飾】器形不明。從銘文分佈像在圈足內壁判斷，可能屬於觚、尊之類器物。

【著　　錄】薛氏 20.1。

【銘文字數】內底鑄銘文 4 字。

【銘文釋文】䏍（裸）丼父丁。

1699. 冈襄父庚器（丙襄父庚器）

【時　　代】西周早期。

【出土時地】甘肅平涼地區。

【收　藏　者】平涼市博物館。

【形制紋飾】器形不明。

【著　　錄】平涼 82 頁 2。

【銘文字數】鑄銘文 4 字（其中合文 1）。

【銘文釋文】父庚冈（丙）𣥆（襄）。

【備　　注】銘文應讀爲"丙襄父庚"，"丙襄"爲合文，是複合族氏。

1700. 亞諆父乙器

【時　　代】西周早期。

【出土時地】甘肅平涼地區。

【收　藏　者】平涼市博物館。

【形制紋飾】器形不明，從拓本形狀判斷，似爲爵、角、斝之類的器物。

【著　　錄】平涼 82 頁 3。

【銘文字數】鑄銘文 4 字。

【銘文釋文】亞諆（諆）父乙。

1701. 自爲器

【時　　代】戰國時期。

【收　藏　者】某收藏家。

【形制紋飾】細棒形，兩頭尖，上部有一周凹槽，下部有兩周凹槽。

【著　　錄】未著錄。

【銘文字數】中部刻相反的長箭頭，中間刻銘文 4 字。

【銘文釋文】自爲□□。

【備　　注】用途不明，有人推測是髮笄，待考。

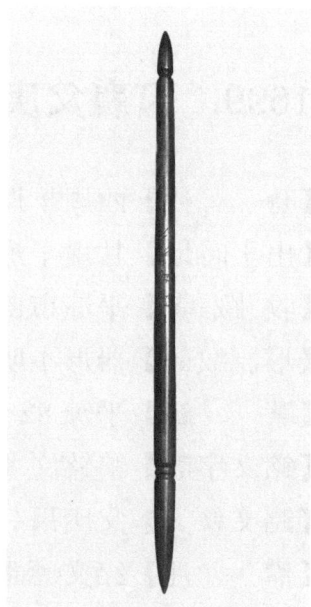

1702. 叔叩器

【時　　代】西周早期。

【收　藏　者】某收藏家。

【形制紋飾】器形不明。

【著　　錄】未著錄。

【銘文字數】內底鑄銘文 6 字。

【銘文釋文】弔（叔）叩乍（作）寶隣（尊）彝。

1703. 乃子趍器

【時　　代】西周早期。

【收　藏　者】某收藏家。

【形制紋飾】器形不明。

【著　　錄】未著錄。

【銘文字數】內壁鑄銘文 10 字。

【銘文釋文】乃子趍乍（作）父日癸寶隣（尊）彝。

1704. 訇父器

【時　　代】西周中期前段。

【收　藏　者】某收藏家。

【形制紋飾】器形不明。

【著　　錄】未著錄。

【銘文字數】内底鑄銘文 27 字(其中重文 2)。

【銘文釋文】隹(唯)三月既生霸壬申,訇父乍(作)姑宵(寶)寶䵼彝,甘(其)子=(子子)孫=(孫孫),宵(寶)甘(其)徸(萬)年用孝。

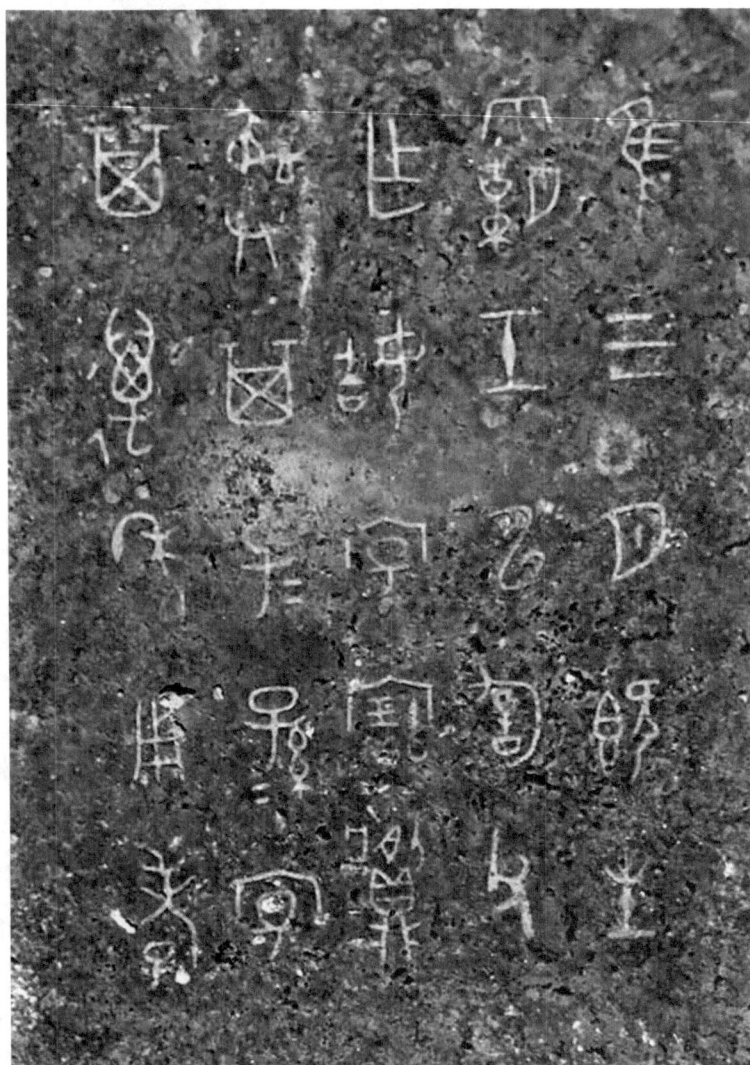

1705. 父丁彝

【時　　代】商代晚期。

【出土時地】《考古圖》云："得於洛郊。"

【收　藏　者】下落不明。

【形制紋飾】器形不明。

【著　　錄】考古圖 4.41。

【銘文字數】銘文 38 字。

【銘文釋文】乙酉，商（賞）貝，王曰：□□，易（錫）工母不戒，徦（遘）於武乙，彡（肜）日。
隹（唯）王六祀，彡（肜）日。雟伇□商（賞）豐。用乍（作）父丁障（尊）彝，
帀子。

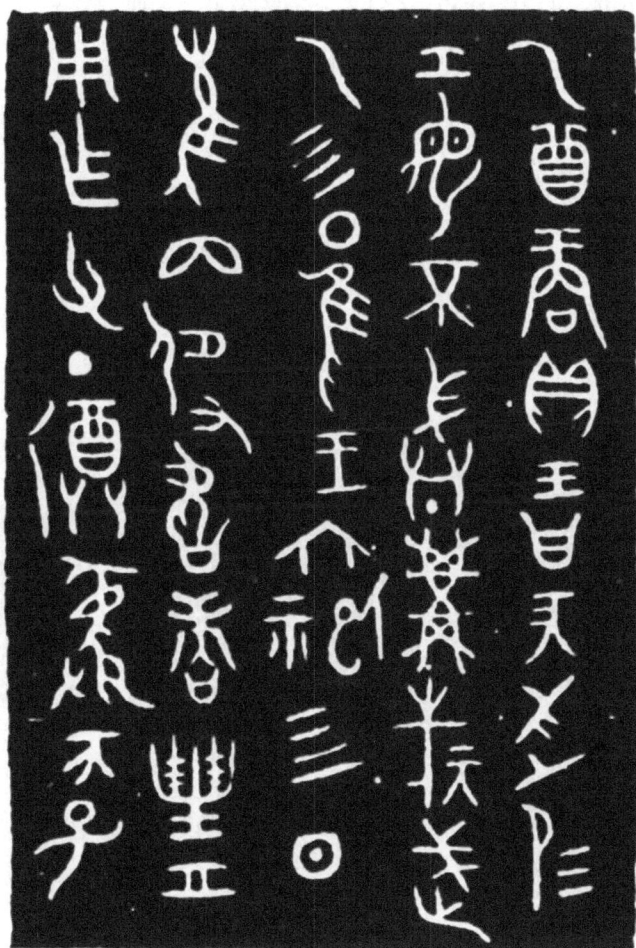

1706. 我子四筒器

【時　　代】西周早期。

【收　藏　者】美國馬薩諸塞州哈佛大學福格博物館。

【尺度重量】通高 16 釐米。

【形制紋飾】長方體，上面正中有一圓孔，圓孔四周有四個半環形鈕，長方體的四角連
鑄四個圓筒形器，筒下有圓柱形足着地。紋飾均爲陰綫。筒沿飾雲紋，
中部飾兩條龍和兩條夔，兩夔相背。龍尾上卷，體飾鱗紋。長方體的三
壁飾浮雕牛首，牛首兩側配飾倒置的夔龍，另一壁有一個“乙”字形獸首
裝飾。

【著　　錄】未著錄。

【銘文字數】面上鑄銘文 4 字。

【銘文釋文】我子𢆶（丙）𥁋（皿？）者。

【備　　注】該四筒器與《銘圖》19254 號收錄的原藏於于省吾的四筒器，形制、紋飾、
銘文基本形同，但後者沒有乙字形獸首裝飾，銘文拓本缺少“𢆶（丙）”字，
因後者有銹蝕，是否同一件，有待證實。

1707. 逃四筒器

【時　　代】西周早期。

【出土時地】1993 年 6 月河南洛陽市瀍河回族區中州
　　　　　　東路北洛陽林校車馬坑（3M230.8）。

【收 藏 者】洛陽市文物工作隊。

【尺度重量】通高 15.5、筒高 8.5、筒徑 3 釐米，重 1.3
　　　　　　公斤。

【形制紋飾】四隅各有一個圓形筒，直口直壁圜底，筒
　　　　　　下有乳頭狀實心足，四筒中上部以"×"
　　　　　　形橫梁連接，交叉處有一背部相連的合
　　　　　　體半身人像。人像裸體，頭梳高圓髻，隆
　　　　　　鼻闊口，突目寬耳，雙手展開，放在橫梁之上。圓筒飾陰綫雲雷紋和垂葉
　　　　　　紋。筒內有朽木殘高 5 釐米。

【著　　　錄】文物 1999 年 3 期圖版壹（圖像）。

【銘文字數】人體胸部鑄銘文 4 字。

【銘文釋文】逃乍（作）勺皿（？）。

【備　　　注】銘文未著錄。

1708. 右工鐘虡柱

【時　　代】戰國晚期·秦～西漢初。

【出土時地】破案繳獲。

【收 藏 者】陝西淳化縣公安局。

【尺度重量】通高 51、底徑 16 釐米。

【形制紋飾】盤龍形鏤空底座，細圓柱，頂部呈半開放的花苞形，中部有橫槽，以納橫
　　　　　　梁銅箍。通體鎏金。

【著　　錄】未著錄。

【銘文字數】底座邊緣刻銘文 4 字。

【銘文釋文】二年右工。

（放大 3 倍）

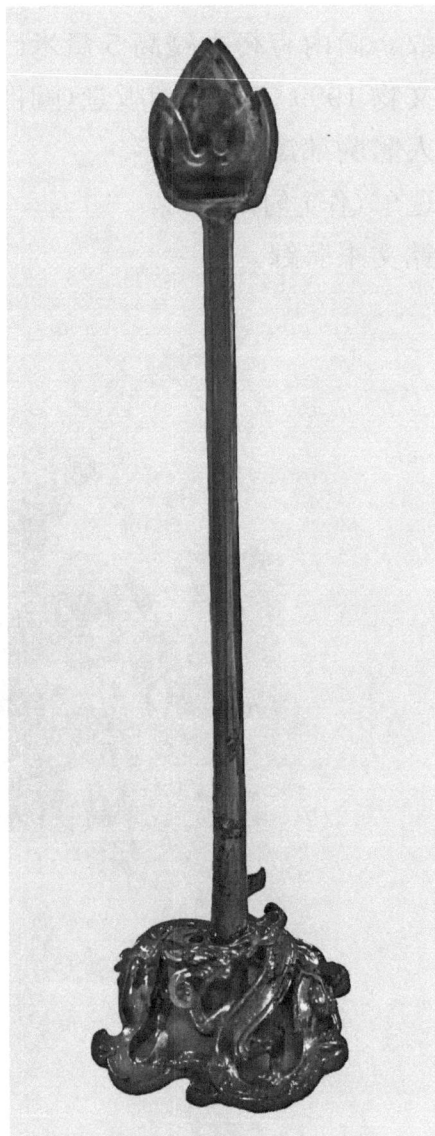

1709. 公字鐘虡柱

【時　　代】戰國晚期・秦～西漢初。

【出土時地】破案繳獲。

【收 藏 者】陝西淳化縣公安局。

【尺度重量】通高 51、底徑 16 釐米。

【形制紋飾】盤龍形鏤空底座，細圓柱，頂部呈半開放的花苞形，中部有橫槽，以納橫梁銅箍。通體鎏金。

【著　　録】未著録。

【銘文字數】底座邊緣刻銘文 3 處，各 1 字，共 3 字。

【銘文釋文】公，公，公。

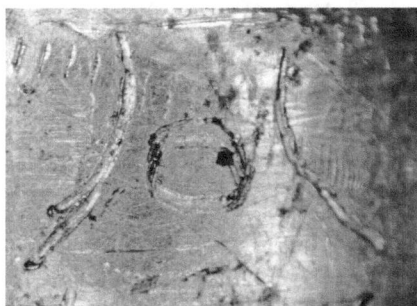

銘文 1

銘文 2

銘文 3

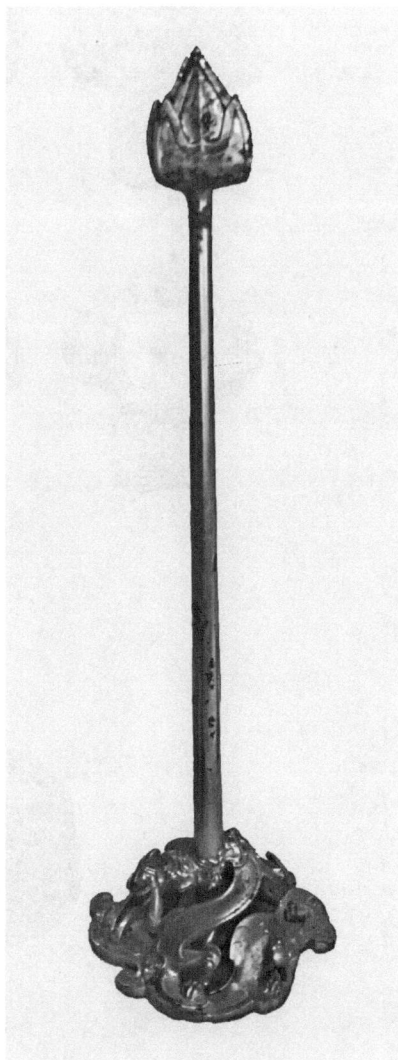

1710. 詔事琴組件

【時　　代】戰國晚期·秦～西漢初。

【收　藏　者】陝西淳化縣公安局。

【尺度重量】通高 2.4、方孔邊長 0.9 釐米。

【形制紋飾】體呈正方筒形，上有圓平臺，平臺上有圓雕臥獸。通體鎏金。

【著　　錄】未著錄。

【銘文字數】正面刻銘文 4 字。

【銘文釋文】九年詔事。

【備　　注】共六件。

1711. 右工琴組件

【時　　代】戰國晚期・秦～西漢初。

【出土時地】破案繳獲。

【收　藏　者】陝西淳化縣公安局。

【尺度重量】通高 2.4、方孔邊長 0.9 釐米。

【形制紋飾】體呈正方筒形，上有圓平臺，平臺上有圓雕臥獸，方筒側有一圓孔。通
　　　　　　體鎏金。

【著　　録】未著録。

【銘文字數】正面刻銘文 2 字。

【銘文釋文】右工。

【備　　注】與詔事琴組件爲一組。

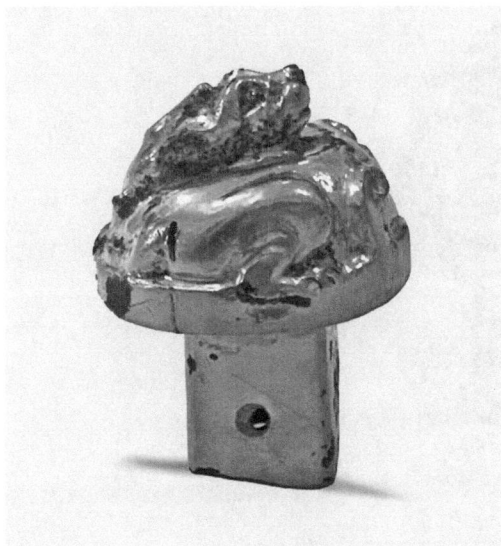

右側　　　　　　　　　　　　　　　　　左側

正面

1712. 左工琴組件（九年詔事琴組件）

【時　　代】戰國晚期・秦～西漢初。

【收　藏　者】陝西淳化縣公安局。

【尺度重量】通高2.4、方孔邊長0.9釐米。

【形制紋飾】體呈正方筒形，上有圓平臺，平臺上有圓雕臥獸。通體鎏金。

【著　　錄】未著錄。

【銘文字數】正面刻銘文2字，背面4字，共6字。

【銘文釋文】正面：左工；背面：九年詔事。

【備　　注】與右工琴組件爲一組。

左側

正面

背面

1713. 樂府調琴器

【時　　代】戰國晚期·秦～西漢初。

【出土時地】破案繳獲。

【收　藏　者】陝西淳化縣公安局。

【尺度重量】通長 16、上寬 4.5、下徑 1.5、銎孔邊長 0.8 釐米。

【形制紋飾】圓柱形，上細下粗，下端有方銎，上部做成卷體龍，龍頭向下，張口露齒，龍體卷曲呈圓形，龍爪在圓內。

【著　　錄】未著錄。

【銘文字數】龍尾刻銘文 5 字。

【銘文釋文】樂府車鐘府。

（放大）

1714. 冉𡥀箕

【時　　代】商代晚期。

【出土時地】2018 年 1 月出現於北京。

【收　藏　者】某收藏家。

【形制紋飾】平底呈梯形,前寬後窄,三面直壁,後壁有一向上斜出的筒形柄,前部較
　　　　　　細,向後漸粗,後部有一釘孔,鋬孔可插裝木柄。銹蝕嚴重。

【著　　　録】未著録。

【銘文字數】柄面鑄銘文 2 字。

【銘文釋文】冉𡥀。

1715. 咸少燈

【時　　代】戰國中期·秦。

【出土時地】20 世纪 40 年代初在西安市古董市場購得。

【收　藏　者】北京安峰堂。

【尺度重量】通高 36.7-37.8、口徑 22.5、厚 0.2、座徑 16.5 釐米。

【形制紋飾】由燈盤、燈柄和燈座組成,燈盤向一側傾斜,直口,盤中立一高約 2.9 釐
　　　　　米的錐狀燭簽,腹壁内收,飾兩道瓦紋。盤與柄相接處有兩道凸弦紋。
　　　　　柄上部較粗,下部較細,柄與座相接處呈喇叭狀,飾有幾道凸棱。座及柄
　　　　　中空。

【著　　錄】國博館刊 2011 年 5 期 16 頁圖 2.2、3,17 頁圖 2.2、3。

【銘文字數】盤下部刻銘文 8 字,座下部 1 字,共 9 字。

【銘文釋文】盤銘:咸少,五升半,十三斤;座銘:聿。

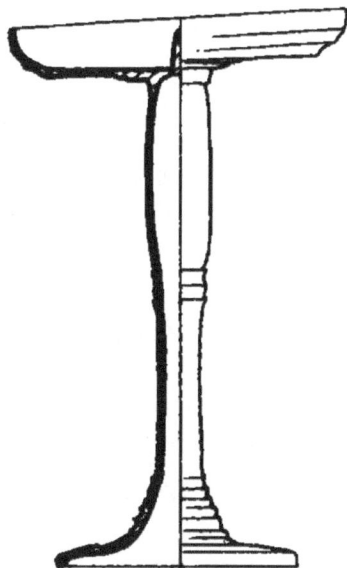

1716. 徐王公估帶鈎（邾王公估帶鈎）

【時　　代】春秋晚期。

【收 藏 者】某收藏家。

【形制紋飾】正面鼓起，根部像彎角獸面，獸角飾對稱的兩隻鳥紋，鈎頭呈蛇首形，圓
　　　　　目寬喙，背面有圓餅蓋釘柱。

【著　　錄】未著錄。

【銘文字數】正面及兩側鑄銘文 6 字。

【銘文釋文】邾（徐）王公估之句（鈎）。

1717. 吳王之子遄帶鈎

【時　　代】春秋晚期。

【收　藏　者】浙江省博物館。

【尺度重量】通長 6.8 釐米。

【形制紋飾】蛇形鈎首,細頸,向後漸粗,後部連接橢圓盤鈎尾,背面有圓餅蓋釘柱。
　　　　　鈎身後部有浮雕獸面,鈎尾飾卷曲雙蛇紋。

【著　　錄】大邦 198 頁。

【銘文字數】鈎身正面及兩側鑄銘文 6 字。

【銘文釋文】吳王之子遄勾。

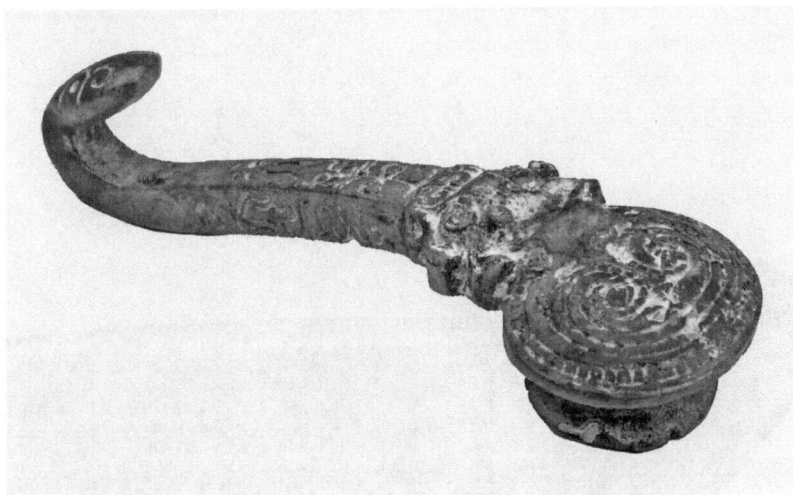

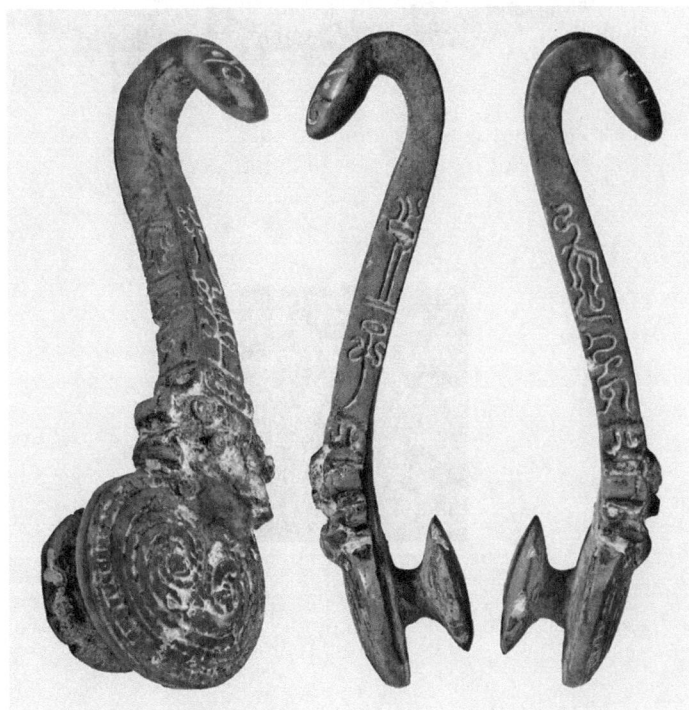

1718. 戲卮（原稱戲鈿）

【時　　代】戰國早期·秦。

【出土時地】陝西省供銷社廢品揀選。

【收　藏　者】陝西歷史博物館。

【尺度重量】通高 6.6、殘長 19 釐米，殘重 0.939 公斤。

【形制紋飾】橢圓形，敞口，斜腹，通體光素，已殘缺變形。

【著　　錄】西部考古第 12 輯（2017 年 1 期）198 頁圖 12。

【銘文字數】外壁刻銘文 2 字。

【銘文釋文】戲，參（叁）。

1719. 東垣卮

【時　　代】戰國晚期。

【收 藏 者】某收藏家。

【形制紋飾】橢圓形，斂口折肩，斂腹，底部近平，下有四個小獸蹄形足，腹兩側有一對環耳。腹部有三道坡狀鼓棱，使腹部形成三道寬瓦溝紋，足上飾陰綫獸面紋。

【著　　錄】未著錄。

【銘文字數】腹壁刻銘文 11 字。

【銘文釋文】元年十一月丁卯，東垣，㞎（冶）敤。

1720. 爐盤銅釦（盧般銅釦）

【時　　代】戰國晚期。

【出土時地】2016 年 2 月 17 日見於
　　　　　　盛世收藏網。

【收　藏　者】某收藏家。

【尺度重量】口徑 11.5、上寬 1.36 釐米。

【形制紋飾】上視呈圓圈形，橫截面呈
　　　　　　倒 "U" 字形。

【著　　錄】未著錄。

【銘文字數】側壁刻銘文 2 字。

【銘文釋文】盧（爐）般（盤）。

（放大）

1721. 競之定熏爐（景之定熏爐）

【時　　代】春秋晚期。

【出土時地】2017 年 10 月出現在香港大唐國際拍賣會。

【收 藏 者】某收藏家。

【尺度重量】通高 14.5、口橫 30、口縱 16 釐米。

【形制紋飾】此熏爐由三部分構成，長方形爐體、兩個鏤空熏筒。爐體直口束頸，窄沿
　　　　　　方唇，腹部向下收斂，平底，高圈足。肩部有兩個環耳，口內有蓋。蓋有
　　　　　　兩大圓孔，周圍飾勾雲紋。熏筒中部鏤空作交龍紋，上下邊緣錯金銀，交
　　　　　　替裝飾獸面紋。使用時熏筒插入蓋孔。

【著　　錄】未著録。

【銘文字數】兩熏筒上口各有錯金銘文 22 字（其中合文 1），爐體左側口沿 22 字（其
　　　　　　中合文 1），爐體右側口沿 8 字。

【銘文釋文】熏筒銘：佳（唯）戠＝（弍日），王命競（景）之定救燊（秦）戎，大有紅（功）
　　　　　　于洛之戎，用乍（作）隨（尊）猙（彝）。
　　　　　　爐體左口沿銘：佳（唯）戠＝（弍日），王命競（景）之定救燊（秦）戎，大有
　　　　　　紅（功）于洛之戎，用乍（作）隨（尊）猙（彝）。
　　　　　　爐體右口沿銘："楚王盦（熊）悆（怀）作寺（持）甬（用）冬（終）。

【備　　注】爐體口沿銘文未拍照。

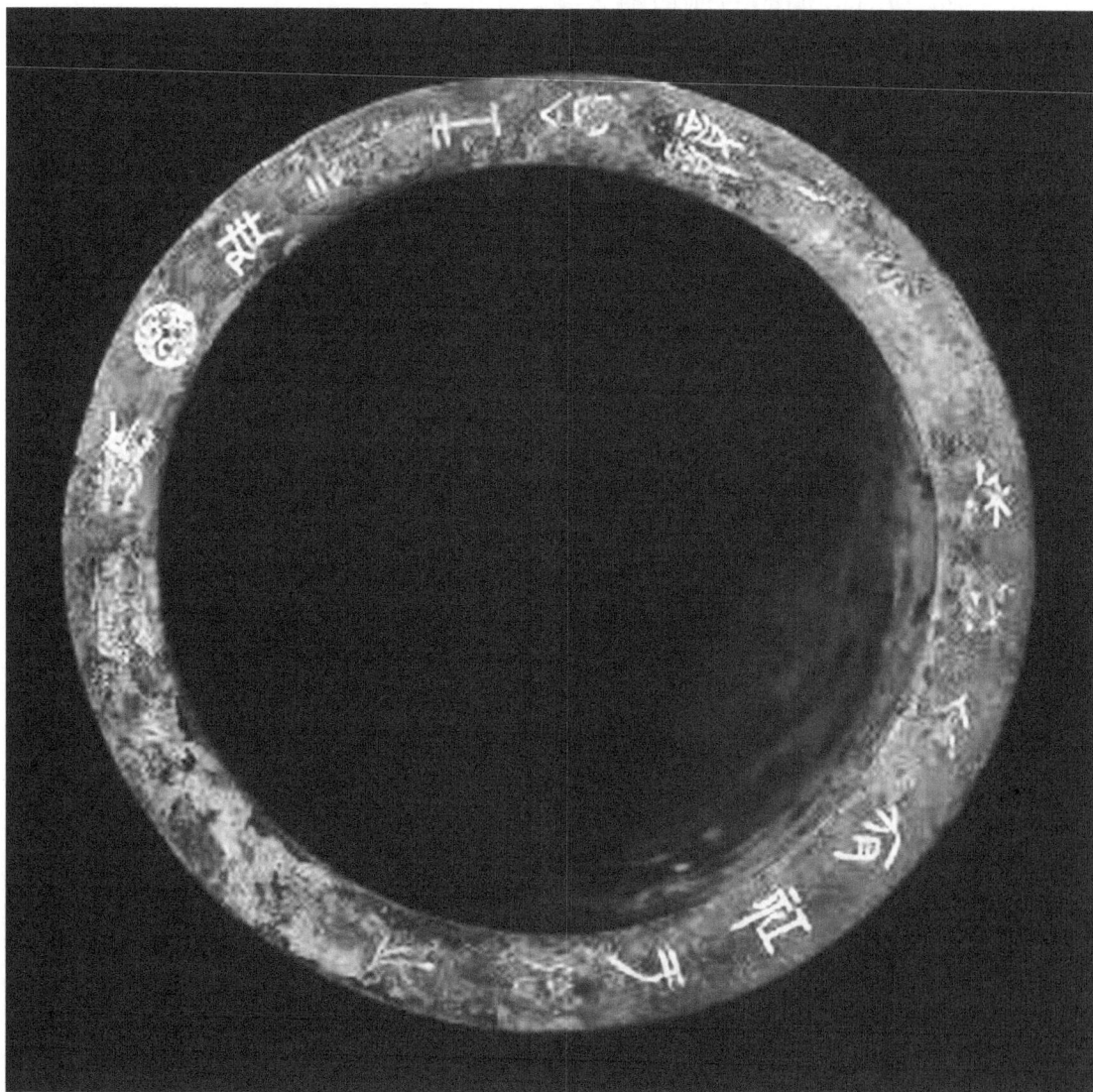

熏筒一銘

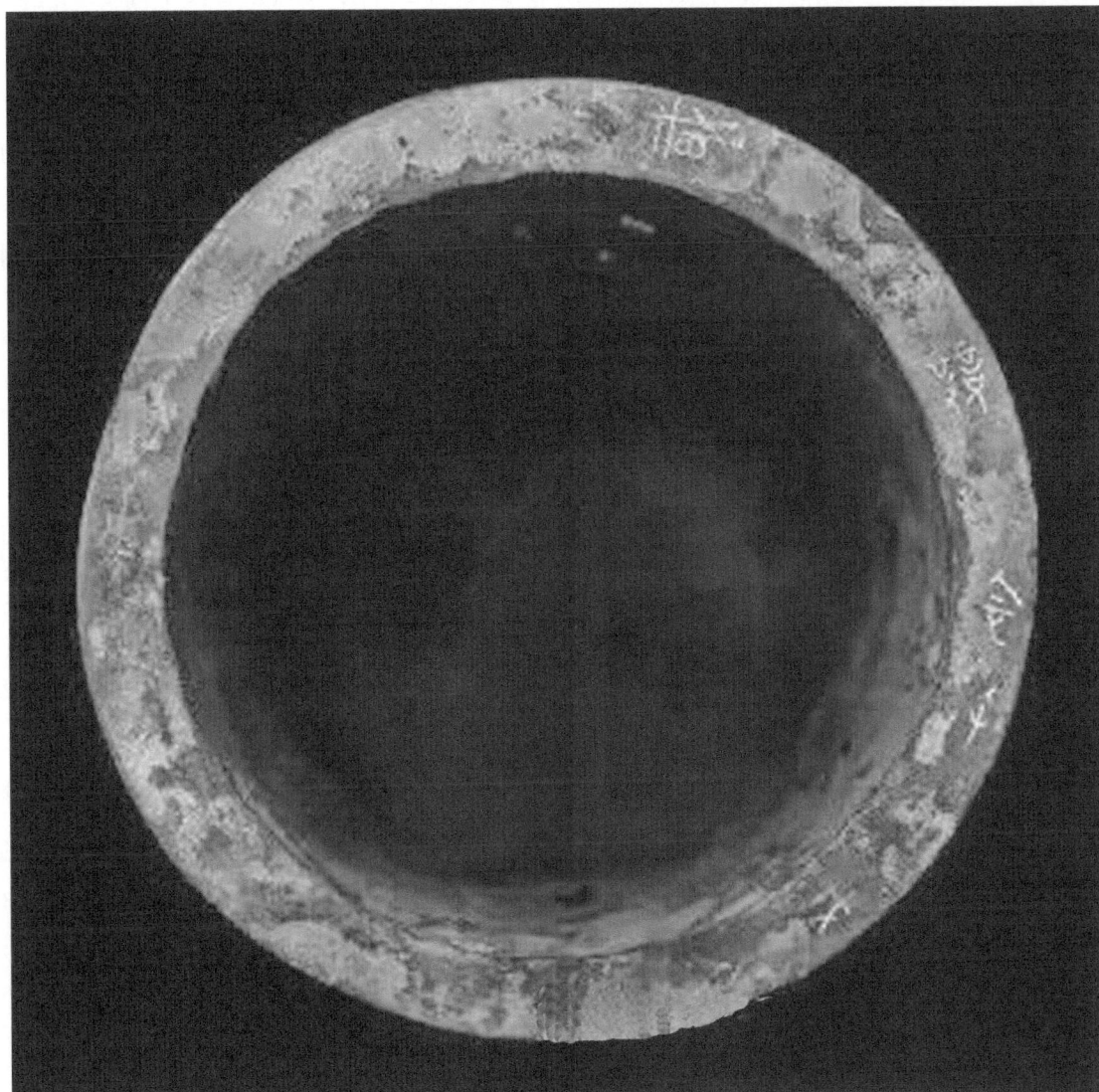

熏筒二銘

1722. 邵陰下官銅釦

【時　　代】戰國晚期·魏。

【出土時地】2007 年西安市臨潼區新豐鎮曲家村東南秦墓（M75）。

【收　藏　者】陝西省考古研究院。

【尺度重量】通高 2.2、上口徑 8.4、下口徑 11 釐米。

【形制紋飾】某器物（可能爲漆木壺）的銅釦，圓形，內折沿，口徑上大下小。

【著　　録】陝集成 13 册 89 頁 1486。

【銘文字數】折沿刻銘文 6 字，側面 17 字（其中合文 1）。

【銘文釋文】折沿銘：邵陰（陰）下官，下官。側面銘：廿二年，皮嗇夫王佗、冢子起
　　　　　　起斸（斠），砒爲一益（鎰）。

【備　　注】"冢子"爲合文，有合文符號，文中衍一"起"字。此器可能是漆木壺上的
　　　　　　銅扣，照相時放置反了，內折沿即壺口，應向上。

折沿銘拓片

折沿銘照片

側面銘照片

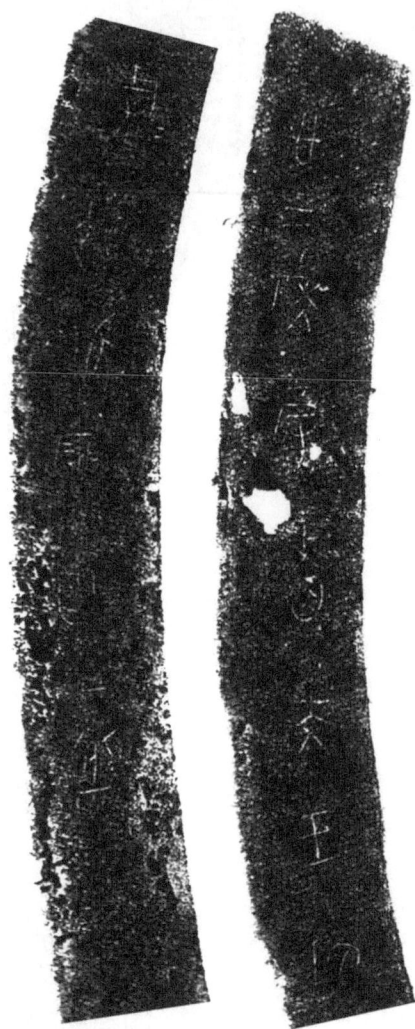

側面銘拓本

1723. 七銅箍

【時　　代】西周早期。

【出土時地】1992 年 9 月陝西岐山縣鳳鳴鎮帖家河。

【收 藏 者】岐山縣博物館。

【尺度重量】直徑 14、高 4 釐米，重 0.2 公斤。

【形制紋飾】圓圈，稍殘，表面無飾，中部有一菱形孔。

【著　　錄】陝集成 2 冊 26 頁 0112。

【銘文字數】內側鑄陽文 1 字。

【銘文釋文】七。

【備　　注】館藏號：總 1268。疑爲漆木器上的銅箍。

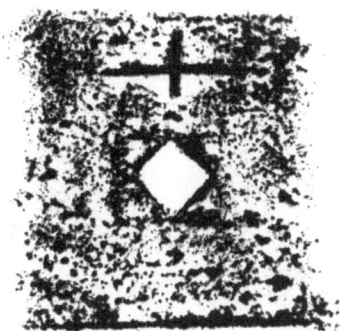

1724. 芮公鼓架銅套

【時　　代】春秋早期。

【收　藏　者】某收藏家。

【尺度重量】通高 21、最大徑 6.5 釐米。

【形制紋飾】建鼓柱銅套，八棱柱形，上面封頂，下面敞口，中空，內有殘存的朽木，其中四面各有四個箭頭形孔，另四面刻銘文，銘文面與有孔面相間。

【著　　錄】未著錄。

【銘文字數】其中四面各刻銘文 4 字，共 16 字。

【銘文釋文】隹（唯）正月祧（初）吉己丑，內（芮）公乍（作）樂鼓，用旛（祈）釁（眉）壹（壽）。

銘文拓本

銘文照片 1　　　　　　　　銘文照片 2

銘文照片 3　　　　　　　銘文照片 4

1725. 芮公鼓架銅套

【時　　代】春秋早期。

【出土時地】2018 年陝西澄城縣王莊鎮劉家窪村芮國墓地（M2）。

【收 藏 者】陝西省考古研究院。

【尺度重量】通高 21、最大徑 6.5 釐米。

【形制紋飾】建鼓柱銅套，八棱柱形，上面封頂，下面敞口，中空，內有殘存的朽木，其中四面各有四個箭頭形孔，另四面刻銘文，銘文面與有孔面相間。

【著　　錄】未著錄。

【銘文字數】其中四面均刻銘文，共 17 字。

【銘文釋文】隹（唯）正月初（初）吉己丑，內（芮）定公乍（作）樂鼓，用旛（祈）䚋（眉）壹（壽）。

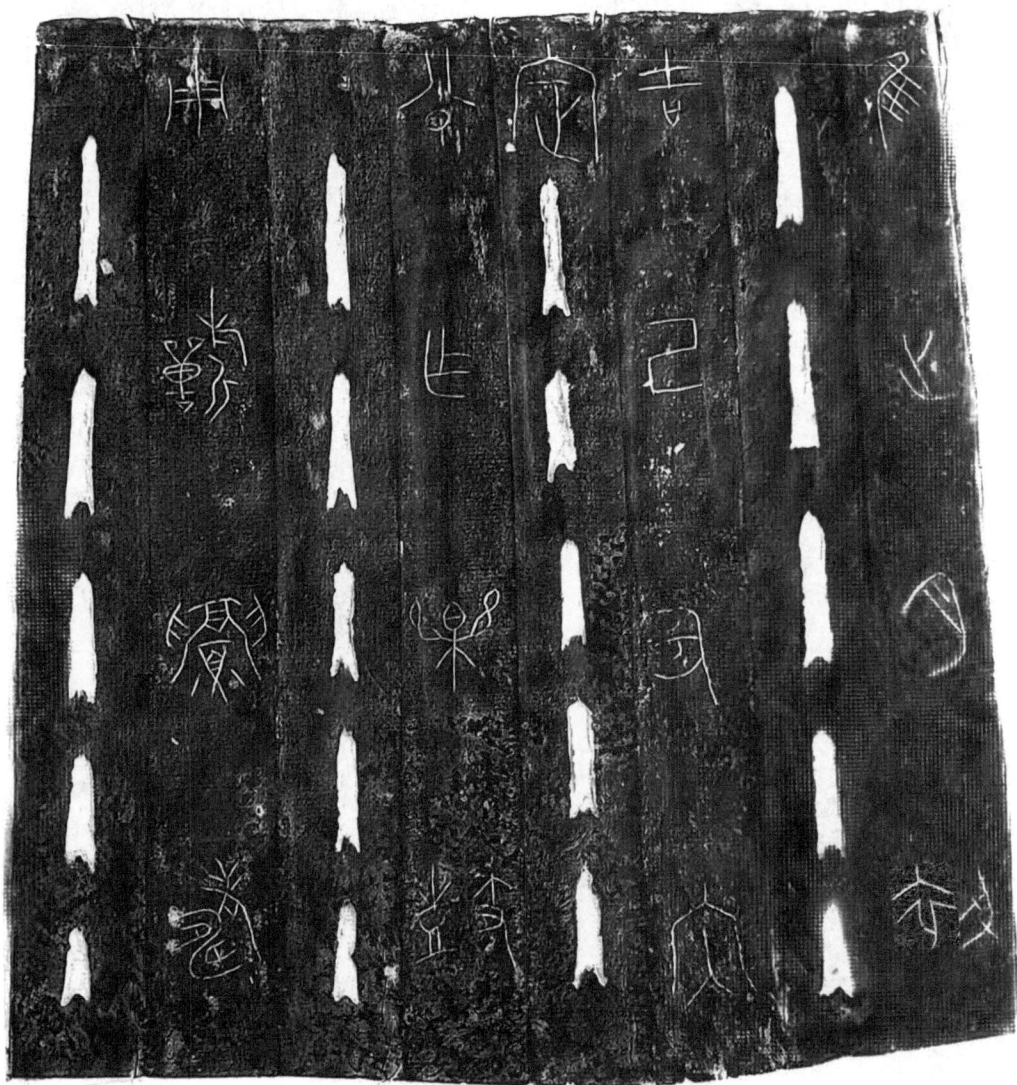

（原高 21 釐米）

1726. 新造旗杆鐓（新𠈓旗杆鐓）

【時　　代】戰國晚期·楚。

【收藏者】某收藏家。

【形制紋飾】長方體，頂上有小圓凸，中部有一個對穿釘孔。通體光素無飾。

【著　　録】未著録。

【銘文字數】兩面鑄銘文6字。

【銘文釋文】新𠈓（造）自之衛（達—率）柊（綏）。

【備　　注】"率綏"即導車所載的旌旗，此當爲旗杆鐓。

1727. 干支儀

【時　　代】戰國中期·趙。

【出土時地】傳世品。

【收 藏 者】原藏王庭棟,後歸上海博物館,1959 年 5 月調撥中國歷史博物館,現藏中國國家博物館。

【尺度重量】通高 1.6、底徑 1.4 釐米。

【形制紋飾】多棱柱形,平底,外壁有十二個內凹的弧形面,用以標注干支,頂部周圍有一圈平面,中間圓隆,上鑄環鈕,可穿帶繫掛。外圈平面有十二個穿孔,每個穿孔對着每一個弧形切面,器分兩層,中間有軸,可以相錯旋轉。

【著　　錄】國博館刊 2016 年 5 期 139 頁圖 2、3。

【銘文字數】表面有錯金銘文,上層 10 字(天干),下層 12 字(地支),共 22 字。

【銘文釋文】上層:甲乙丙丁戊己庚辛;下層:子丑寅卯辰巳午未申酉戌亥。

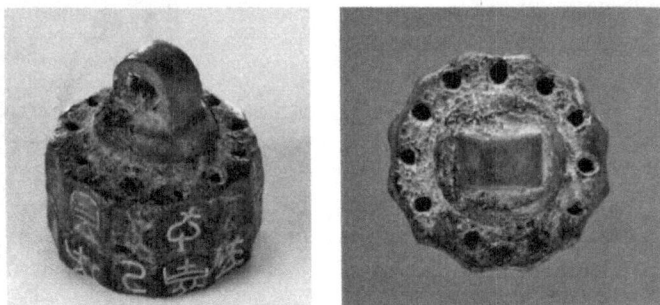

1

2

干支儀銘文示意圖

1. 十干對十二支　　2. 從辛子到庚亥（上下銹結後的位置）

1728. 干支籌

【時　　代】戰國中期·趙。

【出土時地】1986 年 7 月河北柏鄉縣東小京村戰國墓。

【收　藏　者】柏鄉縣文物管理所。

【尺度重量】每枚通高 12.8、寬 2、厚 0.5 釐米。

【形制紋飾】象牙質。原爲十二枚,現存十一枚。長方板,平面光滑,下部裝飾一組圓圈紋,並有一穿孔。

【著　　錄】文物 1990 年 6 期 70 頁圖 11。

【銘文字數】每枚表面刻銘文 3 字,12 枚共 36 字,現存 11 枚 33 字。

【銘文釋文】一甲子,二乙丑,三丙寅,三(四)丁卯,五戊辰,六己巳,七庚午,[八辛未],九壬申,三(十)癸酉,一甲戌,二乙亥。

銘文照片

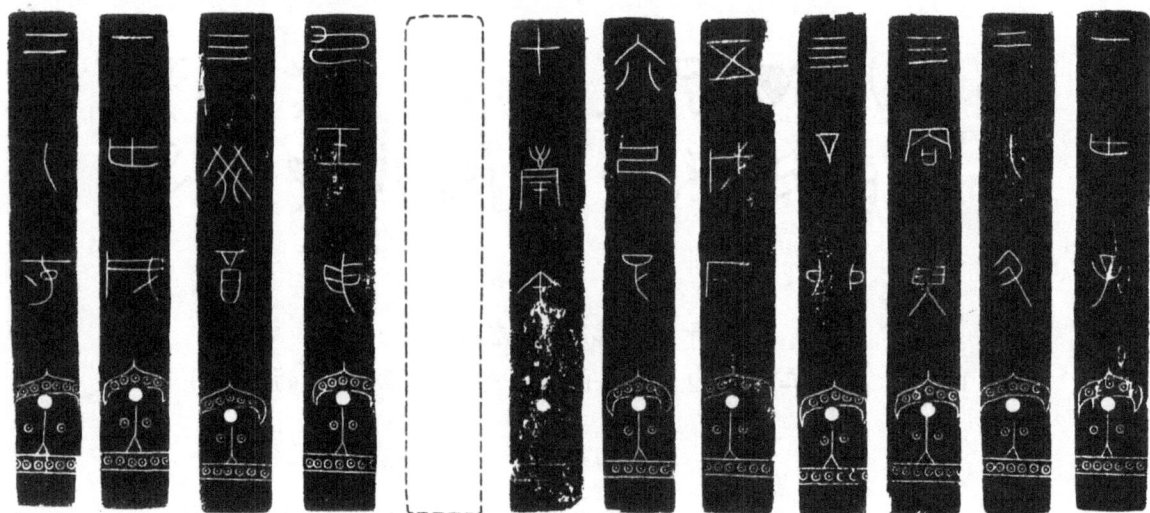

銘文拓本

1729. 敖金簡（周宣王册命魯武公金簡）

【時　　代】西周晚期（周宣王三年，前 825 年）。

【出土時地】清嘉慶十二年（1807 年）山東嘉祥縣馬集鎮魯寨村魯宅山古墓（《嘉祥縣志·金石志》記載："嘉慶十二年大雨，城東南魯宅山中忽陷一古墓，縣令封培，得玉片數種，銅册兩版。但知玉片足寶，其銅册漫附官庫。越數年，庫吏覺其異，搨其文，求曾七如辨識，知爲周宣王封魯武公册命。後爲一官携去，不知所歸。同治間，嘉祥教諭李維崝繕其文，詳於山東學政汪鳴鑾，學憲批云：'嘉祥，魯地。山名魯宅，魯先公冢墓在此可信。考册文年代，義意符合，文亦大似周誥。'"）。

【收 藏 者】下落不明。

【尺度重量】通長（周尺）一尺二寸許（長約合 27.6 釐米），博如其半（寬約 13.8 釐米）。

【形制紋飾】兩版，形制、紋飾、大小相同。長方版形，《嘉祥縣志·金石志》云："銅質塗金，外面飾以雲螭，其内以銀綫界作豎格，似今之殿試策。字痕皆赤，所謂'丹書'也。"

【著　　録】清光緒年間《嘉祥縣志·金石志》（未録圖像、拓本），《嘉祥縣志·藝文志》（釋文）。

【銘文字數】表面鑄銘文，兩版連讀，共約 158 字。

【銘文釋文】隹（唯）王三年丙子十月望，王各（格）于嗣（廟）室，册命敖。己巳，司徒季圝（固）又（右）敖立中廷，受册命。王若曰："敖，隹（唯）尔（爾）皇且（祖），于昔承訓，益元公乃啟邦東土，優容化道，用不變于〔魯〕，夙（夙）夕网（罔）□（悔）。不逞于南垂，延叀（惠）于世世。妯（乃）及于爾先公，建武王家，弗罡（斁）弗單（憚），畏〔忌〕网（罔）逆，異（翼）于友邦吕（以）和，乍（作）大勳于萬世，紀閟藏守（府）。烏（嗚）乎（呼）！永念爾之列（烈）且（祖），勿忘朕（朕）命，吕（以）或（有）怠于爾後畵（圖），闫（其）休爾庶姓。易（錫）朱黄（衡）、玄衣、攸（鋚）革、戈、琱戚、彤矢、鄂卤。"敖搙（拜）頧（稽）首，敢（敢）對乳（揚）天子休命，卅年。

【備　　注】釋文基本上依王寧先生《周宣王册命魯武公金簡釋文校識》，個別字有所改易。

惟王三年丙子十月望王各格于褅廟䆻册命敳

巳巳司徒季園又即右宇敳立中以雁受册命王若曰

敳佳尔皇且祖于昔承訓蓝元公乃徴卸郭東王俊

容化迺用不燮于㦤氒敢不遅于達于南 南金𨬔延慨

惠于㫐世世凶遲及于今尔先公建武王家弗䍙𢀛卹

憚㦤衮网网迺與于卹友卸昌和作大敔敷于萬世㝫

紀幽藏符府烏平永念尒之刻烈且祖勿忘朕令命

昌或𨸏于尒後國冏其森休不𢦏匽姓易斁𠦳夙𠦳字

㐬亥肢鉴笻𦥑戈爵珊戕戕庠彤矢㱿鱼白敳徠拜字

㙤楉首敳散對朕揚天子水令命葊𠦳年葊𠦳二字

1730. 上將軍牌飾

【時　　　代】春秋中期。

【出土時地】浙江紹興市西施山遺址。

【收　藏　者】紹興博物館。

【形制紋飾】長方形平板,圓角,正面中部飾立體蛇紋,四蛇纏繞顧盼,四蛇中間有兩個羊角形搭橋,將中間的兩條蛇連結起來,緊靠蛇右側有四個圓孔,備以縫綴勾連他物之用。

【著　　　録】出土文獻 4 輯 113 頁。

【銘文字數】正面右側鑄銘文 4 字。

【銘文釋文】上牀(將)甶(軍)之。

1731. 平陽皇宦殘片（原稱平陽封宮器）

【時　　代】戰國早期。

【收　藏　者】原藏桐鄉金比部家。

【形制紋飾】《積古》云："器有雷回紋，銘在其旁……蓋殘銅也。向藏桐鄉金比部家，據陳秋堂拓本摹入。"

【著　　錄】積古 9.5.1。

【銘文字數】鑄銘文 4 字。

【銘文釋文】平易（陽）坒（皇）宦。

1732. 徒唯曹殘件（原稱南門外閣殘版）

【時　　代】戰國晚期·秦。

【出土時地】陝西臨潼縣（今西安市臨潼區）秦東陵遺址。

【收　藏　者】西安市臨潼博物館。

【尺度重量】通高 24、口徑 12 釐米，重 3.3 公斤。

【形制紋飾】建築構件，殘平板，不規則形。

【著　　錄】陝集成 13 册 87 頁 1485。

【銘文字數】一面刻銘文，現存 12 字。

【銘文釋文】徒唯曹南門外閣中屏，北面，癸。

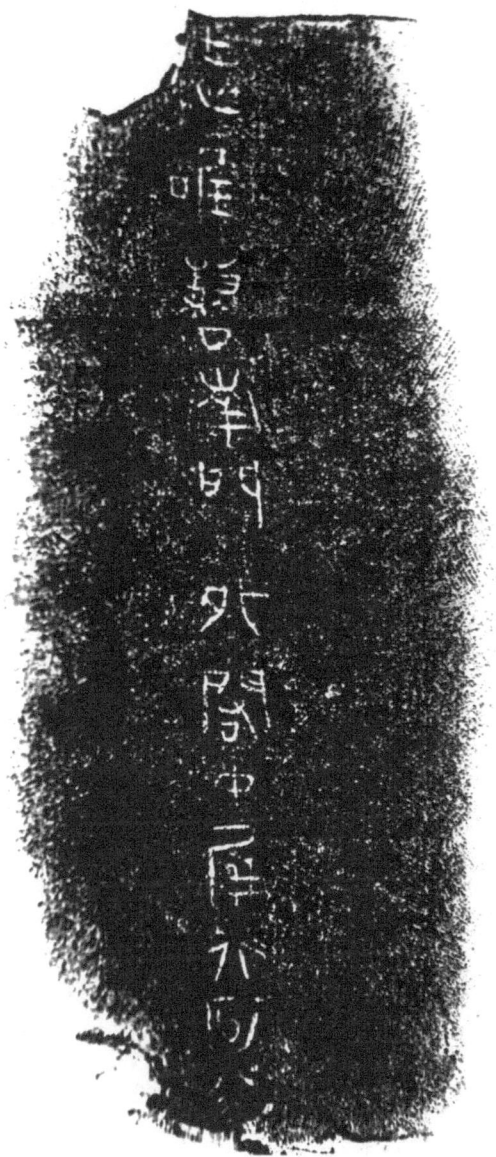

銘文拓本

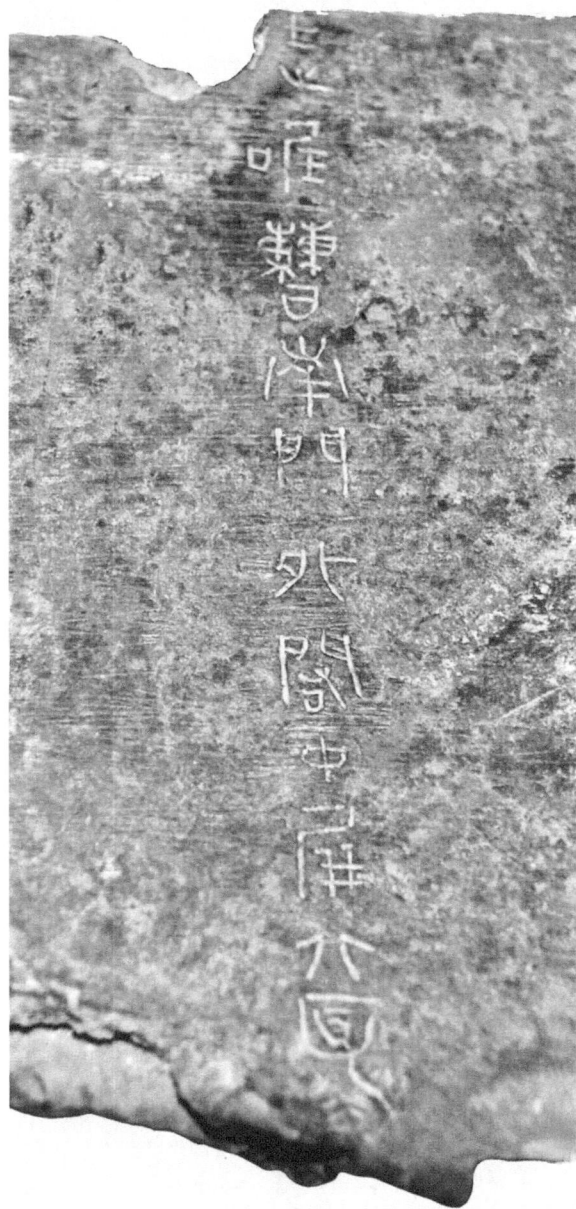

銘文照片

49. 金銀器

（1733–1737）

1733. 少府男性器套（原稱少府銀蟾蜍）

【時　　代】戰國時期·秦。

【出土時地】20世紀70年代中期西安市臨潼區秦始皇帝陵園東外城以東350米的
上焦村墓地（M15.5）。

【收　藏　者】陝西歷史博物館。

【尺度重量】通長9.5、口長徑3.4釐米。

【形制紋飾】銀質，口呈橢圓形，形似蟾蜍，張口鼓目，後作環形，下部中空。

【著　　録】考古與文物1980年2期45頁（器形圖），西部考古第12輯（2017年1期）
301頁圖16。

【銘文字數】內壁刻銘文2字。

【銘文釋文】少府。

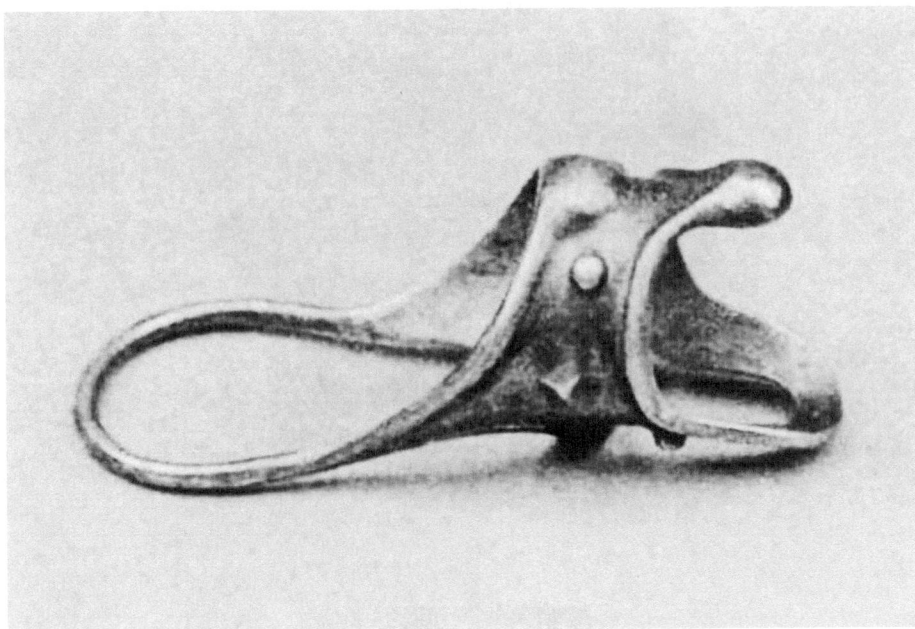

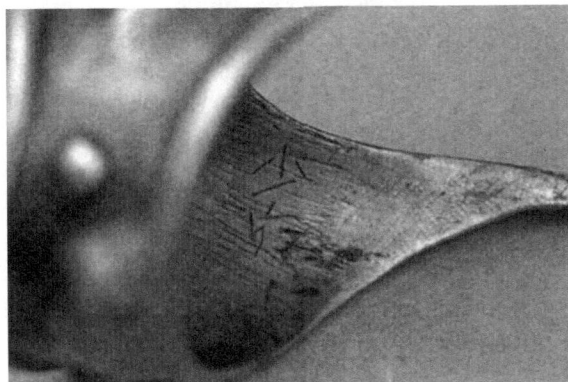

1734. 乙二車飾

【時　　代】戰國晚期·秦。

【出土時地】2014 年陝西咸陽市渭城區底張鎮閆家寨戰國秦車馬坑（K1.2）。

【收　藏　者】陝西省考古研究院。

【尺度重量】通高 3.4、最大徑 4.2、上口內徑 17、下口內徑 3.3 釐米。

【形制紋飾】銀質，圓筒形，上有兩道凸棱，凸棱之下有對穿小孔。頂部封口一半，平面呈玉璧形，下部敞口。

【著　　録】考古與文物 2018 年 4 期 38 頁圖 62、63。

【銘文字數】外壁刻銘文 2 字。

【銘文釋文】乙二。

（放大）

1735. 甘孝子盒

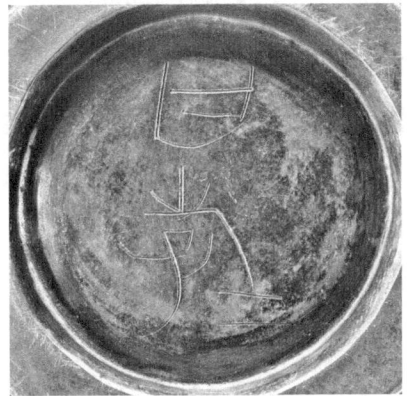

【時　　代】戰國晚期。

【出土時地】美國哈佛大學福格美術博物館網。

【收　藏　者】哈佛大學福格美術博物館。

【尺度重量】通高 7.1、直徑 9.3 釐米。

【形制紋飾】銀質，表面鎏金。蓋與器形制相同，直口斂
　　　　　　腹，器有子口，底部近平，矮圈足。蓋與器
　　　　　　內底均飾一周卷雲紋。

【著　　録】銘照 275 頁 843。

【銘文字數】捉手內和器外底各刻銘文 3 字（其中合文 1），內容相同。

【銘文釋文】甘孝子。

【備　　注】"孝子" 爲合文。

1736. 甘孝子桮

【時　　代】戰國晚期。

【出土時地】美國哈佛大學福格美術博物館網。

【收　藏　者】1930 年之前屬美國紐約 Yamanaka & Co,後捐贈給紐約格倫維爾·L·温思羅普（1930-1943 年）；1943 年歸哈佛大學福格美術博物館。

【尺度重量】高 2.8、通長 9.3、口寬 7.5 釐米。

【形制紋飾】銀質,桃形口,一側有桃葉形直柄,敞口斂腹,底部有柿蒂形凹紋,小平底。

【著　　錄】銘照 275 頁 842。

【銘文字數】內壁刻銘文 3 字(其中合文 1),外底 13 字,共 16 字。

【銘文釋文】內壁：甘孝子；外底：右夏(得),再三(四)兩仐(半),导八分中貧(府),右佰(曹)。

【備　　注】"孝子"爲合文。

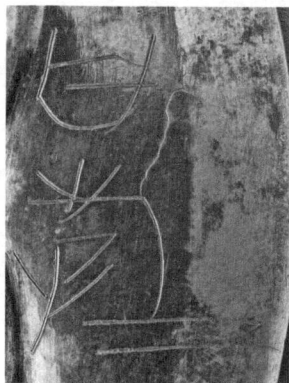
内壁

外底

1737. 乙一車飾

【時　　代】戰國晚期·秦。

【出土時地】2014 年陝西咸陽市渭城區底張鎮閆家寨戰國秦車馬坑（K1.4）。

【收　藏　者】陝西省考古研究院。

【尺度重量】通高 3.4、最大徑 4.2、上口內徑 17、下口內徑 3.3 釐米。

【形制紋飾】銀質，圓筒形，上有兩道凸棱，凸棱之下有對穿小孔。頂部封口一半，平面呈玉璧形，下部敞口。

【著　　錄】考古與文物 2018 年 4 期 39 頁圖 64。

【銘文字數】外壁刻銘文 2 處，共 10 字。

【銘文釋文】乙一巳釐，十一兩一朱（銖）半。

【備　　注】器形照片未公布。器形與乙二車飾相同，尺寸大小相若。

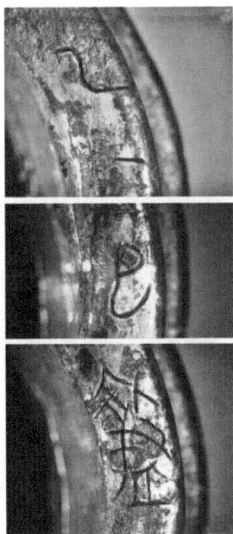

1

2

50．玉石器

（1738–1766）

1738. 左四石磬（徵石磬）

【時　　代】戰國晚期·秦～西漢初。

【出土時地】破案繳獲。

【收　藏　者】陝西淳化縣公安局。

【尺度重量】底長 28、股博 11.5、股長 20、鼓長 23.9、鼓博 9、厚 2 釐米。

【形制紋飾】石灰岩製作。

【著　　錄】未著錄。

【銘文字數】鼓長上刻銘文 1 字，底邊 2 字，共 3 字。

【銘文釋文】底邊：左四；鼓長：徵。

【備　　注】原編號：淳化 6。

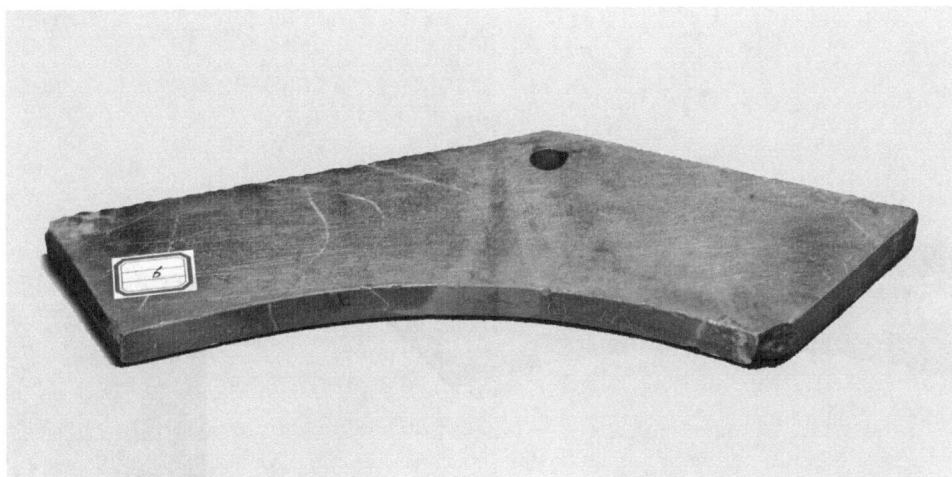

鼓長銘

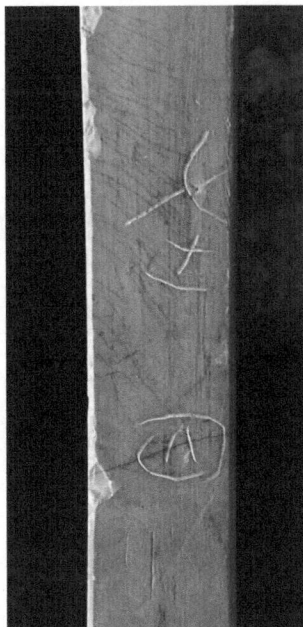

底邊銘

1739. 左五石磬

【時　　代】戰國晚期·秦～西漢初。

【出土時地】破案繳獲。

【收　藏　者】陝西淳化縣公安局。

【尺度重量】通長 36.5、高 13.5、厚 2.7 釐米。

【形制紋飾】石灰岩製作。

【著　　錄】未著錄。

【銘文字數】股博刻銘文 2 字。

【銘文釋文】左五。

【備　　注】原標號：淳化 7。

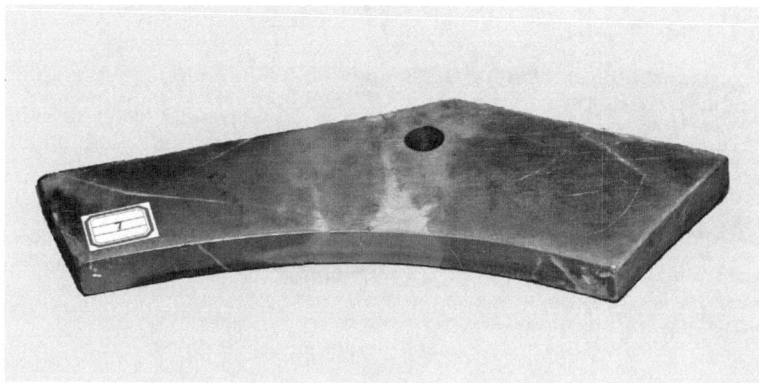

正　面

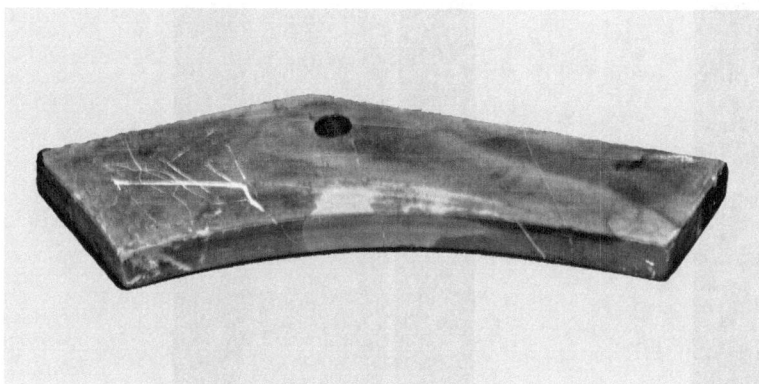

背　面

1740. 右工石磬

【時　　代】戰國晚期・秦～西漢初。

【出土時地】破案繳獲。

【收 藏 者】陝西淳化縣公安局。

【尺度重量】殘長 16.8、高 7、厚 1.9 釐米。

【形制紋飾】石灰岩製作。殘塊。

【著　　錄】未著錄。

【銘文字數】股博刻銘文 2 字。

【銘文釋文】右工。

【備　　注】原編號：淳化 13。

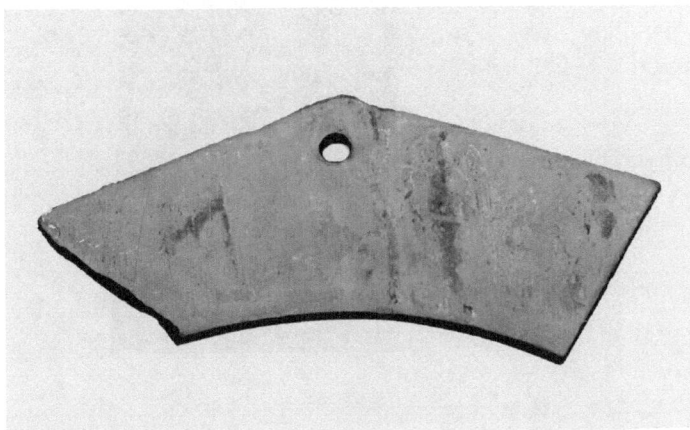

正面

背面

1741. 黃左四石磬

【時　　代】戰國晚期·秦～西漢初。

【出土時地】破案繳獲。

【收　藏　者】陝西淳化縣公安局。

【尺度重量】底長 46.1、股博 15.5、股長 27.5、
　　　　　　鼓長 37、鼓博 12.4、厚 3 釐米。

【形制紋飾】石灰岩製作。

【著　　錄】未著錄。

【銘文字數】鼓長上刻銘文 3 字。

【銘文釋文】黃左四。

【備　　注】原編號：淳化 2。

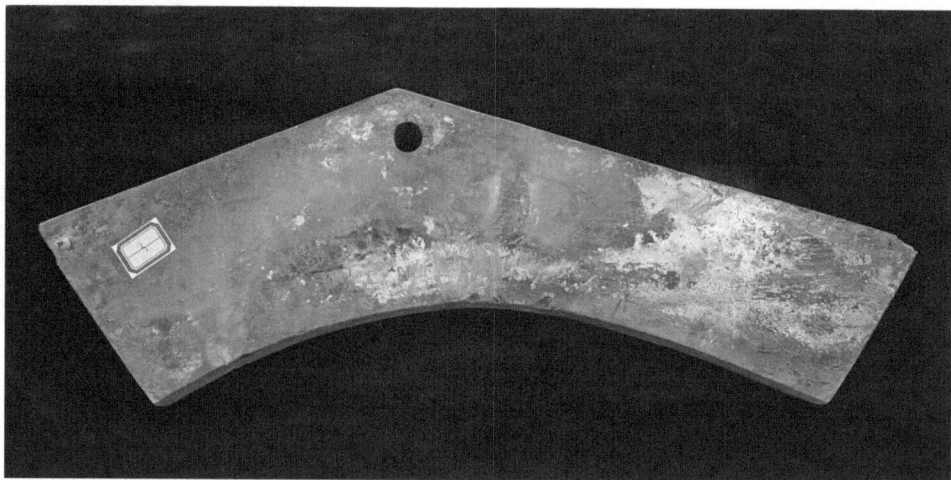

1742. 黃左七石磬

【時　　代】戰國晚期‧秦～西漢初。

【出土時地】破案繳獲。

【收　藏　者】陝西淳化縣公安局。

【尺度重量】底長 30.5、股博 13、股長 20、鼓長 24.7、鼓博 9.5、厚 3.2 釐米。

【形制紋飾】石灰岩製作。

【著　　錄】未著錄。

【銘文字數】鼓長上刻銘文 3 字。

【銘文釋文】黃左七。

【備　　注】原編號：淳化 3。

1743. 樂府石磬

【時　　代】戰國晚期・秦～西漢初。

【出土時地】破案繳獲。

【收　藏　者】陝西淳化縣公安局。

【尺度重量】底長 19.5、股博 7.5、股長 12、鼓長 15.7、鼓博 5.9、厚 1.7 釐米。

【形制紋飾】石灰岩製作。

【著　　録】未著録。

【銘文字數】底邊刻銘文 4 字。

【銘文釋文】九年樂府。

【備　　注】原編號：淳化 10。

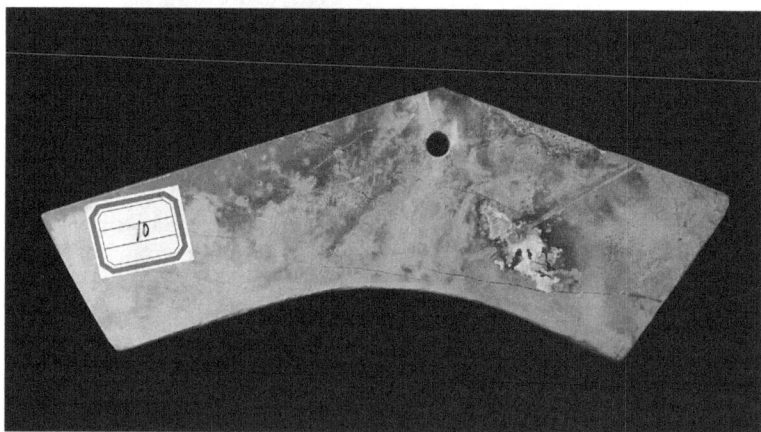

正面

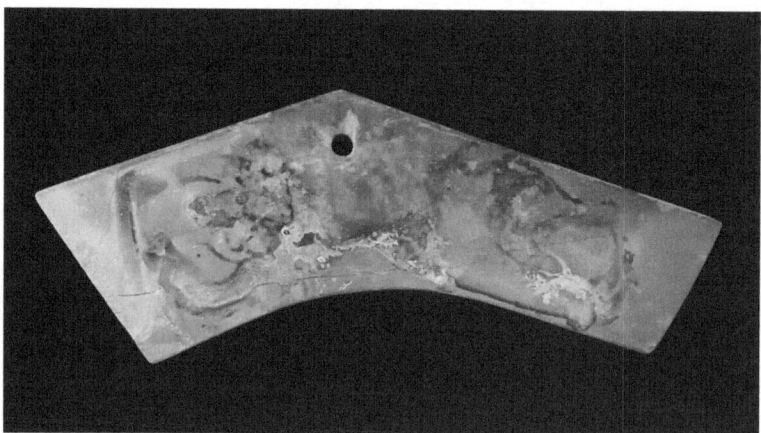

背面

（放大）

1744. 右五石磬（中呂反衆石磬）

【時　　代】戰國晚期·秦～西漢初。

【出土時地】破案繳獲。

【收　藏　者】陝西淳化縣公安局。

【尺度重量】底長 22.5、股博 9.2、股長 14.7、鼓長 19.3、鼓博 7.8、厚 2.4 釐米。

【形制紋飾】石灰岩製作。

【著　　錄】未著錄。

【銘文字數】底邊刻銘文 2 字，鼓長 4 字，共 6 字。

【銘文釋文】底邊：右五；鼓長：中呂反衆。

【備　　注】原編號：淳化 8。

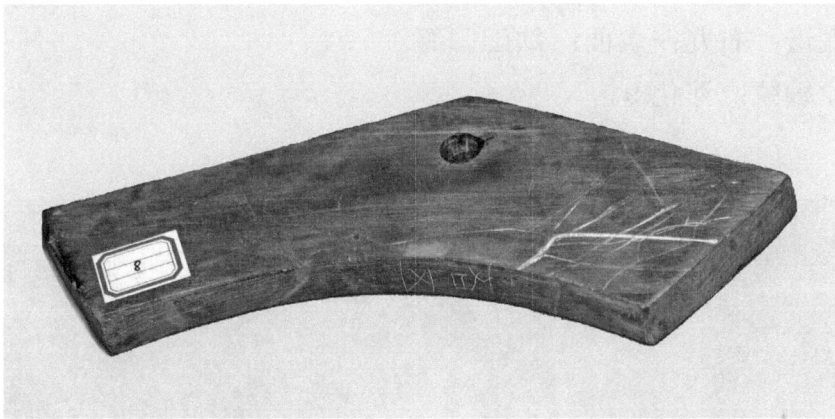

底邊銘

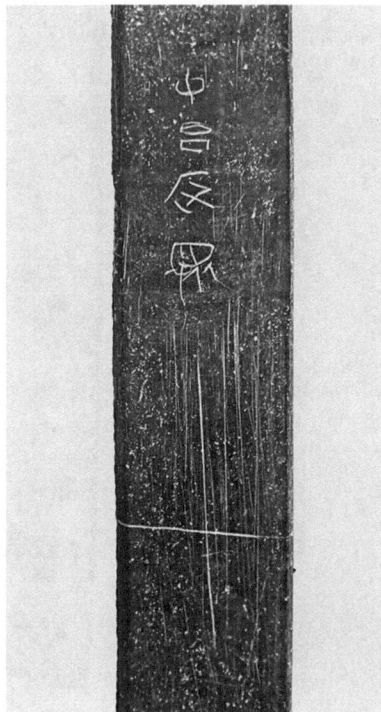

鼓長銘

1745. 右九石磬

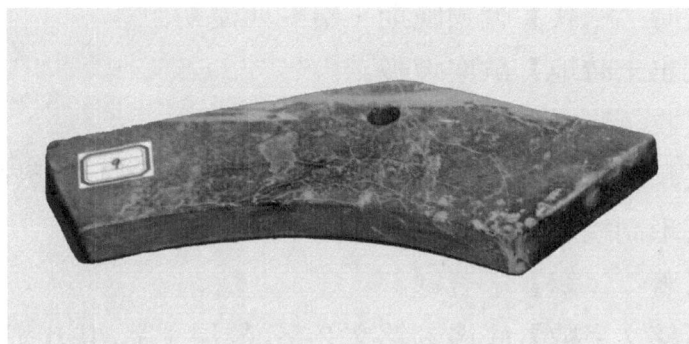

【時　　代】戰國晚期·秦～西
　　　　　　漢初。

【出土時地】破案繳獲。

【收 藏 者】陝西淳化縣公安局。

【尺度重量】底長 22.5、股博 9.3、
　　　　　　股長 13.5、鼓長 17.8、
　　　　　　鼓博 7.8、厚 2.3 釐米。

【形制紋飾】石灰岩製作。

【著　　錄】未著錄。

【銘文字數】底邊刻銘文 2 字,表面 4 字,共 6 字。

【銘文釋文】底邊:右九;表面:欽□□筭。

【備　　注】原編號:淳化 9。

底邊銘(放大)

表面銘

1746. 五行右六石磬

【時　　代】戰國晚期·秦～西漢初。

【出土時地】破案繳獲。

【收　藏　者】陝西淳化縣公安局。

【尺度重量】底長 8.7、股博 3.3、股長 5.4、鼓長 7.3、鼓博 2.7、厚 0.8 釐米。

【形制紋飾】石灰岩製作。

【著　　錄】未著錄。

【銘文字數】底邊刻銘文 4 字。

【銘文釋文】五行右六。

【備　　注】原編號：淳化 20。

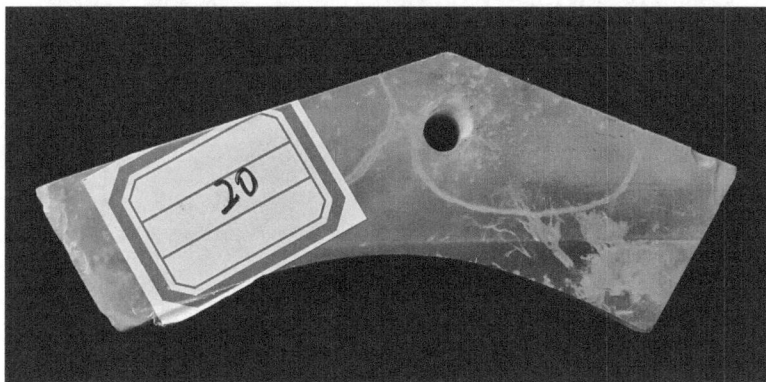

正面

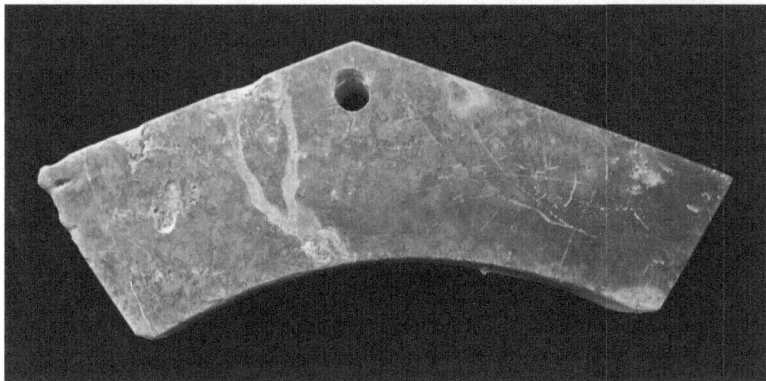

背面

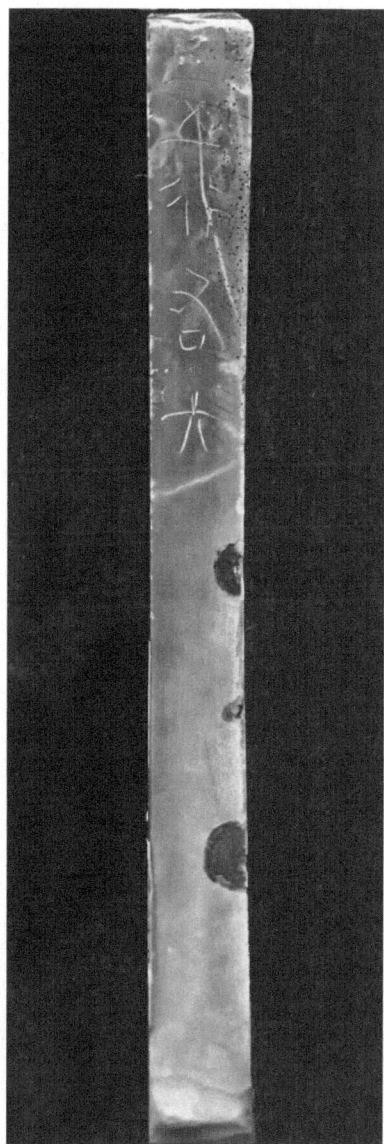

（放大）

1747. 甲反眔石磬

【時　　代】戰國晚期·秦～西漢初。

【出土時地】破案繳獲。

【收　藏　者】陝西淳化縣公安局。

【尺度重量】底長 8.3、股博 4.8、股長 6、鼓長 8.2、鼓博 4.3、厚 1 釐米。

【形制紋飾】石灰岩製作。

【著　　錄】未著錄。

【銘文字數】底邊刻銘文 3 字,股長 2 字。

【銘文釋文】底邊：甲反眔；股長：甲反。

【備　　注】原編號：淳化 22。

銘文 1

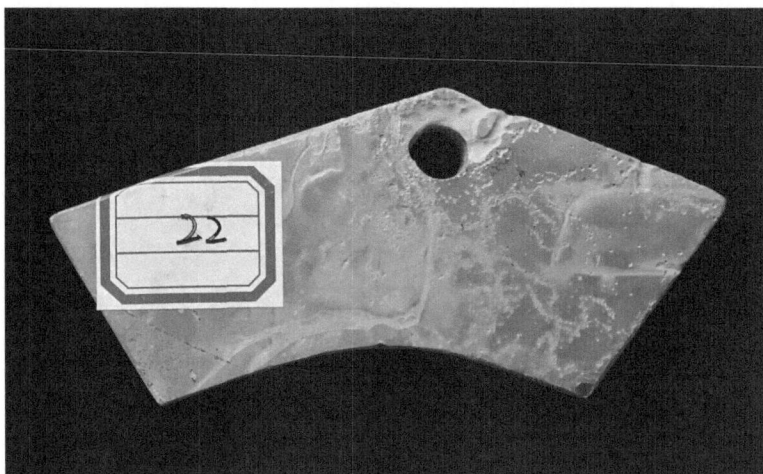

正　面

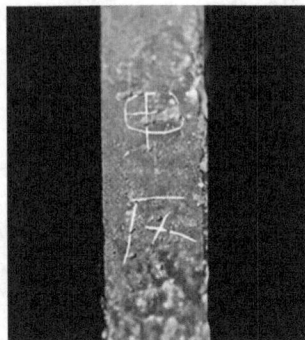

銘文 2

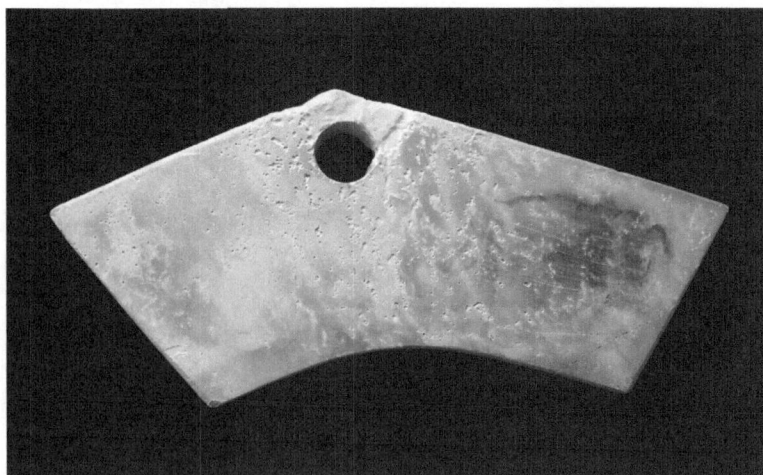

反　面

1748. 右工室得石磬（五行右三石磬）

【時　　代】戰國晚期·秦～西
　　　　　漢初。

【出土時地】破案繳獲。

【收　藏　者】陝西淳化縣公安局。

【尺度重量】底殘長 5.2、股長殘長
　　　　　6.3、鼓博 4.5、厚 0.7
　　　　　釐米。

【形制紋飾】石灰岩製作，殘塊。

【著　　錄】未著錄。

【銘文字數】底邊刻銘文 4 字，鼓博
　　　　　18 字，共 22 字。

【銘文釋文】底邊：五行右三；股博：〔十三〕年，右工室昙（得）、丞固、祇府守訴，
　　　　　□□造。弟（第）一。

【備　　注】原編號：淳化 010。

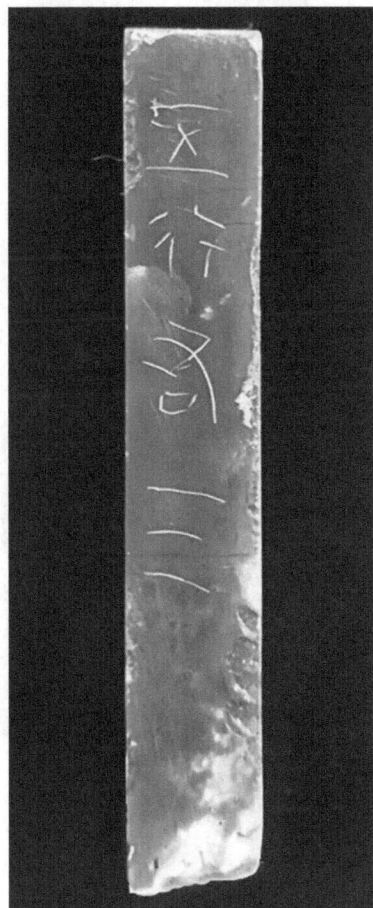

底邊銘（放大 2.5 倍）

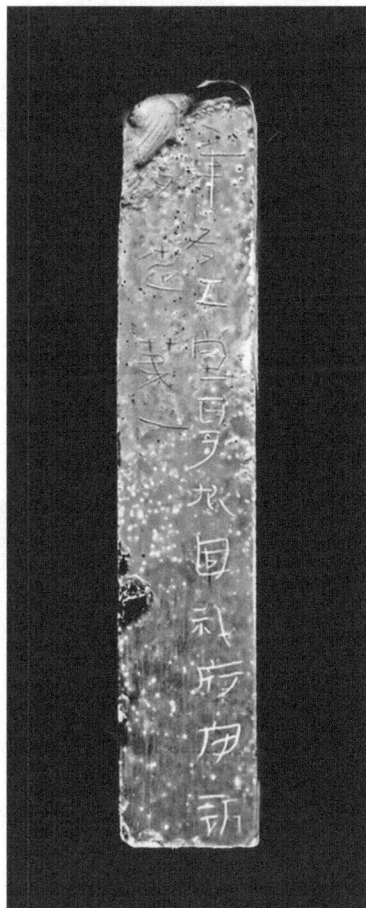

鼓博銘（放大 2.5 倍）

1749. 五行右石磬

【時　　代】戰國晚期·秦～西漢初。

【出土時地】破案繳獲。

【收 藏 者】陝西淳化縣公安局。

【尺度重量】底長 8.6、股博 3.2、股長 5.5、鼓長 7.2、鼓博 2.7、厚 1 釐米。

【形制紋飾】石灰岩製作。

【著　　錄】未著錄。

【銘文字數】股博刻銘文約 19 字。

【銘文釋文】十三年，□□□□衹府□入，工質造，五行右，弟（第）一。

【備　　注】原編號：淳化 23。

正面

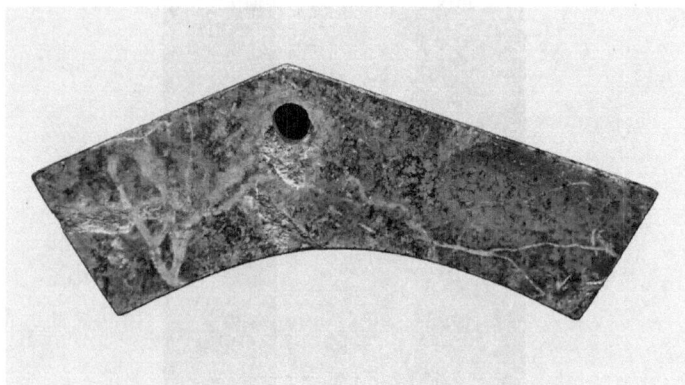

背面

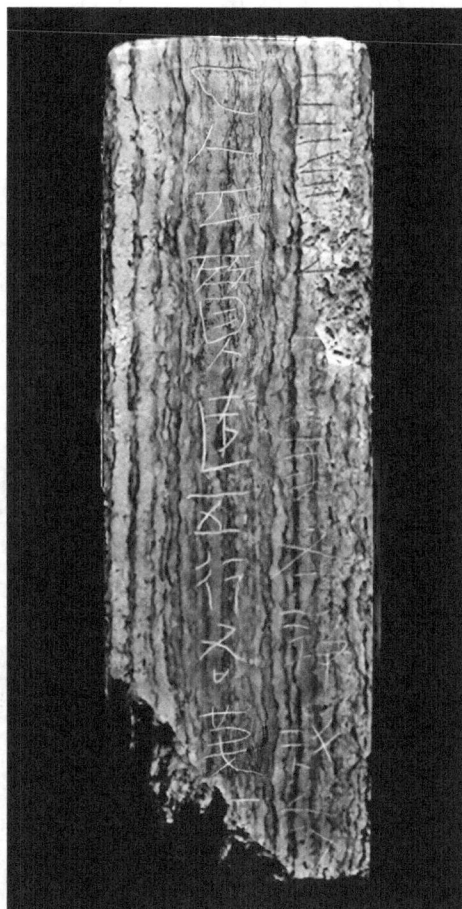

（放大）

1750. 五行左石磬

【時　　代】戰國晚期・秦~西漢初。

【出土時地】破案繳獲。

【收　藏　者】陝西淳化縣公安局。

【尺度重量】通長 17.5、高 6.5、厚 1.8 釐米。

【形制紋飾】石灰岩製作。

【著　　錄】未著錄。

【銘文字數】股博刻銘文 14 字。

【銘文釋文】□□年,守靜,祆府守□,五行左,弟(第)一。

【備　　注】原編號：淳化 16。

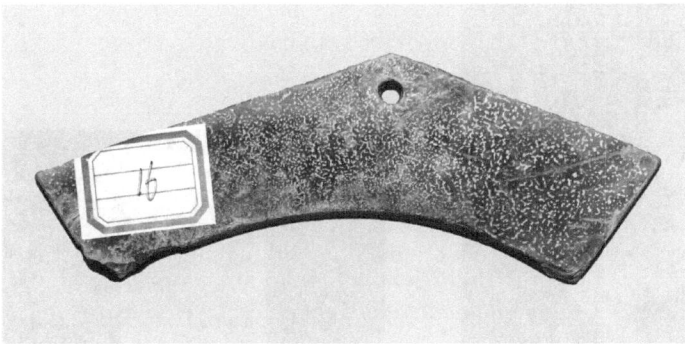

正面

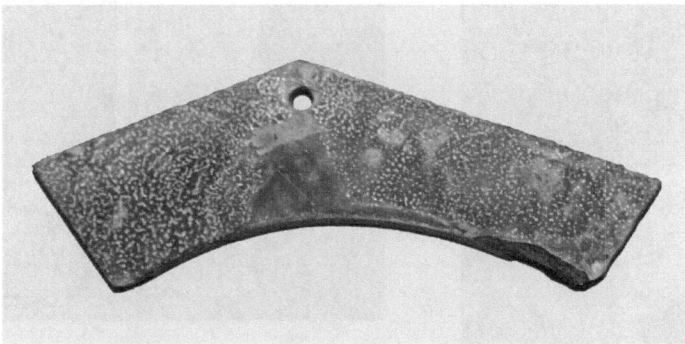

背面

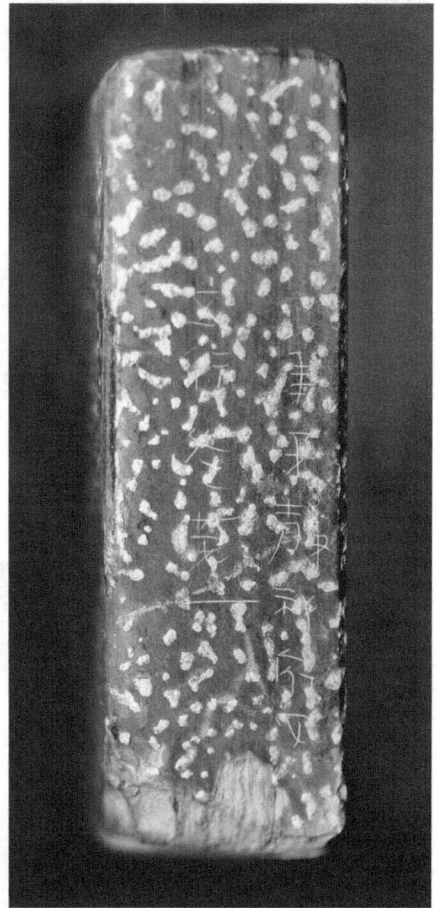

（放大）

1751. 五行左六石磬

【時　　代】戰國晚期・秦～西漢初。

【出土時地】破案繳獲。

【收　藏　者】陝西淳化縣公安局。

【尺度重量】底長9.4、股博3.2、股長5.9、鼓長7.1、鼓博2.7、厚0.8釐米。

【形制紋飾】石灰岩製作。

【著　　錄】未著錄。

【銘文字數】股博刻銘文4字。

【銘文釋文】［五］行左六。

【備　　注】原編號：淳化 A01 ＋ A02。

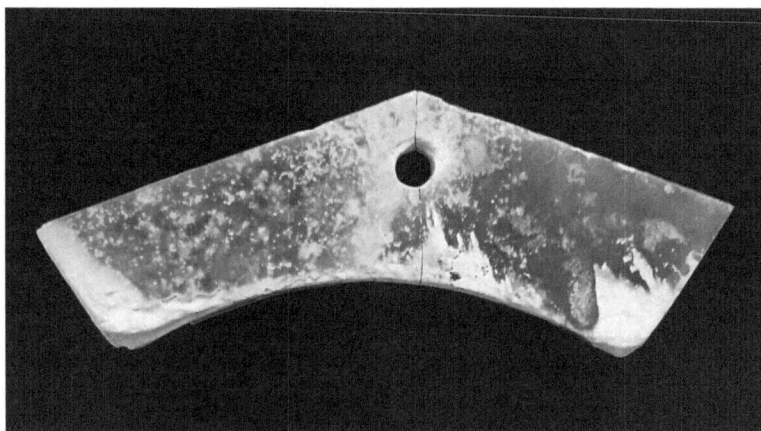

正面

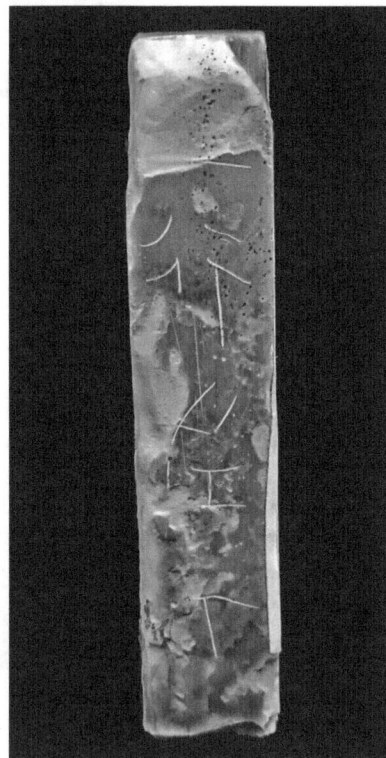

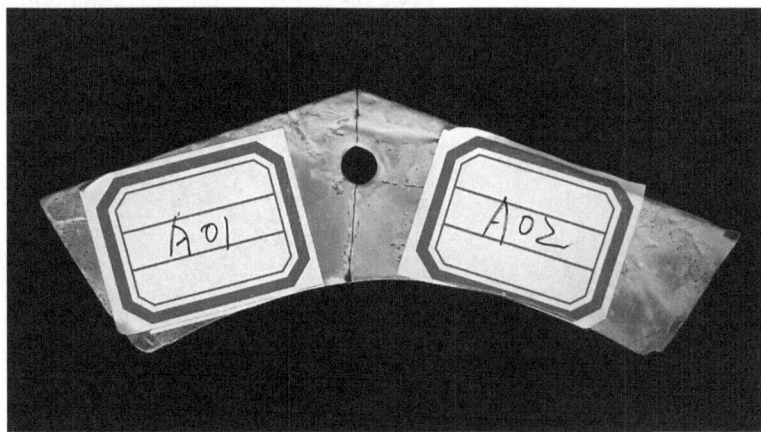

背面

1752. 寺工取石磬

【時　　代】戰國晚期・秦～西漢初。

【出土時地】西安市灞橋區江村。

【收　藏　者】陝西省考古研究院。

【形制紋飾】青石岩製作。

【著　　錄】未著錄。

【銘文字數】股博刻銘文 16 字。

【銘文釋文】十三年,寺工取,丞□,□□□,□溼造（？）。弟（第）四。

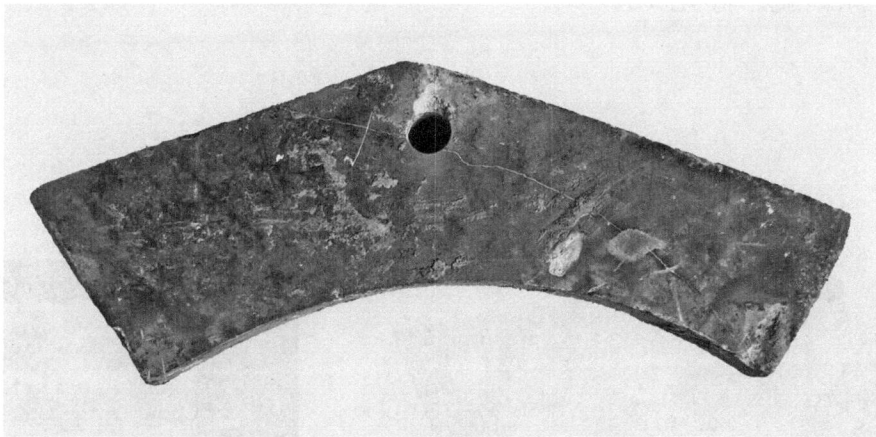

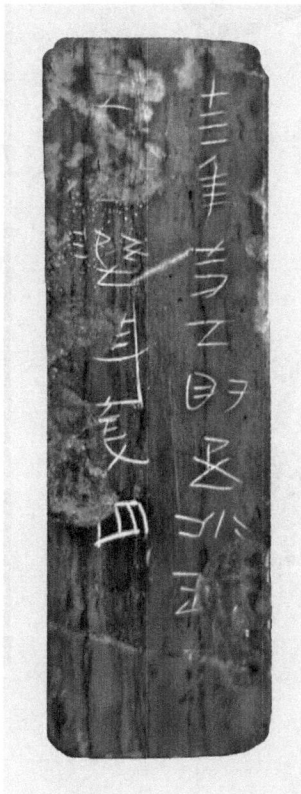

1753. 左工室旰石磬

【時　　代】戰國晚期・秦～西漢初。

【出土時地】破案繳獲。

【收　藏　者】陝西淳化縣公安局。

【尺度重量】殘長 15.5、高 6.6、厚 1.5 釐米。

【形制紋飾】石灰岩製作。

【著　　錄】未著錄。

【銘文字數】股博刻銘文,現存 11 字。

【銘文釋文】十三年,左工室旰,丞非,祔府……

【備　　注】原編號: 淳化 12。

正面

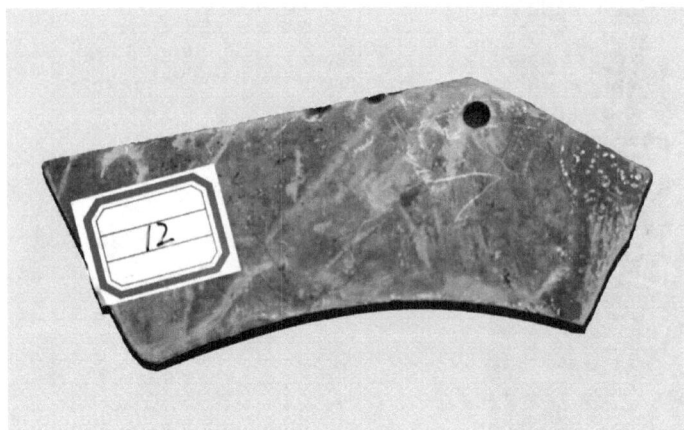

背面

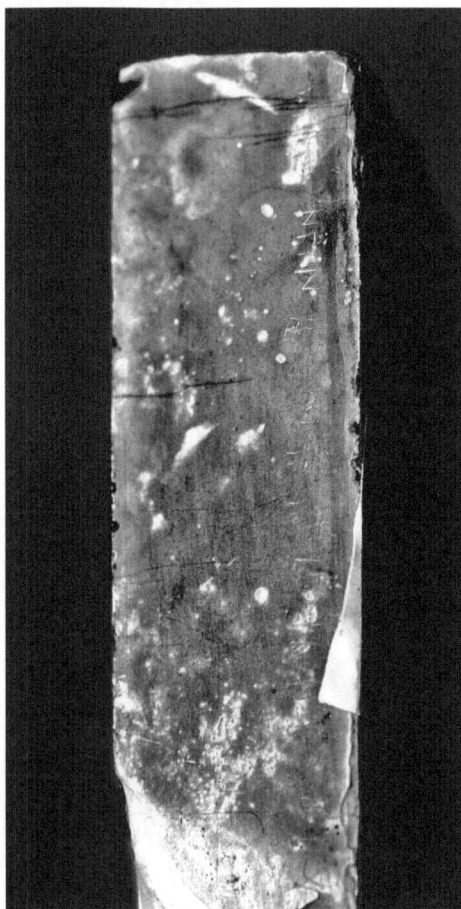

1754. 右工室得石磬

【時　　代】戰國晚期·秦～西漢初。

【出土時地】破案繳獲。

【收　藏　者】陝西淳化縣公安局。

【尺度重量】底長 12.8、股博約 4.4、股長約 6.7、鼓長殘長 9.2、厚 0.8 釐米。

【形制紋飾】石灰岩製作。殘段。

【著　　錄】未著錄。

【銘文字數】股博刻銘文 18 字。

【銘文釋文】十三年,右工室导(得)、丞固、祇府守〔訢〕、工遺造,弟(第)五。

【備　　注】原編號：淳化 18。

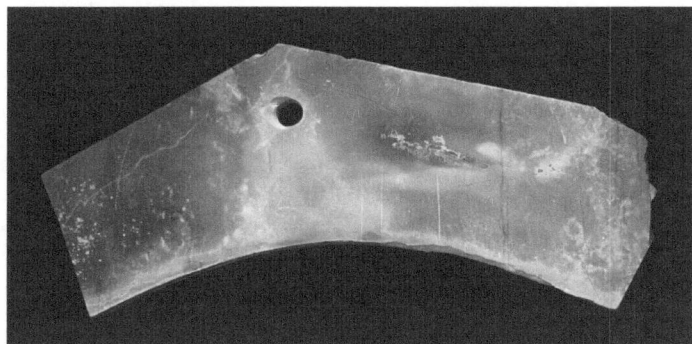

正 面

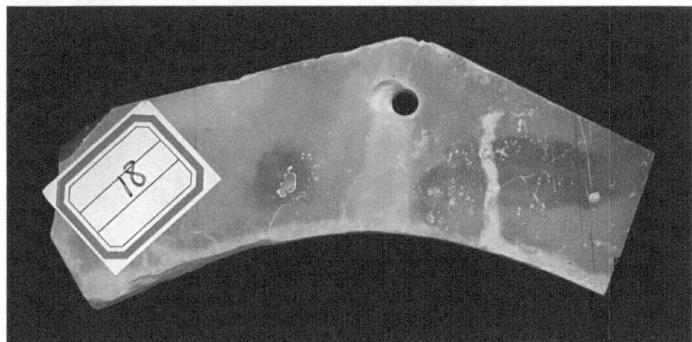

背 面

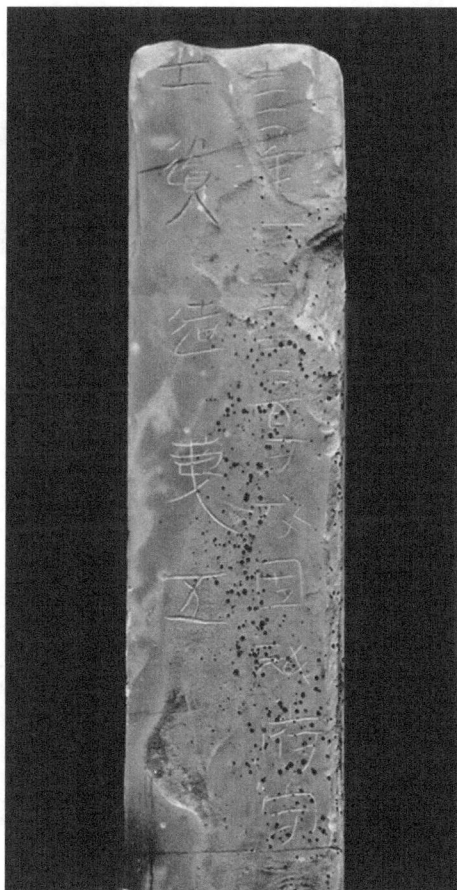

（放 大）

1755. 工享石磬

【時　　代】戰國晚期·秦～西漢初。

【出土時地】破案繳獲。

【收　藏　者】陝西淳化縣公安局。

【尺度重量】底長 13.6、股博 4.8、股長 8.5、鼓長 11、鼓博 3.8、厚 1.3 釐米。

【形制紋飾】石灰岩製作。殘段。

【著　　錄】未著錄。

【銘文字數】股博刻銘文,現存 7 字。

【銘文釋文】……靜,衸府守入,工宣(享)。

【備　　注】原編號:淳化 11。

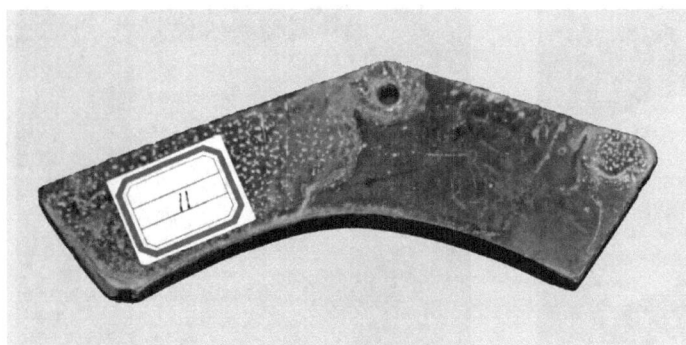

正 面

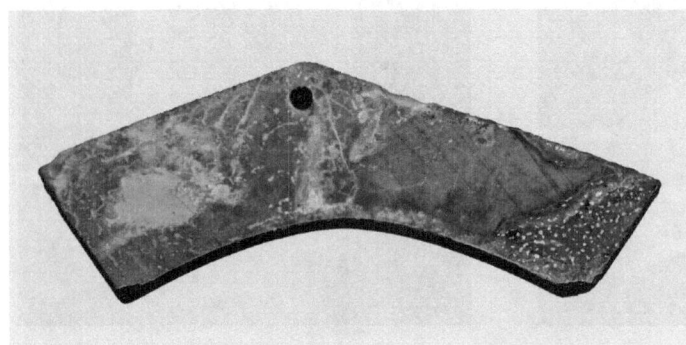

背 面

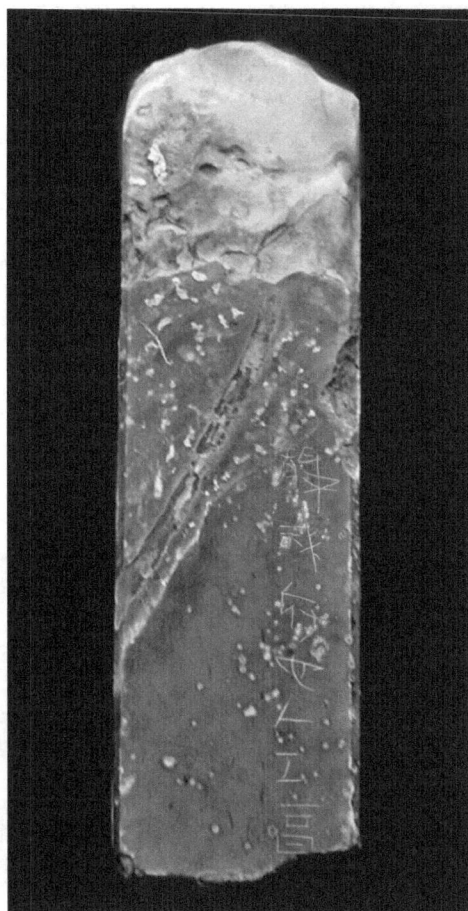

(放 大)

1756. 右工室得石磬

【時　　代】戰國晚期·秦～西漢初。

【出土時地】破案繳獲。

【收　藏　者】陝西淳化縣公安局。

【尺度重量】底長殘長 9.8、股博 4.9、股長 10.8、鼓長殘長 4.8、厚 0.8 釐米。

【形制紋飾】石灰岩製作。殘段。

【著　　錄】未著錄。

【銘文字數】股博刻銘文 18 字。

【銘文釋文】十三年，右工室导（得）、丞固、祗府守［訢］、工遺造，弟（第）三。

【備　　注】原編號：淳化 19。

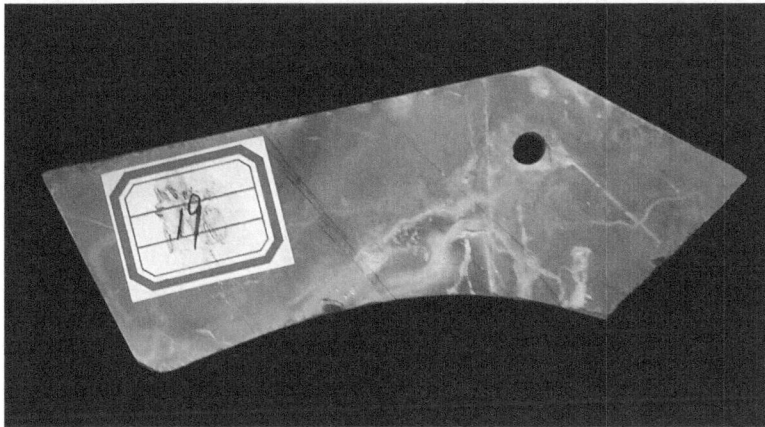

正面

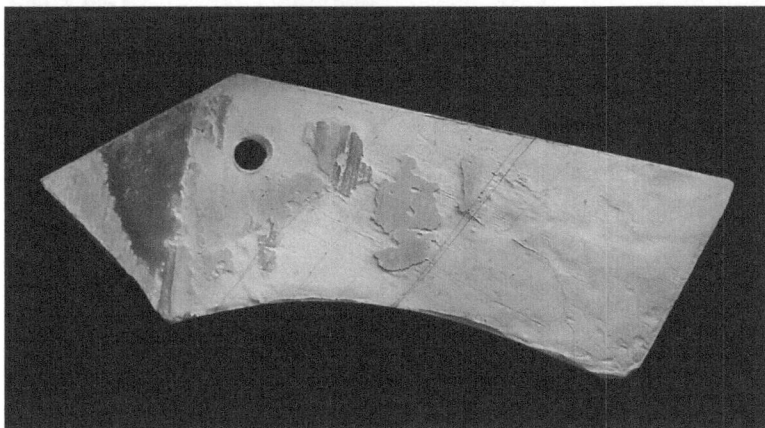

背面

（放大）

1757. 右工室得石磬

【時　　代】戰國晚期・秦～西漢初。

【出土時地】破案繳獲。

【收　藏　者】陝西淳化縣公安局。

【尺度重量】底長 12.8、股博 4.3、股長 8、鼓長 10.2、鼓博 3.4、厚 1.1 釐米。

【形制紋飾】石灰岩製作。

【著　　錄】未著錄。

【銘文字數】股博刻銘文 18 字。

【銘文釋文】[十] 三 [年]，右工室导（得）、丞固、礻府守訢、□□□，弟（第）二。

【備　　注】原編號：淳化 17。

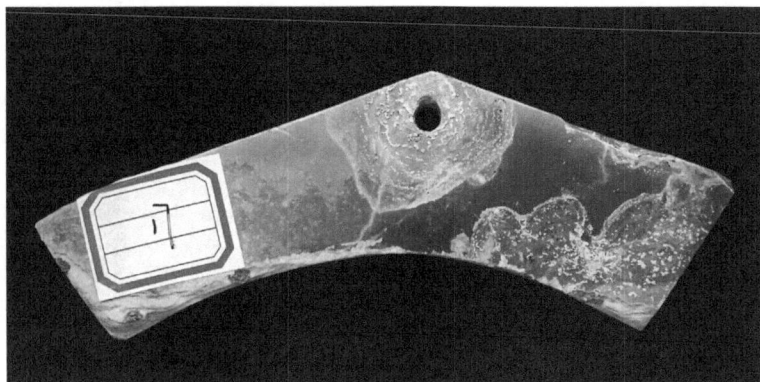

正面

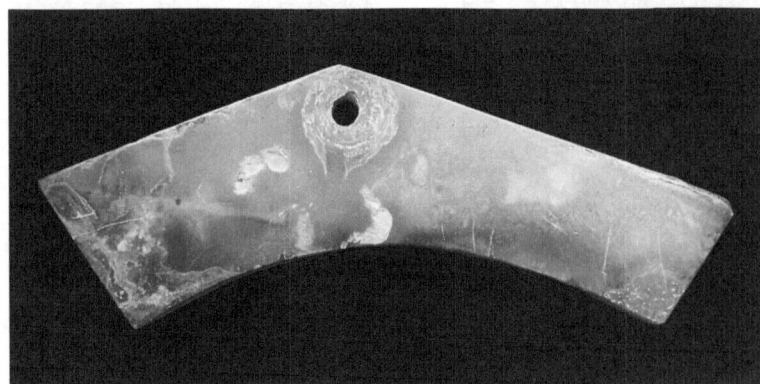

背面

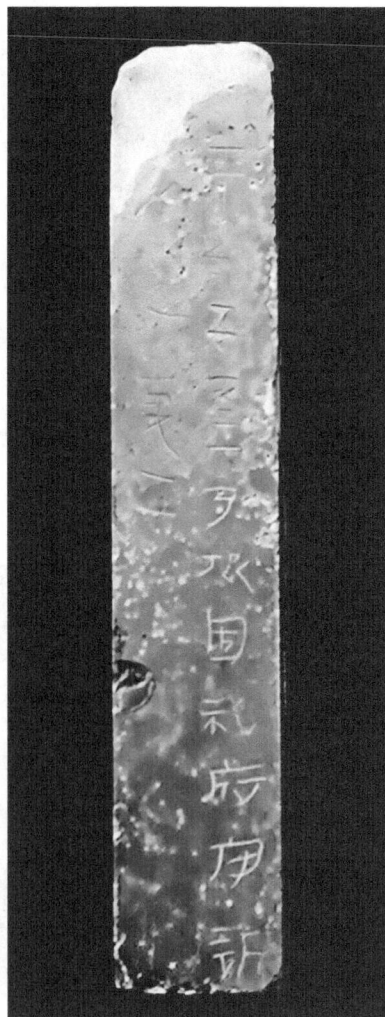

（放大）

1758. 右工室得石磬

【時　　代】戰國晚期・秦～西漢初。
【出土時地】破案繳獲。
【收　藏　者】陝西淳化縣公安局。
【尺度重量】底長 13.6、股博 4.8、股長 8.5、鼓長 11、鼓博 3.8 釐米。
【形制紋飾】石灰岩製作。
【著　　錄】未著錄。
【銘文字數】股博刻銘文 18 字。
【銘文釋文】十三年，右工室导（得）、丞固、［□府守］訢、工遺造，苐（第）一。
【備　　注】原編號：淳化 11。

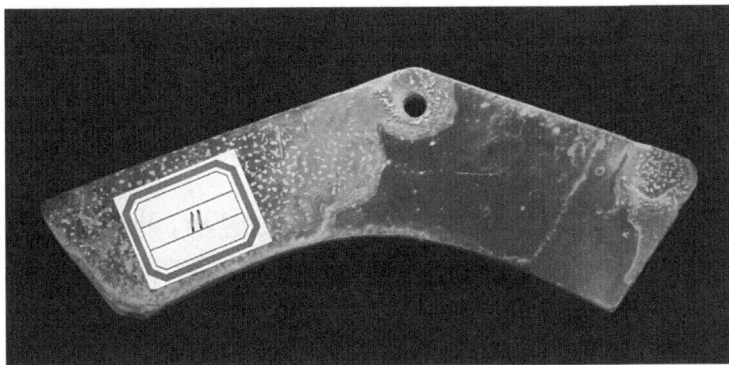

正面

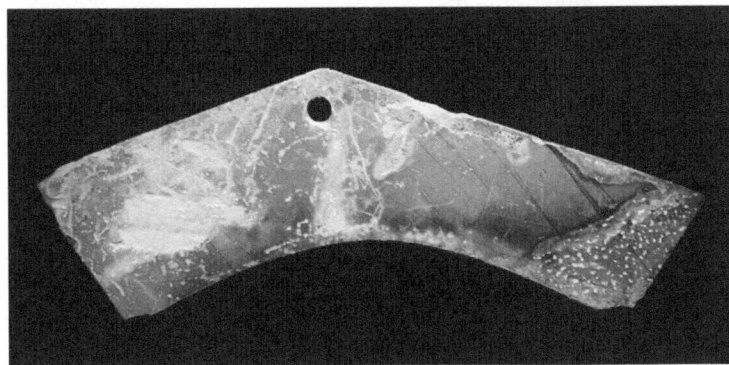

背面

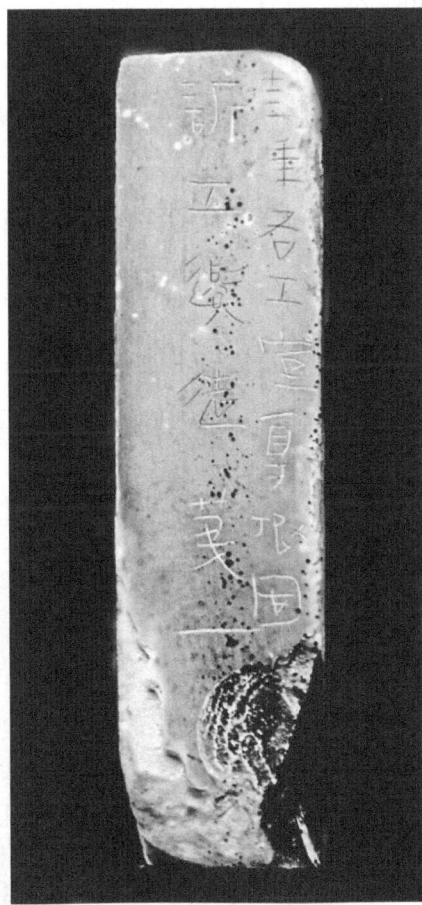

（放大）

1759. 小戠出玉牌

【時　　代】商代晚期。

【出土時地】傳出安陽殷墟。

【收　藏　者】某收藏家。

【形制紋飾】玉質，薄片，近長方形，上窄下寬，右下部殘，上部有一小圓孔。

【著　　錄】國博館刊 2013 年 4 期 43 頁圖 1。

【銘文字數】正面朱書銘文 3 字。

【銘文釋文】小戠出。

1760. 圖形字玉璽

【時　　代】商代晚期。

【出土時地】2016 年 4 月陝西澄城縣王莊鎮柳泉溝村西周墓。

【收　藏　者】渭南市文物旅遊局稽查支隊文物大隊。

【尺度重量】通高 2.5、面徑 3×3.9 釐米。

【形制紋飾】青玉質。體呈橢圓形，上面微鼓，龍形鈕，龍尾盤旋於邊沿，龍口微張，露舌，眼、耳、鼻清晰，雙腿前屈，作蹲伏狀。龍體飾鱗紋；下面內凹，田字格。

【著　　錄】未著錄。

【銘文字數】璽面田字界格內刻 4 個圖形文字。

【銘文釋文】龍、贏、虎、鳥。

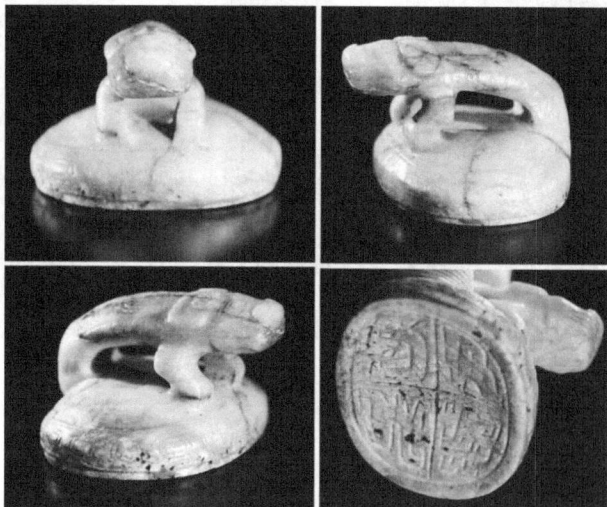

1761. 圖形字石璽（原稱石蓋）

【時　　代】商代晚期。

【出土時地】1976 年春季河南安陽殷墟小屯北地婦好墓（M5.49）。

【收　藏　者】中國社會科學院考古研究所。

【尺度重量】通高 3、面徑 4.5 × 5.4、厚 0.8 釐米。

【形制紋飾】大理岩。白色微灰，體呈橢圓形，上面微鼓，龍形鈕，龍尾盤旋於邊沿，龍口微張，露舌，眼、耳、鼻清晰，雙腿前屈，作蹲伏狀；長徑上下側各飾張口短夔紋，兩兩相對。龍背、龍尾飾菱形紋；下面內凹，田字格。

【著　　錄】婦好墓 197 頁圖 98.3。

【銘文字數】璽面田字格內刻 4 個圖形文字。

【銘文釋文】龍、鳥、虎、□。

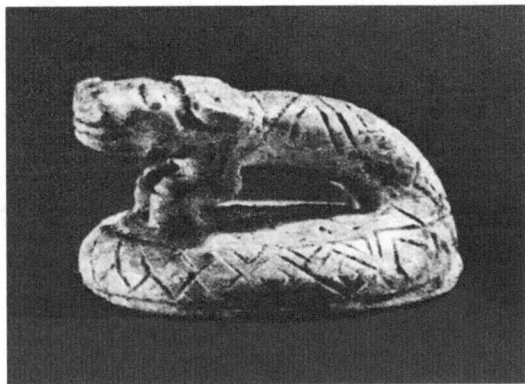

1762. 羞于公玉璋

【時　　代】商代晚期。

【出土時地】1985 年 5、6 月間河南安陽市劉家莊南地（M64.3）。

【收　藏　者】安陽博物館。

【尺度重量】殘長 5.3 釐米。

【形制紋飾】玉質，玉璋上半段，尖殘。

【著　　録】國博館刊 2013 年 4 期 45 頁圖 4.1。

【銘文字數】正面朱書銘文，現存 3 字。

【銘文釋文】羞于公。

1763. 小史玉璋

【時　　代】商代晚期。

【出土時地】1985 年 5、6 月間河南安陽市劉家莊南地（M57.1）。

【收 藏 者】安陽博物館。

【尺度重量】殘長 7.6 釐米。

【形制紋飾】玉質，玉璋上半段，尖殘。

【著　　録】國博館刊 2013 年 4 期 45 頁圖 4.1。

【銘文字數】正面朱書銘文，現存 5 字。

【銘文釋文】于小事（史）或（圭）一。

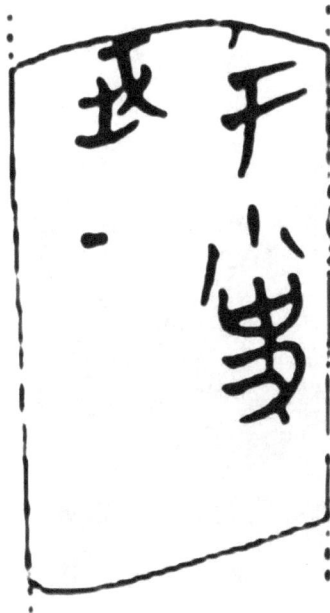

1764. 父辛玉璋

【時　　代】商代晚期。

【出土時地】1985 年 5、6 月間河南安陽市劉家莊南地（M54.3）。

【收 藏 者】安陽博物館。

【形制紋飾】玉質，玉璋上半段，尖殘。

【著　　錄】國博館刊 2013 年 4 期 45 頁圖 4.1。

【銘文字數】正面朱書銘文，現存 6 字。

【銘文釋文】冓于［父］辛戎（圭）一。

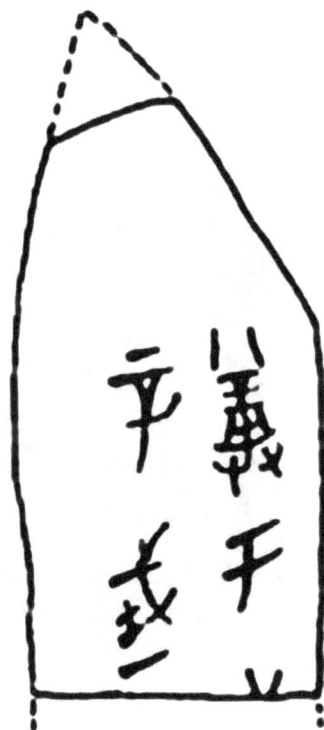

1765. 越王州句玉劍（戉王州句玉劍）

【時　　代】戰國早期（越王朱句，前448－前412年）。

【出土時地】浙江紹興。

【收　藏　者】某收藏家。

【尺度重量】劍身長24.5、寬3.7、加劍首珌等總長28釐米。

【形制紋飾】由劍身、劍格、劍首、莖套組成。劍身長條形，尖鋒，有脊，圓莖；菱形劍格，中部有孔，可套於劍身根部；劍首呈圓餅形，一端有凸起的圓筒銎，可將劍莖插入；莖套一對，呈半圓筒形，可套在劍莖後部，背面有兩道箍棱。另外還有劍鞘的珌和璏。劍首飾輻射狀陰綫紋，其間有六道同心圓陰溝紋，劍縱、珌、璏均飾雲雷紋。

【著　　錄】未著錄。

【銘文字數】劍格兩面各刻銘文4字，内容相同。

【銘文釋文】戉（越）王州句，戉（越）王州句。

劍首

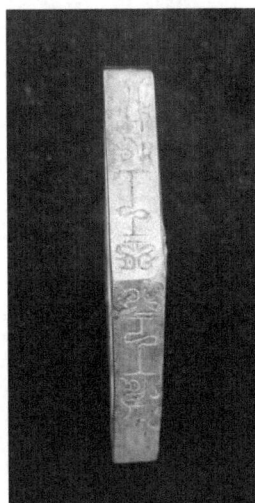

正面

背面

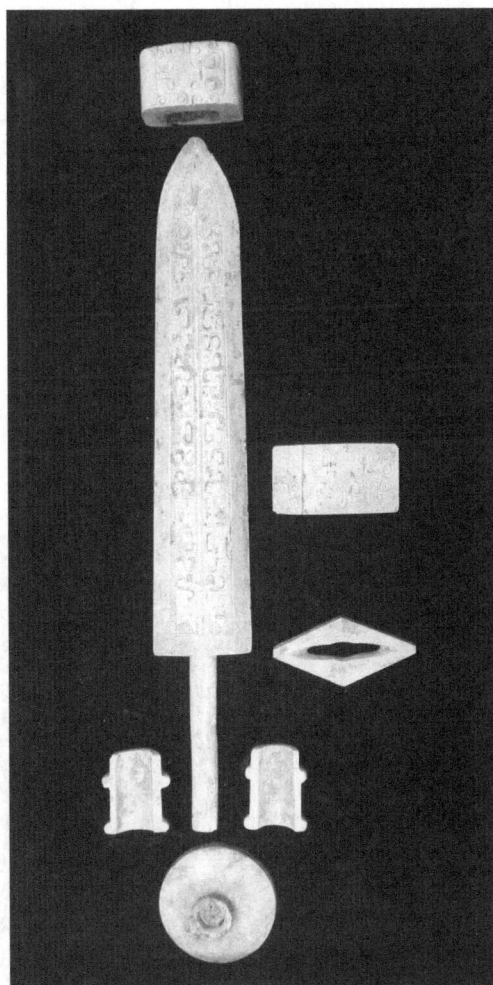

1766. 小臣系石簋

【時　　代】商代晚期。

【出土時地】安陽殷墟侯家莊 M1003。

【收　藏　者】臺北中研院歷史語言研究所。

【形制紋飾】石簋殘,只存一耳及相連腹片。

【著　　錄】國博館刊 2013 年 4 期 43 頁圖 2。

【銘文字數】正耳外刻銘文 12 字(其中合文 1)。

【銘文釋文】辛丑,小臣茲(系)入苹(禽),宜,才(在)書,㠯(以)殷(簋)。

【備　　注】銘文中"小臣"爲合文。

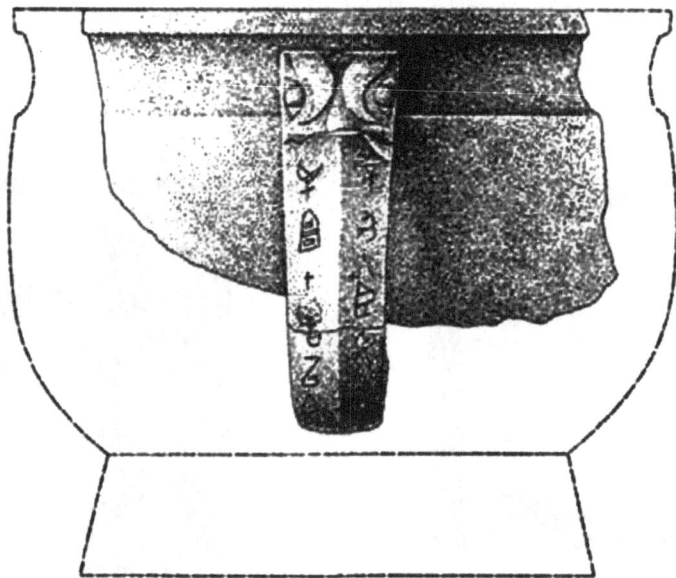

51．雜器

（1767–1772）

1767. 匽氏鋼刀甲

【時　　代】戰國晚期·秦（秦惠文王十四年，前311年）。

【收 藏 者】某收藏家。

【尺度重量】通長57.3、寬2.2、背厚0.6、柄長16.6釐米。

【形制紋飾】鋼質，形似劍，窄長條，一邊開刃，尖鋒，刀體橫截面呈狹長等腰三角形，
　　　　　　刀柄呈圓柱形，後部略粗，頂端微鼓，凹字形格。格兩面均飾鎏金獸面紋，
　　　　　　柄後端用金箔纏裹。

【著　　錄】未著錄。

【銘文字數】刀背有錯金銘文24字。

【銘文釋文】十四年，上郡守匽造，戜（丞）□、司馬巷、嗇許□止、上但□，咸陽工夲。

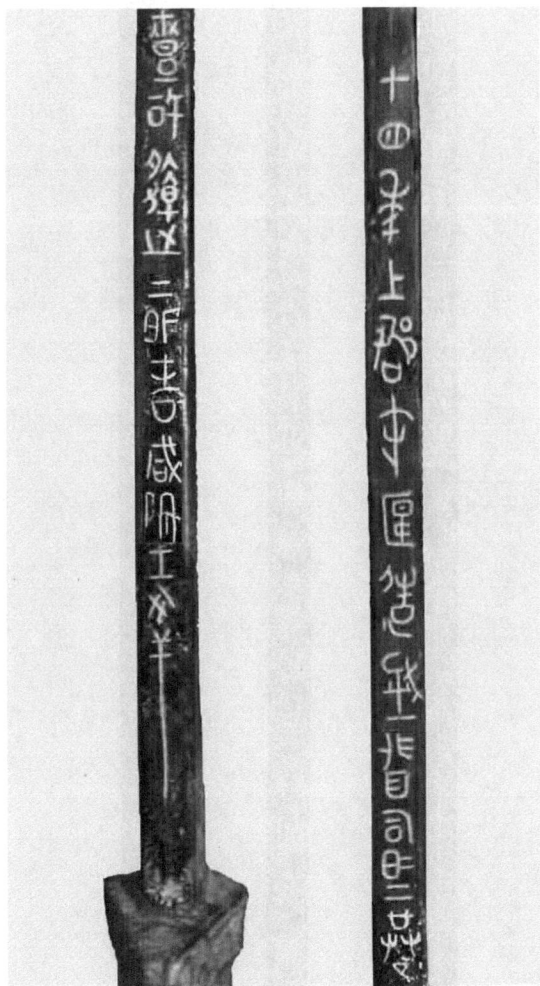

（約原大）

1768. 匽氏鋼刀乙

【時　　代】戰國晚期・秦（秦惠文王十四年，前 311 年）。

【收 藏 者】某收藏家。

【尺度重量】通長 100.33、寬 2.8、柄長 19.6、環首大徑 5.2、背厚 0.7 釐米。

【形制紋飾】鋼質，窄長條，一邊開刃，鋒尖偏向刀背，扁平柄，橢圓形環首。環首及柄部均用金箔纏裹，刀體後部的兩面均飾錯金鳥紋。

【著　　録】未著録。

【銘文字數】刀背有錯金銘文 39 字。

【銘文釋文】十四年，守匽氏造，内史□、□□□冉、邦工師庶、□臣敛嗇、司馬許□命左工工□、司寇（寇）公乘兄□□疵。

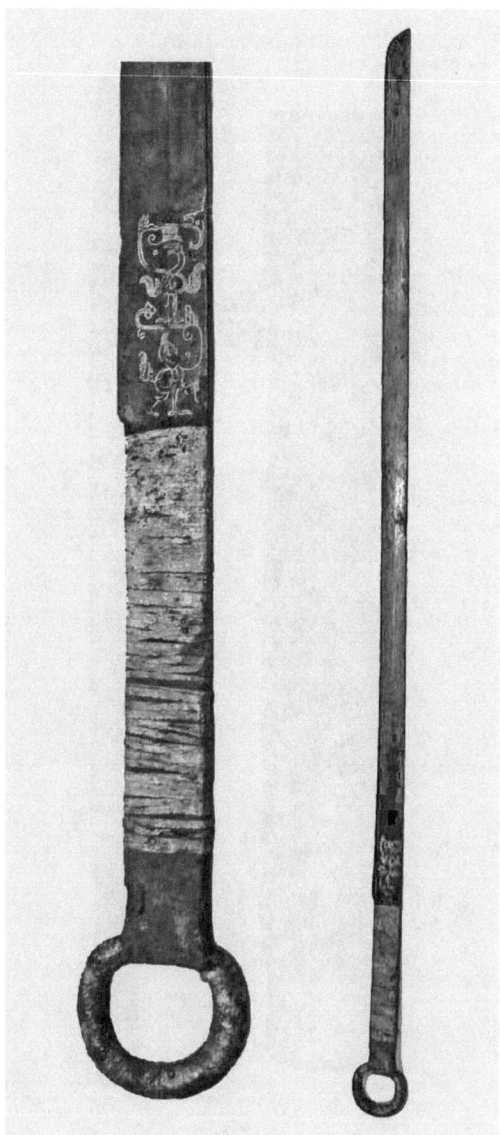

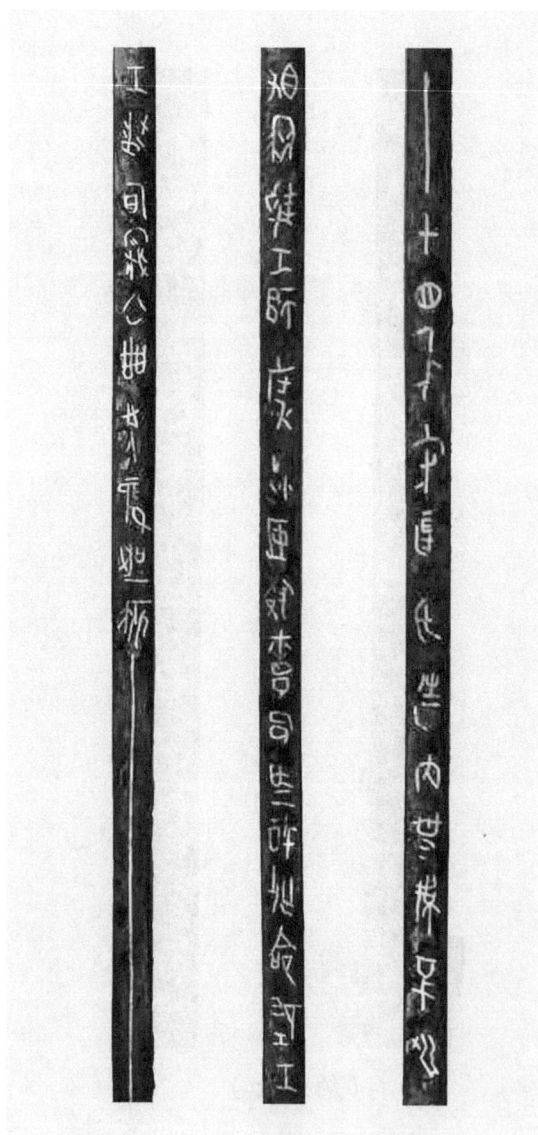

（約原大）

1769. 廿五鋼刀

【時　　代】戰國晚期·秦。

【收　藏　者】某收藏家。

【尺度重量】通長 85.2、寬 2.8、柄長 19.6、環首大徑 5.2、背厚 0.6 釐米。

【形制紋飾】鋼質,窄長條,一邊開刃,鋒尖偏向刀背,扁平柄,橢圓形環首。環首及柄
　　　　　　部均用金箔纏裹。

【著　　錄】未著錄。

【銘文字數】刀背有錯金銘文,現存 13 字。

【銘文釋文】……廿五□□□□□□邘(韓)□□□。

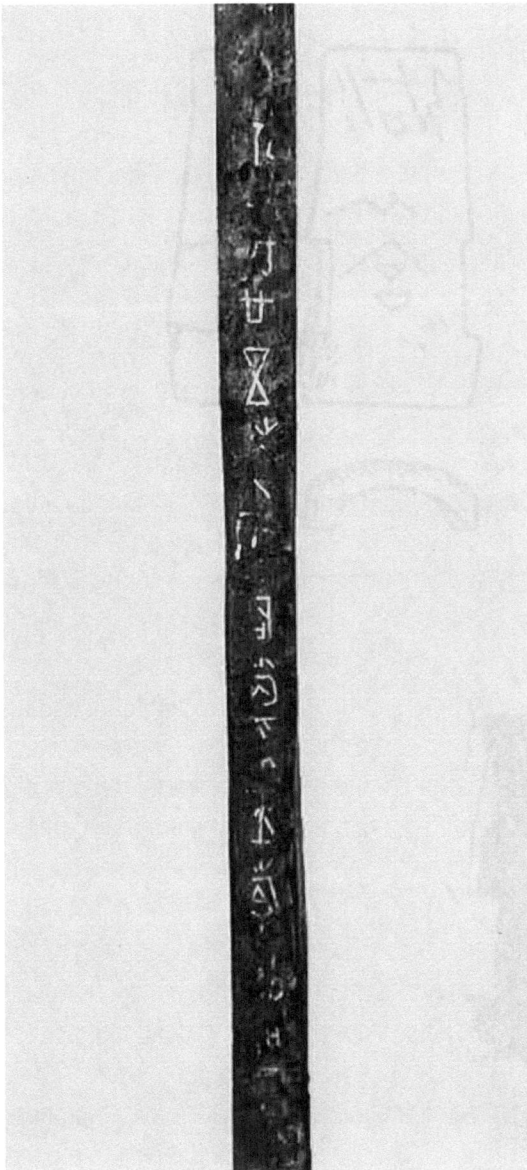

（放大）

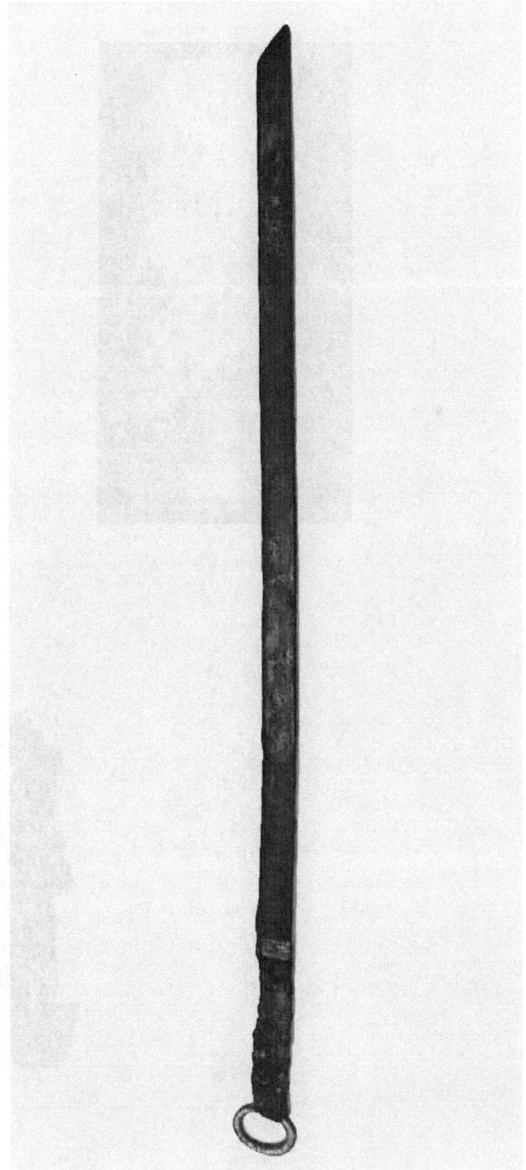

1770. 序骨距末

【時　　代】戰國晚期。

【出土時地】1964 年 3 月河北易縣燕下都東城內北區西部北董村第 22 號遺址
　　　　　　（H6.8）。

【收 藏 者】河北省文物考古研究所。

【形制紋飾】骨質，圓筒形，中空，頂部呈弧形鼓起，下部一側有半月形平臺，中部有月
　　　　　　牙形尖凸。

【著　　錄】考古 1965 年 11 期 567 頁圖 5.24、568 頁圖 6.1、圖版 5.7。

【銘文字數】表面刻銘文 3 字。

【銘文釋文】□□序。

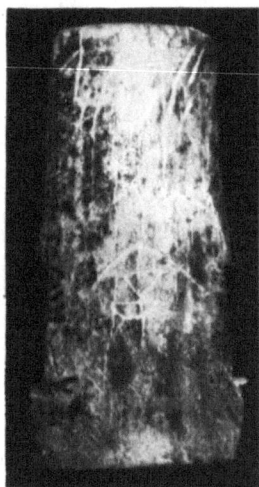 

銘文拓本

1771. 賞用骨距末

【時　　代】戰國晚期。

【出土時地】1964 年 3 月河北易縣燕下都東城內北區西部北董村第 22 號遺址
（H1.35）。

【收 藏 者】河北省文物考古研究所。

【形制紋飾】骨質，橫截面呈半圓形，兩側下部有凹槽。

【著　　錄】考古 1965 年 11 期 568 頁圖 6.2、圖 7，圖版五：8。

【銘文字數】表面刻銘文 6 字。

【銘文釋文】□賞用左道□。

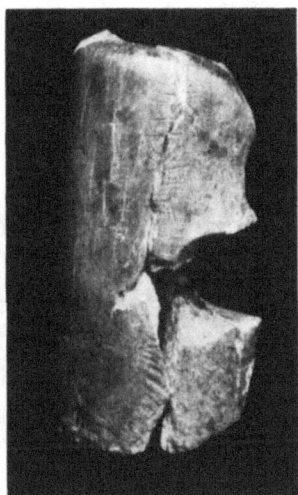

銘文摹本

1772. 薛恚子陶量

【時　　代】戰國晚期。

【出土時地】2015 年山東省鄒城市嶧山鎮紀王城村邾國故城（J5 ⑥：5）。

【收 藏 者】鄒城市文物局。

【尺度重量】通高 14.2、口徑 17.9、底徑 15.9 釐米，容小米 2024 毫升。

【形制紋飾】泥質灰陶。圓形，敞口，斜腹，平底。器表飾淺細繩紋，底部有放射狀刻劃紋，內底中部有圓形團龍戳記。

【著　　錄】考古 2018 年 3 期 60 頁圖 37.3、38。

【銘文字數】腹壁繩紋間刻銘文 7 字。

【銘文釋文】胯（薛）恚（恚）子之度同也。

引用書刊目録及簡稱

二畫

《九如園》——《九如園吉金——朱昌言藏古代青銅器》，彭適凡編著，上海辭書出版社，2018年。

三畫

《三代》——《三代吉金文存》二十卷，羅振玉編，1937年。

《三秦》——《三秦瑰寶——陝西出土周秦漢唐文物展》，葉楊主編、深圳博物館編，文物出版社，2010年。

《三門峽職業技術學院學報》——季刊，2002年創刊，三門峽職業技術學院主辦。

《大邦》——《大邦之夢——吳越楚青銅器》，蘇州博物館編，上海古籍出版社，2017年。

《大唐》——《大唐國際——2017年香港春季拍賣會》圖録，2017年。

《小校》——《小校經閣金文》十八卷，劉體智編，民國乙亥（1935年）初版。

四畫

《中國王朝》——《中國王朝の粋》，［日］大阪美術俱樂部編，北星社印刷，平成16年（2004年）。

《中原文物》——雙月刊，原名《河南文博通訊》，1977年創刊，初爲季刊，1981年更名《中原文物》，2000年改爲雙月刊，河南博物院主辦。

《文物》——月刊，原名《文物參考資料》，1950年創刊，初爲不定期刊物，1953年改爲月刊，1959年改名《文物》，文物出版社主辦。

《文博》——雙月刊，1984年創刊，陝西省文物局主辦。

《文鑒賞》——《文物鑒定與鑒賞》，月刊，2010年創刊，時代出版傳媒股份有限公司主辦，安徽出版集團有限責任公司主管。

《文字研究》——《中國文字研究》，學術集刊，教育部人文社會科學重点研究

基地華東師範大學中國文字研究與應用中心主辦的學術集刊,1999 年創刊,每年兩輯。

《文物天地》——月刊,1981 年創刊,中國文物報社主辦。

《文物春秋》——雙月刊,1989 年創刊,河北省文物局主辦。

五畫

《平涼》——《平涼文物》(平涼地方志·歷史文化叢書),平涼地區博物館編,甘肅人民美術出版社,1982 年。

《古文字》——《古文字研究》,不定期刊物,中華書局主辦。

《古代史》——《古文字與古代史(二)》,李宗焜主編,臺北中研院歷史語言研究所,2009 年。

《古銅精華》——《日本蒐儲支那古銅精華》第一卷,梅原末治編,山中商會出版,1959 年。

《出土全集》——《中國出土青銅器全集》二十卷,李伯謙主編,科學出版社、龍門書局,2018 年。

《出土綜合》——《出土文獻綜合研究集刊》,集刊,西南大學出土文獻綜合研究中心、西南大學漢語言文獻研究所主辦,巴蜀書社出版。

《出土文獻》——不定期集刊,2010 年創刊,清華大學出土文獻研究與保護中心編。

《出土文獻研究》——年刊,1985 年創刊,中國文化遺產研究院主辦。

《出土文獻與古文字研究》——年刊,2006 年創刊,復旦大學出土文獻與古文字研究中心主辦。

六畫

《吉大社科》——《吉林大學社會科學學報》,雙月刊,1955 年創刊,國家教育部主管、吉林大學主辦。

《考古》——月刊,原名《考古通訊》,1959 年改名《考古》,中國社會科學院考古研究所主辦。

《考古學報》——季刊,1936 年創刊,原名《田野考古報告》,1947-1949 年改名《中國考古學報》,1953 年改名《考古學報》,中國社會科學院考古研究所主辦。

《考古與文物》——雙月刊,1980 年創刊,陝西省考古研究院主辦。

《西部考古》——年刊,2006 年創刊,西北大學文化遺產學院主辦。

《江漢考古》——季刊,1980 年創刊,湖北省博物館主辦。

《收藏》——月刊,1993 年 2 月創刊,陝西省文史研究館主辦,收藏雜志社出版。

《收藏家》——雙月刊,1993 年創刊,2000 年改爲月刊,北京市文物局主辦。

七畫

《坂本清賞》——《不言堂坂本五郎　中國青銅器清賞》，樋口隆康、林巳奈夫監修，日本經濟新聞社，2002 年。

《兵圖》——《有銘青銅兵器圖錄》，徐占勇、付雲抒著，河北美術出版社，2016 年。

《余崗》——《余崗楚墓》，襄陽市文物考古研究所編，科學出版社，2011 年。

八畫

《青銅器》——《青銅器》，祝中熹、李永平著，敦煌文藝出版社，2004 年。

《青與金》——《青銅器與金文》，集刊，2017 年創刊，北京大學出土文獻研究所主辦，上海古籍出版社出版。

《奈良銅》——《奈良國立博物館藏品圖版目錄·中國古代青銅器篇》，奈良國立博物館編，天理時報社印刷，平成十七年（2005 年）。

《奇觚》——《奇觚室吉金文述》二十卷，劉心源著，光緒二十八年（1902 年）石印本。

九畫

《封邦》——《封邦建霸——山西翼城大河口墓地出土西周霸國文物珍品》，深圳博物館、山西省考古研究所、山西博物院編，文物出版社，2016 年。

《南水》——《流過往事——南水北調中綫工程河南文物保護成果展》，河南文物局編，河南大學出版社，2014 年。

《信博銅》——《信陽博物館藏青銅器》，信陽博物館編著，文物出版社，2018 年。

《周金》——《周金文存》六卷附補遺，鄒安編，廣倉學宭，1921 年。

《追回》——《追回的寶藏》，隨州市博物館、隨州市公安局編，武漢大學出版社，2019 年。

《美好》——《美好中華——近二十年考古成果展》，首都博物館編，文物出版社，2017 年。

《津銅》——《天津博物館藏青銅器》，天津博物館編，文物出版社，2018 年。

《陝金石》——《陝西金石志》三十卷（附補遺二卷），武樹善編，陝西通志館，1934 年。

《陝集成》——《陝西金文集成》五卷 16 册，張天恩主編，三秦出版社，2016 年。

十畫

《晉西》——《晉西商代青銅器》，山西省考古研究所、山西博物院、韓炳华主編，科學出版社，2017 年。

《殷存》——《殷文存》二卷，羅振玉編，倉聖明智大學，1917年。

《陳論集》——《陳佩芬青銅器論集》，中西書局，2016年。

《書馨集》——《書馨集——出土文獻與古文字論叢》，劉釗著，上海古籍出版社，2013年。

《通釋》——《金文通釋》，［日］白川靜著，［日本］白鶴美術館，1982-1984年。

《海岱考古》——《海岱考古》，不定期，第一輯，張學海主編，山東大學出版社，1989年。從第二輯開始由山東省文物考古研究所編，科學出版社出版。

《書道圖》——《台東區立書道博物館圖錄》，［日本］二玄社，2004年。

十一畫

《雪齋二》——《雪齋學術論文二集》，張光裕撰，臺北藝文印書館股份有限公司，2004年。

《國寶2018》——《國寶回家——2018山西公安機關打擊文物犯罪成果精粹》，山西省公安廳、山西省文物局編，文物出版社，2018年。

《國寶2019》（一）——《國寶回家——2019山西公安機關打擊文物犯罪成果精粹（一）》，山西省公安廳、山西省文物局編，2019年。

《國寶2019》（二）——《國寶回家——2019山西公安機關打擊文物犯罪成果精粹（二）》，山西省公安廳、山西省文物局編，2019年。

《國博館刊》——《中國國家博物館館刊》，期刊，中國國家博物館主辦。原名《中國歷史博物館館刊》，1979年創刊，2002年改名《中國歷史研究》，2011年改名《中國國家博物館館刊》。

《從古》——《從古堂款識學》十六卷，徐同柏著，光緒三十二年（1906年）蒙學報館石印本。

《婦好墓》——《殷墟婦好墓》，中國社會科學院考古研究所編，文物出版社，1980年。

十二畫

《棗莊英》——《棗莊文物擷英》，棗莊市文物局編，文物出版社，2018年。

《棗博藏》——《棗莊市博物館館藏文物精品集》，棗莊市博物館著，山東人民出版社，2014年。

《跑馬堤》——《湖北宜城跑馬堤東周兩漢墓地》，武漢大學、湖北省文物考古研究所、宜城市博物館編著，科學出版社，2018年。

《曾侯乙》——《曾侯乙墓》，湖北省博物館編，文物出版社，1989年。

《善齋》——《善齋吉金錄》二十八卷，劉體智著，1934年石印本。

《湖湘》——《湖湘檔案圖典（貳）——湖南省檔案館館藏銅器銘文拓本集錄》，湖

南省檔案局（館）編，湖南人民出版社，2013 年。

《寒金》——《寒金冷石文字》，王獻唐編著，青島出版社，2009 年。

《疏要》——《僞作先秦彝器銘文疏要》，〔澳〕張光裕著，香港書局，1974 年。

《彙編》——《中日歐美澳紐所見所拓所摹金文彙編》十册，〔澳〕巴納、張光裕編，1978 年。

十三畫

《夢坡》——《夢坡室獲古叢編》十二卷，鄒壽祺編，民國十六年（1927 年）影印本。

《筠清》——《筠清館金石文字》五卷，吳榮光輯，清光緒宜都楊氏刊本。

《新收》——《新收殷周青銅器銘文暨器影彙編》，鍾柏生、陳昭容、黃銘崇、袁國華編，臺北藝文印書館，2006 年。

《新泰墓》——《新泰周家莊東周墓地》，山東文物考古研究所、新泰市博物館編，文物出版社，2014 年。

《愙齋》——《愙齋集古録》二十六卷，吳大澂著，民國七年涵芬樓影印本（《集成》用 1919 年涵芬樓石印本）。

《愙賸》——《愙齋集古録釋文賸稿》二卷，吳大澂著，上海商務印書館，民國八年（1919 年）。

十四畫

《銘照》——《商周青銅器銘文照片蒐集、整理與研究》，鞠焕文編，黑龍江人民出版社，2019 年。

《綴遺》——《綴遺齋彝器考釋》三十卷，方濬益編，民國二十四年（1935 年）涵芬樓石印本。

十五畫

《璀璨》——《璀璨青銅——德能堂藏吉金》，上海書畫出版社，2018 年。

《熠熠》——《熠熠青銅　光耀四方——秦晉豫冀兩周諸侯國青銅文化》，趙榮等主編，陝西旅遊出版社，2016 年。

《齊國館》——《齊國故城遺址博物館館藏青銅器精品》，齊國故城遺址博物館編，文物出版社，2015 年。

十六畫

《薛序》——《惟薛有序　于斯千年——古薛國歷史文化展》，山東博物館、滕州市博物館編，浙江人民美術出版社，2016 年。

《積古》——《積古齋鐘鼎彝器款識》十卷，阮元編録，嘉慶九年（1804 年）阮氏

刻本。

《憶事》——《Matter and Memory Asia Week New York（憶事——紐約亞洲藝術周）》，布魯塞爾，2014 年。

十七畫

《戴與石》——《寶雞戴家灣與石鼓山出土商周青銅器》，中研院歷史語言研究所、陝西省考古研究院出版，2016 年。

《總集》——《金文總集》十册，嚴一萍編，臺北藝文印書館，1983 年。

十八畫

《簠齋》——《簠齋吉金録》八卷，陳介祺藏、鄧實輯，民國七年（1918 年）風雨樓影印本。

十九畫

《攈古》——《攈古録金文》三卷，吳式芬撰，光緒二十一年（1895 年）吳氏家刻本。

《籀拾》——《古籀拾遺・古籀餘論》，孫詒讓編著，中華書局，1989 年。

二十畫以上

《鬱華閣》——《鬱華閣金文》，盛昱藏、顧廷龍輯，《金文文獻集成》本，綫裝書局，2005 年。

索　引

一、族氏族徽

二、人名

三、地名

四、器物出土地

五、器物現藏地

六、首次著録器物名録

一、族氏族徽

族氏族徽首字筆畫檢字表

二畫

卜⋯⋯⋯⋯⋯⋯ 469

刀⋯⋯⋯⋯⋯⋯ 469

卩⋯⋯⋯⋯⋯⋯ 469

三畫

大⋯⋯⋯⋯⋯⋯ 469

山⋯⋯⋯⋯⋯⋯ 469

子⋯⋯⋯⋯⋯⋯ 469

女⋯⋯⋯⋯⋯⋯ 470

中⋯⋯⋯⋯⋯⋯ 470

己⋯⋯⋯⋯⋯⋯ 471

弓⋯⋯⋯⋯⋯⋯ 471

矢⋯⋯⋯⋯⋯⋯ 471

幺⋯⋯⋯⋯⋯⋯ 471

四畫

天⋯⋯⋯⋯⋯⋯ 471

木⋯⋯⋯⋯⋯⋯ 472

五⋯⋯⋯⋯⋯⋯ 472

戈⋯⋯⋯⋯⋯⋯ 472

犬⋯⋯⋯⋯⋯⋯ 473

戕⋯⋯⋯⋯⋯⋯ 473

牛⋯⋯⋯⋯⋯⋯ 473

爻⋯⋯⋯⋯⋯⋯ 473

文⋯⋯⋯⋯⋯⋯ 473

卯⋯⋯⋯⋯⋯⋯ 473

弔⋯⋯⋯⋯⋯⋯ 473

尹⋯⋯⋯⋯⋯⋯ 473

五畫

正⋯⋯⋯⋯⋯⋯ 474

丙⋯⋯⋯⋯⋯⋯ 474

戉⋯⋯⋯⋯⋯⋯ 474

由⋯⋯⋯⋯⋯⋯ 474

史⋯⋯⋯⋯⋯⋯ 474

冉⋯⋯⋯⋯⋯⋯ 474

册⋯⋯⋯⋯⋯⋯ 475

皿⋯⋯⋯⋯⋯⋯ 475

矢⋯⋯⋯⋯⋯⋯ 475

㕙⋯⋯⋯⋯⋯⋯ 475

令⋯⋯⋯⋯⋯⋯ 475

立⋯⋯⋯⋯⋯⋯ 475

母⋯⋯⋯⋯⋯⋯ 475

六畫

耳⋯⋯⋯⋯⋯⋯ 476

朿⋯⋯⋯⋯⋯⋯ 476

西⋯⋯⋯⋯⋯⋯ 476

臣⋯⋯⋯⋯⋯⋯ 476

灱⋯⋯⋯⋯⋯⋯ 476

吕⋯⋯⋯⋯⋯⋯ 476

舌⋯⋯⋯⋯⋯⋯ 476

先⋯⋯⋯⋯⋯⋯ 476

企⋯⋯⋯⋯⋯⋯ 476

交⋯⋯⋯⋯⋯⋯ 476

羊⋯⋯⋯⋯⋯⋯ 476

七畫

克⋯⋯⋯⋯⋯⋯ 477

芈⋯⋯⋯⋯⋯⋯ 477

豕⋯⋯⋯⋯⋯⋯ 477

扶⋯⋯⋯⋯⋯⋯ 477

狄⋯⋯⋯⋯⋯⋯ 477

囘⋯⋯⋯⋯⋯⋯ 477

貝⋯⋯⋯⋯⋯⋯ 477

串⋯⋯⋯⋯⋯⋯ 477

告⋯⋯⋯⋯⋯⋯ 477

取⋯⋯⋯⋯⋯⋯ 477

何⋯⋯⋯⋯⋯⋯ 477

伾⋯⋯⋯⋯⋯⋯ 477

身⋯⋯⋯⋯⋯⋯ 477

征⋯⋯⋯⋯⋯⋯ 477

妥⋯⋯⋯⋯⋯⋯ 478

狄⋯⋯⋯⋯⋯⋯ 478

宰⋯⋯⋯⋯⋯⋯ 478

八畫

若⋯⋯⋯⋯⋯⋯ 478

取⋯⋯⋯⋯⋯⋯ 478

析⋯⋯⋯⋯⋯⋯ 478

茉⋯⋯⋯⋯⋯⋯ 477

聿⋯⋯⋯⋯⋯⋯ 477

舟⋯⋯⋯⋯⋯⋯ 477

汝⋯⋯⋯⋯⋯⋯ 477

弱⋯⋯⋯⋯⋯⋯ 477

枚⋯⋯⋯⋯⋯⋯ 478

亞⋯⋯⋯⋯⋯⋯ 478

奎⋯⋯⋯⋯⋯⋯ 480

臤⋯⋯⋯⋯⋯⋯ 480

明⋯⋯⋯⋯⋯⋯ 480

牧⋯⋯⋯⋯⋯⋯ 480

妻⋯⋯⋯⋯⋯⋯ 480

堯⋯⋯⋯⋯⋯⋯ 480

虎⋯⋯⋯⋯⋯⋯ 481

秉⋯⋯⋯⋯⋯⋯ 481

佳⋯⋯⋯⋯⋯⋯ 481

庚⋯⋯⋯⋯⋯⋯ 481

宕⋯⋯⋯⋯⋯⋯ 481

孟⋯⋯⋯⋯⋯⋯ 481

興⋯⋯⋯⋯⋯⋯ 481

九畫

壴⋯⋯⋯⋯⋯⋯ 481

栈⋯⋯⋯⋯⋯⋯ 481

南⋯⋯⋯⋯⋯⋯ 481

面⋯⋯⋯⋯⋯⋯ 481

㼜⋯⋯⋯⋯⋯⋯ 481

保⋯⋯⋯⋯⋯⋯ 481

禹⋯⋯⋯⋯⋯⋯ 481

眉⋯⋯⋯⋯⋯⋯ 481

韋⋯⋯⋯⋯⋯⋯ 481

昶⋯⋯⋯⋯⋯⋯ 482

㡊⋯⋯⋯⋯⋯⋯ 482

癸⋯⋯⋯⋯⋯⋯ 482

十畫

葡 …………………… 482
匽 …………………… 482
朋 …………………… 482
侀 …………………… 482
息 …………………… 482
旅 …………………… 482

十一畫

執 …………………… 482
欨 …………………… 482
異 …………………… 482
囲 …………………… 482
峕 …………………… 482
鳥 …………………… 482
𩬊 …………………… 482
魚 …………………… 483
象 …………………… 483
竟 …………………… 483
啟 …………………… 483
帚 …………………… 483
鄉 …………………… 483

十二畫

萬 …………………… 483
聑 …………………… 483
單 …………………… 483
觚 …………………… 483
貯 …………………… 483
敄 …………………… 483
禽 …………………… 484
集 …………………… 484
裸 …………………… 484
𡈤 …………………… 484
寽 …………………… 484
㦤 …………………… 484

十三畫

剌 …………………… 484
黽 …………………… 484
腐 …………………… 484
寡 …………………… 484

十四畫

需 …………………… 485
戟 …………………… 485
鳶 …………………… 485
墉 …………………… 485
叟 …………………… 485
簾 …………………… 485
寢 …………………… 485

十五畫

齒 …………………… 485
衛 …………………… 485
盨 …………………… 485
齔 …………………… 485

十六畫

遷 …………………… 485
鼻 …………………… 486
嘼 …………………… 486

十七畫

𥾝 …………………… 486

十八畫

豐 …………………… 486
藝 …………………… 486
彝 …………………… 486

十九畫

獸 …………………… 486
蹤 …………………… 486

𡕝 …………………… 486
蟲 …………………… 486

二十畫以上

繳 …………………… 486
鏐 …………………… 487

首字不能隸定者

〔符〕…………………… 487
〔符〕…………………… 487
〔符〕…………………… 487
〔符〕…………………… 487
〔符〕…………………… 487
〔符〕…………………… 487
〔符〕…………………… 487
〔符〕…………………… 487
〔符〕…………………… 487
〔符〕…………………… 487
〔符〕…………………… 487
〔符〕…………………… 487
〔符〕…………………… 488
〔符〕…………………… 488
〔符〕…………………… 488
〔符〕…………………… 488
〔符〕…………………… 488
〔符〕…………………… 488
〔符〕…………………… 488
〔符〕…………………… 488
〔符〕…………………… 488
〔符〕…………………… 488
〔符〕…………………… 488
〔符〕…………………… 488
〔符〕…………………… 489
〔符〕…………………… 489
〔符〕…………………… 489
〔符〕…………………… 489
〔符〕…………………… 489

〔符〕…………………… 489
〔符〕…………………… 489
〔符〕…………………… 489
〔符〕…………………… 489
〔符〕…………………… 489
〔符〕…………………… 489
〔符〕…………………… 489
□ …………………… 489
〔符〕…………………… 489
〔符〕…………………… 489
〔符〕…………………… 489
〔符〕…………………… 489
〔符〕…………………… 489
〔符〕…………………… 489
〔符〕…………………… 490
〔符〕…………………… 490
〔符〕…………………… 490
〔符〕…………………… 490
〔符〕…………………… 490
〔符〕…………………… 490
〔符〕…………………… 490
〔符〕…………………… 490
〔符〕…………………… 490
〔符〕…………………… 490
〔符〕…………………… 490
〔符〕…………………… 490
〔符〕…………………… 490
〔符〕…………………… 490
〔符〕…………………… 490
〔符〕…………………… 490
〔符〕…………………… 490
〔符〕…………………… 490
〔符〕…………………… 490
◇ …………………… 490

族氏族徽索引

二　畫

族氏族徽	器　號	器　名	卷數頁碼	時　代	出土地（備注）
卜獸	1078	卜獸卣	3.167	商代晚期	
刀	0071	㇗父乙鼎	1.73	商代晚期	
卩	0754	卩祖丁爵	2.400	西周早期	
卩	0785	夲父己爵	2.433	西周早期	
卩	0906	卩父癸觶	2.560	西周早期	

三　畫

族氏族徽	器　號	器　名	卷數頁碼	時　代	出土地（備注）
大	0999	同父尊	3.59	西周中期	
山	0001	山簋	1.3	商代晚期	
山	0090	山父戊鼎	1.91	西周早期	
山	0332	山甗	1.388	商代晚期	
山	0370	山簋	1.438	商代晚期	
山	1182	山盤	3.319	西周早期前段	
山	1229	山父丁盂	3.387	西周早期前段	
山	1303	山戈	3.541	商代晚期	
山	1318	山戈	3.557	西周早期	
子	0073	子父丁鼎甲	1.75	商代晚期	陝西寶雞市石鼓鎮
子	0074	子父丁鼎乙	1.76	商代晚期	同上
子	0086	子父丁鼎	1.88	西周早期	山西絳縣橫水鎮
子	0087	子父丁鼎	1.89	西周早期	同上
子	0380	子父簋	1.448	西周早期	
子	0409	子簋	1.476	西周早期	
子	0436	子簋	1.512	西周早期	
子	0638	子爵	2.690	商代晚期	

族氏族徽	器　號	器　名	卷數頁碼	時　代	出土地(備注)
子	0673	子爵	2.323	西周早期	
子	0674	子爵	2.324	西周早期	
子	0703	子□爵	2.352	商代晚期	
子	0763	子父丁爵	2.409	西周早期	
子	0816	子觚	2.469	商代晚期	
子	0938	子祖丁斝	2.594	西周早期	山西翼城縣大河口
子	0977	子父乙尊	3.37	西周早期	
子匜	0037	子匜圓鼎	1.39	商代晚期	山西聞喜縣酒務頭
子匜	0038	子匜方鼎	1.40	商代晚期	同上
子匜	0039	子匜方鼎	1.41	商代晚期	同上
子匜	0848	子匜觚	2.501	商代晚期	同上
子匜	0849	子匜觚	2.502	商代晚期	同上
子匜	0933	子匜斝	2.589	商代晚期	
子司	0797	子司角	2.447	商代晚期	
子雨	1077	子雨卣	3.166	商代晚期	
子𣏗	0688	子𣏗爵	2.338	商代晚期	
子𢧵	0336	子𢧵甗	1.392	西周早期前段	
子旽	1112	子旽父乙卣	3.201	西周早期	
子廎	0055	子廎鼎	1.57	西周早期前段	
子廎	1128	召卣	3.218	西周早期	召的族徽
子婦	0910	子婦父己觶	2.564	西周早期	甘肅靈臺縣
子萬	0116	子萬父癸鼎	1.117	西周早期	
子𩁹	0875	子𩁹父己觚	2.526	商代晚期	
子鼄	0798	子鼄角	2.448	商代晚期	
子刀	0957	子刀尊	3.17	西周早期	
子刀	1002	子刀尊	3.62	西周早期	
子刀不	0739	子刀不爵	2.387	商代晚期	
子刀不	0866	子刀不觚	2.517	商代晚期	
女子	0063	女子丁鼎	1.65	商代晚期	即汝子
女子	0913	女子丁觶	2.568	商代晚期	同上
中	0340	中甗	1.396	西周早期前段	
中	0760	中父丁爵	2.406	西周早期前段	
中	1232	中盉	3.390	西周早期	

族氏族徽	器　號	器　名	卷數頁碼	時　代	出土地（備注）
己	0680	己爵	2.330	西周早期	
弓	0633	弓爵	2.286	商代中期	
矢	1316	矢戈	3.555	西周早期	
矢	1317	矢戈	3.556	西周早期	
矢	1678	矢當盧	4.347	西周早期	
矢	1679	矢人當盧	4.348	西周早期	
矢	1680	矢人當盧	4.349	西周早期	
幺册	1133	逳卣	3.227	西周中期前段	逳（微）的族氏

四　畫

族氏族徽	器　號	器　名	卷數頁碼	時　代	出土地（備注）
天	0024	天鼎	1.26	商代晚期	
天	0153	天鼎	1.155	西周中期前段	
天	0387	天鼎	1.454	商代晚期	
天	0903	天父辛觶	2.557	西周早期	
天	1159	天罍	3.277	商代晚期	陝西寶雞市石鼓山
天豕	1103	天豕父乙卣	3.191	商代晚期	
天黽	0035	天黽鼎	1.37	商代晚期	即冥氏,夏族的一支
天黽	0036	天黽鼎	1.38	商代晚期	同上
天黽	0061	天黽乙鼎	1.63	商代晚期	同上
天黽	0062	天黽己鼎	1.64	商代晚期	同上
天黽	0110	天黽父丁鼎	1.111	商代晚期	同上
天黽	0382	天黽母簋	1.450	商代晚期	同上
天黽	0716	天黽爵	2.364	西周早期	
天黽	0940	天黽父乙斝	2.596	商代晚期	即冥氏,夏族的一支
天黽	0992	天黽父辛尊	3.52	商代晚期	同上
天黽	1075	天黽卣	3.164	商代晚期	同上
天黽	1171	天黽父乙罍	3.290	商代晚期	同上
天黽	1186	天黽盤	3.323	商代晚期	同上
天黽	1223	天黽盉	3.381	商代晚期	山西聞喜縣酒務頭
天黽	1291	天黽鐃甲	3.520	商代晚期	
天黽	1292	天黽鐃乙	3.521	商代晚期	

族氏族徽	器　號	器　名	卷數頁碼	時　代	出土地（備注）
天黽	1293	天黽鐃丙	3.522	商代晚期	
天黽獻	0737	天黽獻爵甲	2.385	商代晚期	即冥氏，夏族的一支
天黽獻	0738	天黽獻爵乙	2.386	商代晚期	
天黽獻	0801	天黽獻角	2.451	商代晚期	
天黽獻	0802	天黽獻角	2.452	商代晚期	
天黽獻	0803	天黽獻角	2.453	商代晚期	
天黽獻	0934	天黽獻斝	2.590	商代晚期	山西聞喜縣酒務頭
木	0671	木爵	2.321	西周早期	
木	0748	木父癸爵	2.396	商代晚期	
木子	0907	木子丁觶	2.561	西周早期	陝西千陽縣
五（⋈）	0028	五鼎	1.30	商代晚期	
戈	0032	戈鼎	1.34	西周早期	陝西寶雞市石鼓鎮
戈	0033	戈鼎	1.35	西周中期	山西絳縣橫水鎮
戈	0091	戈父辛鼎	1.92	西周早期	
戈	0092	戈父辛鼎	1.93	西周早期	
戈	0118	戈鼎	1.119	西周早期	
戈	0351	戈㲋甗	1.407	西周中期	山西絳縣橫水鎮
戈	0379	戈簋	1.447	西周早期	山西翼城縣大河口
戈	0389	戈祖己簋	1.456	西周早期	
戈	0390	戈祖辛簋	1.457	西周早期	
戈	0393	戈父丁鼎	1.460	西周早期	
戈	0649	戈爵	2.299	商代晚期	
戈	0672	戈爵	2.322	西周早期	
戈	0705	戈己爵	2.354	商代晚期	
戈	0745	戈父己爵	2.393	商代晚期	
戈	0746	戈父己爵	2.394	商代晚期	
戈	0758	戈父乙爵	2.404	西周早期	
戈	0765	戈父己爵	2.411	西周早期前段	陝西涇陽縣高家堡
戈	0869	戈父己觚	2.520	商代晚期	
戈	0900	戈父己觶	2.554	西周早期前段	陝西涇陽縣高家堡
戈	0937	戈父己斝	2.593	商代晚期	
戈	0949	戈尊	3.10	西周早期	
戈	0950	戈尊	3.11	西周早期	

族氏族徽	器 號	器 名	卷數頁碼	時 代	出土地(備注)
戈	0966	戈父癸尊	3.26	商代晚期	
戈	0969	戈父乙尊	3.29	西周早期	
戈	0970	戈父辛尊	3.30	西周早期	
戈	1026	戈壺	3.97	商代晚期	
戈	1095	戈父乙卣	3.183	西周早期	湖北隨州市葉家山
戈	1096	戈父癸卣	3.184	西周早期	
戈	1134	厬卣	3.228	西周早期	厬的族氏
戈	1168	戈甗	3.286	商代晚期	
戈	1185	戈父辛盤	3.322	西周早期前段	山西曲沃縣北趙村
戈	1222	戈盉	3.380	西周早期	
戈	1307	戈戈	3.545	商代晚期	
戈▽	0891	戈▽觶	2.545	商代晚期	
戈▼	0435	伯鏃簋	1.511	西周早期	
戈▼	0698	戈▼爵	2.347	商代晚期	
戈▼	0852	戈▼觚	2.505	商代晚期	
戈×	1325	戈×戈	3.564	商代晚期	
犬▨册	0914	犬▨册父乙觶	2.569	商代晚期	
犬天黽	1156	犬天黽觥	3.271	商代晚期	山西聞喜縣酒務頭
㝱	1087	㝱父戊卣	3.176	商代晚期	
牛	0867	牛觚	2.518	商代晚期	
牛	1311	牛戟	3.549	西周早期	
爻	0080	爻祖乙鼎	1.82	西周早期	
爻	0635	爻爵	2.288	商代晚期	
爻	0804	爻父乙角	2.454	商代晚期	陝西寶雞縣戴家灣
爻	0947	爻尊	3.8	商代晚期	山東滕州市胡店鎮
文	0639	文爵	2.691	商代晚期	山西聞喜縣酒務頭
卯	0651	卯爵	2.301	商代晚期	
弔	0653	弔爵	2.303	商代晚期	
弔	0759	弔父丙爵	2.405	西周早期	
弔黽	0683	弔黽爵	2.333	商代晚期	
弔凸	0851	弔凸觚	2.504	商代晚期	
尹侖▨	1696	尹侖▨器	4.368	西周早期	甘肅平陵

族氏族徽	器　號	器　名	卷數頁碼	時　代	出土地（備註）
正	0631	正爵	2.284	商代晚期	
正	0632	正爵	2.285	商代晚期	
正	1024	正壺	3.95	商代晚期	
丙襄	1699	丙襄父庚器	4.369	商代晚期	甘肅平涼
戉	0654	戉爵	2.304	商代晚期	河南安陽市劉家莊
戉鼎	1326	戉鼎戉	3.565	商代晚期	
由	0779	由父辛爵	2.426	西周早期	
史	0022	史鼎	1.24	商代晚期	
史	0371	史簋	1.439	商代晚期	
史	0372	史簋	1.440	西周早期	
史	0676	史爵	2.326	西周早期	山東滕州市前掌大
史	0755	史祖戊爵	2.401	西周早期	同上
史	0762	史父丁爵	2.408	西周早期	
史	0817	史觚	2.470	商代晚期	
史	0871	史父癸觚	2.522	商代晚期	
史	0904	史父辛觶	2.558	西周早期	
史	0922	史斝	2.579	商代晚期	
史	0936	史父丁斝	2.592	商代晚期	
史	0946	史尊	3.7	商代晚期	
史	1022	史壺	3.93	商代晚期	
史	1029	史母庚壺	3.100	商代晚期	
史	1070	史卣	3.159	商代晚期	
史	1088	史父丁卣	3.177	商代晚期	
史	1221	史盉	3.379	西周早期	
史	1312	史戈	3.551	西周早期	山東滕州市前掌大
冉	0041	冉乙鼎	1.43	商代晚期	
冉	0042	冉丁鼎	1.44	商代晚期	
冉	0083	冉父乙鼎	1.85	商代晚期	
冉	0207	冉矗鼎	1.208	西周早期	
冉	0332	冉乙甗	1.391	商代晚期	

族氏族徽	器　號	器　名	卷數頁碼	時　代	出土地（備注）
冉	0339	冉父癸甒	1.395	西周早期	
冉	0377	冉簋	1.445	西周早期	
冉	0439	作父辛簋	1.515	西周早期	
冉	0670	冉爵	2.320	西周早期	
冉	0751	冉祖丁爵	2.397	西周早期	
冉	0756	冉祖辛爵	2.402	西周早期	
冉	0768	冉父辛爵	2.414	西周早期	
冉	0825	冉觚	2.478	商代晚期	
冉	0874	冉父乙觚	2.525	西周早期	
冉	0935	冉父丁斝	2.591	商代晚期	
冉	0944	冉尊	3.5	商代晚期	
冉	0956	冉癸尊	3.16	商代晚期	
冉	0992	天黽父辛尊	3.52	商代晚期	
冉	1080	冉己卣	3.169	商代晚期	
冉	1098	冉父丁卣	3.186	西周早期後段	
冉	1166	冉罍	3.284	西周早期	
冉	1692	冉杆頭飾	4.366	商代晚期	
冉中	1155	冉中觥	3.270	商代晚期	
冉𡔥	1081	冉𡔥卣	3.170	商代晚期	
冉𡔥	1714	冉𡔥箕	4.382	商代晚期	
冉𡘙	1107	冉𡘙父己卣	3.196	商代晚期	
册	0165	册鼎	1.167	西周早期	
册	0918	册觶	2.573	西周中期	有可能是人名
册	0996	册尊	3.56	商代晚期	同上
册止	0694	册止爵	2.344	商代晚期	
皿𡭥	1170	皿𡭥罍	3.288	商代晚期	
矢𤫊	1126	矢卣	3.216	西周早期	
㕣	0685	㕣乙爵	2.335	商代晚期	
令	0818	令觚	2.471	商代晚期	
立	0367	立簋	1.435	商代晚期	
母弔	0109	母弔父乙鼎	1.110	商代晚期	
母寏	0113	母寏日辛鼎	1.114	商代晚期	
母寏	0401	母寏日辛簋	1.468	商代晚期	

族氏族徽	器　號	器　名	卷數頁碼	時　代	出土地（備注）
母寁	0807	母寁日辛角	2.457	商代晚期	
母寁	0808	母寁日辛角	2.458	商代晚期	
母寁	0809	母寁日辛角	2.59	商代晚期	
母寁	0909	母寁日辛觶	2.563	商代晚期	
母寁	0981	母寁日辛尊	3.41	商代晚期	

六　畫

族氏族徽	器　號	器　名	卷數頁碼	時　代	出土地（備注）
耳	0007	耳鼎	1.09	商代晚期	
耳	0652	耳爵	2.302	商代晚期	
耳竹	0695	耳竹爵	2.345	商代晚期	
束	0668	束爵	2.318	西周早期	
束	1132	阪卣	3.226	西周早期	
西單	0842	西單觚	2.495	商代晚期	
臣辰彡	1036	臣辰彡父乙壺	3.107	西周早期	陝西寶雞市石鼓山
犭	0769	何父辛爵	2.415	西周早期	即何
犭	0831	何觚	2.484	西周早期	同上
吕牛	0049	吕牛鼎	1.51	商代晚期	
舌	0822	舌觚	2.475	商代晚期	河南安陽市薛家莊
舌	1304	舌戈	3.542	商代晚期	
先	0023	先鼎	1.25	商代晚期	
先	0647	先爵	2.297	商代晚期	
先	0648	先爵	2.298	商代晚期	
先	0810	先觚	2.463	商代晚期	
先	0811	先觚	2.464	商代晚期	
先	0812	先觚	2.465	商代晚期	
先	0813	先觚	2.466	商代晚期	
先	0814	先觚	2.467	商代晚期	
先	1299	先戈	3.537	商代晚期	
企	0014	企鼎	1.17	商代晚期	
交	1227	羊方彝	3.385	西周早期	
羊	1143	羊方彝	3.251	商代晚期	

族氏族徽	器　號	器　名	卷數頁碼	時　代	出土地（備注）
羊	1168	戈罍	3.286	商代晚期	
芦	0002	芦鼎	1.4	商代晚期	
聿	0010	聿鼎	1.12	商代晚期	
聿	0942	聿尊	3.3	商代晚期	
舟龍	0040	舟龍鼎	1.42	商代晚期	
汝子	0063	女子丁鼎	1.65	商代晚期	山西聞喜縣酒務頭
汝子	0913	女子丁觶	3.568	商代晚期	同上
弜	0628	弜爵	2.281	商代晚期	河南安陽市劉家莊

七　畫

族氏族徽	器　號	器　名	卷數頁碼	時　代	出土地（備注）
克永	0686	克永爵	2.336	商代晚期	
苹	1286	苹鐃甲	4.515	商代晚期	即禽
苹	1287	苹鐃乙	4.516	商代晚期	同上
苹	1288	苹鐃丙	4.517	商代晚期	同上
豕	0863	豕父丁瓠	2.515	商代晚期	
扶	1297	扶戈	3.535	商代晚期	
狀	1298	狀戈	3.536	商代晚期	
狀	1534	狀矛	4.178	商代晚期	
囙鬼	0717	囙鬼爵	2.365	西周早期	西安長安區豐鎬遺址
貝	0764	貝父戊爵	2.410	西周早期	
串	0945	串尊	3.6	商代晚期	
串	1162	串罍	3.280	商代晚期	
告田	0989	告田父乙尊	3.49	西周早期	
告田	1033	告田父乙壺	3.104	西周早期	
叔	0003	叔鼎	1.5	商代晚期	
叔	1302	叔戈	3.540	商代晚期	
何	0769	何父辛爵	2.415	西周早期	
何	0831	何瓠	2.484	西周早期	
侸	0905	侸父辛觶	2.559	西周早期	
身闈串仲	0214	身闈串仲鼎	1.215	西周早期	
延	1181	延勺	3.315	商代晚期	

族氏族徽	器　號	器　名	卷數頁碼	時　代	出土地(備注)
征中	0983	征中祖己尊	3.43	商代晚期	
妥	0923	妥斝	2.580	商代晚期	河南安陽市劉家莊
狄	0641	狄爵	2.293	商代晚期	
宰	0392	宰父辛簋	1.459	西周早期	

八　畫

族氏族徽	器　號	器　名	卷數頁碼	時　代	出土地(備注)
若	0675	若爵	2.325	西周早期	
取	0646	取爵	2.296	商代晚期	
析	0912	析瓠	2.566	西周中期前段	
枚	0757	枚父乙爵	2.403	西周早期	
亞	0901	亞父己觶	2.555	西周早期	
亞	1130	進卣	3.222	西周早期	進的族徽
亞天	0194	亞天鼎	1.194	西周早期	山西曲沃縣北趙村
亞天	0780	亞天父癸爵	2.427	西周早期	陝西千陽縣
亞矢	0771	亞矢父乙爵	2.417	商代晚期	
亞叩	0034	亞叩鼎	1.36	商代中期	
亞束	1010	宣尊	3.70	西周早期	宣的族氏
亞束	1137	真卣	3.234	西周早期後段	真的族氏
亞弜	0046	亞弜鼎	1.48	商代晚期	河南安陽市劉家莊
亞眲	0692	亞眲爵	2.342	商代晚期	
亞冀	1106	亞冀父丁卣	3.195	商代晚期	
亞馬	1084	亞馬卣蓋	3.173	商代晚期	山東濟南市劉家莊
亞羋(禽)	0691	亞羋爵	2.341	商代晚期	河南正陽縣傅寨村
亞羋(禽)	0840	亞禽瓠	2.493	商代晚期	同上
亞獲	0854	亞獲瓠	2.507	商代晚期	
亞奚	0047	亞奚鼎	1.49	商代晚期	
亞奚	1184	亞奚盤	3.321	商代晚期	
亞盂	0064	亞盂豕鼎	1.66	商代晚期	
亞盂	0682	亞盂爵	2.332	商代晚期	
亞盂	0715	亞盂爵	2.363	西周早期	
亞盂	0772	亞盂父丁爵	2.418	商代晚期	

族氏族徽	器　號	器　名	卷數頁碼	時　代	出土地（備注）
亞盂	0890	亞盂觶	2.544	商代晚期	
亞盂	1028	亞盂壺	3.99	商代晚期	
亞盂	1225	亞盂盂	3.383	西周早期前段	
亞盂	1538	亞盂矛	4.182	商代晚期	
亞盂豕	1085	亞盂豕卣	3.174	商代晚期	
亞高	1032	亞高父甲壺	3.103	西周早期前段	
亞覃	1008	亞覃尊	3.68	商代晚期	
亞壺	1014	彐尊	3.74	西周早期	彐的族氏
亞鳥	0115	亞鳥父壬鼎	1.116	西周早期	
亞疑	0786	亞矣父乙爵	2.434	西周早期	
亞疑	0806	亞疑父乙角	2.456	商代晚期	
亞疑	0855	亞矣父乙觚	2.508	商代晚期	
亞疑	1622	亞矣鉞	4.277	商代晚期	
亞貘	1074	亞貘卣	3.163	商代晚期	
亞醜	0114	亞醜父丁鼎	1.115	西周早期	
亞醜	0931	亞醜斝	2.587	西周早期	
亞醜	0952	亞醜尊	3.13	商代晚期	
亞醜	0953	亞醜尊	3.13	商代晚期	
亞奭	0048	亞奭鼎	1.50	商代晚期	
亞鬶	0843	亞鬶觚	2.496	商代晚期	
亞諆	1700	亞諆父乙器	4.370	西周早期	甘肅平涼
亞嬴	0207	冉纛鼎	1.208	西周早期	
亞糞	1132	阪卣	3.226	西周早期	阪的族徽
亞𠂤	0065	亞𠂤乙鼎	1.67	商代晚期	
亞𠂤	0077	亞𠂤乙鼎	1.79	商代晚期	
亞⟨⟩	1118	亞⟨⟩父庚卣	3.207	西周早期後段	
亞𠬛	0112	亞𠬛父丁鼎	1.113	商代晚期	
亞耳臘	1049	邕壺	3.120	西周早期	邕的族氏
亞禽示	0735	亞禽示爵	2.383	商代晚期	河南正陽縣傅寨村
亞禽示	0782	亞禽示父乙爵	2.429	商代晚期	同上
亞禽示	0864	亞禽示觚	2.515	商代晚期	
亞離示	1105	亞離示父丁卣	3.193	商代晚期	
亞𠃎凵	0736	亞𠃎凵爵	2.384	商代晚期	

族氏族徽	器　號	器　名	卷數頁碼	時　代	出土地（備注）
亞酌它	1158	亞酌它弔觥	3.274	商代晚期	
亞曩侯	0205	亞曩侯疑鼎	1.205	商代晚期	
亞曩夨	0915	亞曩夨父甲觶	2.570	西周早期	山東滕州市前掌大
亞🝗口目	1109	亞🝗口目卣	3.198	商代晚期	
亞𤕨天黽	1623	亞𤕨天黽鉞	4.277	商代晚期	
亞𤕨天黽獻	0876	亞𤕨天黽獻觚	20527	商代晚期	
亞𤕨天黽獻	0877	亞𤕨天黽獻觚	2.528	商代晚期	
亞𤕨天黽獻	0878	亞𤕨天黽獻觚	2.529	商代晚期	
亞𤕨天黽獻	0879	亞𤕨天黽獻觚	2.530	商代晚期	
亞𤕨天黽獻	0880	亞𤕨天黽獻觚	2.531	商代晚期	
亞𤕨天黽獻	1189	亞𤕨天黽獻盤甲	3.327	商代晚期	
亞𤕨天黽獻	1190	亞𤕨天黽獻盤乙	3.329	商代晚期	
亞𤕨天黽獻	1191	亞𤕨天黽獻盤丙	3.330	商代晚期	
牵	0785	牵父己爵	2.433	西周早期	
牵旅	1146	牵旅方彝	3.254	商代晚期	
牵旅	1694	牵旅器	4.367	商代晚期	
牵箙	0687	牵萄爵	2.337	商代晚期	
臤	0045	臤己鼎	1.47	商代晚期	
臤	0369	臤簋	1.437	商代晚期	
臤	0902	臤父辛觶	2.556	西周早期	陝西眉縣尖嘴石村
臤己	0045	臤己鼎	1.47	商代晚期	
明亞寰	1104	明亞寰乙卣	3.192	商代晚期	
牧正	0127	牧正父乙鼎	1.128	西周早期	亦有可能屬職官名
牧正	0403	牧正簋	1.470	西周早期	同上
妻	0067	妻祖戊鼎	1.69	商代晚期	
妻鼂	0774	妻鼂父癸爵	2.420	商代晚期	
堯	0082	堯父乙鼎	1.84	西周早期	即劓
堯	0368	堯簋	1.436	商代晚期	同上
堯	0385	堯父己簋	1.452	商代晚期	同上
堯	0629	堯爵	2.282	商代晚期	同上
堯	0630	堯爵	2.283	商代晚期	同上
堯	0689	堯父爵	2.339	商代晚期	同上
堯	0820	堯觚	2.473	商代晚期	同上

族氏族徽	器　號	器　名	卷數頁碼	時　代	出土地(備注)
戣	0821	戣觚	2.474	商代晚期	即劓
戣	0870	戣父庚觚	2.521	商代晚期	同上
戣	1071	戣卣	3.160	商代晚期	同上
戣	1142	戣方彝	3.250	商代晚期	同上
戣	1160	戣罍	3.278	商代晚期	即劓。寶雞市石鼓鎮
虎車	0853	虎車觚	2.506	商代晚期	
秉干	0750	秉干己爵	2.397	商代晚期	
隹	0872	隹父癸觚	2.523	商代晚期	
庚	0013	庴鼎	1.15	商代晚期	
庚	0669	庚爵	2.319	西周早期	
庚	0761	庚父丁爵	2.407	西周早期前段	
庚册	1147	庴册方彝	3.255	商代晚期	
宕臣	0749	宕臣乙爵	2.396	商代晚期	
孟	0861	孟父乙觚	2.513	商代晚期	
衎	0422	衎簋	1.489	西周中期	
衎	0886	衎觶	2.540	商代晚期	
衎	0887	衎觶	2.541	西周早期	

九　畫

族氏族徽	器　號	器　名	卷數頁碼	時　代	出土地(備注)
壴	0016	壴鼎	1.18	商代晚期	
壴	0085	壴父丁鼎	1.87	西周早期	
柭爰	0986	柭爰父乙尊	3.46	西周早期	
南	1082	南辛卣	3.171	商代晚期	
面	0766	面父己爵	2.412	西周早期	
奭	1305	奭戈	3.543	商代晚期	
保	0011	保鼎	1.13	商代晚期	
禹	0819	禹觚	2.472	商代晚期	有可能是人名
眉	0009	眉鼎	1.11	商代晚期	
眉	0650	眉爵	2.300	商代晚期	
韋册	0833	韋册觚甲	2.486	商代晚期	
韋册	0834	韋册觚乙	2.487	商代晚期	

族氏族徽	器　號	器　名	卷數頁碼	時　代	出土地（備注）
韋册	0835	韋册瓡丙	2.488	商代晚期	
韋亞	0144	韋亞乙鼎	1.146	商代晚期	陝西寶雞市石鼓鎮
昶	0174	昶子白鼎	1.175	春秋早期	
訇	0391	訇父乙簋	1.458	西周早期前段	
癸	0744	癸父丁爵	2.392	商代晚期	山東棗莊市東托村

十　畫

族氏族徽	器　號	器　名	卷數頁碼	時　代	出土地（備注）
葡	0634	箙爵	2.287	商代晚期	即箙
匲緻	1224	匲緻盂	3.382	商代晚期	山西聞喜縣酒務頭
眀	0075	眀父己鼎	1.77	商代晚期	
倗	0767	倗父辛爵	2.413	西周早期	
倗	1533	倗矛	4.177	商代晚期	
倗舟	0684	倗舟爵	2.334	商代晚期	
息	0643	息爵	2.294	商代晚期	河南羅山縣後李村
旅	0331	旅瓾	1.387	商代晚期	河南羅山縣天湖村
旅	0659	旅爵	2.309	商代晚期	
旅	0660	旅爵	2.310	商代晚期	
旅	0752	旅祖乙爵	2.398	西周早期	西安市

十 一　畫

族氏族徽	器　號	器　名	卷數頁碼	時　代	出土地（備注）
執	0658	執爵	2.308	商代晚期	
欶	0029	欶鼎	1.31	商代晚期	
異	0951	異尊	3.12	西周早期	
囲	0631	正爵	2.284	商代晚期	即正
峕	0632	正爵	2.285	商代晚期	同上
鳥	1310	鳥戈	3.548	商代晚期	
鳥	1693	鳥器	4.367	商代晚期	
鳥册	0836	鳥册瓡	2.489	商代晚期	
鳦册	0883	鼀瓡	2.534	西周早期	

族氏族徽	器 號	器 名	卷數頁碼	時 代	出土地(備注)
魚	0342	魚甗	1.398	西周早期	
魚	0968	魚母辛尊	3.28	商代晚期	
魚	1697	魚父辛器	4.368	西周早期	甘肅平涼
象	0068	象祖辛鼎	1.70	商代晚期	
象	0844	象己觚	2.497	商代晚期	
象	0916	夾觶	3.571	西周早期	
象	1003	夾尊	3.63	西周早期	
象	1124	夾卣	3.214	西周早期	
竟	1094	竟祖辛卣	30182	西周早期	
啟	0655	啟爵	2.305	商代晚期	河南安陽市劉家莊
啟	0656	啟爵	2.306	商代晚期	同上
帝𢀛	0799	寢𢀛角	2.449	商代晚期	即寢𢀛
鄉	0657	鄉爵	2.307	商代晚期	河南安陽市劉家莊
鄉宁	0111	鄉宁父丁鼎	1.112	商代晚期	
鄉宁	1013	西夫尊	3.72	西周早期	西夫的族氏
鄉宁	1108	鄉宁父辛卣	3.197	商代晚期	

十 二 畫

族氏族徽	器 號	器 名	卷數頁碼	時 代	出土地(備注)
萬	0384	萬祖癸簋	1.451	商代晚期	
萬	0388	萬祖癸簋	1.455	商代晚期	
萬	0785	夆父己爵	2.433	西周早期	
萬	0796	萬角	2.446	西周早期	
聑	0677	聑爵甲	2.327	西周早期	
聑	0678	聑爵乙	2.328	西周早期	
聑竹	0837	聑竹觚	2.490	商代晚期	
聑日	0108	聑日父乙鼎	1.109	商代晚期	
聑賓	1231	聑賓父乙盉	3.889	商代晚期	
單𦫳	0344	單𦫳甗	1.400	商代晚期	
覿	1173	覿瓿	3.294	商代晚期	
貯	0636	貯爵	2.689	商代晚期	
敫	0004	敫鼎	1.6	商代晚期	

族氏族徽	器 號	器 名	卷數頁碼	時 代	出土地(備註)
禽	1286	羋鐃甲	4.515	商代晚期	
禽	1287	羋鐃乙	4.516	商代晚期	
禽	1288	羋鐃丙	4.517	商代晚期	
集似	0405	集似父癸簋	1.472	西周早期	
集	0442	集屈簋	1.519	西周早期	
裸丼	0954	裸丼尊	3.14	商代晚期	
裸丼	1698	裸丼父丁器	4.369	商代晚期	
羍	0637	羍爵	2.690	商代晚期	
萺	0661	萺爵	2.311	商代晚期	
燉	0815	燉瓴	2.468	商代晚期	

十 三 畫

族氏族徽	器 號	器 名	卷數頁碼	時 代	出土地(備註)
劃	0082	堯父乙鼎	1.84	西周早期	
劃	0368	堯簋	1.436	商代晚期	
劃	0385	堯父己簋	1.452	商代晚期	
劃	0629	堯爵	2.282	商代晚期	
劃	0630	堯爵	2.283	商代晚期	
劃	0689	堯父爵	2.339	商代晚期	
劃	0820	堯瓴	2.473	商代晚期	
劃	0821	堯瓴	2.474	商代晚期	
劃	0870	堯父庚瓴	2.521	商代晚期	
劃	1071	堯卣	3.160	商代晚期	
劃	1142	堯方彝	3.250	商代晚期	
劃	1160	堯罍	3.278	商代晚期	陝西寶雞市石鼓鎮
黽	0795	黽角	2.445	商代晚期	
廥	0013	廥鼎	1.15	商代晚期	
廥	0761	廥父丁爵	2.407	西周早期前段	
廥册	1147	廥册方彝	3.255	商代晚期	
亶	0943	亶尊	3.4	商代晚期	

十 四 畫

族氏族徽	器　號	器　名	卷數頁碼	時　代	出土地（備注）
需	0644	需爵	2.294	商代晚期	
需	0645	需爵	2.295	商代晚期	
需	0920	需斝	2.977	商代晚期	
需	1141	需方彝	3.249	商代晚期	
需	1161	需罍	3.279	商代晚期	
戩	1301	戩戈	3.539	商代晚期	
鳶	0008	鳶鼎	1.10	商代晚期	
墉丁	0043	墉丁鼎	1.45	商代晚期	
叟	1691	叟罐	4.365	商代晚期	河北定州市北莊子
箙	0021	箙鼎	1.23	商代晚期	
箙	0634	箙爵	2.287	商代晚期	
箙	0921	箙斝	2.578	商代晚期	
箙𦣻	0850	箙𦣻觚	2.503	商代晚期	
寢𢎜	0799	寢𢎜角	2.449	商代晚期	

十 五 畫

族氏族徽	器　號	器　名	卷數頁碼	時　代	出土地（備注）
齒	0714	齒乙爵	2.362	商代晚期	河南安陽市任家莊
齒古	0839	齒古觚	2.492	商代晚期	同上
衛册	1154	衛册觥	3.269	商代晚期	
衛册	1695	衛册器	4.367	商代晚期	
盤	0679	盤爵	2.329	西周早期	
盤	0984	盤祖戊尊	3.44	商代晚期	
鴳	0378	鴳簋	1.446	西周早期後段	

十 六 畫

族氏族徽	器　號	器　名	卷數頁碼	時　代	出土地（備注）
邊册	0718	邊册爵	2.366	西周早期	

族氏族徽	器　號	器　名	卷數頁碼	時　代	出土地(備注)
雟(雋)	0018	雟鼎	1.20	商代晚期	
嚳	1314	嚳戈	3.553	西周早期	

十 七 畫

族氏族徽	器　號	器　名	卷數頁碼	時　代	出土地(備注)
褱册	1012	剢尊	3.71	西周早期	剢的族氏
褱册	1131	剢卣	3.224	西周早期	同上

十 八 畫

族氏族徽	器　號	器　名	卷數頁碼	時　代	出土地(備注)
豐邢	0443	豐井簋	1.520	西周早期	
藝	0151	藝父丁鼎	1.153	西周早期後段	
彝	0637	羍爵	2.290	商代晚期	

十 九 畫

族氏族徽	器　號	器　名	卷數頁碼	時　代	出土地(備注)
獸	0640	獸爵	2.292	商代晚期	
獸	1620	獸鉞	4.275	商代晚期	
蹕	1024	正壺	3.95	商代晚期	即正
䢅	0386	䢅父乙鼎	1.453	商代晚期	
䢅	0930	䢅斝	2.586	西周早期	陝西岐山縣賀家村
䢅	0967	䢅父癸尊	3.27	商代晚期	
䢅	0982	䢅斤見交尊	3.42	商代晚期	
䢅	1072	䢅卣	3.161	商代晚期	
㿻册	1695	衛册器	4.367	商代晚期	
㿻羿	1154	衛册觥	2.290	商代晚期	即衛册

二十畫以上

族氏族徽	器　號	器　名	卷數頁碼	時　代	出土地(備注)
徽	0383	徽祖丙簋	1.450	商代晚期	

族氏族徽	器　號	器　名	卷數頁碼	時　代	出土地(備注)
夒	0088	夒父丁鼎	1.90	商代晚期	

首字不能隸定者

族氏族徽	器　號	器　名	卷數頁碼	時　代	出土地(備注)
□	0961	□父己尊	3.21	商代中期	
□	1025	□壺	3.96	商代晚期	
□	0965	□父乙尊	3.25	商代晚期	
□	1073	□卣	3.162	商代晚期	
□	0666	□爵	2.316	商代晚期	
□	0805	□父戊角	2.455	西周早期	
□	0865	□父丁觚	2.516	商代晚期	
□	0119	□鼎	1.120	商代晚期	
□	0012	□鼎	1.14	商代晚期	
□	0025	□鼎	1.27	商代晚期	山東濟南市劉家莊
□	0026	□鼎	1.28	商代晚期	同上
□	0027	□鼎	1.29	商代晚期	同上
□	0333	□甗	1.389	商代晚期	同上
□	0662	□爵	2.312	商代晚期	同上
□	0663	□爵	2.313	商代晚期	同上
□	1083	□甲卣蓋	3.172	商代晚期	同上
□	1230	□母癸盉	3.388	商代晚期	
□	1027	□壺	3.98	商代晚期	
□(丙)	0005	□鼎	1.7	商代晚期	
□	0006	□鼎	1.8	商代晚期	
□	0070	□父乙鼎	1.72	商代晚期	
□	0089	□父癸鼎	1.90	西周早期	
□	0373	□簋	1.441	商代晚期	陝西岐山縣帖家河
□	0747	□父辛爵	2.395	商代晚期	
□	0971	□父丁尊	3.31	西周早期	
□	1091	□父癸卣	3.179	商代晚期	
□	1129	司卣	3.223	西周早期	司的族徽
□	1149	義方彝	3.257	西周早期前段	義的族徽

族氏族徽	器　號	器　名	卷數頁碼	時　代	出土地（備注）
（符號）	1226	父癸盉	3.384	商代晚期	
（符號）	1228	父丙盉	3.386	西周早期	
（符號）	0072	父丁鼎	1.74	商代晚期	
（符號）	1015	義尊	3.76	西周早期前段	義的族徽
（符號）	0182	義鼎	1.183	西周早期前段	
（符號）	0183	義鼎	1.184	西周早期前段	
（符號）	0184	義鼎	1.184	西周早期前段	
（符號）	0862	父乙觚	2.514	商代晚期	
（符號）	0924	斝	2.581	商代晚期	
（符號）止	0693	止爵	2.343	商代晚期	
（符號）	1706	我子四筒器	4.374	西周早期	
（符號）	0015	鼎	1.17	商代晚期	
（符號）	0899	父丁觶	2.553	西周早期	
（符號）	0017	鼎	1.19	商代晚期	
（符號）	0826	觚	2.479	商代晚期	河南安陽市鐵三路
（符號）	1308	戈	3.546	商代晚期	山東濟南市劉家莊
（符號）	1309	戈	3.547	商代晚期	同上
（符號）	0832	觚	2.485	西周早期	湖北隨州市葉家山
（符號）	0925	斝	2.582	商代晚期	
（符號）	0926	斝	2.983	商代晚期	
（符號）	0928	斝甲	2.584	商代晚期	山西聞喜縣酒務頭
（符號）	0929	斝乙	2.585	商代晚期	同上
（符號）	1145	方彝	3.253	商代晚期	同上
（符號）	1152	觚甲	3.267	商代晚期	同上
（符號）	1153	觚乙	3.268	商代晚期	同上
（符號）	1164	罍	3.282	商代晚期	
（符號）	1165	罍	3.283	商代晚期	
（符號）	1289	鐃乙	4.518	商代晚期	
（符號）	1290	鐃丙	4.519	商代晚期	
（符號）	0019	鼎	1.21	商代晚期	
（符號）	0069	父乙鼎	1.71	商代晚期	
（符號）	0081	父乙鼎	1.83	西周早期	
（符號）	0827	觚	2.480	商代晚期	

族氏族徽	器　號	器　名	卷數頁碼	時　代	出土地(備注)
⛰口	0713	⛰口爵	2.361	商代晚期	
⚏	0044	⚏丁鼎	1.46	商代晚期	
⚏	0741	⚏祖己爵	2.389	商代晚期	
⛰中	0856	⛰中觚	2.508	商代晚期	
𦣻	0020	𦣻鼎	1.22	商代晚期	
𦣻	0701	𦣻父爵	2.350	商代晚期	
𦣻	0753	𦣻祖乙爵	2.399	西周早期	
𦣻	0888	𦣻觶	2.542	西周早期	
𦣻	0973	𦣻祖乙尊	3.33	西周早期後段	
𦣻	1089	𦣻父辛卣	3.178	商代晚期	
𦣻	1172	𦣻瓿	3.293	商代晚期	
𦣻◇	0778	𦣻◇父乙爵	2.424	西周早期	湖北隨州市葉家山
⊗	0374	⊗簋	1.442	商代晚期	
⊞	0375	⊞簋	1.443	商代晚期	
竹	0376	竹簋	1.444	商代晚期	
雀	0031	雀鼎	1.33	西周早期	
𣄴(冟)	0076	𣄴父癸鼎	1.78	商代晚期	
𣄴(冟)	0823	𣄴觚	2.476	商代晚期	
𣄴(冟)	0824	𣄴觚	2.477	商代晚期	
𣄴(冟)	1144	𣄴方彝	3.252	商代晚期	
箕	0704	箕乙爵	2.353	商代晚期	
箕	0845	箕己觚	2.498	商代晚期	
箕	0964	箕祖甲尊	3.24	商代晚期	
箕	0338	箕父辛甗	1.394	商代晚期	陝西寶雞市石鼓鎮
門	0642	門爵	2.293	商代晚期	
□	0664	□爵	2.314	商代晚期	
井	0665	井爵	2.315	商代晚期	河南安陽市鐵三路
人	0667	人爵	2.317	商代晚期	河南安陽市劉家莊
𠃌	0681	𠃌爵	2.331	西周早期	山東滕州市大韓村
彐	0690	彐父爵	2.340	商代晚期	
丙	0743	丙父丁爵	2.391	商代晚期	
丙	0948	丙尊	3.9	商代晚期	
𦨶	0828	𦨶觚	2.481	商代晚期	

族氏族徽	器　號	器　名	卷數頁碼	時　代	出土地（備註）
𢆉	0889	𢆉觶	2.543	商代晚期	
𤉡	0829	𤉡觚	2.482	商代晚期	
𤕨	0885	𤕨觶	2.539	商代晚期	
𤔅	1023	𤔅壺	3.94	商代晚期	
𤕰	1097	𤕰父乙卣	3.185	商代晚期	
𧽤	1300	𧽤戈	3.538	商代晚期	
中	1535	中矛	4.179	商代晚期	
𢎺（雋）	1126	矢卣	3.216	西周早期	矢的族徽
𠃌（刀）	0071	𠃌父乙鼎	1.73	商代晚期	
𠓜（鏃）	0846	𠓜己觚	2.499	商代晚期	
山△	0381	山△簋	1.449	商代晚期	
𢦏卒	0404	𢦏卒祖辛簋	1.471	西周早期	
丫大	0438	丫大簋	1.514	西周早期	陝西澄城縣柳泉村
木	0699	木爵	2.348	商代晚期	
𤕲	0958	𤕲尊	3.18	商代晚期	
◆𠃌	1009	◆𠃌尊	3.69	商代晚期	
𠂤𠃌	1110	𠂤𠃌父丁卣	3.199	西周早期	
𠤎口	0700	𠤎口爵	2.349	商代晚期	
▼殷	0897	▼殷觶	2.551	商代晚期	
𠕒卯	1079	𠕒卯卣	3.168	商代晚期	
丫龜	0955	丫龜尊	3.15	商代晚期	
◇單行	0740	◇單行爵	2.388	商代晚期	西安市灞橋區洪慶村
◇單行	0960	◇單行尊	3.20	商代晚期	河南安陽市劉家莊

二、人　名

人名首字筆畫檢字表

一畫

乙……………… 496

二畫

丁……………… 496
入……………… 496
乃……………… 497

三畫

干……………… 497
工……………… 497
大……………… 498
上……………… 499
凡……………… 499
子……………… 499
小……………… 499
己……………… 499
矢……………… 500

四畫

王……………… 500
夫……………… 500
云……………… 501
井……………… 501
不……………… 501
厷……………… 501
太……………… 501
犬……………… 501

五畫

少……………… 501
止……………… 501
中……………… 501
日……………… 501
内……………… 502
气……………… 502
牛……………… 502
毛……………… 502
从……………… 502
父……………… 502
公……………… 508
月……………… 508
欠……………… 508
文……………… 508
比……………… 509
尹……………… 509
孔……………… 509
卂……………… 509
弔……………… 509

五畫

井……………… 509
邘……………… 509
玉……………… 509
芳……………… 509
攷……………… 509
平……………… 509
去……………… 510
甘……………… 510

石……………… 510
右……………… 510
医……………… 510
戊……………… 510
戉……………… 510
邗……………… 510
目……………… 510
田……………… 510
册……………… 510
甲……………… 510
申……………… 511
史……………… 511
矢……………… 511
伩……………… 511
代……………… 511
白……………… 511
句……………… 511
市……………… 511
加……………… 511
司……………… 511
召……………… 512
母……………… 512
阪……………… 512
弁……………… 512

六畫

耒……………… 512
邦……………… 512
邢……………… 512

考……………… 513
寺……………… 513
朸……………… 513
西……………… 513
成……………… 513
东……………… 513
李……………… 513
夸……………… 513
夷……………… 513
吕……………… 513
同……………… 513
仲……………… 513
邜……………… 514
任……………… 514
自……………… 514
由……………… 514
仦……………… 514
多……………… 514
交……………… 514
亥……………… 514
州……………… 514
旨……………… 514
丞……………… 514

七畫

辰……………… 515
克……………… 515
攻……………… 515
芮……………… 515

邯	515	邵	519	侃	523	胡	525
杜	515	妝	520	兒	523	剌	525
杞	516	㲋	520	所	523	南	526
巫	516			周	523	鄗	526
豕	516			匊	524	脊	526
巠	516	**八畫**		狐	524	匽	526
臣	516	青	520	臿	524	刟	526
叵	516	長	520	服	524	造	526
困	516	武	520	离	524	畗	526
步	516	玟	520	舍	524	是	526
吳	516	者	520	命	524	昭	526
吹	516	羋	520	智	524	易	526
貝	516	坪	520	智	524	兒	526
邨	516	苟	521	京	524	鄁	526
肖	516	莽	521	夜	524	矩	526
每	516	苛	521	於	524	禹	526
我	516	芘	521	庚	524	侯	526
何	516	愕	521	疘	524	皇	526
伯	516	林	521	定	524	後	526
身	517	枚	521	洦	524	衍	526
孚	517	叀	521	沱	524	狢	527
余	517	述	521	帚	524	郯	527
狗	517	昔	521	屘	524	鄂	527
狣	518	事	521	孟	524	奄	527
兌	518	奎	521	妠	525	訇	527
免	518	奄	521	姑	525	胙	527
辛	518	炅	521	姐	525	戜	527
汋	518	尚	521	甾	525	美	527
宋	518	固	521	居	525	差	527
冶	518	㚄	521	函	525	逆	527
沁	519	虎	521			宣	527
祄	519	叔	521	**九畫**		宮	527
姒	519	迪	522	春	525	窑	527
妊	519	果	522	壴	525	洛	527
㠯	519	昌	522	郖	525	祖	527
夆	519	昆	522	相	525	昶	528
弢	519	季	522	城	525	弭	528
即	519	邾	523	柍	525	姑	528
		牧	523				

癸	528	胯	531	鄂	534	張	537
鄐	528	逢	532	剌	535	紳	537
幽	529	衰	532	酓	535	絑	537
		郭	532	圓	535		

十畫

十二畫

		旅	532	過	535		
秦	529	唐	532	救	535	斌	537
敖	529	益	532	售	535	琱	537
晉	529	宰	532	偃	535	越	537
埒	529	剞	532	進	535	斯	537
恭	529	凌	532	得	535	董	538
都	529	海	532	從	535	軸	538
桓	529	浹	532	禽	535	喪	538
格	529	冢	532	脩	535	惠	538
專	529	姬	532	敨	535	雯	538
逋	529	甬	532	祒	535	防	538
軑	529	犀	532	欲	535	暜	538
奔	530	陳	532	象	535	黑	538
圂	530	隆	533	魚	535	景	538
原	530	阮	533	祭	535	單	538
喬	530	真	533	章	535	遄	538
晉	530	書	533	産	536	牺	538
或	530	妻	533	許	536	智	538
烑	530	孫	533	率	536	稍	538
毌	530	紐	533	商	536	毳	538
晏	530			庶	536	黿	538
叔	530	**十一畫**		寅	536	無	538
畢	530			黔	536	衆	538
時	530	黃	533	淳	536	番	538
乘	530	萯	533	湪	536	飲	538
倡	530	逨	533	啟	536	詔	538
倗	530	盦	533	陽	536	遊	539
師	531	頇	533	陯	536	善	539
蒒	531	啻	533	陛	536	曾	539
郳	531	郔	534	敢	536	寏	540
徣	531	敳	534	婦	536	湟	540
息	531	啟	534	閉	536	湯	540
徐	531	盧	534	晨	536	發	540
郤	531	虏	534	廖	537	隆	540

屌 …… 540	槀 …… 542	艁 …… 545	魯 …… 548
瞀 …… 540	雍 …… 542	齊 …… 545	穌 …… 548
媿 …… 540	慎 …… 542	慶 …… 545	劉 …… 548
畫 …… 540	鄩 …… 542	康 …… 545	褒 …… 548
聞 …… 540	豢 …… 542	養 …… 545	諸 …… 548
閔 …… 540	義 …… 542	榮 …… 545	鄭 …… 548
	敨 …… 543	鄭 …… 545	濮 …… 548
十三畫	墜 …… 543	裏 …… 546	潘 …… 548
	鄝 …… 543	肇 …… 546	兼 …… 548
鼓 …… 540	羣 …… 543	猷 …… 546	舉 …… 548
嗀 …… 540	聞 …… 543	疑 …… 546	樂 …… 548
趄 …… 541	槃 …… 543	縮 …… 546	
槐 …… 541		鄧 …… 546	**十六畫**
楸 …… 541	**十四畫**	隆 …… 546	
楛 …… 541		隨 …… 546	隸 …… 548
嗇 …… 541	嘉 …… 543	僗 …… 546	趚 …… 548
訴 …… 541	壽 …… 543	臧 …… 546	歕 …… 548
買 …… 541	趙 …… 543		薹 …… 548
聖 …… 541	蔡 …… 544	**十五畫**	薛 …… 549
蓐 …… 541	蓼 …… 544		燕 …… 549
楚 …… 541	寠 …… 544	慧 …… 547	遠 …… 549
裘 …… 541	墉 …… 544	璋 …… 547	噩 …… 550
雷 …… 541	瑪 …… 544	頡 …… 547	醜 …… 550
嗌 …… 542	厲 …… 544	樛 …… 547	頤 …… 550
尗 …… 542	監 …… 544	靫 …… 547	盧 …… 550
蜀 …… 542	敷 …… 544	剾 …… 547	膚 …… 550
遣 …… 542	需 …… 544	摌 …… 547	舝 …… 550
蛑 …… 542	宲 …… 544	播 …… 547	縣 …… 550
筭 …… 542	雌 …… 544	嶽 …… 547	穆 …… 550
傳 …… 542	暴 …… 544	豎 …… 547	興 …… 550
敊 …… 542	鄹 …… 544	賢 …… 547	錡 …… 550
艅 …… 542	鄆 …… 544	德 …… 547	鮱 …… 550
與 …… 542	覞 …… 544	衛 …… 547	襄 …… 550
賃 …… 542	遯 …… 544	禥 …… 547	韋 …… 551
會 …… 542	筤 …… 545	澂 …… 547	龍 …… 551
領 …… 542	僅 …… 545	墣 …… 547	嬴 …… 551
衙 …… 542	僕 …… 545	虢 …… 547	寰 …… 551
微 …… 542	閵 …… 545	嶜 …… 547	濩 …… 551
徫 …… 542	獄 …… 545	滕 …… 547	縞 …… 551

雄⋯⋯⋯⋯⋯ 551
顙⋯⋯⋯⋯⋯ 551
隰⋯⋯⋯⋯⋯ 551
彊⋯⋯⋯⋯⋯ 551

十七畫

騈⋯⋯⋯⋯⋯ 551
嚜⋯⋯⋯⋯⋯ 551
藋⋯⋯⋯⋯⋯ 551
趨⋯⋯⋯⋯⋯ 551
韓⋯⋯⋯⋯⋯ 551
鄼⋯⋯⋯⋯⋯ 552
鄔⋯⋯⋯⋯⋯ 552
嬰⋯⋯⋯⋯⋯ 552
嶧⋯⋯⋯⋯⋯ 552
膡⋯⋯⋯⋯⋯ 552
嚞⋯⋯⋯⋯⋯ 552
襄⋯⋯⋯⋯⋯ 552
應⋯⋯⋯⋯⋯ 552
蹇⋯⋯⋯⋯⋯ 552
濫⋯⋯⋯⋯⋯ 552
鴻⋯⋯⋯⋯⋯ 552
嫻⋯⋯⋯⋯⋯ 552

十八畫

豐⋯⋯⋯⋯⋯ 552

鼇⋯⋯⋯⋯⋯ 552
器⋯⋯⋯⋯⋯ 552
獸⋯⋯⋯⋯⋯ 553
鄤⋯⋯⋯⋯⋯ 553
壂⋯⋯⋯⋯⋯ 553
夐⋯⋯⋯⋯⋯ 553
旛⋯⋯⋯⋯⋯ 553
濾⋯⋯⋯⋯⋯ 553

十九畫

嚚⋯⋯⋯⋯⋯ 553
蘇⋯⋯⋯⋯⋯ 553
蘭⋯⋯⋯⋯⋯ 553
麗⋯⋯⋯⋯⋯ 553
譙⋯⋯⋯⋯⋯ 553
韒⋯⋯⋯⋯⋯ 553
蘪⋯⋯⋯⋯⋯ 553
鼃⋯⋯⋯⋯⋯ 553
繠⋯⋯⋯⋯⋯ 553
鯩⋯⋯⋯⋯⋯ 553

二十畫

覿⋯⋯⋯⋯⋯ 554
露⋯⋯⋯⋯⋯ 554
羅⋯⋯⋯⋯⋯ 554
競⋯⋯⋯⋯⋯ 554

鄭⋯⋯⋯⋯⋯ 554
竇⋯⋯⋯⋯⋯ 554

二十一畫

櫻⋯⋯⋯⋯⋯ 554
鷫⋯⋯⋯⋯⋯ 554
霸⋯⋯⋯⋯⋯ 554
露⋯⋯⋯⋯⋯ 555
竈⋯⋯⋯⋯⋯ 555

二十二畫

矔⋯⋯⋯⋯⋯ 555
聽⋯⋯⋯⋯⋯ 555
鑄⋯⋯⋯⋯⋯ 555
轡⋯⋯⋯⋯⋯ 555
孿⋯⋯⋯⋯⋯ 555

二十三畫

竄⋯⋯⋯⋯⋯ 555
欒⋯⋯⋯⋯⋯ 555
霽⋯⋯⋯⋯⋯ 555

二十四畫

矗⋯⋯⋯⋯⋯ 555
矙⋯⋯⋯⋯⋯ 555

二十五畫以上

彝⋯⋯⋯⋯⋯ 556
囅⋯⋯⋯⋯⋯ 556
驪⋯⋯⋯⋯⋯ 556
釁⋯⋯⋯⋯⋯ 556
矘⋯⋯⋯⋯⋯ 556
矕⋯⋯⋯⋯⋯ 556

首字不能隸定者

弓⋯⋯⋯⋯⋯ 556
唀⋯⋯⋯⋯⋯ 556
兟⋯⋯⋯⋯⋯ 556
尹⋯⋯⋯⋯⋯ 556
坐⋯⋯⋯⋯⋯ 556
坐⋯⋯⋯⋯⋯ 556
觽⋯⋯⋯⋯⋯ 556
弓⋯⋯⋯⋯⋯ 556

人 名 索 引

一 畫

人名	器號	器名	卷數頁碼	時代	備注
乙	0041	冉乙鼎	1.43	商代晚期	冉族的長輩
乙	0061	天黿乙鼎	1.63	商代晚期	天黿族的長輩
乙	0065	亞𠂤乙鼎	1.67	商代晚期	亞𠂤族的長輩
乙	0077	亞𫖯乙鼎	1.79	商代晚期	亞𫖯族的長輩
乙	0144	韋亞乙鼎	1.146	商代晚期	韋亞族的長輩
乙	0335	冉乙甗	1.391	商代晚期	冉族的長輩
乙	0685	參乙爵	2.335	商代晚期	參族的長輩
乙	0704	𡨥乙爵	2.253	商代晚期	𡨥族的長輩
乙	0714	齒乙爵	2.362	商代晚期	齒族的長輩
乙	0749	宕臣乙爵	2.396	商代晚期	宕臣族的長輩
乙	1008	亞覃尊	3.68	商代晚期	亞覃族的長輩
乙	1104	明亞寏乙卣	3.192	商代晚期	明亞寏族的長輩
乙公	0166	伯鼎	1.167	西周早期後段	某伯的長輩
乙侯	1019	壽絽尊	3.84	商代晚期	壽絽的長輩

二 畫

人名	器號	器名	卷數頁碼	時代	備注
丁	0042	冉丁鼎	1.44	商代晚期	冉族的長輩
丁	0043	墉丁鼎	1.45	商代晚期	墉族的長輩
丁	0044	𡈼丁鼎	1.46	商代晚期	𡈼族的長輩
丁	0063	女子丁鼎	1.65	商代晚期	汝子族的長輩
丁	0907	木子丁觶	2.561	西周早期	木子的長輩
丁	0913	女子丁觶	2.568	商代晚期	汝子族的長輩
丁犀	0253	丁犀鼎	1.262	西周晚期	
入史	0525	內史盨	2.91	西周中期	即內史

人名	器號	器名	卷數頁碼	時代	備注
乃子趯	1703	乃子趯器	4.371	西周早期	

三　畫

人名	器號	器名	卷數頁碼	時代	備注
干母	0053	干母鼎	1.55	西周早期前段	
工中	1528	燕王詈戈	4.168	戰國晚期	名中,燕國冶鑄工匠
工云	1525	蜀假守竈戈	4.162	戰國晚期	名云,秦冶鑄工室工匠
工卒	1767	匽氏鋼刀甲	4.451	戰國晚期	名卒,秦咸陽的工匠
工成	1516	相邦呂不韋戈	4.154	戰國晚期	名成,秦冶鑄工室工匠
工閒	1603	代相趙敢鈹	4.252	戰國晚期	名閒,代國冶鑄工匠
工寅	1526	相邦呂不韋戈	4.165	戰國晚期	名寅,秦冶鑄工室工匠
工陽	0258	相邦義鼎	1.269	戰國晚期	名陽,秦咸陽冶鑄工匠
工後	1502	屬邦守薄戈	4.140	戰國晚期	名後,秦國冶鑄工匠
工聞	1505	相邦樛斿戈	4.142	戰國中期	名聞,秦國櫟陽冶鑄工
工豎	1509	燕王詈戈	4.146	戰國晚期	名豎,燕國冶鑄工匠
工慧	1639	少府工慧鐓	4.292	戰國晚期	名慧,秦國少府的工匠
工尹青	1509	燕王詈戈	4.146	戰國晚期	名青,擔任燕國工尹
工尹臣其	1528	燕王詈戈	4.168	戰國晚期	名臣其,擔任燕國工尹
工室建	1502	屬邦守薄戈	4.140	戰國晚期	名建,任秦國工室長
工師上	0359	公乘斯瓿	1.417	戰國晚期	秦國冶鑄作坊的工師
工師田	0258	相邦義鼎	1.269	戰國晚期	名田,秦咸陽冶鑄工師
工師宋	1517	襄令陽儓戈	4.155	戰國晚期	名宋,魏懷縣冶鑄工師
工師庶	1768	匽氏鋼刀乙	4.452	戰國晚期	名庶,秦國邦工師
工師綝	1498	蕩陰令戈	4.136	戰國中期	名綝,魏蕩陰縣工師
工師敖	1640	公乘斯戈鐓	4.293	戰國晚期	名敖,某國冶鑄工師
工師櫻	0250	邢丘令秦鼎	1.259	戰國中期	名櫻,魏國冶鑄工師
工師馆	1495	東陽上庫戈	4.133	戰國晚期	名馆,趙東陽上庫工師
工師何	1496	孳陽嗇夫蛮戈	4.134	戰國晚期	名何,孳陽縣工師
工師杴	1500	上洛左庫戈	4.238	戰國晚期	名杴,魏國上洛縣工師
工師事	1595	下庫鈹	4.242	戰國晚期	名事,趙國下庫工師
工師産	1508	雍丘令炕戈	4.145	戰國中期	名産,魏雍丘縣的工師
工師𤜚	1513	邦嗇夫蒠戈	4.150	戰國中期	名𤜚,邦縣工師

人名	器號	器名	卷數頁碼	時代	備注
工師駬	1511	廿三年戈	4.148	戰國晚期	名駬，魏國丘□縣工師
工師毥敬	1607	邦御令露疸鈹	4.257	戰國晚期	名毥敬，趙國工師
工師任叓	1506	疢曹令狐嗇戈	4.143	戰國晚期	名任叓，疢曹縣工師
工師苛狄	1515	吳邡令戟	4.153	戰國晚期	名苛狄，韓吳邡縣工師
工師雯敬	1504	梁大令韓譙戈	4.142	戰國晚期	名雯敬，韓梁邑工師
工師夜昏	1512	辛市令邯鄲㘴戈	4.149	戰國晚期	名夜昏，韓辛市縣工師
工師喪弜	1522	封氏令王僕戈	4.159	戰國晚期	名喪弜，趙封氏縣工師
工師趙臣	1606	代相樂宸鈹	4.256	戰國晚期	名趙臣，代國冶鑄工師
工師於皀	1601	槀良鈹	4.250	戰國晚期	名於皀，趙國某縣工師
工師海樊	1603	代相趙敢鈹	4.252	戰國晚期	名海樊，代國冶鑄工師
工師孫疋	1609	邦司寇趙厷鈹	4.259	戰國晚期	名孫疋，趙國下庫工師
工師鄟亐	1615	邦司寇趙厷鈹	4.266	戰國晚期	名鄟亐，趙國下庫工師
工師軏遀	1649	武城令董絈弩機	4.306	戰國晚期	名韓遀，趙武城縣工師
工師張忎	1651	邛令時印距末	4.308	戰國晚期	名張忎，邛縣冶鑄工師
工師發犀	1651	邛令時印距末	4.308	戰國晚期	名發犀，邛縣冶鑄工師
工師尹人犀	1520	□陽令佐葦帀戈	4.157	戰國晚期	□陽縣冶鑄工師
工師張續銰	1616	上成府假令張坤鈹	4.267	戰國晚期	名張續銰，趙上庫工師
工大人逆	0258	相邦義鼎	1.269	戰國晚期	名逆，秦咸陽冶鑄工長
大子	0450	太子簋甲	1.527	西周晚期	即太子，其母爲公姬
大子	0451	太子簋乙	1.528	西周晚期	同上
大姬	0198	王子鼎	1.198	西周中期前段	某國王子的夫人
大絞	1475	遉各戈	4.112	春秋早期	
大保	0078	大保鼎	1.80	西周早期前段	即太保，召公奭
大保	0079	大保鼎	1.81	西周早期前段	同上
大保	0289	大保禹	1.324	西周早期前段	同上
大保	0898	大保觶	2.552	西周早期前段	同上
大曾文	1199	叔虤盤	3.339	春秋中期後段	叔虤祖父
大保都	0206	大保都鼎	1.207	西周早期	即太保都
大保都	1187	大保都盤	3.324	西周早期	同上
大保匽仲	1259	大保匽仲匜	3.430	西周晚期	即太保匽仲
大師盧	0545	大師盧盨	2.123	西周中期前段	即太師盧
大史孔	1065	宋大史孔壺	3.144	春秋早期	即太史孔
大司馬彊	1216	郘大司馬彊盤	3.365	春秋晚期	名彊，郘國大司馬

人名	器號	器名	卷數頁碼	時代	備注
大司馬彊	1260	郘大司馬彊匜	3.432	春秋晚期	名彊，郘國大司馬
大司馬得	1468	滕大司馬得戈	4.104	戰國晚期	名得，滕國大司馬
上	0359	公乘斯甗	1.417	戰國晚期	秦國冶鑄作坊的工師
上郡守匽	1767	匽氏鋼刀甲	4.451	戰國晚期	即匽氏，秦上郡郡守
上郡守凌	1519	上郡守凌戈	4.157	戰國晚期	名凌，秦上郡郡守
上郡守慶	1524	上郡守慶戈	4.161	戰國晚期	名慶，秦上郡郡守
上郡守綰	1529	上郡守綰戈	4.170	戰國晚期	名綰，秦上郡郡守
上郡守錡	1571	二年上郡守錡矛	4.216	戰國晚期	名錡，秦上郡郡守
上郡守錡	1572	三年上郡守錡矛	4.217	戰國晚期	同上
上都公就	1212	上都公盤	3.357	春秋早期	名就，上都公
凡父	0596	凡父鋪	2.227	西周中期	
子	0613	子盂	2.251	西周中期	
子白	0245	虢季子白鼎	1.251	西周晚期	虢季氏
子長	0320	子長鬲	1.366	春秋早期	
子長	0321	子長鬲	1.368	春秋早期	
子臭	0286	子臭鬲	1.321	商代晚期	
子鈠	0263	虢文公子鈠鼎	1.276	西周晚期	虢文公之子
子組	1214	虢季氏子組盤	3.362	西周晚期	虢季氏
子𣎳	0577	黄君子𣎳簋	2.185	西周晚期	黄國國君
子玵	1418	子玵戈	4.52	戰國早期	
子傳	1251	子傳匜	3.417	西周晚期	鄭邢伯之小子
子遣	1213	子遣盤	3.310	春秋晚期	
子壽	1404	子壽戈	4.37	春秋早期	
子越	1210	雌盤	3.354	春秋晚期	蔡莊公之子，雌之父
子龍	1324	子龍戈	3.563	商代晚期	
子禾子	1462	子禾子戈	4.98	戰國早期	戰國齊人
子孔宜	0505	子孔宜簋	2.35	春秋晚期	某國武公之孫
子印辠	1343	子印辠戈	3.582	商代晚期	
子蔡子	1469	子蔡子戟戟	4.105	戰國晚期	
小臣系	1766	小臣系石簋	4.448	商代晚期	名系，商王朝小臣
己	0045	叚己鼎	1.47	商代晚期	叚族親屬
己	0062	天黽己鼎	1.64	商代晚期	天黽族親屬
己	0750	秉干己爵	2.397	商代晚期	秉干族親屬

人名	器號	器名	卷數頁碼	時代	備注
己	0844	象己觚	2.497	商代晚期	象族親屬
己	0845	𠬝己觚	2.498	商代晚期	𠬝族親屬
己	0846	个己觚	2.499	商代晚期	个族親屬
己	1080	冉己卣	3.169	商代晚期	冉族親屬
己女	1518	羕陵工尹戈	4.156	戰國晚期	楚國養陵工匠
己公	0169	夸鼎	1.170	西周中期	夸的長輩
夨伯	1328	夨伯戈	3.567	西周早期	夨國族首領
夨叔牂父	1257	夨叔牂父匜	3.426	西周晚期	字牂父，夨國公族

四 畫

人名	器號	器名	卷數頁碼	時代	備注
王	0305	王鬲	1.340	西周晚期	某周王
王子	0198	王子鼎	1.198	西周中期前段	某國王子
王后	1061	王后鈁	3.138	戰國晚期	某國國君后妃
王佗	1722	邵陰下官銅釦	4.392	戰國晚期	魏國皮嗇夫
王姬	0499	生毆君厲州慶簋	2.19	西周晚期	王室之女厲州慶的夫人
王姒	0483	昔雞簋甲	1.578	西周早期後段	周王王妃
王姒	0484	昔雞簋乙	1.580	西周早期後段	同上
王姊	0363	芮伯甗	1.423	西周早期	即皇姊，芮伯的姐姐
王得	1377	王得戈	4.11	春秋中期	
王遴(僕)	1522	封氏令王僕戈	4.159	戰國晚期	趙國封氏縣令
王子于	1457	王子于戈	4.93	春秋晚期	名于，吴國王子
王子臣	1406	王子臣戈	4.39	春秋晚期	
王子臣	1407	王子臣戟	4.42	春秋晚期	
王子虎	1434	王子虎戈	4.68	春秋晚期	
王子虎	1593	王子虎劍	4.240	春秋晚期	
王子寅	1401	王子寅戈	4.34	春秋早期	
王季姜	0597	王季姜鋪甲	2.228	西周晚期	某周王后妃
王季姜	0598	王季姜鋪乙	2.229	西周晚期	同上
王孫保尼	1452	王孫保尼戈	4.87	春秋早期	
夫差	1591	句吴王夫差劍	4.238	春秋晚期	吴國國王
夫差	1592	句吴王夫差劍	4.239	春秋晚期	同上

人名	器號	器名	卷數頁碼	時代	備注
夫人縞	0176	夫人縞鼎	1.177	春秋晚期	名縞,曾君夫人
夫人縞	1236	夫人縞盉	3.395	春秋晚期	同上
云	1525	蜀假守竈戈	4.162	戰國晚期	秦冶鑄工室工匠
井皇姬	1038	邢皇姬壺	3.109	春秋早期	即邢皇姬
不光	1611	越王不光劍	4.261	戰國中期	即越王翳
不誨	1570	不誨矛	4.214	戰國時期	
厷伯	0413	厷伯簋	1.480	西周中期前段	
厷伯	0417	厷伯簋	1.481	西周中期前段	
厷伯康	0185	厷伯康鼎	1.185	西周中期前段	名康,厷氏大宗宗子
太子	0450	太子簋甲	1.527	西周晚期	某國太子,其母爲公姬
太子	0451	太子簋乙	1.528	西周晚期	同上
太保	0078	大保鼎	1.80	西周早期前段	即召公奭
太保	0079	大保鼎	1.81	西周早期前段	同上
太保	0289	大保鬲	1.324	西周早期前段	同上
太保	0898	大保觶	2.552	西周早期前段	同上
太保都	0206	大保都鼎	1.207	西周早期	名都,太保氏
太保都	1187	大保都盤	3.324	西周早期	同上
太保医仲	1259	大保医仲匜	3.430	西周晚期	医仲,太保氏
太史孔	1065	宋大史孔壺	3.144	春秋早期	名孔,宋國太史
太師虘	0545	太師虘盨	2.123	西周中期前段	名虘,任周王朝太師之職
犬伯	0941	犬伯斝	2.597	西周早期	
少司馬癸	1051	少司馬癸壺甲	3.122	戰國中期	名癸,擔任某國少司馬
少司馬癸	1052	少司馬癸壺乙	3.124	戰國中期	同上
止犬	0150	止犬鼎	1.152	西周早期	
中	1528	燕王詈戈	4.168	戰國晚期	燕國的冶鑄工匠
中均痘	1523	文鋝令賈妝戈	4.160	戰國早期	文鋝縣上庫工師
中小臣車	0145	中小臣車鼎	1.147	商代晚期	名車,任商朝中小臣之職
中小臣陡	0266	中小臣陡鼎	1.280	西周早期前段	名陡,周王朝中小臣
中都僕公	1454	中都僕公戈	4.89	春秋中期	楚國中都封邑君
中都僕公	1455	中都僕公戈	4.91	春秋中期	同上
日丁	0193	弜鼎	1.193	西周早期前段	弜的祖父
日戊	0453	師姬彭鼎	1.630	西周早期	師姬彭的亡夫
日庚	1021	肇尊	3.88	西周中期前段	肇的親屬

人名	器　號	器　名	卷數頁碼	時　代	備　注
日辛	0113	母竷日辛鼎	1.114	商代晚期	母竷族的親屬
日辛	0401	母竷日辛簋	1.468	商代晚期	同上
日辛	0807	母竷日辛角	2.457	商代晚期	同上
日辛	0808	母竷日辛角	2.458	商代晚期	同上
日辛	0809	母竷日辛角	2.459	商代晚期	同上
日辛	0909	母竷日辛觶	2.563	商代晚期	同上
日辛	0981	母竷日辛尊	3.41	商代晚期	同上
日辛	1008	亞覃乙尊	3.68	商代晚期	亞覃族的長輩
日癸	1009	◆乀尊	3.69	商代晚期	◆乀族的長輩
日癸	1134	頧卣	3.228	西周早期	頧的夫人季姬的日名
日癸	1703	乃子趫器	4.371	西周早期	趫的父親
内史	0297	内史鼎	1.332	西周早期	西周早期内史,名不詳
内史	0525	内史盨	2.91	西周中期	西周中期内史,名不詳
气	1220	霸姬盤	3.374	西周中期	霸姬與其訴訟
牛生	0470	牛生簋甲	1.551	西周中期	
牛生	0471	牛生簋乙	1.553	西周中期	
毛虢父	0489	毛虢父簋	1.591	西周晚期	毛國族人,字虢父
毛百父	0558	毛百父簋	2.148	春秋早期	毛國族人,字百父
从	0418	从簋	1.485	西周早期	
父甲	0186	盧鼎	1.186	西周中期	盧的父親
父甲	0915	亞曩吳父甲觶	2.570	西周早期	亞曩吳族的父輩
父甲	1032	亞高父甲壺	3.103	西周早期前段	亞高族的父輩
父乙	0069	舍父乙鼎	1.71	商代晚期	舍族的父輩
父乙	0070	闪父乙鼎	1072	商代晚期	闪族的父輩
父乙	0071	乀父乙鼎	1.73	商代晚期	乀族的父輩
父乙	0081	舍父乙鼎	1.83	西周早期	舍族的父輩
父乙	0082	堯父乙鼎	1.84	西周早期	堯族的父輩
父乙	0083	冉父乙鼎	1.85	西周早期	冉族的父輩
父乙	0108	耴日父乙鼎	1.109	商代晚期	耴日族的父輩
父乙	0109	母弔父乙鼎	1.110	商代晚期	母弔族的父輩
父乙	0127	牧正父乙鼎	1.128	西周早期	牧正族的父輩
父乙	0182	義鼎	1.183	西周早期前段	義的父親,族徽爲闪
父乙	0183	義鼎	1.184	西周早期前段	同上

人名	器　號	器　名	卷數頁碼	時　代	備　注
父乙	0184	義鼎	1.184	西周早期前段	義的父親,族徽爲⌂
父乙	0195	史伏簋	1.195	西周早期	史伏的父親
父乙	0207	冉蠱鼎	1.208	西周早期	蠱的父親
父乙	0269	善鼎	1.284	西周早期	善的父親
父乙	0386	巽父乙鼎	1.453	商代晚期	巽族的父輩
父乙	0391	㢭父乙簋	1.458	西周早期前段	㢭族的父輩
父乙	0422	㚖簋	1.489	西周中期	㚖族的父輩
父乙	0460	⺇簋	1.540	西周早期	⺇的父親
父乙	0757	枚父乙爵	2.403	西周早期	枚族的父輩
父乙	0758	戈父乙爵	2.404	西周早期	戈族的父輩
父乙	0771	亞矢父乙爵	2.417	商代晚期	亞矢族的父輩
父乙	0778	宀◇父乙爵	2.424	西周早期	宀◇族的父輩
父乙	0782	亞禽示父乙爵	2.429	商代晚期	亞禽示族的父輩
父乙	0783	鯀爵	2.430	西周早期	鯀的父親
父乙	0786	亞吳父乙爵	2.434	西周早期	亞吳族的父輩
父乙	0794	何父爵	2.441	西周早期	何父的父親
父乙	0804	爻父乙角	2.454	商代晚期	爻族的父輩
父乙	0806	亞疑父乙角	2.456	商代晚期	亞疑族的父輩
父乙	0861	孟父乙觚	2.513	商代晚期	孟族的父輩
父乙	0862	冈父乙觚	2.514	商代晚期	冈族的父輩
父乙	0874	冉父乙觚	2.525	西周早期	冉族的父輩
父乙	0883	墨觚	2.524	西周早期	墨的父親,族氏是"飢册"
父乙	0884	羿奻觚	2.525	西周早期前段	羿奻父親
父乙	0914	犬▨册父乙觶	2.569	商代晚期	犬▨册族的父輩
父乙	0940	天黽父乙斝	2.596	商代晚期	天黽族的父輩
父乙	0965	屰父乙尊	3.25	商代晚期	屰族的父輩
父乙	0969	戈父乙尊	3.29	西周早期	戈族的父輩
父乙	0977	子父乙尊	3.37	西周早期	子族的父輩
父乙	0986	栻爰父乙尊	3.46	西周早期	栻爰族的父輩
父乙	0989	告田父乙尊	3.49	西周早期	告田族的父輩
父乙	1010	宣尊	3.70	西周早期	宣的父親,族氏爲亞束
父乙	1015	義尊	3.76	西周早期前段	義的父親,族徽爲⌂
父乙	1033	告田父乙壺	3.104	西周早期	告田族的父輩

人名	器　號	器　名	卷數頁碼	時　代	備　注
父乙	1036	臣辰𝈀父乙壺	3.107	西周早期	臣辰𝈀族的父輩
父乙	1095	戈父乙卣	3.183	西周早期	戈族的父輩
父乙	1097	𝈀父乙卣	3.185	商代晚期	𝈀族的父輩
父乙	1103	天豕父乙卣	3.191	商代晚期	天豕族的父輩
父乙	1112	子旽父乙卣	3.201	西周早期	子旽族的父輩
父乙	1128	召卣	3.218	西周早期	召的父親，族徽爲子廁
父乙	1132	伋卣	3.226	西周早期	伋的父親，族徽爲“冀亞”
父乙	1149	義方彝	3.257	西周早期前段	義的父親，族徽爲𝈀
父乙	1171	天黽父乙罍	3.290	商代晚期	天黽族的父輩
父乙	1194	步盤	3.333	西周早期	步的父親
父乙	1217	苟盤	3.367	西周中期前段	玉苟的父親
父乙	1227	交父乙盉	3.385	西周早期	交族的父輩
父乙	1231	耶寶父乙盉	3.889	商代晚期	耶寶族的父輩
父乙	1243	苟盉	3.404	西周中期前段	玉苟的父親
父乙	1700	亞諆父乙器	4.370	西周早期	亞諆族的父輩
父丙	0759	弔父丙爵	2.405	西周早期	弔族的父輩
父丙	1228	𝈀父丙盉	3.386	西周早期	𝈀族的父輩
父丁	0072	𝈀父丁鼎	1.74	商代晚期	𝈀族的父輩
父丁	0073	子父丁鼎甲	1.75	商代晚期	子族的父輩
父丁	0074	子父丁鼎乙	1.76	商代晚期	同上
父丁	0085	壴父丁鼎	1.87	西周早期	壴族的父輩
父丁	0086	子父丁鼎	1.88	西周早期	子族的父輩
父丁	0087	子父丁鼎	1.89	西周早期	同上
父丁	0088	曑父丁鼎	1.90	西周早期	曑族的父輩
父丁	0110	天黽父丁鼎	1.111	商代晚期	天黽族的父輩
父丁	0111	鄉宁父丁鼎	1.112	商代晚期	鄉宁族的父輩
父丁	0112	亞奴父丁鼎	1.113	商代晚期	亞奴族的父輩
父丁	0114	亞醜父丁鼎	1.115	西周早期	亞醜族的父輩
父丁	0151	藝父丁鼎	1.154	西周早期後段	藝族的父輩
父丁	0393	戈父丁鼎	1.460	西周早期	戈族的父輩
父丁	0743	內父丁爵	2.391	商代晚期	內族的父輩
父丁	0744	癸父丁爵	2.392	商代晚期	癸族的父輩
父丁	0760	中父丁爵	2.406	西周早期前段	中族的父輩

人名	器　號	器　名	卷數頁碼	時　代	備　注
父丁	0761	庚父丁爵	2.407	西周早期前段	庚族的父輩
父丁	0762	史父丁爵	2.408	西周早期	史族的父輩
父丁	0763	子父丁爵	2.409	西周早期	子族的父輩
父丁	0772	亞盉父丁爵	2.418	商代晚期	亞盉族的父輩
父丁	0790	昔雞爵甲	2.437	西周早期後段	昔雞的父親
父丁	0791	昔雞爵乙	2.438	西周早期後段	同上
父丁	0863	豕父丁觚	2.515	商代晚期	豕族的父輩
父丁	0865	𢀖父丁觚	2.516	商代晚期	𢀖族的父輩
父丁	0899	𣪘父丁觶	2.553	西周早期	𣪘族的父輩
父丁	0912	析父乙觚	3.566	西周中期前段	析族的父輩
父丁	0917	昔雞觶	2.572	西周早期後段	昔雞的父親
父丁	0935	冉父丁罍	2.591	商代晚期	冉族的父輩
父丁	0936	史父丁罍	2.592	商代晚期	史族的父輩
父丁	0971	𠀟父丁尊	3.31	西周早期	𠀟族的父輩
父丁	1002	子刀尊	3.62	西周早期	子刀族的父輩
父丁	1007	衛尊	3.67	西周中期	衛的父親
父丁	1012	刿尊	3.71	西周早期	刿的父親，族氏爲"𦅬册"
父丁	1016	昔雞尊	3.78	西周早期後段	昔雞的父親
父丁	1088	史父丁卣	3.177	商代晚期	史族的父輩
父丁	1098	冉父丁卣	3.186	西周早期後段	冉族的父輩
父丁	1105	亞離示父丁卣	3.193	商代晚期	亞離示族的父輩
父丁	1106	亞糞父丁卣	3.195	商代晚期	亞糞族的父輩
父丁	1110	𥉑㇟父丁卣	3.199	西周早期	𥉑㇟族的父輩
父丁	1131	刿卣	3.224	西周早期	刿的父親，族氏爲"𦅬册"
父丁	1136	寫男卣	3.233	西周中期前段	寫男的父親
父丁	1138	昔雞卣	3.238	西周早期後段	昔雞的父親
父丁	1229	山父丁盉	3.387	西周早期前段	山族的父輩
父丁	1698	裸丼父丁器	4.369	商代晚期	裸丼族的父輩
父戊	0090	山父戊鼎	1.91	西周早期	山族的父輩
父戊	0436	子簋	1.512	西周早期	子族的父輩
父戊	0764	貝父戊爵	2.410	西周早期	貝族的父輩
父戊	0805	宄父戊角	2.455	西周早期	宄族的父輩
父戊	1087	及父戊卣	3.176	商代晚期	及族的父輩

人名	器　號	器　名	卷數頁碼	時　代	備　注
父己	0075	甪父己鼎	1.77	商代晚期	甪族的父輩
父己	0129	耒鼎	1.130	西周中期前段	耒的父親
父己	0385	嘵父己簋	1.452	商代晚期	嘵（剴）族的父輩
父己	0387	天父己簋	1.454	商代晚期	天族的父輩
父己	0745	戈父己爵	2.393	商代晚期	戈族的父輩
父己	0746	戈父己爵	2.394	商代晚期	同上
父己	0765	戈父己爵	2.411	西周早期前段	同上
父己	0766	面父己爵	2.412	西周早期	面族的父輩
父己	0785	牵父己爵	2.433	西周早期	牵族的父輩
父己	0869	戈父己觚	2.520	商代晚期	戈族的父輩
父己	0875	子鼻父己觚	2.526	商代晚期	子鼻族的父輩
父己	0900	戈父己觶	2.554	西周早期前段	戈族的父輩
父己	0901	亞父己觶	2.555	西周早期	亞族的父輩
父己	0910	子婦父己觶	2.564	西周早期	子婦族的父輩
父己	0937	戈父己斝	2.593	商代晚期	戈族的父輩
父己	0961	𢂉父己尊	3.21	商代中期	𢂉族的父輩
父己	1018	愕姀兄乑尊	3.82	商代晚期	愕姀兄乑的父親
父己	1107	冉𡩜父己卣	3.196	商代晚期	冉𡩜族的父輩
父己	1139	魚卣	3.240	西周中期前段	魚的父親
父庚	0129	耒鼎	1.130	西周中期前段	邦的父親，族徽爲“〰”
父庚	0775	亥爵甲	2.421	西周早期	亥的父親
父庚	0776	亥爵乙	2.422	西周早期	同上
父庚	0870	嘵父庚觚	2.521	商代晚期	嘵族的父輩
父庚	1005	需尊	3.65	西周早期後段	需的父親
父庚	1118	亞𢊕父庚卣	3.207	西周早期後段	亞𢊕族的父輩
父庚	1699	丙襄父庚器	4.369	商代晚期	丙襄族的父輩
父辛	0091	戈父辛鼎	1.92	西周早期	戈族的父輩
父辛	0092	戈父辛鼎	1.93	西周早期	同上
父辛	0205	亞𨈤侯疑鼎	1.205	商代晚期	亞𨈤侯疑的父親
父辛	0338	旹父辛甗	1.394	商代晚期	旹族的父輩
父辛	0392	牵父辛簋	1.459	西周早期	牵族的父輩
父辛	0439	作父辛簋	1.515	西周早期	冉族的父輩
父辛	0452	伯穌簋	1.529	西周早期	伯穌的長輩

人名	器 號	器 名	卷數頁碼	時 代	備 注
父辛	0747	冈父辛爵	2.395	商代晚期	冈族的父輩
父辛	0767	佣父辛爵	2.413	西周早期	佣族的父輩
父辛	0768	冉父辛爵	2.414	西周早期	冉族的父輩
父辛	0769	何父辛爵	2.415	西周早期	何族的父輩
父辛	0779	由父辛爵	2.426	西周早期	由族的父輩
父辛	0902	叞父辛觶	2.556	西周早期	叞族的父輩
父辛	0903	天父辛觶	2.557	西周早期	天族的父輩
父辛	0904	史父辛觶	2.558	西周早期	史族的父輩
父辛	0905	皿父辛觶	2.559	西周早期	皿族的父輩
父辛	0916	朿觶	2.571	西周早期	朿的父親,族氏爲"象"
父辛	0970	戈父辛尊	3.30	西周早期	戈族的父輩
父辛	0992	天黽父辛尊	3.52	商代晚期	天黽族的父輩
父辛	1003	朿尊	3.63	西周早期	朿的父親,族氏爲"象"
父辛	1089	八父辛卣	3.178	商代晚期	八族的父輩
父辛	1108	鄉宁父辛卣	3.197	商代晚期	鄉宁族的父輩
父辛	1124	朿卣	3.214	西周早期	朿的父親,族氏爲"象"
父辛	1129	司卣	3.220	西周早期	司的父親,族徽爲"冈"
父辛	1130	進卣	3.222	西周早期	進的父親,族徽爲"亞"
父辛	1135	伯旅□卣	3.231	西周早期後段	伯旅□之父
父辛	1137	真卣	3.234	西周早期後段	真的父親,族氏爲"亞束"
父辛	1185	戈父辛盤	3.322	西周早期前段	戈族的父輩
父辛	1697	魚父辛器	4.368	西周早期	魚族的父輩
父壬	0115	亞鳥父壬鼎	1.116	西周早期	亞鳥族的父輩
父癸	0076	冈父癸鼎	1.78	商代晚期	冈族的父輩
父癸	0089	冈父癸鼎	1.90	西周早期	冈族的父輩
父癸	0116	子萬父癸鼎	1.117	西周早期	子萬族的父輩
父癸	0165	册鼎	1.167	西周早期	册族的父輩
父癸	0168	衰鼎	1.169	西周中期前段	衰的父親
父癸	0194	亞天鼎	1.194	西周早期	亞天族的父輩
父癸	0339	冉父癸甗	1.395	西周早期	冉族的父輩
父癸	0388	萬父癸簋	1.455	商代晚期	萬族的父輩
父癸	0405	集伙父癸簋	1.472	西周早期	集伙族的父輩
父癸	0418	从簋	1.485	西周早期	从的父親

人名	器號	器名	卷數頁碼	時代	備注
父癸	0748	木父癸爵	2.396	商代晚期	木族的父輩
父癸	0774	妻鼄父癸爵	2.420	商代晚期	妻鼄的父輩
父癸	0780	亞天父癸爵	2.427	西周早期	亞天族的父輩
父癸	0871	史父癸觚	2.522	商代晚期	史族的父輩
父癸	0872	隹父癸觚	2.523	商代晚期	隹族的父輩
父癸	0882	服觚	2.533	西周早期前段	服的父親
父癸	0906	卩父癸觶	2.560	西周早期	卩族的父輩
父癸	0966	戈父癸尊	3.26	商代晚期	戈族的父輩
父癸	0967	冀父癸尊	3.27	商代晚期	冀族的父輩
父癸	0996	册尊	3.56	商代晚期	册的父輩
父癸	1001	疑尊	3.61	西周早期	疑的父親
父癸	1013	西夫尊	3.72	西周早期	西夫的父親,族氏爲鄉宁
父癸	1014	尹尊	3.74	西周早期	尹的父親
父癸	1091	冎父癸卣	3.179	商代晚期	冎族的父輩
父癸	1096	戈父癸卣	3.184	西周早期	戈族的父輩
父癸	1126	矢卣	3.216	西周早期	矢的父親,族徽爲"𤔲"
父癸	1133	遣卣	3.227	西周中期前段	微的父親,族氏爲"幺册"
父癸	1226	冎父癸盉	3.384	商代晚期	冎族的父輩
公伯	0161	公伯鼎	1.163	西周早期前段	族徽爲"⋈"
公伯	1242	蓳隹盉	3.402	西周早期後段	蓳隹的宗族長
公姬	0450	太子簋甲	1.527	西周晚期	某國君的夫人
公姬	0451	太子簋乙	1.528	西周晚期	同上
公子伐	1585	公子伐劍	4.281	春秋晚期	名伐,某國公子
公子瘠	1429	鄧公戈	4.63	春秋中期	鄧公的公子
公子瘠	1430	鄧公戈	4.64	春秋中期	同上
公乘兄	1768	匽氏鋼刀乙	4.452	戰國晚期	秦上郡司寇
公乘斯	0359	公乘斯甗	1.417	戰國晚期	擔任邦司寇
公乘斯	1499	公乘斯戈	4.137	戰國晚期	
公乘斯	1640	公乘斯戈鐓	4.293	戰國晚期	擔任某國的邦司馬
公乘美	1650	串令公乘美弩機	4.307	戰國晚期	趙國串縣縣令
月	1507	郊氏令口悔戈	4.144	戰國晚期	三晉某國縣邑的工匠
欠𡢦	0283	欠𡢦鼎	1.311	春秋晚期	
文王	1282	嬭加鎛甲	3.475	春秋中期	此指周文王

人名	器　號	器　名	卷數頁碼	時　代	備　注
文公	0204	襄安文公鼎	1.204	戰國晚期	燕國襄安縣主
文父卯	0961	文父卯尊	3.23	商代晚期	
比	0402	比簋	1.469	西周早期	
尹仲	0532	尹仲盨甲	2.103	西周晚期	
尹仲	0533	尹仲盨乙	2.104	西周晚期	
尹人犀	1520	□陽令佐輋孱戈	4.157	戰國晚期	□陽縣的冶鑄工師
尹孟姞	1045	監叔壺	3.116	西周晚期	監叔的夫人
孔	1065	宋大史孔壺	3.144	春秋早期	宋國的太史
�	1158	亞酌它㐶觥	3.274	商代晚期	族氏爲"亞酌它"
弔	1393	高城左戈	4.27	戰國晚期	楚國高城工匠
弔	1544	叔殳	4.188	戰國晚期	

五　畫

人名	器　號	器　名	卷數頁碼	時　代	備　注
丼公	0522	晉簋	2.82	西周晚期	周王朝執政大臣
丼伯	0514	卲鼎甲	2.57	西周中期後段	同上
丼伯	0515	卲鼎乙	2.62	西周中期後段	同上
丼伯	0516	卲鼎丙	2.66	西周中期後段	同上
丼伯	0624	九月既望盆	2.267	西周中期	同上
丼叔	0510	霸伯簋	2.46	西周中期前段	同上
丼叔	0511	霸伯山簋	2.49	西周中期前段	同上
丼仲氁遉	0508	聖簋	2.41	西周晚期	即邢仲氁遉,聖的父親
邗王是埜	1476	邗王是埜戈	4.113	春秋晚期	名是埜,吳國國君
邗王是埜	1477	邗王是埜戈	4.114	春秋晚期	同上
玉苟	1217	苟盤	3.367	西周中期前段	名苟,玉氏
玉苟	1243	苟盉	3.404	西周中期前段	同上
芎姞	0483	昔雞簋甲	1.578	西周早期後段	
芎姞	0484	昔雞簋乙	1.580	西周早期後段	
巩	1511	廿三年戈	4.148	戰國晚期	魏國丘□縣工匠
平	1529	上郡守綰戈	4.170	戰國晚期	秦漆垣工室的工師
平侯	1252	上都太子平侯匜	3.418	春秋早期	上都國太子
平王午	1431	平王午戈甲	4.65	春秋時期	

人名	器號	器名	卷數頁碼	時代	備注
平王午	1432	平王午戈乙	4.66	春秋時期	
平王午	1433	平王午戈丙	4.67	春秋時期	
平國君	1613	相邦春平侯劍	4.263	戰國晚期	趙國封君，任相邦
去余	0244	齊公去余鼎	1.250	春秋早期	齊國國國君
甘婁	0285	伯克父鼎	1.315	春秋早期前段	字克父，曾國伯氏
甘婁	0361	曾伯克父甗	1.419	春秋早期前段	同上
甘婁	0509	曾伯克父簋	2.42	春秋早期前段	同上
甘婁	0538	曾伯克父盨	2.109	春秋早期前段	同上
甘婁	0539	曾伯克父盨	2.111	春秋早期前段	同上
甘孝子	1735	甘孝子盒	4.415	戰國晚期	
甘孝子	1736	甘孝子梧	4.416	戰國晚期	
石氏叔□	0568	石氏簠甲	2.166	春秋早期	
石氏叔□	0569	石氏簠乙	2.168	春秋早期	
右行諮	1667	右行諮環權	4.331	戰國晚期	
右工師悉	1510	陰陰令戈	4.147	戰國晚期	名悉（悉），某國的右工師
医仲	1259	大保医仲匜	3.430	西周晚期	太保氏
戉公	0426	侃簋	1.494	西周早期後段	侃的長輩
戉王不光	1611	越王不光劍	4.261	戰國中期	即越王不光
戉王州句	1589	越王州句劍	4.236	戰國早期	即越王朱句
戉王州句	1598	越王州句劍	4.247	戰國早期	同上
戉王州句	1599	越王州句劍	4.248	戰國早期	同上
戉王州句	1614	越王州句劍	4.265	戰國早期	同上
戉王州句	1765	越王州句玉劍	4.447	戰國早期	同上
戉王旨殹	1602	越王旨翳劍	4.251	戰國中期	即越王不光
戉王諸稽於賜	1586	越王諸稽於賜劍	4.232	戰國早期	即越王鼫與，勾踐之子
戉王諸稽於賜	1587	越王諸稽於賜劍	4.233	戰國早期	同上
戉王諸稽於賜	1588	越王諸稽於賜劍	4.234	戰國早期	同上
邧令時印	1651	邧令時印距末	4.308	戰國晚期	名時印，邧縣縣令
目	1504	梁大令韓譙戈	4.142	戰國晚期	韓梁邑冶鑄工匠
田	0258	相邦義鼎	1.269	戰國晚期	秦國咸陽冶鑄工師
册	0918	册觶	2.573	西周中期	有可能是族氏
册	0996	册尊	3.56	商代晚期	同上
甲	1008	亞覃乙尊	3.68	商代晚期	亞覃族的長輩

人名	器　號	器　名	卷數頁碼	時　代	備　注
甲	1083	𤰔甲卣蓋	3.172	商代晚期	𤰔族的長輩
甲公	0520	𤞷簋（三式）	2.78	西周中期前段	𤞷的父親
甲公	0521	𤞷簋（二式）	2.80	西周中期前段	同上
甲公	0524	衛簋丁	2.87	西周中期前段	𤞷與衛的父親
甲父	1064	衛叔甲父壺	3.143	西周晚期	衛國公族
甲塱	0197	甲塱鼎	1.197	西周早期	
申子𣅞	0278	𪒠子𣅞鼎	1.302	春秋中期	名𣅞，申國族的後裔
申比父	0604	申比父豆	2.235	春秋早期	字比父，申國族人
申仲父	0540	申仲父盨	2.113	西周晚期	
申仲獻	0523	申仲獻簋	2.84	西周晚期	名獻，申國公族
史迷	0163	史迷簋	1.165	西周早期偏段	名迷，擔任周王朝史官
史稻	0243	史稻鼎	1.248	西周晚期	
史𣋡	0164	史𣋡簋	1.166	西周早期	名𣋡，擔任周王朝史官
史伏	0195	史伏簋	1.195	西周早期	名伏，擔任周王朝史官
史賈	1532	邦大夫史賈戈	4.174	戰國晚期	韓國邦大夫
史盉父	0607	史盉父豆	2.238	西周晚期	
矢	1126	矢卣	3.216	西周早期	族徽爲“𪐫（鼄—雟）”
仮隹	1011	仮隹尊	3.70	西周早期	
代相趙敢	1603	代相趙敢鈹	4.252	戰國晚期	名趙敢，任趙國代相
代相樂宬	1606	代相樂宬鈹	4.256	戰國晚期	名樂宬，任趙國代相
白	0229	芮太子白鼎	1.232	春秋早期	芮國太子
白	0256	芮太子白鼎	1.266	春秋早期	同上
白	0328	芮太子白鬲	1.379	春秋早期	同上
白	0329	芮太子白鬲	1.381	春秋早期	同上
白	0330	芮太子白鬲	1.383	春秋早期	同上
句吳王夫差	1591	句吳王夫差劍	4.238	春秋晚期	名夫差，吳國國王
句吳王夫差	1592	句吳王夫差劍	4.239	春秋晚期	同上
市人	0228	伯休父鼎	1.231	西周晚期	伯休父的親屬
加嬏（芊）	0556	加嬏簋	2.146	春秋中期	即芊加，曾侯寶的夫人
加嬏（芊）	1282	嬾加鎛甲	3.475	春秋中期	同上
司	1129	司卣	3.220	西周早期	族徽爲“𡧐”
司馬巷	1767	匽氏鋼刀甲	4.451	戰國晚期	名巷，秦上郡司馬
司馬許	1768	匽氏鋼刀乙	4.452	戰國晚期	名許，秦上郡司馬

人名	器　號	器　名	卷數頁碼	時　代	備　注
司城裘	1472	滕司城裘戈	4.108	春秋早期	名裘，滕國司城
司寇韓	1489	司寇韓戈	4.126	戰國晚期	名韓，某國的司寇
司敗壴章	1597	司敗壴章劍	4.246	戰國早期	名壴章，擔任楚國司敗
司徒季䢮	1729	敖金簠	4.405	西周晚期	名季䢮（固），周王朝司徒
司寇公乘兄	1768	匽氏鋼刀乙	4.452	戰國晚期	名公乘兄，秦上郡司寇
召	1128	召卣	3.218	西周早期	族徽爲"子庽"
召公	0364	縮甗	1.425	春秋中期	即昭公
召公祖乙	1241	曶曶觚盉	3.401	西周早期	即召公奭
召叔	0273	召叔鼎	1.291	西周中期後段	召氏公族
召姬	1011	㚸隹尊	3.70	西周早期	㚸隹婆母
召壬伯	0452	伯穌簋	1.529	西周早期	即伯穌的長輩
召皇父	0543	召皇父盨	2.118	西周晚期	
母庚	1029	史母庚壺	3.100	商代晚期	史族的母輩
母辛	0968	魚母辛尊	3.28	商代晚期	魚族的母輩
母辛	1242	蘁隹盉	3.402	西周早期後段	蘁隹的母親
母癸	1230	𢎤母癸盉	3.388	商代晚期	𢎤族的母輩
阪	1132	阪卣	3.226	西周早期	族徽爲"冀亞"
弁	0136	兒鼎	1.137	西周中期	

六　畫

人名	器　號	器　名	卷數頁碼	時　代	備　注
耒	0129	耒鼎	1.130	西周中期前段	
邦	0154	邦鼎	1.156	西周中期前段	族徽爲"⋁"
邦	0262	邦鼎	1.275	西周早期	
邦工蹇	1451	邦工蹇戈	4.86	戰國晚期	名蹇，秦國冶鑄工師
邢伯	0514	卲鼎甲	2.57	西周中期後段	周王朝執政大臣
邢伯	0515	卲鼎乙	2.62	西周中期後段	同上
邢伯	0516	卲鼎丙	2.66	西周中期後段	同上
邢伯	0624	九月既望盆	2.267	西周中期	同上
邢叔	0510	霸伯簋	2.46	西周中期前段	同上
邢叔	0511	霸伯山簋	2.49	西周中期前段	同上
邢丘𰚏	1530	屯留令邢丘𰚏戈	4.171	戰國晚期	韓國屯留縣令

人名	器號	器名	卷數頁碼	時代	備注
邢皇姬	1038	邢皇姬壺	3.109	春秋早期	
邢仲𠩺遣	0508	聖簋	2.41	西周晚期	聖的父親
考叔脂父	0232	塞孫考叔脂父鼎	1.235	春秋早期	字脂父，息國族人
寺工讐	1516	相邦吕不韋戈	4.154	戰國晚期	名讐，在秦國寺工任職
朸	1500	上洛左庫戈	4.238	戰國晚期	魏國上洛縣工師
西夫	1013	西夫尊	3.72	西周早期	族氏爲"鄉宁"
西工畫	1531	蜀假守肖戈	4.172	戰國晚期	名畫，秦蜀郡西工室工師
成	1516	相邦吕不韋戈	4.154	戰國晚期	秦冶鑄工室工匠
东	0916	东觶	2.571	西周早期	族氏爲"象"
东	1003	东尊	3.63	西周早期	同上
东	1124	东卣	3.214	西周早期	同上
李蕐䂖	1520	□陽令佐蕐䂖戈	4.157	戰國晚期	即差蕐䂖，□陽縣令
夸	0169	夸鼎	1.170	西周中期	
夷仲	1064	衛叔甲父壺	3.143	西周晚期	衛叔甲父的父親
吕伯	0501	吕伯簋	2.24	西周中期前段	吕國族首領
吕伯	0502	吕伯簋	2.27	西周中期前段	同上
吕不韋	1516	相邦吕不韋戈	4.154	戰國晚期	秦國相邦
吕不韋	1526	相邦吕不韋戈	4.165	戰國晚期	任秦國相邦
同父	0999	同父尊	3.59	西周中期	
同伯	0997	同伯尊	3.57	西周早期	
仲妀	1204	叔高父盤	3.345	西周晚期	叔高父的夫人
仲父	0729	仲父爵	2.377	商代晚期	
仲氏	0544	乘盨	2.121	西周晚期	即仲太師
仲兒	0281	仲兒鼎	1.307	西周晚期	應侯之孫
仲姜	0202	仲姜鼎	1.202	春秋早期	芮桓公的夫人，即芮姜
仲姜	1294	齊侯鐸	4.525	春秋晚期	齊侯的女兒
仲姒	1018	㥯妶兄𠂤尊	3.82	商代晚期	商王的后妃
仲姞	0595	槩可忌敦	2.222	春秋晚期	槩可忌侄女或姊妹
仲娸	0571	郳季詧蓴簠甲	2.173	春秋早期	郳國公族
仲娸	0572	郳季詧蓴簠乙	2.176	春秋早期	同上
仲日丁	0153	天鼎	1.155	西周中期前段	天族的長輩
仲大父	0466	仲大父簋	1.546	西周晚期	
仲吉父	1196	仲吉父盤	3.336	西周中期後段	

人名	器號	器名	卷數頁碼	時代	備注
仲吉父	1239	仲吉父盉	3.398	西周中期後段	
仲庚父	0200	仲庚父鼎	1.200	西周晚期	
仲侃父	0524	衛簋丁	2.87	西周中期前段	衛的上司
仲阪父	0619	仲阪父盆	2.259	春秋早期	
仲宴父	0234	仲宴父鼎	1.237	西周中期	
仲霝父	0299	仲霝父鬲甲	1.334	西周早期	
仲霝父	0300	仲霝父鬲乙	1.335	西周早期	
仲繻父	0218	仲繻父鼎	1.219	春秋早期	
仲棘父	0441	仲棘父簋	1.517	西周早期	
仲笥人	1218	仲笥人盤	3.370	西周中期前段	
仲太師	0544	乘盨	2.121	西周晚期	乘的上司
仲很駒	0170	仲很駒鼎	1.171	西周中期	
仲妫詹	0480	蔂慶父簋	1.571	西周晚期	蔂慶父的女兒
伣夫人壴	1179	伣夫人壴缶	3.310	戰國早期	名壴,伣夫人
任東	1506	疾曹令狐啬戈	4.143	戰國晚期	疾曹縣工師
自	1195	自盤	3.335	春秋早期	
自	1233	自盉	3.391	西周晚期	
由	0919	由觶	2.574	商代晚期	妞的下屬
似	0405	集似父癸簋	1.471	西周早期	族徽爲"集"
多帛	0527	弄盨	2.94	西周晚期	弄的女兒或姊妹
交	1346	交之戈	3.585	春秋早期	
亥	0775	亥爵甲	2.421	西周早期	
亥	0776	亥爵乙	2.422	西周早期	
州句	1589	越王州句劍	4.236	戰國早期	即越王朱句
州句	1598	越王州句劍	4.247	戰國早期	同上
州句	1599	越王州句劍	4.248	戰國早期	同上
州句	1614	越王州句劍	4.265	戰國早期	同上
旨殹(翳)	1602	越王旨翳劍	4.251	戰國中期	即越王不光
旨殹(翳)	1618	越王旨翳劍	4.270	戰國中期	同上
旨殹(翳)	1619	越王旨翳劍	4.271	戰國中期	同上
丞杖	1525	蜀假守竈戈	4.162	戰國晚期	名杖,秦冶鑄作坊的丞
丞賢	1273	詔事或鐘	3.453	戰晚至漢初	名賢,任秦或漢作坊詔事
丞康	1519	上郡守凌戈	4.157	戰國晚期	名康,秦高奴工室的丞

人名	器號	器名	卷數頁碼	時代	備注
丞義	1516	相邦呂不韋戈	4.154	戰國晚期	名義，秦冶鑄工室的丞
丞秦	1524	上郡守慶戈	4.161	戰國晚期	名秦，秦冶鑄工室的丞
丞蕺	1526	相邦呂不韋戈	4.165	戰國晚期	名蕺，秦冶鑄工室的丞
丞圂	1571	二年上郡守錡矛	4.216	戰國晚期	名圂，秦漆垣工室的丞
丞圂	1572	三年上郡守錡矛	4.217	戰國晚期	同上

七　畫

人名	器號	器名	卷數頁碼	時代	備注
辰	0203	楚叔之孫辰鼎	1.203	春秋早期	楚叔之孫
克	1067	伯克壺	3.151	西周中期後段	即伯克
攻中	1528	燕王詈戈	4.168	戰國晚期	名中，燕國的冶鑄工匠
攻痈匝丌	1528	燕王詈戈	4.168	戰國晚期	即工尹匝其
芮公	0239	芮公鼎	1.243	春秋早期	芮國國君
芮公	0254	芮公鼎	1.263	春秋早期	同上
芮公	0255	芮公甗	1.264	春秋早期	同上
芮公	0428	芮公簋	1.496	春秋早期	同上
芮公	0429	芮公簋	1.499	春秋早期	同上
芮公	0430	芮公簋	1.502	春秋早期	同上
芮公	0431	芮公簋	1.505	春秋早期	同上
芮公	0454	霸簋	1.531	西周中期前段	同上
芮公	1724	芮公鼓架銅套	4.396	春秋早期	即芮定公
芮定公	1725	芮公鼓架銅套	4.400	春秋早期	芮國國君
芮伯	0363	芮伯鼎	1.423	西周早期	同上
芮伯	0447	芮伯簋	1.524	西周中期	芮國國君，女兒佣姬
芮公育父	1046	芮公育父壺	3.117	春秋早期	名育父，某代芮國國君
芮子述叔	0448	芮子述叔簋	1.525	西周晚期	名述叔，芮公的後裔
芮太子白	0229	芮太子白鼎	1.232	春秋早期	名白，芮國太子
芮太子白	0256	芮太子白鼎	1.266	春秋早期	同上
芮太子白	0328	芮太子白鬲	1.379	春秋早期	同上
芮太子白	0329	芮太子白鬲	1.381	春秋早期	同上
邯鄲佶	1512	辛市令邯鄲佶戈	4.149	戰國晚期	擔任韓國辛市縣令
杜伯	1198	杜伯盤	3.338	西周晚期	

人名	器號	器名	卷數頁碼	時代	備注
杞孟姒	0573	邾叔彪簠	2.178	春秋早期	邾叔彪夫人
巫	0212	巫鼎	1.213	春秋晚期	
巫	0557	巫簠	2.147	春秋晚期	其舅父是叔考臣
豕	0064	亞盉豕鼎	1.66	商代晚期	亞盉族人
巠	1179	郳夫人巠缶	3.310	戰國早期	郳夫人
臣	0482	臣簋	1.576	西周早期前段	即頤
匠丌(其)	1528	燕王詈戈	4.168	戰國晚期	燕國的右御工尹
困	1650	串令公乘美弩機	4.307	戰國晚期	趙國串縣的工匠
步	1194	步盤	3.333	西周早期	
吳	1438	蔡公子吳戈	4.72	春秋晚期	蔡國公子
吳疢	1613	相邦春平侯劍	4.263	戰國晚期	趙國平國君的鍛工師
吹	0770	吹爵	2.416	西周早期	
貝猋	1020	貝猋尊	3.86	西周早期後段	一作貝毛,周室宗小子
貝猋	1140	貝猋卣	3.243	西周早期後段	同上
邡比父	0604	申比父豆	2.235	春秋早期	即申比父,申國族人
肖厷	1609	邦司寇趙厷鈹	4.259	戰國晚期	即趙厷,趙國邦司寇
肖厷	1615	邦司寇趙厷鈹	4.266	戰國晚期	同上
肖臣	1606	代相樂宎鈹	4.256	戰國晚期	即趙臣,代君工師
肖敢	1603	代相趙敢鈹	4.252	戰國晚期	即趙敢,趙國代相
肖觕	1613	相邦春平侯劍	4.263	戰國晚期	即趙觸,趙國大工尹
肖觓	1650	串令公乘美弩機	4.307	戰國晚期	名趙觓,趙國串縣嗇夫
每	0131	每鼎	1.132	西周中期	
我子	1706	我子四筒器	4.374	西周早期	族徽爲"冗叟"
何	1496	亭陽嗇夫蚤戈	4.134	戰國晚期	亭陽縣工師
何父	0794	何父爵	2.441	西周早期	
伯克	1067	伯克壺	3.151	西周中期後段	
伯昏	1282	嫡加鎛甲	3.475	春秋中期	曾侯的祖先南宮括
伯辰	0267	伯辰鼎	1.281	春秋早期	徐國太子
伯逑	0322	曾子伯逑鬲	1.370	春秋早期	曾國公子
伯荊	0462	伯荊簋	1.541	西周中期前段	
伯逨	0301	伯逨鬲	1.336	西周中期前段	
伯衰	0348	伯衰甗	1.404	西周早期	
伯釮	0146	伯釮鼎	1.148	西周早期	

人名	器號	器名	卷數頁碼	時代	備注
伯婦	0465	㝨簋	1.545	西周中期	㝨的親屬
伯善	0350	伯喜鼎	1.406	西周中期後段	
伯善	0487	伯善簋	1.586	西周中期	
伯穌	0452	伯穌簋	1.529	西周早期	即召族的大宗宗子
伯鏃	0435	伯鏃簋	1.511	西周早期	族徽爲戈▼
伯夐	0349	伯夐甗	1.405	西周中期前段	
伯慈	0449	伯慈簋	1.526	西周中期前段	父親是憲公
伯大父	0529	鄭邢伯大父盨甲	2.97	西周晚期	鄭邢氏
伯大父	0530	鄭邢伯大父盨乙	2.30	西周晚期	同上
伯山父	0445	鄭邢伯山父簋	1.522	西周晚期	鄭邢氏大宗宗子
伯牛父	0235	伯牛父鼎	1.238	西周晚期	夫人爲姬牛母
伯公父	0458	伯公父簋	1.537	西周晚期	
伯克父	0285	伯克父鼎	1.315	春秋早期前段	名甘婁,曾國人
伯休父	0228	伯休父鼎	1.231	西周晚期	
伯戎父	0433	伯戎父鼎	1.509	西周早期	
伯良父	0472	太師伯良父鼎	1.555	西周晚期	擔任西周太師之職
伯庶父	0461	伯庶父簋	1.540	西周晚期	
伯虔父	0474	南䖒伯虔父簋甲	1.557	西周晚期	南申國國君
伯虔父	0475	南䖒伯虔父簋乙	1.560	西周晚期	同上
伯喜父	0496	伯喜父簋	2.14	西周晚期	
伯旅父	0440	伯旅父簋	1.516	西周早期	
伯柬父	0794	何父爵	2.441	西周早期	何的上司
伯旟父	1192	伯旟父盤	3.331	西周中期	
伯歔父	0261	伯歔父鼎	1.272	春秋早期	太師小子
伯大師	1067	伯克壺	3.151	西周中期後段	伯克的上司
伯旅□	1135	伯旅□卣	3.231	西周早期後段	
伯夠律	0455	伯夠律簋甲	1.532	西周中期	
伯夠律	0456	伯夠律簋乙	1.534	西周中期	
伯椃盧	0490	伯椃盧簋	1.593	西周晚期	
身闌串仲	0214	身闌串仲鼎	1.215	西周早期	
孚侯	1531	蜀假守肖戈	4.172	戰國晚期	即襃侯
余無	1490	率夫余無戈	4.127	春秋早期	
狗氏	1030	狗氏官鈁	3.101	戰國晚期	

人名	器號	器名	卷數頁碼	時代	備注
狨	1495	東陽上庫戈	4.133	戰國晚期	名狨,趙東陽上庫工匠
兌	0623	兌盨	2.265	西周中期	曾隨應伯征南淮夷
免	0516	免簋	2.66	西周中期後段	在康太室接受周王冊命
辛	1082	南辛卣	3.171	商代晚期	南族的親屬
辛公	1255	辛公之孫匜	3.423	春秋中期	
辛中姬皇母	1208	辛中姬皇母盤	3.351	西周晚期	
怐	1517	襄令陽儀戈	4.155	戰國晚期	魏懷縣冶鑄工匠
宋	1517	襄令陽儀戈	4.155	戰國晚期	魏懷縣冶鑄工師
宋公	1379	宋公戈	4.13	春秋晚期	
宋子世□	0578	宋子簋	2.186	春秋中期	名世□,宋國公子
宋公𦉢(固)	0275	宋公𦉢鼎	1.294	春秋晚期	名固,宋國國君
宋公𦉢(固)	0276	宋公𦉢鼎	1.297	春秋晚期	同上
宋公𦉢(固)	0612	宋公𦉢鋪	2.246	春秋晚期	同上
冶弔	1393	高城左戈	4.27	戰國晚期	名弔,楚高城的工匠
冶月	1507	郟氏令□悔戈	4.144	戰國晚期	三晉某國縣邑的工匠
冶目	1504	梁大令韓譙戈	4.142	戰國晚期	名目,韓梁邑冶鑄工匠
冶攻	1511	廿三年戈	4.148	戰國晚期	名攻,魏國丘□縣工匠
冶狨	1495	東陽上庫戈	4.133	戰國晚期	名狨,趙東陽上庫工匠
冶沱	1464	城進戈	4.100	戰國晚期	名沱,某國冶鑄工匠
冶命	1640	公乘斯戈鐓	4.293	戰國晚期	名命,某國的冶鑄工匠
冶怐	1517	襄令陽儀戈	4.155	戰國晚期	名怐,魏懷縣冶鑄工匠
冶所	1601	槀良鈹	4.250	戰國晚期	名所,趙國某縣工匠
冶固	1522	封氏令王僕戈	4.159	戰國晚期	名固,趙封氏縣工匠
冶困	1650	串令公乘美弩機	4.307	戰國晚期	名困,趙國串縣的工匠
冶果	1463	廿七年戈	4.99	戰國早期	名果,某國的冶鑄工匠
冶甿	1646	左庫弩機	4.301	戰國晚期	名甿,趙國某縣冶鑄工匠
冶頡	0250	邢丘令秦鼎	1.259	戰國中期	名頡,魏國冶鑄工匠
冶象	1498	蕩陰令戈	4.136	戰國中期	名象,魏蕩陰縣冶鑄工匠
冶倡	1496	亳陽嗇夫盐戈	4.134	戰國晚期	名倡,亳陽縣的工匠
冶章	1506	疾曹令狐嗇戈	4.143	戰國晚期	名章,疾曹縣冶鑄工匠
冶諆	1512	辛市令邯鄲疍戈	4.149	戰國晚期	名諆,韓國辛市縣工匠
冶馭	1608	御庶子樂勸鈹	4.258	戰國晚期	名馭,趙國工室的工匠
冶疜	1613	相邦春平侯劍	4.263	戰國晚期	名疜,平國君的工匠

人名	器號	器名	卷數頁碼	時代	備注
冶昌	1616	上成府假令張坤鈹	4.267	戰國晚期	名昌，趙國上庫工匠
冶畫	1649	武城令董絧弩機	4.306	戰國晚期	名畫，趙武城縣工匠
冶戤	1719	東垣戹	4.387	戰國晚期	名戤，趙國東源縣工匠
冶寉（寶）	1530	屯留令邢丘皆戈	4.171	戰國晚期	名寉，韓國屯留縣工匠
冶曾（舒）	1501	濩澤君戈	4.309	戰國晚期	曾（舒）韓濩澤的工匠
冶离（离）	1510	陂陰令戈	4.147	戰國晚期	名离（离），某國工匠
冶慶（慶）	1515	吳邡令戟	4.153	戰國晚期	名慶，韓吳邡縣工匠
冶人逢	1523	文鈘令賈仗戈	4.160	戰國早期	名逢，文鈘縣上庫工匠
冶己女	1518	羕陵工尹戈	4.156	戰國晚期	名己女，楚國養陵工匠
冶尹紐	1609	邦司寇趙玄鈹	4.259	戰國晚期	名紐，趙國下庫的冶尹
冶尹覞	1605	東新城令張覿鈹	4.255	戰國晚期	名覞，趙國東新城冶尹
冶尹覞	1615	邦司寇趙玄鈹	4.266	戰國晚期	名覞，趙國下庫的冶尹
冶吏諎	1606	代相樂宬鈹	4.256	戰國晚期	名諎，代君的冶吏
冶番黑	1508	雍丘令炕戈	4.145	戰國中期	名番黑，魏雍丘縣工匠
冶郙覣	1607	邦御令露疽鈹	4.257	戰國晚期	名郙覣，趙國的工匠
沁	0060	沁簋	1.62	西周中期	
祇府驪	1273	詔事或鐘	3.453	戰晚至漢初	名驪，秦或漢祇府官員
姒姝	0201	叔享父鼎	1.201	西周晚期	叔享父夫人
姒姝	0446	叔享父簋	1.523	西周晚期	同上
妊妥士	0243	史稻鼎	1.248	西周晚期	史稻親屬
吳	0205	亞貴侯疑鼎	1.205	商代晚期	即疑，亞貴侯族人
夆子選	0233	夆子選鼎	1.236	春秋早期	即逢子選
夆子選	0564	夆子選簋	2.159	春秋早期	同上
夆子選	1175	夆子選鑐	3.299	春秋早期	同上
夆取膚公	0594	賃丘子敦	2.220	春秋晚期	封君名，名不詳
弢	0193	弢鼎	1.193	西周早期前段	
弢犀	1651	邡令時印距末	4.308	戰國晚期	即發犀，邡縣冶鑄工師
即	1219	即盤	3.371	西周中期後段	
卲	0514	卲簋甲	2.57	西周中期後段	在般宮接受周王册命
卲	0515	卲簋乙	2.62	西周中期後段	同上
卲	0516	卲簋丙	2.66	西周中期後段	同上
卲瀛	1576	昭陽劍	4.222	戰國中期	即昭陽，楚國大司馬
卲王之諻	1493	昭王之諻戈	4.130	戰國早期	名諻，楚昭王後裔

人名	器號	器名	卷數頁碼	時代	備注
卲王之信	1494	昭王之信戈	4.131	戰國早期	名信,楚昭王後裔
妝	0618	妝盎	2.258	春秋早期	
㢤敬	1607	邦御令露疸鈹	4.257	戰國晚期	趙國工師

八　畫

人名	器號	器名	卷數頁碼	時代	備注
青	1503	右御工尹戈	4.141	戰國晚期	燕國五大夫
青	1509	燕王詈戈	4.146	戰國晚期	擔任燕國工尹
長坤	1616	假令張坤鈹	4.267	戰國晚期	趙國上成氏府假令
長齱	1605	東新城令張齱鈹	4.255	戰國晚期	即張齱,趙國東新城縣令
長悆	1651	邘令時印距末	4.308	戰國晚期	即張悆,邘縣冶鑄工師
長續鑃	1616	上成府假令張坤鈹	4.267	戰國晚期	即張續鑃,趙上庫工師
武	0268	德鼎	1.282	西周早期	即周武王
武乙	1705	父丁彝	4.373	商代晚期	商王康丁之子,商朝君主
武王	1015	義尊	3.76	西周早期前段	即周武王
武王	1149	義方彝	3.257	西周早期前段	同上
武王	1729	敔金簡	4.405	西周晚期	同上
武王攻㻫	1478	武王攻㻫戈	4.115	春秋晚期	
武王攻㻫	1479	武王攻㻫戈	4.116	春秋晚期	
武公	0366	嗌盨	1.430	西周中期後段	西周執政大臣
武公	0505	子孔宜簋	2.35	春秋晚期	某國國君,子孔宜的祖父
武公	1279	衛侯之孫書鐘	3.465	春秋中期前段	書的祖先,衛國的先公
武公	1280	衛侯之孫書鐘	3.468	春秋中期前段	同上
武仲	1335	武仲戈	3.574	春秋晚期	
武侯	0512	應侯視工簋丙	2.52	西周中期後段	應侯視工的父親
武侯	0513	應侯視工簋丁	2.55	西周中期後段	同上
戎伯	0619	仲阪父盆	2.259	春秋早期	仲阪父的長輩
者父	0215	者父鼎	1.216	西周早期前段	
者兒	1201	者兒盤	3.341	西周中期	
者仲叡	1127	者仲叡卣	3.217	西周早期後段	名叡,者氏公族
芈加	1282	嬭加鎛甲	3.475	春秋中期	曾侯寶夫人
坪王午	1431	平王午戈甲	4.65	春秋時期	即平王午

人名	器號	器名	卷數頁碼	時代	備注
坪王午	1432	平王午戈乙	4.66	春秋時期	即平王午
坪王午	1433	平王午戈丙	4.67	春秋時期	同上
苟	1217	苟盤	3.367	西周中期前段	玉氏
苟	1243	苟盂	3.404	西周中期前段	同上
茊姞	0483	昔雞簋甲	1.578	西周早期後段	即芧姞
茊姞	0484	昔雞簋乙	1.580	西周早期後段	同上
苛狄	1515	吳邡令戟	4.153	戰國晚期	韓吳邡縣工師
花孟姬	1203	花孟姬盤	3.344	西周晚期	
愕姈兄丞	1018	愕姈兄丞尊	3.82	商代晚期	
林公楚福	0280	林公楚福鼎	1.305	春秋早期	
枚姑	1198	杜伯盤	3.338	西周晚期	杜伯的姑母
叓公	0316	應姚鬲	1.358	西周晚期	即惠公,應姚的夫君
叓父	0728	叓父爵	2.376	西周早期	
述叔	0448	芮子述叔簋	1.525	西周晚期	芮公的後裔
昔雞	0483	昔雞簋甲	1.578	西周早期後段	
昔雞	0484	昔雞簋乙	1.580	西周早期後段	
昔雞	0790	昔雞爵甲	2.437	西周早期後段	
昔雞	0791	昔雞爵乙	2.438	西周早期後段	
昔雞	0917	昔雞觶	2.572	西周早期後段	
昔雞	1016	昔雞尊	3.78	西周早期後段	
昔雞	1138	昔雞卣	3.238	西周早期後段	
事	1595	下庫鈹	4.242	戰國晚期	趙國下庫工師
事賈	1532	邦大夫史賈戈	4.174	戰國晚期	即史賈,韓國邦大夫
事武氏	1403	事武氏戈	4.36	春秋早期	
夆	1767	匽氏鋼刀甲	4.451	戰國晚期	名夆,秦咸陽的工匠
奄	0217	奄鼎	1.218	西周早期後段	
翘	0919	甶觶	2.574	商代晚期	甶的上司
尚	0792	尚爵	2.439	西周中期	
固	1522	封氏令王僕戈	4.159	戰國晚期	趙封氏縣工匠
夆人	0228	伯休父鼎	1.231	西周晚期	即市人,伯休父的親屬
虎父	0238	虢季氏子虎父鼎	1.242	春秋早期	虢季氏
叔	1544	叔殳	4.188	戰國晚期	
叔叩	1702	叔叩器	4.371	西周早期	

人名	器 號	器 名	卷數頁碼	時 代	備 注
叔休	0260	叔休鼎	1.271	周晚春早	寅都君的司寇
叔休	1059	叔休壺	3.134	周晚春早	同上
叔休	1060	叔休壺	3.136	周晚春早	同上
叔牢	0346	叔牢甗	1.402	西周早期	
叔皇	0593	叔皇之孫鈴敦	2.219	春秋晚期	鈴的祖父
叔姬	0263	虢文公子㲊鼎	1.276	西周晚期	虢文公子㲊的夫人
叔槐	0251	鄭邢叔槐鼎	1.260	西周中期後段	鄭邢氏
叔彙	0507	叔彙簋	2.39	西周早期前段	應侯遣叔彙伐靜,有功
叔嫡	0309	鄭登伯鬲	1.345	西周晚期	鄭登伯的夫人
叔彪	0573	叔彪簠	2.178	春秋早期	小邾國人
叔虒	1199	叔虒盤	3.339	春秋中期後段	大曾文之孫
叔再父	0535	叔再父盨丁	2.106	西周晚期	鄭邢氏
叔考父	0212	巫鼎	1.213	春秋晚期	巫的舅父
叔考父	0491	臧簋	2.3	西周早期	周王朝東征將帥
叔享父	0201	叔享父鼎	1.201	西周晚期	夫人爲姒妹
叔享父	0446	叔享父簋	1.523	西周晚期	同上
叔高父	1204	叔高父盤	3.345	西周晚期	
叔彳覃父	1249	叔彳覃父匜	3.415	西周晚期	
叔柁父	0227	叔柁父鼎	1.230	西周中期	
叔族父	0172	叔族父鼎	1.173	西周晚期	
叔誥父	0495	應姚簋	2.12	西周晚期	可能是應姚的丈夫
叔塹父	0246	叔塹父鼎	1.253	西周晚期	井(邢)氏
叔澳父	0237	叔澳父鼎	1.240	西周晚期	
叔家父	1188	晉叔家父盤	3.325	春秋早期	名家父,晉國公族
叔考臣	0357	曾公孫叔考臣甗	1.413	春秋晚期	曾國公孫
叔考臣	0557	巫簠	2.147	春秋晚期	巫的舅父
叔無殷	0620	叔無殷盆	2.261	春秋早期	
迪仲父	0540	申仲父盨	2.113	西周晚期	即申仲父
果	1463	廿七年戈	4.99	戰國早期	某國的冶鑄工匠
果	1560	蔡公子果矛	4.204	春秋晚期	蔡國公子
昌	1616	上成府假令張坤鈹	4.267	戰國晚期	趙國上庫工匠
昆君	1055	圜君婦媿霝壺	3.129	春秋早期	
季宣	0485	曾卿事季宣簋甲	1.582	春秋早期	曾國的卿士

人名	器號	器名	卷數頁碼	時代	備注
季宣	0486	曾卿事季宣簋乙	1.584	春秋早期	曾國的卿士
季宣	1202	曾卿事季宣盤	3.342	春秋早期	同上
季宣	1247	曾卿事季宣匜	3.412	春秋早期	亞束族人
季怡	1486	周王孫季怡戈	4.123	春秋中期	周王孫
季姜	0317	鄭羌伯鬲	1.360	西周晚期	鄭羌伯的夫人
季姬	0224	曾侯鼎	1.227	春秋早期	曾侯的女兒或姊妹
季姬	1134	頂卣	3.228	西周早期	頂的夫人,日名爲日癸
季翻(固)	1729	敆金簋	4.405	西周晚期	周宣王時的司徒
季庚臣	0589	黃子季庚臣簋	2.211	春秋早期	黃國公子
邾友父	0324	邾友父鬲	1.372	西周晚期	字友父,小邾國國君
邾叔彪	0573	邾叔彪簋	2.178	春秋早期	名叔彪,小邾國公族
邾君慶	1056	邾君慶壺	3.130	春秋早期	名慶,小邾國國君
邾季卲黌	0571	邾季卲黌簋甲	2.173	春秋早期	名卲黌,邾國公族
邾季卲黌	0572	邾季卲黌簋乙	2.176	春秋早期	同上
牧正	0127	牧正父乙鼎	1.128	西周早期	西周養牧之官,名不詳
牧正	0403	牧正簋	1.470	西周早期	同上
牧臣	0211	曾子牧臣鼎	1.212	春秋早期	曾國公子
牧臣	0553	牧臣簋甲	2.140	春秋早期	同上
牧臣	0554	牧臣簋乙	2.142	春秋早期	同上
牧臣	1047	曾子牧臣壺甲	3.118	春秋早期	同上
牧臣	1048	曾子牧臣壺乙	3.119	春秋早期	同上
牧客(友)	0347	牧友甗	1.403	西周晚期	
侃	0426	侃簋	1.494	西周早期後段	
兒	1017	兒尊	3.80	西周中期前段	
兒	1150	兒方彝甲	3.260	西周中期前段	
兒	1151	兒方彝乙	3.262	西周中期前段	
兒慶	0312	兒慶鬲	1.350	春秋早期	即郳慶,小邾國人
兒慶	0313	兒慶鬲	1.352	春秋早期	同上
兒慶	0314	兒慶鬲	1.354	春秋早期	同上
兒慶	0315	兒慶鬲	1.356	春秋早期	同上
所	1601	槀良鈹	4.250	戰國晚期	趙國某縣的冶鑄工匠
所來	1532	邦大夫史賈戈	4.174	戰國晚期	韓國上庫工師
周公	1450	周公戟	4.85	戰國中期	周公旦的後裔

人名	器號	器名	卷數頁碼	時代	備注
周臭	1353	周臭戈	3.592	春秋中期	
周師	0520	獄簋（三式）	2.78	西周中期前段	獄的上司
周師	0521	獄簋（二式）	2.80	西周中期前段	同上
匔汝	0218	仲襜父鼎	1.219	春秋早期	仲襜父的親屬
狐嗇	1506	疢曹令狐嗇戈	4.143	戰國晚期	名狐嗇，任疢曹縣令
訿	0522	訿簋	2.82	西周晚期	即訿
服	0882	服觚	2.533	西周早期前段	
离（离）	1510	陁陰令戈	4.147	戰國晚期	某國的工匠
舍	0121	舍鼎	1.122	西周早期	
命	1640	公乘斯戈鐓	4.293	戰國晚期	某國的冶鑄工匠
命父	0425	命父簋	1.492	西周早期	
訿	0522	訿簋	2.82	西周晚期	
訿羣	0571	邾季訿羣簠甲	2.173	春秋早期	邾國公族
訿羣	0572	邾季訿羣簠乙	2.176	春秋早期	同上
京生	0269	善鼎	1.284	西周早期	善的上司
夜昏	1512	辛市令邯鄲偖戈	4.149	戰國晚期	韓辛市縣工師
於曑	1601	槀良鈹	4.250	戰國晚期	趙國某縣工師
庚	0897	▼殳庚觶	2.551	商代晚期	▼殳族的親屬
疒	1613	相邦春平侯劍	4.263	戰國晚期	平國君的工匠
定伯	1219	即盤	3.371	西周中期後段	周王朝執政大臣
沓友	1039	沓友壺	3.110	戰國晚期	
沱	1464	城進戈	4.100	戰國晚期	某國冶鑄作坊的工匠
帚嫠	1076	婦嫠卣	3.165	商代晚期	即婦嫠
肴乳子	0139	肴乳子鼎	1.140	戰國晚期	
孟腋	1532	邦大夫史賈戈	4.174	戰國晚期	韓國邦御史
孟妣	1248	虩公匜	3.414	春秋早期	虩公夫人
孟姬	0240	鄭伯鼎	1.245	春秋早期	鄭伯姊妹
孟姬	1044	鄂侯壺	3.105	春秋早期	鄂侯的女兒或姊妹
孟姜	0604	申比父豆	2.235	春秋早期	申比父夫人
孟改乖	0279	番匊生鼎	1.304	西周晚期	番匊生的大女兒
孟免旁	0605	孟免旁豆	2.236	西周中期	
孟姜㸎	0584	鼄子旃氏大叔簠	2.202	春秋早期	申國旃氏大叔的夫人
孟姜㸎	0585	鼄子旃氏大叔簠	2.204	春秋早期	同上

人名	器 號	器 名	卷數頁碼	時 代	備 注
孟芈幾	0257	楚王領鼎	1.267	春秋中期	名幾,楚王領的長女
孟芈幾	0476	楚王領簠	1.563	春秋中期	同上
孟芈克母	0583	孟芈克母簠	2.199	春秋早期	邙夫人,字克母,芈姓
孟姬元母	1257	矢叔將父匜	3.426	西周晚期	矢叔將父之女
孟姬義家	0586	侯孫老簠	2.205	春秋中期	侯孫老的女兒或姊妹
孟姬義家	0587	侯孫老簠	2.208	春秋中期	同上
姗姬	0246	叔懋父鼎	1.253	西周晚期	叔懋父的女兒或姊妹
姑發者坂	1617	句吳王姑發者坂劍	4.268	春秋晚期	即吳王壽夢長子諸樊
姑遣母	0307	郳姑遣母鬲	1.342	春秋早期	郳國族人
畱	0270	曾邚生畱鼎	1.285	春秋早期	字邚生,曾國人
居趨戲	0282	居趨戲鼎	1.308	春秋晚期	
函皇父	0500	函皇父簋	2.21	西周晚期	

九 畫

人名	器 號	器 名	卷數頁碼	時 代	備 注
春平侯	1594	春平侯鈹	4.241	戰國晚期	趙國封君,任相邦
春平侯	1600	相邦春平侯鈹	4.249	戰國晚期	同上
春平侯	1612	相邦春平侯劍	4.262	戰國晚期	同上
壴章	1597	司敗壴章劍	4.246	戰國早期	楚國司敗
郮丘䇶	1530	屯留令邢丘䇶戈	4.171	戰國晚期	即邢丘䇶,韓國屯留縣令
相邦義	0258	相邦義鼎	1.269	戰國晚期	即張儀,擔任秦國相邦
相邦樛斿	1505	相邦樛斿戈	4.142	戰國中期	名樛斿,擔任秦國相邦
相邦平國君	1612	相邦春平侯劍	4.262	戰國晚期	趙國封君,任相邦
相邦呂不韋	1516	相邦呂不韋戈	4.154	戰國晚期	名呂不韋,任秦國相邦
相邦呂不韋	1526	相邦呂不韋戈	4.165	戰國晚期	同上
相邦春平侯	1600	相邦春平侯鈹	4.249	戰國晚期	封號春平侯,趙國相邦
相邦春平侯	1612	相邦春平侯劍	4.262	戰國晚期	趙國封君,任相邦
城進	1464	城進戈	4.100	戰國晚期	某國冶鑄作坊的工師
柍諎	0560	柍諎簋	2.151	春秋早期	
胡叔	0417	戲叔簋	1.484	西周早期	胡國公族
胡姬	0473	樂伯簋	1.556	西周晚期	樂伯夫人
剌公	0490	伯梡盧簋	1.593	西周晚期	伯梡盧的父親

人名	器　號	器　名	卷數頁碼	時　代	備　注
南宮	1066	𣪘壺	3.147	西周早期後段	曾伐犲方
南宮姒	0434	南宮姒簋	1.510	西周早期	姒姓女子嫁於南宮氏者
郘王醻	1581	郘王醻劍	4.227	春秋晚期	名醻,偪陽國君
宥父	1046	芮公宥父壺	3.117	春秋早期	某代芮國國君
匽	1767	匽氏鋼刀甲	4.451	戰國晚期	即匽氏,秦上郡郡守
匽子	0534	燕子盨	2.105	西周晚期	即燕子,燕國公子
匽氏	1768	匽氏鋼刀乙	4.452	戰國晚期	秦上郡郡守
匽太子	0323	燕太子鬲	1.371	春秋晚期	燕國某代太子,名不詳
匽孟姬	0245	虢季子白鼎	1.251	西周晚期	虢季氏之女,適於燕國
剢	1012	剢尊	3.71	西周早期	族氏爲“𥄂册”
剢	1131	剢卣	3.224	西周早期	同上
遻	1133	遻卣	3.227	西周中期前段	即微,族氏爲“幺册”
遻	1707	遻四筒器	4.375	西周早期	
畐京	1135	伯旅口卣	3.231	西周早期後段	伯旅口之名
是埜	1476	邘王是埜戈	4.113	春秋晚期	吳國國君
是埜	1477	邘王是埜戈	4.114	春秋晚期	同上
昭公	0364	縮𤫉	1.425	春秋中期	縮的祖先
昭陽	1576	昭陽劍	4.222	戰國中期	楚國大司馬
昭王之諻	1493	昭王之諻戈	4.130	戰國早期	名諻,楚昭王後裔
昭王之信	1494	昭王之信戈	4.131	戰國早期	名信,楚昭王後裔
易娟	0225	易娟鼎	1.228	春秋早期	
兜	0136	兜鼎	1.137	西周中期	即弁
郘公	1423	郘公戈	4.57	春秋早期	
矩	0259	矩鼎	1.270	西周早期侯段	
禹	0819	禹觚	2.472	商代晚期	有可能是族名
侯	1021	肇尊	3.88	西周中期後段	肇所在國的國君
侯氏	1019	壽㝶尊	3.84	商代晚期	某諸侯
侯孫老	0586	侯孫老簋	2.205	春秋中期	
侯孫老	0587	侯孫老簋	2.208	春秋中期	
皇姊	0363	芮伯𤫉	1.423	西周早期	即皇姊,芮伯的姐姐
後	1502	屬邦守蓐戈	4.140	戰國晚期	秦國冶鑄工匠
後仲	1067	伯克壺	3.151	西周中期後段	伯克的父親
衍	1571	二年上郡守錡矛	4.216	戰國晚期	秦漆垣工室的工師

人名	器號	器名	卷數頁碼	時代	備注
衍	1572	三年上郡守銿矛	4.217	戰國晚期	秦漆垣工室的工師
佫伏	0241	鄂伯佫伏鼎	1.246	春秋早期	鄂國大宗宗子
郐王公佲	1716	徐王公佲帶鈎	4.384	戰國晚期	即徐王公佲
郐鼇尹督	0579	徐鼇尹督簠甲	2.188	戰國早期	名督,任楚徐鼇尹
郐鼇尹督	0580	徐鼇尹督簠乙	2.191	戰國早期	同上
郐鼇尹督	0581	徐鼇尹督簠丙	2.194	戰國早期	同上
鄝令屌更	1648	鄝令弩牙	4.305	戰國晚期	名屌更,坿縣縣令
龟爻母	0962	龟爻母尊	3.22	商代中期	
旬父	1704	旬父器	4.372	西周中期前段	
胙曹	0324	邾友父鬲	1.372	春秋早期	邾友父之女,嫁於胙國
戝繯	1473	戝繯戈	4.110	春秋早期	
美	0252	美鼎	1.261	西周晚期	
差徐	1481	差徐戈	4.118	戰國中期	越國國君
差輦秏	1520	□陽令佐輦秏戈	4.157	戰國晚期	□陽縣令
逆	0258	相邦義鼎	1.269	戰國晚期	秦國咸陽冶鑄的工大人
宣	0362	曾卿事宣甗	1.422	春秋早期	曾國的卿士
宣	0485	曾卿事季宣簋甲	1.582	春秋早期	同上
宣	0486	曾卿事季宣簋乙	1.584	春秋早期	同上
宣	1010	宣尊	3.70	西周早期	族氏爲亞束
宣	1202	曾卿事季宣盤	3.342	春秋早期	曾國的卿士
宣	1247	曾卿事季宣匜	3.412	春秋早期	亞束族人
宮	1375	宮之徒戈	4.10	春秋早期	
宮伯	0162	叔竈鼎	1.164	西周早期	叔竈的長輩
宝(寶)	1530	屯留令邢丘皆戈	4.171	戰國晚期	韓國屯留縣工匠
洛仲	1117	洛仲卣	3.206	西周早期	即霸仲
祖甲	0964	菐祖甲尊	3.24	商代晚期	菐族的祖輩
祖乙	0080	爻祖乙鼎	1.82	西周早期	爻族的祖輩
祖乙	0200	仲戻父鼎	1.200	西周晚期	仲戻父的祖父
祖乙	0752	旅祖乙爵	2.398	西周早期	旅族的祖輩
祖乙	0753	爪祖乙爵	2.399	西周早期	爪祖的祖輩
祖乙	0973	爪祖乙尊	3.33	西周早期後段	爪的祖輩
祖乙	1241	屠屠觝盉	3.401	西周早期	即召公奭
祖丙	0383	黴祖丙簋	1.450	商代晚期	黴族的祖輩

人名	器號	器名	卷數頁碼	時代	備注
祖丁	0126	亞□祖丁鼎	1.127	西周早期	亞□族的祖輩
祖丁	0751	冉祖丁爵	2.397	西周早期	冉族的祖輩
祖丁	0754	卩祖丁爵	2.400	西周早期	卩族的祖輩
祖丁	0919	白觶	2.574	商代晚期	白的祖父
祖丁	0938	子祖丁斝	2.594	西周早期	子族的祖輩
祖戊	0067	妻祖戊鼎	1.69	商代晚期	妻族的祖輩
祖戊	0755	史祖戊爵	2.401	西周早期	史族的祖輩
祖戊	0984	盧祖戊尊	3.44	商代晚期	盧族的祖輩
祖己	0389	戈祖己簋	1.456	西周早期	戈族的祖輩
祖己	0741	♣祖己爵	2.389	商代晚期	♣族的祖輩
祖己	0983	征中祖己尊	3.43	商代晚期	征中族的祖輩
祖辛	0068	象祖辛鼎	1.70	商代晚期	象族的祖輩
祖辛	0197	甲塱鼎	1.197	西周早期	甲塱的祖父
祖辛	0390	戈祖辛簋	1.457	西周早期	戈族的祖輩
祖辛	0404	弓夅祖辛簋	1.471	西周早期	弓夅族的祖輩
祖辛	0756	冉祖辛爵	2.402	西周早期	冉族的祖輩
祖辛	1094	竟祖辛卣	3.182	西周早期	竟族的祖輩
祖癸	0384	萬祖癸簋	1.451	商代晚期	萬族的祖輩
昶姬	1254	夫人昶姬匜	3.421	西周晚期	
昶子白	0174	昶子白鼎	1.175	春秋早期	即養子白,養國公族
昶仲侯	1206	昶仲侯盤	3.348	春秋早期	養國公族
昶報伯	1057	昶報伯壺蓋	3.132	春秋早期	即養報伯,養國公族
昶報伯	1058	昶報伯壺蓋	3.133	春秋早期	同上
昶伯半父	0978	昶伯半父盉	3.344	春秋早期	即養伯半父,養國國君
弭仲	0590	弭仲簠	2.212	西周晚期	弭國公族
弭叔	0526	弭叔盨蓋	2.93	西周中期後段	同上
姑氏	0327	竃伯鬲	1.378	西周晚期	即虞仲母,竃伯的親屬
姞晉	0532	尹仲盨甲	2.103	西周晚期	尹仲夫人
姞晉	0533	尹仲盨乙	2.104	西周晚期	同上
癸	0956	冉癸尊	3.16	商代晚期	冉族的親屬
癸	1051	少司馬癸壺甲	3.122	戰國中期	擔任某國少司馬
癸	1052	少司馬癸壺乙	3.124	戰國中期	同上
鄦孟芈幾	1215	楚王領盤	3.363	春秋早期	名幾,楚王領的女兒

人名	器號	器名	卷數頁碼	時代	備注
幽叔	1219	即盤	3.371	西周中期後段	即的父親

十畫

人名	器號	器名	卷數頁碼	時代	備注
秦	0250	邢丘令秦鼎	1.259	戰國中期	魏邢丘縣令
秦公	0173	秦公鼎	1.174	春秋早期	秦國國君
秦公	0427	秦公簋	1.495	春秋早期	同上
秦公	1041	秦公壺	3.112	春秋早期	同上
秦公	1042	秦公壺	3.113	春秋早期	同上
秦妊	0312	兒慶鬲	1.350	春秋早期	郳君慶(郳慶)夫人
秦妊	0313	兒慶鬲	1.352	春秋早期	同上
秦妊	0314	兒慶鬲	1.354	春秋早期	同上
秦妊	0315	兒慶鬲	1.356	春秋早期	同上
秦妊	1056	郳君慶壺	3.130	春秋早期	同上
敖	1729	敖金簡	4.405	西周晚期	宣王三年接受周王册命
晉姬	0304	晉姬鬲	1.339	西周晚期	
埒令啚更	1648	郛令弩牙	4.305	戰國晚期	名啚更,埒縣縣令
恭叔	1277	逨鐘六	3.460	西周晚期	逨的父親
都公	0570	都公簠	2.170	春秋早期	都國國君
都公	1368	都公戈	4.3	春秋早期	同上
桓公	0202	仲姜鼎	1.202	春秋早期	芮桓公,芮國國君
格公	0216	格公鼎	1.217	西周早期後段	即霸公,霸國國君
格仲	0277	格仲鼎	1.300	西周早期後段	即霸仲,霸國公族
格仲	0492	格仲簋甲	2.4	西周早期後段	同上
格仲	0493	格仲簋乙	2.7	西周早期後段	同上
専姬	0206	大保都鼎	1.207	西周早期	太保都的親屬
逋各	1475	逋各戈	4.112	春秋早期	
倝侯	0483	昔雞簋甲	1.578	西周早期後段	即韓侯
倝侯	0484	昔雞簋乙	1.580	西周早期後段	同上
倝瘖	1515	吴加令戟	4.153	戰國晚期	即韓瘖,韓國吴加縣令
倝厝	1608	御庶子樂勸鈹	4.258	戰國晚期	趙國邦御事
倝遉	1649	武城令董紿弩機	4.306	戰國晚期	即韓遉,趙武城縣工師

人名	器號	器名	卷數頁碼	時代	備注
夆	0527	夆盨	2.94	西周晚期	
夐夠	1381	夐夠戈	4.15	春秋早期	
原父	0325	鄭師原父鬲	1.374	西周晚期	任鄭國師職
原父	0326	鄭師原父鬲	1.376	西周晚期	同上
夯	0498	大師小子夯簋	2.17	西周晚期	即夅,太師小子
晉侯	0467	晉侯簋	1.547	春秋早期	晉國某代國君
晉侯	0998	晉侯尊	3.58	西周早期後段期	同上
晉侯	1367	晉侯戈	3.608	春秋早期	同上
晉侯對	0537	晉侯對盨	2.108	西周晚期	名對,晉國國君
晉侯邦父	0562	晉侯邦父簋	2.155	西周晚期	名邦父,晉國國君
晉叔家父	1188	晉叔家父盤	3.325	春秋早期	名家父,晉國公族
晉刑氏妃	0247	晉刑氏妃鼎	1.254	春秋早期	晉國刑氏的嬪妃
晉刑氏妃	0248	晉刑氏妃鼎	1.255	春秋早期	同上
或伯	0296	或伯鬲	1.331	西周早期前段	
烖伯	0424	烖伯簋	1.491	西周早期	即囂伯
冊	1646	左庫弩機	4.301	戰國晚期	趙國某縣的冶鑄工匠
晏同	0621	嬰同盆	2.262	春秋晚期	即嬰同,僮郊公夫人
叔	0365	敦甗	1.427	西周中期	即敦
畢姬	0199	倗伯鼎	1.199	西周中期	倗國某代國君的夫人
畢姬	0353	倗伯甗	1.409	西周中期	同上
時印	1651	邙令時印距末	4.308	戰國晚期	邙縣縣令
乘	0544	乘盨	2.121	西周晚期	在莽仲太師命乘司走馬
倡	1496	孪陽嗇夫鋈戈	4.134	戰國晚期	孪陽縣的工匠
倗母	0496	伯喜父簋	2.14	西周晚期	伯喜父的親屬
倗伯	0156	倗伯鼎	1.158	西周中期	倗國國君
倗伯	0199	倗伯鼎	1.199	西周中期	同上
倗伯	0353	倗伯甗	1.409	西周中期	同上
倗伯	0355	倗伯甗	1.411	西周中期	同上
倗伯	0363	芮伯甗	1.423	西周早期	同上
倗伯	0616	倗伯盆甲	2.256	西周中期前段	同上
倗伯	0617	倗伯盆乙	2.257	西周中期前段	同上
倗伯	1197	倗伯盤	3.337	西周中期	同上
倗伯鼉	0541	倗伯鼉盨甲	2.114	西周晚期	名鼉,倗國國君

人名	器 號	器 名	卷數頁碼	時 代	備 注
倗伯𩰬	0542	倗伯𩰬盨乙	2.116	西周晚期	名𩰬，倗國國君
倗姬	0157	倗姬鼎	1.159	西周中期	芮伯的姊妹，嫁於倗國
倗姬	0421	倗姬簋	1.488	西周中期	同上
倗姬	0447	芮伯簋	1.524	西周中期	同上
師𣎴	0158	師𣎴鼎	1.160	西周中期	
師量	0545	大師盧盨	2.123	西周中期前段	名量，擔任周王朝師職
師㬱	0545	大師盧盨	2.123	西周中期前段	名㬱，擔任周王朝師職
師氏姞	0467	晉侯簋	1.547	春秋早期	晉侯的夫人
師姬彭	0453	師姬彭鼎	1.530	西周早期	
郳慶	0312	兒慶鬲	1.350	春秋早期	小邾國國君
郳慶	0313	兒慶鬲	1.352	春秋早期	同上
郳慶	0314	兒慶鬲	1.354	春秋早期	同上
郳慶	0315	兒慶鬲	1.356	春秋早期	同上
郳大司馬	1177	郳大司馬鈚	3.305	春秋晚期	小邾國的大司馬
郳公克父	1492	郳公戈	4.129	春秋晚期	字克父，小邾國國君
郳始逕母	0307	郳始逕母鬲	1.342	春秋早期	名始逕母，郳國族人
郚子𠔯	0599	郚子𠔯豆	2.230	戰國早期	即薳子𠔯
郚子楚	0272	郚子楚鼎	1.289	春秋晚期	即薳子楚
郚子楚𨊠	0574	郚子楚𨊠簠甲	2.180	春秋晚期	即薳子楚𨊠
郚子楚𨊠	0575	郚子楚𨊠簠乙	2.182	春秋晚期	同上
郚子楚𨊠	0576	郚子楚𨊠簠 A	2.183	春秋晚期	同上
郚子濾息	0274	郚子濾息鼎	1.293	春秋晚期	即薳子濾息
郚子濾息	1180	郚子濾息缶	3.311	春秋晚期	名濾息，楚國薳氏人
息之王	1376	鄎之王戟	4.10	春秋中期	
徐王公佶	1716	徐王公佶帶鉤	4.384	戰國晚期	名公佶，徐國國君
徐釐尹晉	0579	徐釐尹晉簠甲	2.188	戰國早期	名晉，任楚徐釐尹
徐釐尹晉	0580	徐釐尹晉簠乙	2.191	戰國早期	同上
徐釐尹晉	0581	徐釐尹晉簠丙	2.194	戰國早期	同上
𠷎	1049	𠷎壺	3.120	西周早期	族氏爲亞耳㬱
𠷎生	0270	曾𠷎生甾鼎	1.285	春秋早期	名甾，字𠷎生，曾國人
胯公	1020	貝𣪘尊	3.86	西周早期後段	貝𣪘的長輩
胯公	1140	貝𣪘卣	3.243	西周早期後段	同上
胯侯	1456	薛侯戈	4.92	春秋晚期	即薛侯，薛國國君

人名	器號	器名	卷數頁碼	時代	備注
逄	1523	文錽令賈伐戈	4.160	戰國早期	文錽縣上庫冶鑄工匠
逄子選	0233	夆子選鼎	1.236	春秋早期	名選，逄國人
逄子選	0564	夆子選簠	2.159	春秋早期	同上
逄子選	1175	夆子選鑐	3.299	春秋早期	同上
衰	0168	衰鼎	1.169	西周中期前段	
郭良	1601	槀良鈹	4.250	戰國晚期	趙國某縣縣令
郭喬	1532	邦大夫史賈戈	4.174	戰國晚期	韓國邦御史
郭鳳	1532	邦大夫史賈戈	4.174	戰國晚期	韓國上庫工師
旅姬	0303	旅姬鬲	1.338	西周中期	
唐侯	0219	隆侯鼎	1.220	春秋中期	唐國國君
唐侯	0220	隆侯鼎	1.222	春秋中期	同上
唐侯	0221	隆侯鼎	1.223	春秋中期	同上
唐侯	0468	隆侯簋	1.548	春秋中期	同上
唐侯	1050	隆侯壺	3.121	春秋中期	同上
益公	0171	益公鼎	1.172	西周中期	周王朝的執政大臣
益元公	1729	敔金簠	4.405	西周晚期	敔的先祖
宰舀	0545	大師盧盨	2.123	西周中期前段	名舀，擔任周王朝宰之職
剆姬	1218	仲筍人盤	3.370	西周中期前段	仲筍人的夫人
凌	1519	上郡守凌戈	4.157	戰國晚期	秦上郡郡守
海樊	1603	代相趙敢鈹	4.252	戰國晚期	代國冶鑄工師
涘尔八高	1491	涘尔八高戈	4.128	春秋早期	
冢子起	1722	邵陰下官銅釦	4.392	戰國晚期	名起，魏國冢子
姬仁	0561	魯伯餘父簠	2.154	春秋早期	魯伯餘父的女兒或姊妹
姬牛母	0236	姬牛母鼎	1.239	西周晚期	丈夫爲伯牛父
姬皇母	1208	辛中姬皇母盤	3.351	西周晚期	
函皇父	0500	函皇父簋	2.21	西周晚期	即函皇父
犀石	1200	𢓴人犀石盤	3.340	春秋早期	
犀石	1246	𢓴人犀石匜	3.411	春秋早期	
陳狀	1415	陳狀戈	4.49	戰國早期	陳桓子的後裔
陳逆	0591	陳逆簋	2.214	戰國早期	陳桓子裔孫
陳逆	0592	陳逆簋	2.215	戰國早期	同上
陳曼	1356	陳曼戈	3.595	戰國早期	陳桓子的後裔
陳侯	0588	陳侯簋	2.210	春秋早期	陳國國君

人名	器號	器名	卷數頁碼	時代	備注
陳子徒	1357	陳子徒戈	3.596	戰國時期	
陳子高	1467	陳子高戟	4.103	戰國晚期	
陳子雪	1396	陳子雪戈	4.29	戰國時期	
陳豆彝	1414	陳豆彝戟	4.48	戰國早期	
陜父	0133	陜父簋	1.134	西周中期	
阮公克父	1492	郳公戈	4.129	春秋晚期	即郳公克父,小邾國國君
真	1137	真卣	3.234	西周早期後段	族氏爲"亞束"
書	1279	衛侯之孫書鐘	3.465	春秋中期前段	衛侯之孫
書	1280	衛侯之孫書鐘	3.468	春秋中期前段	同上
夆叔	1272	鄭羋叔鐘	3.451	西周晚期	鄭羋叔的父親
孫疋	1609	邦司寇趙左鈹	4.259	戰國晚期	趙國下庫的冶鑄工師
紐	1609	邦司寇趙左鈹	4.259	戰國晚期	趙國下庫的冶尹

十 一 畫

人名	器號	器名	卷數頁碼	時代	備注
黃子	0608	黃子豆	2.239	春秋中期	
黃子威	1211	黃子威盤	3.355	春秋晚期	
黃夫人	0608	黃子豆	2.239	春秋中期	黃國國君的夫人
黃君孟	0606	黃君孟豆	2.237	春秋中期	名孟,黃國國君
黃君孟	1054	黃君孟壺	3.127	春秋中期	同上
黃君孟	1176	黃君孟鑪	3.300	春秋中期	同上
黃君子叕	0577	黃君子叕簋	2.185	西周晚期	名子叕,黃國國君
黃子季庚臣	0589	黃子季庚臣簋	2.211	春秋早期	名季庚臣,黃國公子
菑公	0570	都公簋	2.170	春秋早期	即都公,都國國君
逨	1277	逨鐘六	3.460	西周晚期	
盉父	0229	芮太子白鼎	1.232	春秋早期	芮太子白的長輩
盉父	0256	芮太子白鼎	1.266	春秋早期	同上
盉父	0328	芮太子白鬲	1.379	春秋早期	同上
盉父	0329	芮太子白鬲	1.381	春秋早期	同上
盉父	0330	芮太子白鬲	1.383	春秋早期	同上
頂	1134	頂卣	3.228	西周早期	族氏爲"戈"
厝厝觊	1241	厝厝觊盉	3.401	西周早期	召公後裔

人名	器　號	器　名	卷數頁碼	時　代	備　注
郾王	1539	燕王矛	4.183	戰國晚期	即燕王
郾王詧	1465	燕王詧戈	4.101	戰國晚期	即燕王詧，燕國國君
郾王詧	1466	燕王詧戈	4.102	戰國晚期	同上
郾王詧	1482	燕王詧戈	4.119	戰國晚期	同上
郾王詧	1509	燕王詧戈	4.146	戰國晚期	同上
郾王詧	1528	燕王詧戈	4.168	戰國晚期	同上
郾王喜	1483	燕王喜戈	4.120	戰國晚期	即燕王喜，燕國國君
郾王喜	1484	燕王喜戈	4.121	戰國晚期	同上
郾王喜	1485	燕王喜戈	4.122	戰國晚期	同上
郾王喜	1554	燕王喜矛	4.198	戰國晚期	同上
郾王喜	1555	燕王喜矛	4.199	戰國晚期	同上
郾王喜	1556	燕王喜矛	4.200	戰國晚期	同上
郾王喜	1565	燕王喜矛	4.209	戰國晚期	同上
郾王喜	1566	燕王喜矛	4.210	戰國晚期	同上
郾王喜	1582	燕王喜鈹	4.228	戰國晚期	同上
郾王喜	1583	燕王喜鈹	4.229	戰國晚期	同上
郾王職	1561	燕王職矛	4.205	戰國晚期	即燕王職，燕國國君
郾王職	1562	燕王職矛	4.206	戰國晚期	同上
郾王職	1563	燕王職矛	4.207	戰國晚期	同上
郾王職	1564	燕王職矛	4.208	戰國晚期	同上
郾王職	1590	燕王職劍	4.237	戰國晚期	同上
郾王逗	1550	燕王桓矛	4.194	戰國晚期	即燕王桓，燕國國君
郾王戎人	1567	燕王戎人矛	4.211	戰國晚期	即燕王戎人，燕國國君
郾王戎人	1568	燕王戎人矛	4.212	戰國晚期	同上
敢生	1267	敢生鐘二	3.445	春秋早期	某國太子
叝侯叔丁	0939	叝侯叔丁罍	2.595	商代晚期	
盧	0545	大師盧盨	2.123	西周中期前段	擔任周王朝太師之職
虡仲母	0327	竈伯鬲	1.378	西周晚期	竈伯的親屬
圂更	1648	鄬令弩牙	4.305	戰國晚期	埒縣縣令
鄂侯	0147	鄂侯鼎	1.149	西周早期	鄂國某代國君
鄂侯	0230	鄂侯鼎	1.233	春秋早期	同上
鄂侯	0319	鄂侯鬲	1.364	春秋早期	同上
鄂侯	0464	鄂侯簋蓋	1.544	春秋早期	同上

人名	器號	器名	卷數頁碼	時代	備注
鄂侯	1044	鄂侯壺	3.105	春秋早期	鄂國某代國君
鄂侯	1115	鄂侯卣	3.204	西周早期	同上
鄂侯	1263	鄂侯鐘	3.440	春秋早期	同上
鄂侯	1264	鄂侯鐘	3.441	春秋早期	同上
鄂侯	1265	鄂侯鐘	3.442	春秋早期	同上
鄂姜	0302	鄂姜鬲	1.337	西周晚期	
鄂姜	0552	鄂姜簋	2.139	春秋早期	
鄂伯洛伏	0241	鄂伯洛伏鼎	1.246	春秋早期	名洛伏,鄂國大宗宗子
刺叔	0516	免簋	2.66	西周中期後段	免的父親
虘仲	0514	邵簋甲	2.57	西周中期後段	邵的父親
虘仲	0515	邵簋乙	2.62	西周中期後段	同上
虘仲	0516	邵簋丙	2.66	西周中期後段	同上
圓君	1055	圓君婦媿霝壺	3.129	春秋早期	即昆君
過伯	0423	過伯簋	1.490	西周早期	過國族首領
救侯	0488	播侯簋	1.588	西周中期	即播侯
售丘令烑	1508	雍丘令烑戈	4.145	戰國中期	即雍丘令,名烑
�	1273	詔事或鐘	3.453	戰晚至漢初	冶鑄作坊的工匠
進	1130	進卣	3.222	西周早期	族徽爲"亞"
得	0459	曾公得簋	1.538	春秋早期	曾國國君
得	0600	曾公得豆	2.231	春秋早期	同上
從	1439	蔡公子從戈	4.73	春秋晚期	蔡國公子
酓悆	0626	楚王酓悆俎	2.274	春秋晚期	楚國國君
酓章	0226	楚王酓章鼎	1.229	戰國早期	即熊章,楚國國王
酓脡	1419	酓脡戈	4.54	戰國晚期	楚國國王
胙嬈	0324	邾友父鬲	1.372	西周晚期	即胙曹,邾友父之女
敔	1640	公乘斯戈鐓	4.293	戰國晚期	某國的冶鑄工師
覛子氏	1043	覛子氏壺	3.114	春秋中期	
欲侯	1365	欲侯戈	3.606	西周早期	
象	1498	蕩陰令戈	4.136	戰國中期	魏蕩陰縣冶鑄工匠
魚	1139	魚卣	3.240	西周中期前段	
魚父	0050	魚父鼎	1.52	商代晚期	
祭叔	0519	矜簋	2.75	西周中期前段	
章	1506	疾曹令狐嗇戈	4.143	戰國晚期	疾曹縣冶鑄工匠

人名	器　號	器　名	卷數頁碼	時　代	備　注
産	1508	雍丘令烷戈	4.145	戰國中期	魏雍丘縣的工師
許公㝬	1385	許公㝬戈	4.19	戰國早期	名㝬，楚國封君
許公㝬	1386	許公㝬戈	4.20	戰國早期	同上
許公㝬	1387	許公㝬戈	4.21	戰國早期	同上
許公㝬	1388	許公㝬戈	4.22	戰國早期	同上
許公㝬	1389	許公㝬戈	4.23	戰國早期	同上
率夫余無	1490	率夫余無戈	4.127	春秋早期	
商生	0237	叔㴱父鼎	1.240	西周晚期	叔㴱父的親屬
商丘叔	0563	商丘叔簠	2.157	春秋早期	
商叔盛	1398	商叔盛戈	4.31	春秋早期	
商叔盛	1399	商叔盛戈	4.32	春秋早期	
庶	1768	匽氏鋼刀乙	4.452	戰國晚期	秦國的邦工師
寅	1526	相邦呂不韋戈	4.165	戰國晚期	秦冶鑄工室工匠
寅都君	0260	叔休鼎	1.271	周晚春早	晉國的封君
寅都君	1059	叔休壺	3.134	周晚春早	同上
寅都君	1060	叔休壺	3.136	周晚春早	同上
羚	0519	羚簋	2.75	西周中期前段	
淳于公	1426	淳于公戈	4.60	春秋早期	
淺叔子	0275	宋公䰓鼎	1.294	春秋晚期	宋公固夫人，濫國人
淺叔子	0276	宋公䰓鼎	1.297	春秋晚期	同上
淺叔子	0612	宋公䰓鋪	2.246	春秋晚期	同上
啟	1444	蔡襄尹啟戈	4.78	戰國早期	擔任蔡國的襄尹
啟旨邸	0621	嬰同盆	2.262	春秋晚期	嬰同的父親
陽	0258	相邦義鼎	1.269	戰國晚期	秦國咸陽冶鑄工匠
隃	1513	郏薔夫蒽戈	4.150	戰國中期	郏縣工師
陳	0266	中小臣陳鼎	1.280	西周早期前段	周王朝的中小臣
敢侯	0787	敢侯爵	2.435	西周早期	敢國族首領
婦綏	0838	婦綏觚	2.491	商代晚期	
婦綏	1076	婦綏卣	3.165	商代晚期	
閉	0517	閉簋甲	2.69	西周中期	
閉	0518	閉簋乙	2.72	西周中期	
夨伯	1016	昔雞尊	3.78	西周早期後段	昔雞的上司
夨伯	1138	昔雞卣	3.238	西周早期後段	同上

人名	器號	器名	卷數頁碼	時代	備注
翏厚	1274	翏厚鐘	3.454	春秋中期	即鄝子厚
翏子厚	1207	翏子厚盤	3.349	春秋中期	同上
翏子厚	1458	蓼子厚戈	4.94	春秋中期	同上
張義	1673	大府量	4.338	戰國晚期	即張儀
張瀫	1605	東新城令張瀫鈹	4.255	戰國晚期	趙國東新城縣令
張竘	1616	上成府假令張坤鈹	4.267	戰國晚期	趙國上成氏府假令
張悫	1651	邘令時印距末	4.308	戰國晚期	邘縣冶鑄工師
張繢鏤	1616	上成府假令張坤鈹	4.267	戰國晚期	名張繢鋘，趙上庫工師
紳	1279	衛侯之孫書鐘	3.465	春秋中期前段	衛侯之子，書的父親
紳	1280	衛侯之孫書鐘	3.468	春秋中期前段	同上
紻	1498	蕩陰令戈	4.136	戰國中期	魏蕩陰縣工師

十 二 畫

人名	器號	器名	卷數頁碼	時代	備注
珷	0268	德鼎	1.282	西周早期	即周武王
珷王	1015	義尊	3.76	西周早期前段	同上
珷王	1149	義方彝	3.257	西周早期前段	同上
琱妘	0500	函皇父簋	2.21	西周晚期	函皇父的夫人
越王不光	1611	越王不光劍	4.261	戰國中期	即越王翳
越王州句	1589	越王州句劍	4.236	戰國早期	即越王朱句
越王州句	1598	越王州句劍	4.247	戰國早期	同上
越王州句	1599	越王州句劍	4.248	戰國早期	同上
越王州句	1614	越王州句劍	4.265	戰國早期	同上
越王州句	1765	越王州句玉劍	4.447	戰國早期	同上
越王旨殹(翳)	1602	越王旨翳劍	4.251	戰國中期	即越王不光
越王旨殹(翳)	1618	越王旨翳劍	4.270	戰國中期	同上
越王旨殹(翳)	1619	越王旨翳劍	4.271	戰國中期	同上
越王諸稽於睗	1586	越王諸稽於睗劍	4.232	戰國早期	即越王鼫與，勾踐之子
越王諸稽於睗	1587	越王諸稽於睗劍	4.233	戰國早期	同上
越王諸稽於睗	1588	越王諸稽於睗劍	4.234	戰國早期	同上
斯	0359	公乘斯甗	1.417	戰國晚期	秦國司寇，公乘爵
斯離	1261	蜀守斯離鑑	3.435	戰國晚期	秦國蜀郡郡守

人名	器號	器名	卷數頁碼	時代	備注
董絀	1649	武城令董絀弩機	4.306	戰國晚期	趙國武城縣令
軸伯不	0908	軸伯不觶	2.562	西周早期	名不,軸家族大宗宗子
喪弪	1522	封氏令王僕戈	4.159	戰國晚期	趙封氏縣工師
惠公	0316	應姚鬲	1.358	西周晚期	應應姚的夫君,某代應侯
惠公	0364	縮甗	1.425	春秋中期	某國昭公之孫
宲敬	1504	梁大令韓譙戈	4.142	戰國晚期	韓梁邑的工師
畅叔	0345	畅叔甗	1.401	西周早期	畅氏公族
晳	0579	徐鰲尹晳簠甲	2.188	戰國早期	擔任楚徐鰲尹
晳	0580	徐鰲尹晳簠乙	2.191	戰國早期	同上
晳	0581	徐鰲尹晳簠丙	2.194	戰國早期	同上
黑叔江	1424	鄹叔江戈	4.58	春秋早期	
景鯀	0547	競鯀簠	2.130	戰國早期	楚平王的後裔
景之定	1721	競之定熏爐	4.389	春秋晚期	同上
景之羕	0177	競之羕鼎	1.178	戰國中期	同上
景之羕	0178	競之羕鼎	1.179	戰國中期	同上
景孫蒲	1436	競孫蒲戈	4.70	春秋晚期	同上
單子	1380	單子戈	4.14	春秋晚期	
遄	1717	吳王之子遄帶鈎	4.385	春秋晚期	吳王之子
犅仲	0125	犅仲鼎	1.126	西周早期後段	
智僕	0140	智僕鼎	1.141	春秋晚期	
稍成夫人	0141	稍成夫人鼎	1.143	戰國晚期	燕國稍成的夫人
霝	1020	貝霝尊	3.86	西周早期後段	周王室宗小子
霝	1140	貝霝卣	3.243	西周早期後段	同上
冕大司馬	1177	郳大司馬鈚	3.305	春秋晚期	即郳大司馬
無叀	0477	無叀簋甲	1.565	春秋中期	
無叀	0478	無叀簋乙	1.568	春秋中期	
無叀	0479	無叀簋丙	1.570	春秋中期	
無叀	0627	無叀俎	2.276	春秋中期	
棠氏	1378	棠氏戈	4.12	春秋中期	
番君召	0567	番君召簠	2.165	春秋晚期	名召,番國國君
番匊生	0279	番匊生鼎	1.304	西周晚期	名匊生,番國族人
飲元乘馬	1256	飲元乘馬匜	3.424	戰國早期	
詔事或	1273	詔事或鐘	3.453	戰晚至漢初	名或,任秦王朝詔事

人名	器號	器名	卷數頁碼	時代	備注
詔事圖	1526	相邦呂不韋戈	4.165	戰國晚期	名圖,任秦王朝詔事
遊孫癸	0188	遊孫癸鼎	1.188	春秋中期	
善	0269	善鼎	1.284	西周早期	京生的下屬
曾伯	0793	曾伯爵	2.440	西周早期	曾國族大宗宗子
曾侯	0224	曾侯鼎	1.227	春秋早期	曾國某代國君
曾季	0494	曾季簋	2.10	春秋早期	曾國公族
曾子南	1420	曾子南戈	4.55	春秋早期	名南,曾國公子
曾子南	1421	曾子南戈	4.55	春秋早期	同上
曾子犕	0549	曾子犕簋	2.133	春秋晚期	名犕,曾國公子
曾子鸞	0210	曾子鸞鼎	1.211	春秋早期	名鸞,曾國公子
曾公得	0459	曾公得簋	1.538	春秋早期	名得,曾國國君
曾公得	0600	曾公得豆	2.231	春秋早期	同上
曾仲塞	0310	曾仲塞鬲	1.346	春秋中期	名塞,曾國公族
曾仲塞	1428	曾仲塞戈	4.62	春秋中期	同上
曾侯乙	1442	曾侯乙戈	4.76	戰國早期	名乙,曾國國君
曾侯遳	1443	曾侯遳戈	4.77	戰國早期	名遳,曾國國君
曾侯建	1445	曾侯建戈	4.80	戰國早期	名建,曾國國君
曾侯宎	0265	曾侯宎鼎	1.279	春秋中期	名宎,曾國國君
曾公鷄鸞	0554	牧臣簋乙	2.142	春秋早期	曾國國君,名鷄鸞
曾侯絑伯	1400	曾侯絑伯戈	4.33	春秋早期	名絑伯,曾國國君
曾伯黍	0548	曾伯黍簋	2.132	春秋早期	名黍,曾國國君
曾伯黍	1069	曾伯黍壺	3.155	春秋早期	同上
曾子叔迭	1422	曾子叔迭戈	4.56	春秋早期	名叔迭,曾國公子
曾子伯迖	0322	曾子伯迖鬲	1.370	春秋早期	名伯迖,曾國公子
曾子牧臣	0211	曾子牧臣鼎	1.212	春秋早期	名牧臣,曾國公子
曾太保燮	0559	曾太保燮簋	2.149	春秋早期	名發,曾國太保
曾伯克父	0361	曾伯克父甗	1.419	春秋早期前段	字克父,楚國伯氏
曾伯克父	0509	曾伯克父簋	2.42	春秋早期前段	同上
曾伯克父	0538	曾伯克父盨	2.109	春秋早期前段	同上
曾伯克父	0539	曾伯克父盨	2.111	春秋早期前段	同上
曾伯克父	1062	曾伯克父壺甲	3.139	春秋早期前段	同上
曾伯克父	1063	曾伯克父壺乙	3.142	春秋早期前段	同上
曾伯克父	1174	曾伯克父鑪	3.297	春秋早期前段	同上

人名	器　號	器　名	卷數頁碼	時　代	備　注
曾夫人嬛	0306	曾夫人嬛鬲	1.341	春秋中期	名嬛,曾侯畋的夫人
曾夫人縞	0352	曾夫人縞甗	1.408	春秋晚期	名縞,某代曾侯的夫人
曾嵒生甾	0270	曾嵒生甾鼎	1.285	春秋早期	名甾,字嵒生,曾國人
曾旨尹喬	1245	曾旨尹喬匜	3.410	春秋晚期	
曾卿事宣	0362	曾卿事宣甗	1.422	春秋早期	即季宣,曾國的卿士
曾卿事季宣	1202	曾卿事季宣盤	3.342	春秋早期	同上
曾卿事寴	0311	曾卿事寴鬲	1.348	春秋早期	名寴,曾國的卿士
寪男	1136	寪男卣	3.233	西周中期前段	
寪邑司	1125	寪邑司卣	3.215	西周早期	名司,寪邑人
湟妊	0470	牛生簋甲	1.551	西周中期	牛生的夫人
湟妊	0471	牛生簋乙	1.553	西周中期	同上
湯嫚(羋)	0224	曾侯鼎	1.227	春秋早期	曾侯女兒的媵女
發	0193	弢鼎	1.193	西周早期前段	
發犀	1651	邖令時印距末	4.308	戰國晚期	邖縣冶鑄工師
隆侯	0468	墮侯簋	1.548	春秋中期	即隨、曾,曾國國君
隆夫人	0219	墮侯鼎	1.220	春秋中期	即隨夫人
隆夫人	0220	墮侯鼎	1.222	春秋中期	同上
隆夫人	0221	墮侯鼎	1.223	春秋中期	同上
屖	0442	集屖簋	1.519	西周早期	族徽為"集"
瑨子	0609	瑨子豆	2.241	春秋晚期	
瑨子	0610	瑨子豆	2.244	春秋晚期	
媿	1383	媿戈	4.17	春秋晚期	即媿
媿嬴	1055	圉君婦媿嬴壺	3.129	春秋早期	圉君的夫人
畫	1531	蜀假守肖戈	4.172	戰國晚期	秦蜀郡西工室工師
畫	1649	武城令董紿弩機	4.306	戰國晚期	趙武城縣工匠
閈	1603	代相趙敢鈹	4.252	戰國晚期	代國冶鑄工匠
閧	1004	閧尊	3.64	西周早期	即薗

十 三 畫

人名	器　號	器　名	卷數頁碼	時　代	備　注
鼓	0181	鼓鼎	1.182	西周早期後段	某人的父親
豰	0365	豰甗	1.427	西周中期	周王册命擔任司徒司寇

人名	器號	器名	卷數頁碼	時代	備注
趄公	0202	仲姜鼎	1.202	春秋早期	即桓公，芮國國君
槐	0251	鄭邢叔槐鼎	1.260	西周中期後段	鄭邢氏
楙子	1395	楙子戈	4.29	戰國時期	
楙大叔弇	0611	楙大叔弇鋪	2.245	春秋早期	
榣郌䏌	1616	上成府假令張坤鈹	4.267	戰國晚期	趙國上庫負責人
嗇夫盜	1496	亭陽嗇夫盜戈	4.134	戰國晚期	名盜，亭陽縣嗇夫
嗇夫蒠	1513	郱嗇夫蒠戈	4.150	戰國中期	名蒠，郱縣嗇夫
嗇夫趙瓶	1650	串令公乘美弩機	4.307	戰國晚期	名趙瓶，趙國串縣嗇夫
靳瘥	0432	靳瘥簋	1.508	戰國中期	即慎瘥
賈伇	1523	文鈠令賈伇戈	4.160	戰國早期	文鈠縣令
聖	0508	聖簋	2.41	西周晚期	
蓐(蓐)	1502	屬邦守蓐戈	4.140	戰國晚期	擔任秦國屬邦守
楚	0272	鄎子楚鼎	1.289	春秋晚期	即楚軓，楚國薳氏
楚叔	0203	楚叔之孫辰鼎	1.203	春秋早期	楚國公族
楚軓	0574	鄎子楚軓簠甲	2.180	春秋晚期	楚國薳氏
楚軓	0575	鄎子楚軓簠乙	2.182	春秋晚期	同上
楚軓	0576	鄎子楚軓簠 A	2.183	春秋晚期	同上
楚屈喜	1409	楚屈喜戈	4.44	春秋晚期	名喜，楚國屈氏
楚王	1488	楚王戈	4.125	戰國早期	
楚王領	0257	楚王領鼎	1.267	春秋中期	名領，楚國國君
楚王領	0476	楚王領簋	1.563	春秋中期	同上
楚王領	1215	楚王領盤	3.363	春秋早期	同上
楚王酓恷	0626	楚王酓恷俎	2.274	春秋晚期	名酓恷，楚國國君
楚王酓恷	1721	競之定熏爐	4.389	春秋晚期	同上
楚王酓章	0226	楚王酓章鼎	1.229	戰國早期	楚國國王，名酓章
楚王孫旛	0552	楚王孫旛簠	2.137	春秋晚期	名旛，楚王之孫
楚王孫孌	1435	楚王孫孌戈	4.69	春秋晚期	名孌，楚王之孫
楚子迲湯	0555	楚子旅湯簠	2.145	春秋晚期	名迲湯，楚國公子
楚仲姬烄	0582	蔡侯簠	2.197	春秋晚期	蔡侯二女，嫁於楚國
楚媿歸母	1250	楚媿歸母匜	3.416	戰國早期	
裘	1472	滕司城裘戈	4.108	春秋早期	擔任滕國的司城
雷叔姜	0611	楙大叔弇鋪	2.245	春秋早期	楙大叔弇的夫人
雷子歸産	0175	雷子歸産鼎	1.176	春秋晚期	

人名	器號	器名	卷數頁碼	時代	備注
嗌	0366	嗌瓹	1.430	西周中期後段	周王册命其爲卜事等職
戲句邻	0621	嬰同盆	2.262	春秋晚期	嬰同的祖父
蜀守斯離	1261	蜀守斯離鑑	3.435	戰國晚期	名斯離,秦國蜀郡郡守
蜀假守竈	1525	蜀假守竈戈	4.162	戰國晚期	名竈,秦蜀郡代理郡守
蜀假守肖	1531	蜀假守肖戈	4.172	戰國晚期	名肖,秦蜀郡代理郡守
遣	0506	靈簋	2.37	西周早期後段	征伐東夷主帥
遣盅父	0223	趙盅父鼎	1.226	西周晚期	遣氏,字盅父
遣盅父	0531	趙盅父盨	2.101	西周晚期	同上
蚦	0120	蚦鼎	1.121	西周早期	
笉	0130	笉鼎	1.131	西周中期前段	
傳	0231	鄭邢小子傳鼎	1.234	周晚春早	鄭邢氏
叙	1608	御庶子樂勸鈹	4.258	戰國晚期	趙國工室的工匠
餘	0783	餘爵	2.430	西周早期	
與兵	1068	與兵壺	3.152	春秋晚期	鄭太子之孫
賃丘子	0594	賃丘子敦	2.220	春秋晚期	夆取膚公之孫
舍(舒)	1501	濩澤君戈	4.309	戰國晚期	韓濩澤的工匠
領	0257	楚王領鼎	1.267	春秋中期	楚國國君
領	0476	楚王領簋	1.563	春秋中期	同上
衡	1007	衡尊	3.67	西周中期	
微	1133	迶卣	3.227	西周中期前段	族氏爲"幺册"
徣仲	1064	衛叔甲父壺	3.143	西周晚期	即夷仲,衛叔甲父的父親
槀良	1601	槀良鈹	4.250	戰國晚期	即郭良,趙國某縣縣令
槀喬	1532	邦大夫史賈戈	4.174	戰國晚期	即郭喬,韓國邦御史
槀鳳	1532	邦大夫史賈戈	4.174	戰國晚期	即郭鳳,韓國上庫工師
雍伯	0284	雍伯鼎	1.313	西周早期後段	
雍丘令炕	1508	雍丘令炕戈	4.145	戰國中期	名炕,魏國雍丘縣令
慎痌	0432	訢痌簋	1.508	戰國中期	
郲公臧	1295	郲公臧勾鑃	3.525	春秋晚期	即養公臧
豢	0498	大師小子豭簋	2.17	西周晚期	太師小子
義	0182	義鼎	1.183	西周早期前段	族徽爲"贝"
義	0183	義鼎	1.184	西周早期前段	同上
義	0184	義鼎	1.184	西周早期前段	同上
義	0258	相邦義鼎	1.269	戰國晚期	即張儀,擔任秦國相邦

人名	器 號	器 名	卷數頁碼	時 代	備 注
義	1015	義尊	3.76	西周早期前段	族徽爲"▉"
義	1149	義方彝	3.257	西周早期前段	族徽爲"▉"
義楚	1610	徐王義楚詐雝劍	4.260	春秋晚期	徐國國君
戠	1066	戠壺	3.147	西周早期後段	周王曾命戠出使繁
墜狀	1415	陳狀戈	4.49	戰國早期	即陳狀
墜逆	0591	陳逆簠	2.214	戰國早期	即陳逆,陳桓子裔孫
墜逆	0592	陳逆簠	2.215	戰國早期	同上
墜曼	1356	陳曼戈	3.593	戰國早期	
墜子徒	1357	陳子徒戈	3.596	戰國時期	即陳子徒
墜子雪	1396	陳子雪戈	4.29	戰國時期	即陳子雪
墜子高	1467	陳子高戟	4.103	戰國晚期	即陳子高
墜豆舉	1414	陳豆舉戟	4.48	戰國早期	即陳豆舉
鄝公	1429	鄝公戈	4.63	春秋中期	
鄝公	1430	鄝公戈	4.64	春秋中期	
鄝厚	1274	蓼厚鐘	3.454	春秋中期	名厚,鄝國公子
鄝子厚	1207	蓼子厚盤	3.349	春秋中期	同上
鄝子厚	1275	蓼子厚鐘一	3.456	春秋中期	同上
鄝子厚	1276	蓼子厚鐘二	3.458	春秋中期	同上
鄝子厚	1458	蓼子厚戈	4.94	春秋中期	同上
羣孫斦	1278	璋鐘	3.463	春秋晚期	璋的父親
間	1505	相邦樛斿戈	4.142	戰國中期	秦國櫟陽的冶鑄工
槃可忌	0595	槃可忌敦	2.222	春秋晚期	

十 四 畫

人名	器 號	器 名	卷數頁碼	時 代	備 注
嘉父	1374	嘉父戈	4.9	春秋早期	
壽罍	1019	壽罍尊	3.84	商代晚期	
趙厷	1609	邦司寇趙厷鈹	4.259	戰國晚期	趙國的邦司寇
趙厷	1615	邦司寇趙厷鈹	4.266	戰國晚期	同上
趙敢	1603	代相趙敢鈹	4.252	戰國晚期	趙國代相
趙臣	1606	代相樂寏鈹	4.256	戰國晚期	趙國代君的冶鑄工師
趙瓶	1650	串令公乘美弩機	4.307	戰國晚期	趙國串縣工室的嗇夫

人名	器號	器名	卷數頁碼	時代	備注
趙觸	1613	相邦春平侯劍	4.263	戰國晚期	趙國平國君的大工尹
蔡侯	0582	蔡侯簠	2.197	春秋晚期	蔡國國君
蔡嫣	1205	䢅侯盤	3.346	春秋早期	䢅侯夫人
蔡子	1497	蔡子戈	4.135	春秋晚期	
蔡子夾	1244	蔡子夾匜	3.409	春秋晚期	名夾,蔡國公子
蔡侯產	1446	蔡侯產戈	4.81	戰國早期	名產,蔡國國君
蔡侯產	1447	蔡侯產戈	4.82	戰國早期	同上
蔡侯產	1448	蔡侯產戟	4.83	戰國早期	同上
蔡侯產	1449	蔡侯產戟	4.84	戰國早期	同上
蔡侯產	1580	蔡侯產劍	4.226	戰國早期	同上
蔡莊公	1210	雌盤	3.354	春秋晚期	子越之父,雌的祖父
蔡公子吳	1438	蔡公子吳戈	4.72	春秋晚期	名吳,蔡國公子
蔡公子從	1439	蔡公子從戈	4.73	春秋晚期	名從,蔡國公子
蔡公子果	1560	蔡公子果矛	4.204	春秋晚期	名果,蔡國公子
蔡襄尹啟	1444	蔡襄尹啟戈	4.78	戰國早期	
蓼子厚	1458	蓼子厚戈	4.94	春秋中期	即鄝子厚
寁	0506	寁簋	2.37	西周早期後段	隨遣征伐東夷
寁公	0449	伯懿簋	1.526	西周中期前段	伯懿的父親
墉公	0792	尚爵	2.439	西周中期	
墉配	0341	作墉配甗	1.397	西周早期	
墉姬	0443	豐井簋	1.520	西周早期	
鴞子圉襲	1461	鴞子圉襲戟	4.97	春秋時期	即鴻子圉襲
厲州慶	0499	生馭君厲州慶簋	2.19	西周晚期	生馭之君主
監叔	1045	監叔壺	3.116	西周晚期	監氏公族
敔生	1267	敔生鐘二	3.445	春秋早期	即敔生,某國的太子
需	1005	需尊	3.65	西周早期後段	
雺疸	1607	邦御令露疸鈹	4.257	戰國晚期	即露疸,趙國的邦御令
雌	1210	雌盤	3.354	春秋晚期	蔡莊公之孫,子越之子
曓瘵	1530	屯留令邢丘萲戈	4.171	戰國晚期	即隰瘵,韓國屯留縣司寇
鄅叔江	1424	鄅叔江戈	4.58	春秋早期	即黑叔江
鄆王月子	1408	鄆王月子戈	4.43	春秋晚期	
覞姒	0161	公伯鼎	1.163	西周早期前段	公伯的夫人
遙	1001	遙尊	3.61	西周早期	即疑

人名	器號	器名	卷數頁碼	時代	備注
馌	1495	東陽上庫戈	4.133	戰國晚期	趙東陽上庫工師
僅郪公	0621	嬰同盆	2.262	春秋晚期	嬰同的夫君
僕公	1454	中都僕公戈	4.89	春秋中期	楚國中都封邑君
僕公	1455	中都僕公戈	4.91	春秋中期	同上
僕陽	1518	羕陵工尹戈	4.156	戰國晚期	楚國養陵工尹
鬲	1129	司卣	3.220	西周早期	即司,族徽爲"𠂤"
獄	0520	獄簋(三式)	2.78	西周中期前段	
獄	0521	獄簋(二式)	2.80	西周中期前段	
觥伯	0416	觥伯鼎	1.483	西周早期	
齊侯	1294	齊侯鎛	4.525	春秋晚期	齊國國君
齊京母	0860	齊京母觚	2.512	商代晚期	
齊京母	1086	齊京母卣	3.175	商代晚期	
齊公去余	0244	齊公去余鼎	1.250	春秋早期	名去余,齊國國國君
慶	1524	上郡守慶戈	4.161	戰國晚期	秦上郡郡守
康	0504	康簋	2.31	西周中期後段	在鄭受王賞賜牲十哉牛
養姬	1254	夫人昶姬匜	3.421	西周晚期	
養子白	0174	昶子白鼎	1.175	春秋早期	養國公族
養公盧	1295	鄴公盧勾鑃	3.525	春秋晚期	名盧,養國首領
養仲侯	1206	昶仲侯盤	3.348	春秋早期	養國公族
養㝅伯	1057	昶㝅伯壺蓋	3.132	春秋早期	同上
養㝅伯	1058	昶㝅伯壺蓋	3.133	春秋早期	同上
養伯半父	0978	昶伯半父盂	3.344	春秋早期	字半父,養國國君
榮伯	0365	敔盨	1.427	西周中期	周王朝執政大臣
榮㪤	0516	免簋	2.66	西周中期後段	免的上司
鄭含	1530	屯留令邢丘敀戈	4.171	戰國晚期	韓國屯留縣司寇
鄭伯	0240	鄭伯鼎	1.245	春秋早期	鄭國大宗宗子
鄭邢伯	1251	子傳匜	3.417	西周晚期	子傳的父親
鄭羌伯	0317	鄭羌伯鬲	1.360	西周晚期	
鄭羌伯	0318	鄭羌伯鬲	1.363	西周晚期	
鄭登伯	0309	鄭登伯鬲	1.345	西周晚期	
鄭閈叔	1272	鄭閈叔鐘	3.451	西周晚期	鄭國公族
鄭伯頯父	0360	鄭伯頯父甗	1.418	西周晚期	字頯父,鄭國大宗宗子
鄭叔原父	0550	鄭叔原父簋	2.136	西周晚期	字原父,鄭國公族

人名	器號	器名	卷數頁碼	時代	備注
鄭師原父	0325	鄭師原父鬲	1.374	西周晚期	字原父，任鄭國師職
鄭師原父	0326	鄭師原父鬲	1.376	西周晚期	同上
鄭義羌父	0536	鄭義羌父盨	2.107	西周晚期	字羌父，鄭義氏
鄭邢叔槐	0251	鄭邢叔槐鼎	1.260	西周中期後段	名叔槐，鄭邢氏
鄭邢小子傳	0231	鄭邢小子傳鼎	1.234	周晚春早	名傳，鄭邢氏
鄭邢伯大父	0529	鄭邢伯大父盨甲	2.97	西周晚期	字伯大父，鄭邢氏
鄭邢伯大父	0530	鄭邢伯大父盨乙	2.99	西周晚期	同上
褱	0444	褱簋	1.521	西周中期	即褱
肇	1021	肇尊	3.88	西周中期後段	曾受其侯氏賞賜
歖叔	0417	歖叔簋	1.484	西周早期	歖國公族
歖姬	0473	欒伯簋	1.556	西周晚期	欒伯夫人
疑	0205	亞㠱侯疑鼎	1.205	商代晚期	亞㠱侯族人
疑	1001	疑尊	3.61	西周早期	
綰	0364	綰甗	1.425	春秋中期	某國昭公的後裔
綰	1529	上郡守綰戈	4.170	戰國晚期	秦上郡郡守
鄧公	1209	鄧公盤	3.353	春秋早期	鄧國國君
鄧公	1258	鄧公匜	3.428	春秋早期	同上
鄧監	0415	登盬簋	1.482	西周早期	鄧國的監國，名不詳
鄧子德	0503	鄧子德簋	2.30	春秋中期	名德，鄧國公子
𨹧侯	0219	𨹧侯鼎	1.220	春秋中期	即唐侯
𨹧侯	0220	𨹧侯鼎	1.222	春秋中期	同上
𨹧侯	0221	𨹧侯鼎	1.223	春秋中期	同上
𨹧侯	0468	𨹧侯簋	1.548	春秋中期	同上
𨹧侯	1050	𨹧侯壺	3.121	春秋中期	同上
隨侯	0468	𨹧侯簋	1.548	春秋中期	即隨、曾，曾國國君
隨夫人	0219	𨹧侯鼎	1.220	春秋中期	某代隨君的夫人
隨夫人	0220	𨹧侯鼎	1.222	春秋中期	同上
隨夫人	0221	𨹧侯鼎	1.223	春秋中期	同上
隨夫人	1050	𨹧侯壺	3.121	春秋中期	同上
敶侯	0588	陳侯簠	2.210	春秋早期	即陳侯，陳國國君
臧	0491	臧簋	2.3	西周早期	

十　五　畫

人名	器　號	器　名	卷數頁碼	時　代	備　注
慧	1639	少府工慧鐓	4.292	戰國晚期	秦國少府的工匠
璋	1278	璋鐘	3.463	春秋晚期	羣孫斨之子
頡	0250	邢丘令秦鼎	1.259	戰國中期	魏國邢丘縣冶鑄工匠
樛斿	1505	相邦樛斿戈	4.142	戰國中期	擔任秦國相邦
厀父	0264	尹氏士厀父鼎	1.277	西周晚期	擔任尹氏士
劊叔	0263	劊叔簋	1.543	西周中期	
摼王	1578	摼王劍	4.224	春秋早期	
播侯	0488	播侯簋	1.588	西周中期	即播侯
魏公	1248	魏公匜	3.414	春秋早期	
豎	1509	燕王喜戈	4.146	戰國晚期	燕國的冶鑄工匠
賢	1273	詔事或鐘	3.453	戰晚至漢初	冶鑄作坊的丞
德	0268	德鼎	1.282	西周早期	
衛	0524	衛簋丁	2.87	西周中期前段	與獄爲兄弟
衛	1120	衛卣	3.209	西周中期前段	
衛父	1121	衛父卣	3.211	西周早期	
衛侯	1279	衛侯之孫書鐘	3.465	春秋中期前段	衛國國君,書的祖父
衛侯	1280	衛侯之孫書鐘	3.468	春秋中期前段	同上
衛叔甲父	1064	衛叔甲父壺	3.143	西周晚期	字甲父,衛國公族
復	0351	戈復甗	1.407	西周中期	族徽爲戈
鄧監	0415	鄧監簋	1.482	西周早期	即鄧監
佺湯	0555	楚子旅湯簠	2.145	春秋晚期	楚國公子
虢仲	0789	虢仲爵	2.436	西周中期	虢國公族
虢仲	1037	虢仲壺	3.108	春秋早期	同上
虢仲	1234	虢仲盂甲	3.393	春秋早期	同上
虢仲	1235	虢仲盂乙	3.394	春秋早期	同上
虢季子白	0245	虢季子白鼎	1.251	西周晚期	名子白,虢季氏
虢文公子㲃	0263	虢文公子㲃鼎	1.276	西周晚期	名子㲃,虢文公之子
虢季氏子組	1214	虢季氏子組盤	3.362	西周晚期	名子組,虢季氏
瞥	1524	上郡守慶戈	4.161	戰國晚期	秦上郡郡漆垣工師
滕侯吳	1437	滕侯吳戟	4.71	春秋晚期	名吳,滕國國君

人名	器號	器名	卷數頁碼	時代	備注
魯侯	0160	魯侯鼎	1.162	西周早期前段	魯國國君,即伯禽
魯侯	0730	魯侯爵	2.378	西周早期前段	同上
魯姬	0209	魯姬鼎	1.210	西周早期前段	魯國女子,某國的夫人
魯伯龢父	0561	魯伯龢父簠	2.154	春秋早期	字龢父,國大宗宗子
穌均	1608	御庶子樂勸鈇	4.258	戰國晚期	即蘇均,趙國邦御事
劉猷	1664	劉猷鑒	4.326	戰國晚期	
褒侯	1531	蜀假守肖戈	4.172	戰國晚期	即褒侯
諸仲叡	1127	者仲叡卣	3.217	西周早期後段	名叡,諸氏公族
諸稽於賜	1586	越王諸稽於賜劍	4.232	戰國早期	名於賜,諸稽氏,越王
諸稽於賜	1587	越王諸稽於賜劍	4.233	戰國早期	同上
諸稽於賜	1588	越王諸稽於賜劍	4.234	戰國早期	同上
鄎之王	1376	鄎之王戟	4.10	春秋中期	即息之王
寖	0311	曾卿事寖鬲	1.348	春秋早期	曾國的卿士
潘君召	0567	番君召簠	2.165	春秋晚期	名召,潘國國君
潘匊生	0279	番匊生鼎	1.304	西周晚期	潘國族人
羱叔	0519	羚簋	2.75	西周中期前段	
鄧子德	0503	鄧子德簋	2.30	春秋中期	即鄧子德
樂宎	1606	代相樂宎鈇	4.256	戰國晚期	任趙國代相
樂疝	1501	濩澤君戈	4.139	戰國晚期	韓國濩澤君的庫嗇夫
樂湯	1532	邦大夫史賈戈	4.174	戰國晚期	韓國邦司寇
樂勸	1608	御庶子樂勸鈇	4.258	戰國晚期	趙國御庶子

十 六 畫

人名	器號	器名	卷數頁碼	時代	備注
隸臣于	1524	上郡守慶戈	4.161	戰國晚期	名于,秦漆垣工室刑徒
隸臣湏	1519	上郡守淩戈	4.157	戰國晚期	名湏,秦高奴工室刑徒
隸臣弄	1529	上郡守縮戈	4.170	戰國晚期	名弄,秦高奴工室刑徒
隸臣周	1571	二年上郡守錡矛	4.216	戰國晚期	名周,秦漆垣工室刑徒
隸臣周	1572	三年上郡守錡矛	4.217	戰國晚期	同上
遽	1703	乃子遽器	4.371	西周早期	
憨	1719	東垣厎	4.387	戰國晚期	趙國東源縣工匠
羣慶父	0480	羣慶父簋	1.571	西周晚期	其女仲妖詹

人名	器號	器名	卷數頁碼	時代	備注
薛公	1020	貝鬳尊	3.86	西周早期後段	貝鬳的長輩
薛公	1140	貝鬳卣	3.243	西周早期後段	同上
薛侯	1456	薛侯戈	4.92	春秋晚期	薛國國君
薛甚子	1772	薛甚子陶量	4.456	戰國晚期	
燕子	0534	燕子盨	2.105	西周晚期	燕國公子
燕王	1539	燕王矛	4.183	戰國晚期	
燕王詈	1465	燕王詈戈	4.101	戰國晚期	名詈,燕國國君
燕王詈	1466	燕王詈戈	4.102	戰國晚期	同上
燕王詈	1482	燕王詈戈	4.119	戰國晚期	同上
燕王詈	1509	燕王詈戈	4.146	戰國晚期	同上
燕王詈	1528	燕王詈戈	4.168	戰國晚期	同上
燕王喜	1483	燕王喜戈	4.120	戰國晚期	名喜,燕國國君
燕王喜	1484	燕王喜戈	4.121	戰國晚期	同上
燕王喜	1485	燕王喜戈	4.122	戰國晚期	同上
燕王喜	1554	燕王喜矛	4.198	戰國晚期	同上
燕王喜	1555	燕王喜矛	4.199	戰國晚期	同上
燕王喜	1556	燕王喜矛	4.200	戰國晚期	同上
燕王喜	1565	燕王喜矛	4.209	戰國晚期	同上
燕王喜	1566	燕王喜矛	4.210	戰國晚期	同上
燕王喜	1582	燕王喜鈹	4.228	戰國晚期	同上
燕王喜	1583	燕王喜鈹	4.229	戰國晚期	同上
燕王職	1561	燕王職矛	4.205	戰國晚期	名職,燕國國君
燕王職	1562	燕王職矛	4.206	戰國晚期	同上
燕王職	1563	燕王職矛	4.207	戰國晚期	同上
燕王職	1564	燕王職矛	4.208	戰國晚期	同上
燕王職	1590	燕王職劍	4.237	戰國晚期	同上
燕王桓	1550	燕王桓矛	4.194	戰國晚期	名桓,燕國國君
燕王戎人	1567	燕王戎人矛	4.211	戰國晚期	名戎人,燕國國君
燕王戎人	1568	燕王戎人矛	4.212	戰國晚期	同上
燕太子	0323	燕太子鬲	1.371	春秋晚期	燕國某代太子,名不詳
燕孟姬	0245	虢季子白鼎	1.251	西周晚期	虢季氏女,適於燕國
蓮子楚	0272	郙子楚鼎	1.289	戰國晚期	即蓮子楚钒
蓮子塓	0599	郙子塓豆	2.230	戰國早期	名子塓,楚國蓮氏人

人名	器號	器名	卷數頁碼	時代	備注
蓮子楚執	0574	郘子楚執簠甲	2.180	春秋晚期	名楚執，楚國蓮氏人
蓮子楚執	0575	郘子楚執簠乙	2.182	春秋晚期	同上
蓮子楚執	0576	郘子楚執簠A	2.183	春秋晚期	同上
蓮子濾息	0274	郘子濾息鼎	1.293	春秋晚期	名濾息，楚國蓮氏人
蓮子濾息	1180	郘子濾息缶	3.311	春秋晚期	同上
蓮夫人㾈	1179	郘夫人㾈缶	3.310	戰國早期	名㾈，楚國蓮夫人
噩侯	0147	鄂侯鼎	1.149	西周早期	即鄂侯，鄂國某代國君
噩侯	1044	鄂侯壺	3.115	春秋早期	同上
噩侯	1115	鄂侯卣	3.204	西周早期	同上
噩侯	1263	鄂侯鐘	3.440	春秋早期	同上
噩侯	1264	鄂侯鐘	3.441	春秋早期	同上
噩侯	1265	鄂侯鐘	3.442	春秋早期	同上
噩姜	0302	鄂姜鬲	1.337	西周晚期	即鄂姜
噩姜	0552	鄂姜簠	2.139	春秋早期	同上
噩伯徣伏	0241	鄂伯徣伏鼎	1.246	春秋早期	即鄂伯徣伏
醜	1383	媿戈	4.17	春秋晚期	
頤	0482	臣簋	1.576	西周早期前段	
盧	0186	盧鼎	1.186	西周中期	
臚子	0271	臚子鼎	1.287	戰國晚期	
臚伯	1000	臚伯尊	3.60	西周晚期	
犀	0187	犀鼎	1.187	西周中期	
犀	0354	犀甗	1.410	西周中期	
縣盜	0122	縣盜鼎	1.123	西周早期	
縣盜	1111	縣盜卣	3.200	西周早期	
穆王	1217	茍盤	3.367	西周中期前段	即周穆王
穆王	1243	茍盉	3.404	西周中期前段	同上
穆公	1220	霸姬盤	3.374	西周中期	西周王朝的執政大臣
穆季	0523	申仲獸簋	2.84	西周晚期	申仲獸的父親
興	0135	興鼎	1.136	西周中期	
錡	1571	二年上郡守錡矛	4.216	戰國晚期	秦上郡郡守
錡	1572	三年上郡守錡矛	4.217	戰國晚期	同上
鈴	0593	叔皇之孫鈴敦	2.219	春秋晚期	叔皇之孫
裹	0565	裹簠	2.161	春秋晚期	

人名	器　號	器　名	卷數頁碼	時　代	備　注
襃	0566	襃簠	2.164	春秋晚期	
墉公	0792	尚爵	2.439	西周中期	即墉公
墉酓	0341	作墉酓甗	1.397	西周早期	即墉酓
墉姬	0443	豐井簋	1.520	西周早期	即墉姬
龍伯	1397	龍伯戟	4.30	西周晚期	
嬴霝德	1040	嬴霝德壺	3.111	西周中期前段	
寰	0444	寰簋	1.521	西周中期	
濩澤君	1501	濩澤君戈	4.139	戰國晚期	
縞	0176	夫人縞鼎	1.177	春秋晚期	某代曾侯的夫人
縞	0352	曾夫人縞甗	1.408	春秋晚期	同上
縞	1236	夫人縞盉	3.395	春秋晚期	同上
雝伯	0284	雝伯鼎	1.313	西周早期後段	即雝伯
顈父	0360	鄭伯顈父甗	1.418	西周晚期	鄭國大宗宗子
隩痊	1530	屯留令邢丘訇戈	4.171	戰國晚期	韓國屯留縣司寇
彊	1216	郳大司馬彊盤	3.365	春秋晚期	郳國大司馬
彊	1260	郳大司馬彊匜	3.432	春秋晚期	同上

十 七 畫

人名	器　號	器　名	卷數頁碼	時　代	備　注
騂	1511	廿三年戈	4.148	戰國晚期	魏國丘□縣工師
豳遣	0508	聖簋	2.41	西周晚期	聖的父親,邢仲氏
藋佳	1242	藋佳盉	3.402	西周早期後段	公伯的族屬
趞	0449	伯懿簋	1.526	西周早期後段	即遣,征伐東夷主帥
趞盅父	0223	趞盅父鼎	1.226	西周中期後段	即遣盅父
趞盅父	0531	趞盅父盨	2.101	西周中期後段	同上
韓	1489	司寇韓戈	4.126	戰國晚期	某國的司寇
韓侯	0483	昔雞簋甲	1.578	西周早期後段	
韓侯	0484	昔雞簋乙	1.580	西周早期後段	
韓瘡	1515	吳舠令戟	4.153	戰國晚期	韓國吳舠縣令
韓譙	1504	梁大令韓譙戈	4.142	戰國晚期	任韓國梁大令
韓屖	1608	御庶子樂勸鈹	4.258	戰國晚期	趙國邦御事
韓道	1649	武城令董絠弩機	4.306	戰國晚期	趙國武城縣冶鑄工師

人名	器號	器名	卷數頁碼	時代	備注
酆昜	1518	羕陵工尹戈	4.156	戰國晚期	即僕陽,楚國養陵工尹
鄲写	1615	邦司寇趙ㄊ鈹	4.266	戰國晚期	趙國下庫工師
嬰同	0621	嬰同盆	2.262	春秋晚期	僮郹公之妻
嶭子齽父	1425	嶭子齽父戈	4.59	春秋早期	
賸	0481	賸簋	1.574	西周晚期	
誥	1606	代相樂宬鈹	4.256	戰國晚期	代君的冶吏
襄安文公	0204	襄安文公鼎	1.204	戰國晚期	
應伯	0623	兌盆	2.265	西周中期	某王二年曾征南淮夷
應侯	0281	仲兒鼎	1.307	春秋晚期	應國國君,仲兒的祖父
應侯	0507	叔䯎簋	2.39	西周早期前段	應國國君
應侯	0528	應侯盨	2.95	西周中期後段	同上
應侯視工	0512	應侯視工簋丙	2.52	西周中期後段	名視工,應國國君
應侯視工	0513	應侯視工簋丁	2.55	西周中期後段	同上
應姚	0316	應姚鬲	1.358	西周晚期	應國國君的姚姓夫人
應姚	0495	應姚簋	2.12	西周晚期	同上
應黿	1006	應黿尊	3.66	西周中期後段	
應黿	1148	應黿方彝	3.256	西周中期後段	
塞	1451	邦工塞戈	4.86	戰國晚期	秦國冶鑄工師
濫叔子	0275	宋公䜌鼎	1.294	春秋晚期	宋公固的夫人,濫國人
濫叔子	0276	宋公䜌鼎	1.297	春秋晚期	同上
濫叔子	0612	宋公䜌鋪	2.246	春秋晚期	同上
鴻子圉燮	1461	鴻子圉燮戟	4.97	春秋時期	
嬭加	1282	嬭加鎛甲	3.475	春秋中期	即芈加,曾侯寶的夫人

十 八 畫

人名	器號	器名	卷數頁碼	時代	備注
豐邢	0443	豐井簋	1.520	西周早期	族氏名
豐姬	0187	犟鼎	1.187	西周中期	犟的夫人
豐姬	0354	犟甗	1.410	西周中期	同上
鰲公	0522	晉簋	2.82	西周晚期	晉的父親
噩侯	0230	鄂侯鼎	1.233	春秋早期	即鄂侯,鄂國某代國君
噩侯	0319	鄂侯鬲	1.364	春秋早期	同上

人名	器號	器名	卷數頁碼	時代	備注
噩侯	0464	鄂侯簋	1.544	春秋早期	即鄂侯，鄂國某代國君
猷	0523	申仲猷簋	2.84	西周晚期	即申仲猷，申國公族
鄦公耑	1385	許公耑戈	4.19	戰國早期	即許公耑，楚國封君
鄦公耑	1386	許公耑戈	4.20	戰國早期	同上
鄦公耑	1387	許公耑戈	4.21	戰國早期	同上
鄦公耑	1388	許公耑戈	4.22	戰國早期	同上
鄦公耑	1389	許公耑戈	4.23	戰國早期	同上
曟	0883	曟觚	2.534	西周早期	族氏是"卂册"
𩛥	0210	曾子𩛥鼎	1.211	春秋早期	曾國公子
旟	0551	楚王孫旟簠	2.137	春秋晚期	楚王之孫
旟氏大叔	0584	鷸子旟氏大叔簠	2.202	春秋早期	申國公子
旟氏大叔	0585	鷸子旟氏大叔簠	2.204	春秋早期	同上
瀘息	0274	郘子瀘息鼎	1.293	春秋晚期	楚國薳氏
瀘息	1180	郘子瀘息缶	3.311	春秋晚期	同上

十 九 畫

人名	器號	器名	卷數頁碼	時代	備注
嚭伯	0424	焐伯簋	1.491	西周早期	
蘇均	1608	御庶子樂勸鈹	4.258	戰國晚期	趙國邦御事
藺	1004	閔尊	3.64	西周早期	
麗	1020	貝毳尊	3.86	西周早期後段	周王的宗子
譴	1512	辛市令邯鄲偖戈	4.149	戰國晚期	韓國辛市縣工匠
龏叔	1277	逨鐘六	3.460	西周晚期	逨的父親
龏姒	0885	龏姒觚	2.535	西周早期前段	
𡐓慶父	0480	𡐓慶父簋	1.571	西周晚期	即𡐓慶父
鼄友父	0324	邾友父鬲	1.372	西周晚期	即邾友父
鼄君慶	1056	邾君慶壺	3.130	春秋早期	即邾君慶，小邾國國君
鼄叔彪	0573	邾叔彪簠	2.178	春秋早期	即邾叔彪，小邾國公族
鼄季眢𡐓	0571	邾季眢𡐓簠甲	2.173	春秋早期	名眢𡐓，邾國公族
鼄季眢𡐓	0572	邾季眢𡐓簠乙	2.176	春秋早期	同上
䜌伯	0473	欒伯簋	1.556	西周晚期	即欒伯
鯩	0593	叔皇之孫鯩敦	2.219	春秋晚期	即鯩，叔皇之孫

二 十 畫

人名	器號	器名	卷數頁碼	時代	備注
䚢	1605	東新城令張齜鈹	4.255	戰國晚期	趙國東新城冶尹
䚢	1615	邦司寇趙厷鈹	4.266	戰國晚期	趙國下庫的冶尹
霸伯	0510	霸伯簋	2.46	西周中期前段	即霸伯,霸國國君
羅子	0189	羅子鼎	1.189	春秋晚期	
競	0457	競簋	1.536	西周中期	
競綵	0547	競綵簋	2.130	戰國早期	楚平王的後裔
競之定	1721	競之定熏爐	4.389	春秋晚期	同上
競之業	0177	競之業鼎	1.178	戰國中期	同上
競之業	0178	景之業鼎	10179	戰國中期	同上
競孫旒	1436	競孫旒戈	4.70	春秋晚期	同上
鄴之王	1376	鄴之王戟	4.10	春秋中期	即鄴之王、息之王
夔侯	1205	夔侯盤	3.346	春秋早期	夔國族首領

二十一畫

人名	器號	器名	卷數頁碼	時代	備注
櫻	0250	邢丘令秦鼎	1.259	戰國中期	魏國邢丘縣冶鑄工師
齏于大	1169	齏于大罍	3.287	西周早期前段	
霸	0454	霸簋	1.531	西周中期前段	即霸伯
霸公	0216	格公鼎	1.217	西周早期後段	霸國國君
霸仲	0208	霸仲鼎	1.209	西周中期後段	霸國公族
霸仲	0277	格仲鼎	1.300	西周早期後段	同上
霸仲	0356	霸仲甗	1.412	西周中期後段	同上
霸仲	0492	格仲簋甲	2.4	西周早期後段	同上
霸仲	0493	格仲簋乙	2.7	西周早期後段	同上
霸仲	1117	洛仲卣	3.206	西周早期	同上
霸伯	0497	霸伯簋	2.16	西周中期前段	霸國國君
霸伯	0510	霸伯簋	2.46	西周中期前段	同上
霸伯	0511	霸伯山簋	2.49	西周中期前段	同上
霸伯	0601	霸伯豆	2.232	西周中期	同上

人名	器　號	器　名	卷數頁碼	時　代	備　注
霸伯	0602	霸伯豆	2.233	西周中期	霸國國君
霸伯	0603	霸伯豆	2.234	西周中期	同上
霸伯	1240	霸伯盉	3.399	西周中期前段	同上
霸姬	1220	霸姬盤	3.374	西周中期	霸國國君的夫人
露疸	1607	邦御令露疸鈹	4.257	戰國晚期	趙國的邦御令
竈	1525	蜀假守竈戈	4.162	戰國晚期	秦國蜀郡代理郡守

二十二畫

人名	器　號	器　名	卷數頁碼	時　代	備　注
龢	0996	龢匜	3.369	春秋晚期	
聽	0420	聽簋	2.63	商代晚期	
鑄仲	0364	鑄仲簋	1.466	春秋早期	即祝仲,祝國公族
鑄客	0489	鑄客簠	2.216	戰國晚期	
霝皇父	0543	召皇父盨	2.118	西周晚期	即召皇父
孊	0306	曾夫人孊鼎	1.341	春秋中期	曾侯畋的夫人

二十三畫

人名	器　號	器　名	卷數頁碼	時　代	備　注
竈伯	0327	竈伯鬲	1.378	西周晚期	
欒伯	0473	欒伯簋	1.556	西周晚期	
霸伯	0497	霸伯簋	2.16	西周中期前段	即霸伯,霸國國君
霸姬	1220	霸姬盤	3.374	西周中期	即霸姬,霸國國君的夫人

二十四畫

人名	器　號	器　名	卷數頁碼	時　代	備　注
矗	0207	冉矗鼎	1.208	西周早期	族徽爲"冉,亞贏"
齹仲獸	0523	申仲獸簋	2.84	西周晚期	即申仲獸,申國公族

二十五畫以上

人名	器號	器名	卷數頁碼	時代	備注
𡥉姬	1011	仗隹尊	3.70	西周早期	即召姬
𩫡叔姜	0611	楸大叔弁鋪	2.245	春秋早期	即雷叔姜
𩁹	1279	衛侯之孫書鐘	3.465	春秋中期前段	即紳,衛侯子,書的父親
𩁹	1280	衛侯之孫書鐘	3.468	春秋中期前段	同上
𩁹子䵼	0278	𩁹子䵼鼎	1.302	春秋中期	即申子䵼,申國族的後裔
𤕟	1128	召卣	3.218	西周早期	即召
𤕟叔	0273	召叔鼎	1.291	西周中期後段	即召叔,召氏公族
𤕟公祖乙	1241	屖屖蚑盉	3.401	西周早期	即召公祖乙
𤕟壬伯	0452	伯穌簋	1.529	西周早期	即伯穌的長輩

首字不能隸定者

人名	器號	器名	卷數頁碼	時代	備注
𠄘	0460	𠄘簋	1.540	西周早期	
𣄰	0465	𣄰簋	1.545	西周中期	
𤓰	0546	𤓰簠	2.127	西周早期	
尹	1014	尹尊	3.74	西周早期	
𢼇	1092	𢼇卣	3.180	西周早期	
𢼇	1116	𢼇卣	3.205	西周早期	
𢼇者君	1059	叔休壺	3.134	周晚春早	即寅都君,晉國的封君
𢼇者君	1060	叔休壺	3.136	周晚春早	同上
𢀩人犀石	1200	𢀩人犀石盤	3.340	春秋早期	
𢀩人犀石	1246	𢀩人犀石匜	3.411	春秋早期	

三、地　名

地名首字筆畫檢索表

三畫

工…………………… 560
上…………………… 560
矢…………………… 560

四畫

井…………………… 560
屯…………………… 560
中…………………… 560
毛…………………… 561
丹…………………… 561
六…………………… 561
文…………………… 561

五畫

井…………………… 561
甘…………………… 561
邗…………………… 561
邛…………………… 561
左…………………… 561
平…………………… 561
戊…………………… 561
邘…………………… 562
史…………………… 562
申…………………… 562
生…………………… 562
代…………………… 562
氏…………………… 562

句…………………… 562
外…………………… 562
永…………………… 562
召…………………… 562

六畫

邡…………………… 563
邢…………………… 563
邦…………………… 563
西…………………… 563
成…………………… 563
吕…………………… 563
舌…………………… 564
伽…………………… 564
邠…………………… 564
合…………………… 564
匄…………………… 564
犾…………………… 564
孖…………………… 564

七畫

垈…………………… 564
芮…………………… 564
邯…………………… 564
杞…………………… 565
杜…………………… 565
攻…………………… 565
邺…………………… 565
邨…………………… 565

吴…………………… 565
串…………………… 565
孚…………………… 565
余…………………… 565
肇…………………… 565
辛…………………… 565
宋…………………… 565
邵…………………… 565

八畫

長…………………… 566
武…………………… 566
夌…………………… 566
東…………………… 566
昆…………………… 566
過…………………… 566
邾…………………… 566
兒…………………… 566
迪…………………… 566
周…………………… 566
宗…………………… 566
河…………………… 566
函…………………… 566
陂…………………… 566

九畫

封…………………… 566
亭…………………… 567
城…………………… 567

胡…………………… 567
南…………………… 567
鄑…………………… 567
咸…………………… 567
匧…………………… 567
衍…………………… 567
胙…………………… 567
郐…………………… 567
鄂…………………… 567
洛…………………… 567
昶…………………… 567
彈…………………… 567
陝…………………… 568

十畫

秦…………………… 568
埒…………………… 568
鼓…………………… 568
莆…………………… 568
莘…………………… 568
郯…………………… 568
格…………………… 568
都…………………… 568
晉…………………… 568
軑…………………… 568
或…………………… 568
隻…………………… 568
郿…………………… 568
佴…………………… 569

息⋯⋯⋯⋯⋯ 569 　陽⋯⋯⋯⋯⋯ 573 　隘⋯⋯⋯⋯⋯ 578 　鄭⋯⋯⋯⋯⋯ 582
郎⋯⋯⋯⋯⋯ 569 　敢⋯⋯⋯⋯⋯ 573 　鄝⋯⋯⋯⋯⋯ 578 　舉⋯⋯⋯⋯⋯ 582
般⋯⋯⋯⋯⋯ 569 　晨⋯⋯⋯⋯⋯ 573
徒⋯⋯⋯⋯⋯ 570 　翏⋯⋯⋯⋯⋯ 573

十四畫

徐⋯⋯⋯⋯⋯ 570
胯⋯⋯⋯⋯⋯ 570 　　　　　　　　趙⋯⋯⋯⋯⋯ 578 　靜⋯⋯⋯⋯⋯ 582

十二畫

逢⋯⋯⋯⋯⋯ 570 　　　　　　　　蔡⋯⋯⋯⋯⋯ 578 　薛⋯⋯⋯⋯⋯ 582
高⋯⋯⋯⋯⋯ 570 　琱⋯⋯⋯⋯⋯ 574 　蓼⋯⋯⋯⋯⋯ 579 　燕⋯⋯⋯⋯⋯ 582
唐⋯⋯⋯⋯⋯ 570 　越⋯⋯⋯⋯⋯ 574 　鄟⋯⋯⋯⋯⋯ 579 　蓮⋯⋯⋯⋯⋯ 583
滋⋯⋯⋯⋯⋯ 570 　朝⋯⋯⋯⋯⋯ 574 　鄋⋯⋯⋯⋯⋯ 579 　噩⋯⋯⋯⋯⋯ 583
陳⋯⋯⋯⋯⋯ 570 　博⋯⋯⋯⋯⋯ 574 　管⋯⋯⋯⋯⋯ 579 　冀⋯⋯⋯⋯⋯ 583
陵⋯⋯⋯⋯⋯ 571 　喪⋯⋯⋯⋯⋯ 574 　絲⋯⋯⋯⋯⋯ 579 　頻⋯⋯⋯⋯⋯ 583
阮⋯⋯⋯⋯⋯ 571 　黑⋯⋯⋯⋯⋯ 574 　鄱⋯⋯⋯⋯⋯ 579 　雕⋯⋯⋯⋯⋯ 583
陰⋯⋯⋯⋯⋯ 571 　黿⋯⋯⋯⋯⋯ 574 　雒⋯⋯⋯⋯⋯ 579 　襄⋯⋯⋯⋯⋯ 583
桑⋯⋯⋯⋯⋯ 571 　番⋯⋯⋯⋯⋯ 574 　齊⋯⋯⋯⋯⋯ 579 　濩⋯⋯⋯⋯⋯ 584
　　　　　　　　爲⋯⋯⋯⋯⋯ 574 　鄭⋯⋯⋯⋯⋯ 579 　雗⋯⋯⋯⋯⋯ 584

十一畫

猾⋯⋯⋯⋯⋯ 575 　養⋯⋯⋯⋯⋯ 580
鄁⋯⋯⋯⋯⋯ 575 　漢⋯⋯⋯⋯⋯ 580

十七畫

黃⋯⋯⋯⋯⋯ 571 　疾⋯⋯⋯⋯⋯ 575 　漆⋯⋯⋯⋯⋯ 580
苔⋯⋯⋯⋯⋯ 571 　滑⋯⋯⋯⋯⋯ 575 　獣⋯⋯⋯⋯⋯ 580 　趞⋯⋯⋯⋯⋯ 584
萍⋯⋯⋯⋯⋯ 571 　曾⋯⋯⋯⋯⋯ 575 　榮⋯⋯⋯⋯⋯ 580 　韓⋯⋯⋯⋯⋯ 584
麥⋯⋯⋯⋯⋯ 571 　寫⋯⋯⋯⋯⋯ 576 　鄧⋯⋯⋯⋯⋯ 580 　臨⋯⋯⋯⋯⋯ 584
郾⋯⋯⋯⋯⋯ 571 　隆⋯⋯⋯⋯⋯ 576 　隥⋯⋯⋯⋯⋯ 580 　戲⋯⋯⋯⋯⋯ 584
虖⋯⋯⋯⋯⋯ 572 　　　　　　　　隨⋯⋯⋯⋯⋯ 580 　繁⋯⋯⋯⋯⋯ 584
鄂⋯⋯⋯⋯⋯ 572 　　　　　　　　陝⋯⋯⋯⋯⋯ 581 　鍾⋯⋯⋯⋯⋯ 584

十三畫

過⋯⋯⋯⋯⋯ 573 　　　　　　　　　　　　　　　襄⋯⋯⋯⋯⋯ 584
圓⋯⋯⋯⋯⋯ 573 　葊⋯⋯⋯⋯⋯ 576 　　　　　　　　應⋯⋯⋯⋯⋯ 584
售⋯⋯⋯⋯⋯ 573 　鄭⋯⋯⋯⋯⋯ 576

十五畫

濫⋯⋯⋯⋯⋯ 584
欲⋯⋯⋯⋯⋯ 573 　楚⋯⋯⋯⋯⋯ 576 　　　　　　　　鄩⋯⋯⋯⋯⋯ 584
敫⋯⋯⋯⋯⋯ 573 　鄩⋯⋯⋯⋯⋯ 577 　蕩⋯⋯⋯⋯⋯ 581
胭⋯⋯⋯⋯⋯ 573 　鄩⋯⋯⋯⋯⋯ 577 　播⋯⋯⋯⋯⋯ 581

十八畫

許⋯⋯⋯⋯⋯ 573 　蜀⋯⋯⋯⋯⋯ 577 　甌⋯⋯⋯⋯⋯ 581
商⋯⋯⋯⋯⋯ 573 　遺⋯⋯⋯⋯⋯ 577 　鵻⋯⋯⋯⋯⋯ 581 　豐⋯⋯⋯⋯⋯ 585
羕⋯⋯⋯⋯⋯ 573 　雍⋯⋯⋯⋯⋯ 577 　衛⋯⋯⋯⋯⋯ 581 　嚣⋯⋯⋯⋯⋯ 585
淳⋯⋯⋯⋯⋯ 573 　新⋯⋯⋯⋯⋯ 577 　鐙⋯⋯⋯⋯⋯ 581 　雝⋯⋯⋯⋯⋯ 585
寅⋯⋯⋯⋯⋯ 573 　資⋯⋯⋯⋯⋯ 577 　滕⋯⋯⋯⋯⋯ 581 　鄩⋯⋯⋯⋯⋯ 585
淺⋯⋯⋯⋯⋯ 573 　塞⋯⋯⋯⋯⋯ 577 　魯⋯⋯⋯⋯⋯ 581

十九畫

梁⋯⋯⋯⋯⋯ 573 　鄴⋯⋯⋯⋯⋯ 577 　虢⋯⋯⋯⋯⋯ 581
淮⋯⋯⋯⋯⋯ 573 　溼⋯⋯⋯⋯⋯ 577 　褒⋯⋯⋯⋯⋯ 581 　櫟⋯⋯⋯⋯⋯ 585
　　　　　　　　墜⋯⋯⋯⋯⋯ 577 　潘⋯⋯⋯⋯⋯ 582 　甕⋯⋯⋯⋯⋯ 585
　　　　　　　　　　　　　　　熯⋯⋯⋯⋯⋯ 582 　羅⋯⋯⋯⋯⋯ 585

⿱奄黽……………… 585
懷……………… 585
䜌……………… 585

二十畫

⿱雨⿰女各……………… 585
⿱宀夏……………… 586
⿰龏阝……………… 586

二十一畫以上

⿱亠⿵冂胃……………… 586
霸……………… 586
⿱𦥑畐……………… 586
⿱雨鉻……………… 586
⿱罒⿱日林……………… 586
欒……………… 586
⿱宀⿰貝畐……………… 586
⿰糸鳥……………… 586
⿰鬲畐……………… 586
⿱亠⿵冂⿱口弓……………… 587
⿰鬲肅……………… 587
⿱𦥑⿰酉卩……………… 587
⿱𦥑畐……………… 587

首字不能隸定者

⿱⿵冂䒑⿰夂夂……………… 587

地名索引

三　畫

古地名	器　號	器　名	卷數頁碼	時　代	現今所在地
工盧	1617	句吳王姑發者坂劍	4.268	春秋	初都蕃籬（無錫梅里）後遷吳（蘇州）
上洛	1500	上洛左庫戈	4.138	戰國	戰國魏邑,今陝西商洛市商州區
上郡	1519	上郡守淩戈	4.157	戰國	秦郡,治膚施,今陝西靖邊縣楊橋畔
上郡	1524	上郡守慶戈	4.161	戰國	同上
上郡	1529	上郡守縮戈	4.170	戰國	同上
上郡	1571	二年上郡守錡矛	4.216	戰國	同上
上郡	1572	三年上郡守錡矛	4.217	戰國	同上
上郡	1767	匽氏鋼刀甲	4.451	戰國	同上
上鄀	1212	上鄀公盤	3.357	春秋	春秋楚邑,今湖北鍾祥縣西北
上鄀	1252	上鄀太子平侯匜	3.418	春秋	今湖北鍾祥縣西北
夨	1257	夨叔嬗父匜	3.426	西周	今陝西寶雞市陳倉區北千河流域
夨	1316	夨戈	3.555	西周	同上
夨	1317	夨戈	3.556	西周	同上
夨	1328	夨伯戈	3.567	西周	同上
夨	1678	夨當盧	4.347	西周	同上
夨	1679	夨人當盧	4.348	西周	同上
夨	1680	夨人當盧	4.349	西周	同上

四　畫

古地名	器　號	器　名	卷數頁碼	時　代	現今所在地
井	1038	邢皇姬壺	3.109	春秋	即邢
屯留	1530	屯留令邢丘愷戈	4.171	戰國	韓國縣邑,今山西屯留縣南古城
中	1323	中戈	3.562	戰國	戰國地名,今地不詳
中	1627	中鏃	4.282	戰國	同上
中	1628	中鏃	4.283	戰國	同上

古地名	器　號	器　名	卷數頁碼	時　代	現今所在地
中	1629	中鏃	4.283	戰國	戰國地名，今地不詳
中都	1454	中都僕公戈	4.89	春秋	今地不詳
中都	1455	中都僕公戈	4.91	春秋	同上
毛	0489	毛虢父簋	1.591	西周	西周封置，今陝西岐山縣東南
毛	0558	毛百父簋	2.148	春秋	今河南宜陽縣東北
丹陽	1525	蜀假守竈戈	4.162	戰國	秦縣，今安徽當塗縣東北小丹陽鎮
六	1665	邞坪王尺	4.329	戰國	今安徽六安市東北
文銳	1523	文銳令賈攸戈	4.160	戰國	三晉某國縣邑，今地不詳

五　畫

古地名	器　號	器　名	卷數頁碼	時　代	現今所在地
丼	0508	聖簋	2.41	西周	即邢，邢叔的封邑，在畿內
丼	0510	霸伯簋	2.46	西周	同上
丼	0511	霸伯山簋	2.49	西周	同上
丼	0514	邵簋甲	2.57	西周	即邢國，今河北省邢臺市
丼	0515	邵簋乙	2.62	西周	同上
丼	0516	邵簋丙	2.66	西周	同上
丼	0522	旨簋	2.82	西周	即邢，邢叔的封邑，在畿內
丼	0624	九月既朢盆	2.267	西周	即邢國，今河北省邢臺市
甘	1735	甘孝子盒	4.415	戰國	今河南洛陽市西南
甘	1736	甘孝子栖	4.416	戰國	同上
邘	1476	邘王是埜戈	4.113	春秋	即吳，吳國國君
邘	1477	邘王是埜戈	4.114	春秋	同上
邜	0583	孟羋克母簋	2.199	春秋	今地不詳
左栢	1341	左栢戈	3.580	戰國	同上
平陽	1382	平陽左庫戈	4.16	春秋	春秋晉、齊均有平陽邑，不知此爲何國
平陽	1640	公乘斯戈鏃	4.293	戰國	同上
平陽	1731	平陽皇宮殘片	4.408	戰國	楚平陽邑，今地不詳
平臺	0213	平臺令鼎蓋	1.214	戰國	戰國趙邑
戉	1586	越王諸稽於賜劍	4.232	戰國	即越，都瑯琊，今山東膠南市西南
戉	1587	越王諸稽於賜劍	4.233	戰國	同上
戉	1588	越王諸稽於賜劍	4.234	戰國	同上

古地名	器　號	器　名	卷數頁碼	時　代	現今所在地
戉	1589	越王州句劍	4.236	戰國	即越,都瑯琊,今山東膠南市西南
戉	1598	越王州句劍	4.247	戰國	同上
戉	1599	越王州句劍	4.248	戰國	同上
戉	1602	越王旨翳劍	4.251	戰國	同上
戉	1611	越王不光劍	4.261	戰國	同上
戉	1614	越王州句劍	4.265	戰國	同上
戉	1618	越王旨殹劍	4.270	戰國	同上
戉	1619	越王旨殹劍	4.271	戰國	同上
戉	1765	越王州句玉劍	4.447	戰國	同上
邡	1651	邡令時印距末	4.308	戰國	戰國時縣邑,今地不詳
史宮	0239	芮公鼎	1.243	春秋	芮國的宮室
申	0278	龘子齧鼎	1.302	春秋	即南申,今河南南陽市臥龍區
申	0523	申仲獸簋	2.84	西周	西周封國,今陝西關中西北部
申	0540	申仲父盨	2.113	西周	同上
申	0584	龘子遹氏大叔簠甲	2.202	春秋	即南申,今河南南陽市臥龍區
申	0585	龘子遹氏大叔簠乙	2.204	春秋	同上
申	0604	申比父豆	2.235	春秋	同上
生殹	0499	生殹君厲州慶簋	2.19	西周	封君邑,今地不詳
代	1603	代相趙敢鈹	4.252	戰國	代成君封邑,今河北蔚縣東北代王城
代	1606	代相樂夤鈹	4.256	戰國	同上
氏	0497	霸伯簋	2.16	西周	周王在此賞賜霸伯,今山西翼城境內
氏	1240	霸伯盂	3.399	西周	在霸國境內,具體地望不詳
句田	1413	句田右戈	4.47	春秋	今地不詳
句吳	0283	欠裳鼎	1.311	春秋	初都蕃籬(無錫梅里)後遷吳(蘇州)
句吳	1345	句吳大叔叡呉 工吳劍	4.317	春秋	即吳國,今江蘇蘇州市
句吳	1591	句吳王夫差劍	4.238	春秋	初都蕃籬(無錫梅里)後遷吳(蘇州)
句吳	1592	句吳王夫差劍	4.239	春秋	同上
句吳	1617	句吳王姑發者坂劍	4.268	春秋	同上
外鄙鄑	1459	外鄙鄑戈	4.95	春秋	今地不詳
永宮	0305	王鬲	1.340	西周	周王朝的宮室或宗廟
召	0273	召叔鼎	1.291	西周	召公封邑,今陝西岐山縣劉家村
召	0452	伯龢簋	1.529	西周	同上

古地名	器　號	器　名	卷數頁碼	時　代	現今所在地
召	0543	召皇父盨	2.118	西周	召公封邑，今陝西岐山縣劉家村

六　畫

古地名	器　號	器　名	卷數頁碼	時　代	現今所在地
邥	1513	邥嗇夫蒀戈	4.150	戰國	三晉某國縣邑，今地不詳
邢	0508	聖簋	2.41	西周	今河北邢臺市
邢	0510	霸伯簋	2.46	西周	邢叔的封邑，在畿內
邢	0511	霸伯山簋	2.49	西周	同上
邢	0514	卲簋甲	2.57	西周	即邢國，今河北省邢臺市
邢	0515	卲簋乙	2.62	西周	同上
邢	0516	卲簋丙	2.66	西周	同上
邢	0522	晉簋	2.82	西周	邢叔的封邑，在畿內
邢	0624	九月既朢盆	2.267	西周	即邢國，今河北省邢臺市
邢	1038	邢皇姬壺	3.109	春秋	同上
邢丘	0250	邢丘令秦鼎	1.259	戰國	魏邑，今河南溫縣東北
邦御	1607	邦御令露疸鈹	4.257	戰國	趙國縣邑，今地不詳
西立	0143	西立左官鼎	1.145	戰國	今地不詳
西余	1487	西余令戈	4.124	戰國	趙邑，今地不詳
成	1470	臨江戈	4.106	戰國	成都的簡稱，今四川成都市
成固	1549	成固矛	4.193	戰國	即城固，戰國秦縣，今陝西城固縣
成周	0054	成周鼎	1.56	西周	今河南洛陽市東北白馬寺之東
成周	0268	德鼎	1.282	西周	同上
成周	0522	晉簋	2.82	西周	同上
成周	0543	召皇父盨	2.118	西周	同上
成周	1020	貝毳尊	3.86	西周	同上
成周	1140	貝毳卣	3.243	西周	同上
成宮	0522	晉簋	2.82	西周	成王的宗廟
成都	1548	成都矛	4.192	戰國	秦蜀郡治，今四川成都市城內
成陽	1372	成陽左戈	4.7	春秋	今山東菏澤市東北
成陽	1577	成陽劍	4.223	戰國	同上
呂	0501	呂伯簋	2.24	西周	西周封國，今陝西關中西北部
呂	0502	呂伯簋	2.27	西周	同上

古地名	器號	器名	卷數頁碼	時代	現今所在地
舌	1304	舌戈	3.542	商代	商代國族
郇	1179	郇夫人坙缶	3.310	戰國	即蓮，楚封邑，今河南淅川縣倉房鎮
䣫	1665	䣫圩王尺	4.329	戰國	即六，今安徽六安市東北
合陽	1480	合陽戈	4.117	戰國	今陝西合陽縣
匄宮	0254	芮公鼎	1.263	春秋	芮國的宮室或宗廟
匄宮	0255	芮公鼎	1.264	春秋	同上
犳方	1066	戴壺	3.147	西周	與虎方臨近
孖門	1349	孖門戈	3.588	春秋	今地不詳

七　畫

古地名	器號	器名	卷數頁碼	時代	現今所在地
邢	0250	邢丘令秦鼎	1.259	戰國	魏邑，今河南温縣東北
芮	0229	芮太子白鼎	1.232	春秋	即芮國，今陝西韓城縣梁帶村附近
芮	0239	芮公鼎	1.243	春秋	即芮國，今陝西澄城縣劉家窪附近
芮	0254	芮公鼎	1.263	春秋	同上
芮	0255	芮公鼎	1.264	春秋	同上
芮	0256	芮太子白鼎	1.266	春秋	同上
芮	0328	芮太子白鬲	1.379	春秋	同上
芮	0329	芮太子白鬲	1.381	春秋	同上
芮	0330	芮太子白鬲	1.383	春秋	同上
芮	0363	芮伯甗	1.423	西周	即芮國，今陝西大荔縣朝邑鎮南
芮	0428	芮公簋	1.496	春秋	即芮國，今陝西韓城縣梁帶村附近
芮	0429	芮公簋	1.499	春秋	同上
芮	0430	芮公簋	1.502	春秋	同上
芮	0431	芮公簋	1.505	春秋	同上
芮	0447	芮伯簋	1.524	西周	即芮國，今陝西大荔縣朝邑鎮南
芮	0448	芮子述叔簋	1.525	西周	同上
芮	0454	霸簋	1.531	西周	同上
芮	1046	芮公脀父壺	3.117	春秋	即芮國，今韓城梁帶村或澄城劉家窪
芮	1724	芮公鼓架銅套	4.396	春秋	即芮國，今陝西澄城縣劉家窪附近
芮	1725	芮公鼓架銅套	4.400	春秋	同上
邯丘	1604	邯丘假令鈹	4.253	戰國	趙國縣邑，今地約在河北南部

古地名	器　號	器　名	卷數頁碼	時　代	現今所在地
杞	0573	邾叔彪簠	2.178	春秋	春秋初建都今山東諸城市境內，後遷泗水縣境，又遷緣陵（今樂昌縣東南），又遷淳于（今安丘縣東北）
杜	1198	杜伯盤	3.338	西周	即杜國，今西安市雁塔區杜城村
杜陽	1559	杜陽矛	4.203	戰國	戰國秦縣，今陝西麟游縣西北
攻致	1591	句吳王夫差劍	4.238	春秋	初都蕃籬（無錫梅里）後遷吳（蘇州）
攻致	1592	句吳王夫差劍	4.239	春秋	同上
攻敔	0283	欠褮鼎	1.311	春秋	同上
邔	0283	欠褮鼎	1.311	春秋	即越國
郍	0604	申比父豆	2.235	春秋	即南申，今河南南陽卧龍區
吳	1476	邘王是埜戈	4.113	春秋	初都蕃籬（無錫梅里）後遷吳（蘇州）
吳	1477	邘王是埜戈	4.114	春秋	同上
吳	1717	吳王之子遄帶鉤	4.385	春秋	同上
吳邡	1515	吳邡令戟	4.153	戰國	韓邑，今地不詳
串	1650	串令公乘美弩機	4.307	戰國	趙國縣邑，今地不詳
孚	1531	蜀假守肖戈	4.172	戰國	即襃，今陝西勉縣東北襃城鎮
余	0267	伯辰鼎	1.281	春秋	即徐國
夆	0233	夆子選鼎	1.236	春秋	即逢國，今山東青州市西北
夆	0564	夆子選簠	2.159	春秋	同上
夆	1175	夆子選鑪	3.299	春秋	同上
夆取膚	0594	賃丘子敦	2.220	春秋	今地不詳
辛	1208	辛中姬皇母盤	3.351	西周	即莘國，今陝西合陽縣東
辛	1255	辛公之孫匜	3.423	春秋	同上
辛市	1512	辛市令邯鄲偘戈	4.149	戰國	韓國縣邑，在今河南鄭州市境內
宋	0275	宋公䛊鼎	1.294	春秋	都商丘，今河南商丘市城南
宋	0276	宋公䛊鼎	1.297	春秋	同上
宋	0578	宋子簠	2.186	春秋	同上
宋	0612	宋公䛊鋪	2.246	春秋	同上
宋	1065	宋大史孔壺	3.144	春秋	同上
宋	1379	宋公戈	4.13	春秋	同上
邵陰	1722	邵陰下官銅釦	4.392	戰國	戰國魏邑，今地不詳

八　畫

古地名	器　號	器　　名	卷數頁碼	時　代	現今所在地
長垣	1035	長垣壺	3.106	戰國	戰國魏邑,今河南長垣縣東北
武城	1649	武城令董紿弩機	4.306	戰國	趙國縣邑,今河北清河縣東北
炎氏	1507	郯氏令□悔戈	4.144	戰國	三晉某國縣邑,今地不詳
東土	1729	敖金簡	4.405	西周	指今山東一帶
東垣	1719	東垣厄	4.387	戰國	戰國趙邑,今河北正定縣南
東陽	1495	東陽上庫戈	4.133	戰國	戰國趙邑,今地不詳
東新城	1605	東新城令張歔鈹	4.255	戰國	趙國縣邑,今地不詳
昆	1055	圂君婦媿霝壺	3.129	春秋	今地不詳
過	0423	過伯簋	1.490	西周	即過,西周國族,今地不詳
邾	0324	邾友父鬲	1.372	西周	即邾國,今山東曲阜市東南
邾	0571	邾季鄝簠甲	2.173	春秋	即小邾國,又稱郳,今山東棗莊市
邾	0572	邾季鄝簠乙	2.176	春秋	同上
邾	0573	叔彪父簠	2.178	春秋	同上
邾	1056	邾君慶壺	3.130	春秋	同上
兒	0312	兒慶鬲	1.350	春秋	即小邾國,今山東棗莊市山亭區
兒	0313	兒慶鬲	1.352	春秋	同上
兒	0314	兒慶鬲	1.354	春秋	同上
兒	0315	兒慶鬲	1.356	春秋	同上
迪	0540	申仲父盨	2.113	西周	即申,今陝西關中西北部
周	1450	周公戟	4.85	戰國	周公旦後裔的封邑,今洛陽附近
周	1486	周王孫季怡戈	4.123	春秋	東周,今河南洛陽市
宗周	1066	敔壺	3.147	西周	即鎬京,今西安市長安區斗門鎮
河內	1647	河內工官弩機	4.302	戰國	今山西河南黃河以北地區
函	0500	函皇父簋	2.21	西周	西周封邑,今西安市西北
陔陰	1510	陔陰令戈	4.147	戰國	三晉某國縣邑,今地不詳

九　畫

古地名	器　號	器　　名	卷數頁碼	時　代	現今所在地
封氏	1522	封氏令王僕戈	4.159	戰國	趙國封氏縣,今地不詳

古地名	器　號	器　名	卷數頁碼	時　代	現今所在地
亭陽	1496	亭陽嗇夫蚤戈	4.134	戰國	今地不詳
城固	1549	成固矛	4.193	戰國	戰國秦縣，今陝西城固縣
城陽	1352	城陽左戈	3.591	春秋	今河南信陽縣北
胡	0417	獣叔簋	1.484	西周	媿姓國，今河南郾城縣西南
胡	0473	欒伯簋	1.556	西周	同上
南里	0106	南里左鼎	1.107	戰國	
南申	0474	南䜌伯虔父簋甲	1.557	西周	南申國，今河南南陽市宛城區
南申	0475	南䜌伯虔父簋乙	1.560	西周	同上
南澅	1282	嬭加鎛甲	3.475	春秋	即曾國所處之地，今湖北隨棗一帶
郙	1581	郙王龘劍	4.227	春秋	今地不詳
咸	1540	雍咸矛	4.184	戰國	秦咸陽的簡稱，今陝西咸陽市渭城區
咸	1715	咸少燈	4.383	戰國	同上
匽	0245	虢季子白鼎	1.251	西周	即燕國，今北京市房山區琉璃河鎮
匽	0323	燕太子鬲	1.371	春秋	同上
匽	0534	燕子盨	2.105	西周	同上
衍	1529	上郡守縮戈	4.170	戰國	秦昫衍縣簡稱，今寧夏鹽池縣東南
衍	1559	杜陽矛	4.203	戰國	同上
胙	0324	邾友父鬲	1.372	西周	即胙國，今河南延津縣西北
郐	0267	伯辰鼎	1.281	春秋	即徐，今江蘇泗洪縣東南大徐臺子
郐	0579	徐醓尹誻簠甲	2.188	戰國	同上
郐	0580	徐醓尹誻簠乙	2.191	戰國	同上
郐	0581	徐醓尹誻簠丙	2.194	戰國	同上
郐	1610	徐王義楚詐蘀劍	4.260	春秋	同上
郐	1716	徐王公估帶鉤	4.384	戰國	同上
郭	1648	郭令弩牙	4.305	戰國	即垺，在今山西寧武縣境
洛	1117	洛仲卣	3.206	西周	即霸國，今山西翼城縣隆化鎮
昶	0174	昶子白鼎	1.175	春秋	即養，今河南桐柏縣月河鎮古臺寺
昶	1057	昶觖伯壺蓋	3.132	春秋	同上
昶	1058	昶觖伯壺蓋	3.133	春秋	同上
昶	1206	昶仲侯盤	3.348	春秋	同上
昶	1254	夫人昶姬匜	3.421	西周	同上
弭	0526	弭叔盨蓋	2.93	西周	西周封邑，今陝西藍田縣
弭	0590	弭仲簠	2.212	西周	同上

古地名	器 號	器 名	卷數頁碼	時 代	現今所在地
陝城	1394	陝城戈	4.28	戰國	戰國魏邑，今河南三門峽市陝州區

十　畫

古地名	器 號	器 名	卷數頁碼	時 代	現今所在地
秦	0173	秦公鼎	1.174	春秋	即秦國，今甘肅禮縣永坪鄉趙坪村
秦	0427	秦公簋	1.495	春秋	同上
秦	1041	秦公壺	3.112	春秋	同上
秦	1042	秦公壺	3.113	春秋	同上
埒	1648	鄩令弩牙	4.305	戰國	在今山西寧武縣境
鈘氏	1522	封氏令王僕戈	4.159	戰國	即封氏，趙國封氏縣，今地不詳
莆子	1668	莆子砝碼	4.332	戰國	戰國魏邑，今山西隰縣
秦鹽	0510	霸伯簋	2.46	西周	邢叔賞賜霸伯之地，今地不詳
秦鹽	0511	霸伯山簋	2.49	西周	同上
郂氏	1507	郂氏令口悔戈	4.144	戰國	即荄氏，三晉某國縣邑，今地不詳
格	0216	格公鼎	1.217	西周	即霸國，今山西翼城縣隆化鎮
格	0277	格仲鼎	1.300	西周	同上
格	0492	格仲簋甲	2.4	西周	同上
格	0493	格仲簋乙	2.7	西周	同上
郚	0570	郚公簋	2.170	春秋	即郚國，今湖北鍾祥縣西北
郚	1368	郚公戈	4.3	春秋	同上
晉	0247	晉刑氏妃鼎	1.254	春秋	今山西曲沃縣曲村鎮
晉	0248	晉刑氏妃鼎	1.255	春秋	同上
晉	0467	晉侯簋	1.547	春秋	同上
晉	0562	晉侯邦父簋	2.155	西周	同上
晉	0998	晉侯尊	3.58	西周	同上
晉	1188	晉叔家父盤	3.325	春秋	同上
晉	1367	晉侯戈	3.608	春秋	同上
軑	0483	昔雞簋甲	1.578	西周	今地不詳
軑	0484	昔雞簋乙	1.580	西周	同上
或	0296	或伯鬲	1.331	西周	同上
隻睪	1501	濩澤君戈	4.139	戰國	即濩澤，韓國封邑，今山西陽城縣西
郎	0272	郎子楚鼎	1.289	春秋	楚封邑，即蓮，今河南淅川縣倉房鎮

古地名	器號	器名	卷數頁碼	時代	現今所在地
鄅	0274	鄅子濾息鼎	1.293	春秋	楚封邑,即薳,今河南淅川縣倉房鎮
鄅	0574	鄅子楚臥簋甲	2.180	春秋	同上
鄅	0575	鄅子楚臥簋乙	2.182	春秋	同上
鄅	0576	鄅子楚臥簋 A	2.183	春秋	同上
鄅	0599	鄅子䝨豆	2.230	戰國	同上
鄅	1180	鄅子濾息缶	3.311	春秋	同上
倗	0156	倗伯鼎	1.158	西周	即倗國,今山西絳縣橫水鎮
倗	0157	倗姬鼎	1.159	西周	同上
倗	0199	倗伯鼎	1.199	西周	同上
倗	0353	倗伯甗	1.409	西周	同上
倗	0355	倗伯甗	1.411	西周	同上
倗	0363	芮伯甗	1.423	西周	同上
倗	0447	芮伯簋	1.524	西周	同上
倗	0541	倗伯𩰫盨甲	2.114	西周	同上
倗	0542	倗伯𩰫盨乙	2.116	西周	同上
倗	0616	倗伯盆甲	2.256	西周	同上
倗	0617	倗伯盆乙	2.257	西周	同上
倗	1197	倗伯盤	3.337	西周	同上
息	0232	塞孫考叔䏔父鼎	1.235	春秋	即息國,今河南息縣西南
息	0643	息爵	2.294	商代	商代國族,今河南羅山縣蟒張鄉
息	1376	鄎之王戟	4.10	春秋	即息國,今河南息縣西南
郳	0307	郳始逕母鬲	1.342	春秋	即小邾國,今山東棗莊市山亭區
郳	0312	兒慶鬲	1.350	春秋	同上
郳	0313	兒慶鬲	1.352	春秋	同上
郳	0314	兒慶鬲	1.354	春秋	同上
郳	0315	兒慶鬲	1.356	春秋	同上
郳	1177	郳大司馬鈚	3.305	春秋	同上
郳	1216	郳大司馬彊盤	3.365	春秋	同上
郳	1260	郳大司馬彊匜	3.432	春秋	同上
郳	1492	郳公戈	4.129	春秋	同上
般宮	0514	卲簋甲	2.57	西周	周王朝宮室
般宮	0515	卲簋乙	2.62	西周	同上
般宮	0516	卲簋丙	2.66	西周	同上

古地名	器號	器名	卷數頁碼	時代	現今所在地
徒	1529	上郡守繪戈	4.170	戰國	秦上郡徒經縣的簡稱,今地不詳
徒	1559	杜陽矛	4.203	戰國	同上
徐	0267	伯辰鼎	1.281	春秋	今江蘇泗洪縣東南大徐臺子
徐	0579	徐鼇尹晉簠甲	2.188	戰國	同上
徐	0580	徐鼇尹晉簠乙	2.191	戰國	同上
徐	0581	徐鼇尹晉簠丙	2.194	戰國	同上
徐	1610	徐王義楚詐雍劍	4.260	春秋	同上
徐	1716	徐王公估帶鈎	4.384	戰國	同上
脟	1020	貝黿尊	3.86	西周	即薛,今山東滕州市西南
脟	1040	貝黿卣	3.243	西周	同上
脟	1456	薛侯戈	4.92	西周	同上
脟	1773	薛悊子陶量	4.458	戰國	同上
逢	0233	夆子選鼎	1.236	春秋	今山東青州市西北
逢	0564	夆子選簋	2.159	春秋	同上
逢	1175	夆子選鑪	3.299	春秋	同上
高城	1393	高城左戈	4.27	戰國	楚邑,今湖北松滋縣南
高陽	1347	高陽左戈	3.586	春秋	燕邑,今河北高陽縣東
高陽	1557	高陽左庫矛	4.201	戰國	同上
高密	1371	高密戈	4.6	春秋	齊邑,今山東高密縣西南
唐	0219	墮侯鼎	1.220	春秋	即唐國,今湖北隨州市西北唐山鎮
唐	0220	墮侯鼎	1.222	春秋	同上
唐	0221	墮侯鼎	1.223	春秋	同上
唐	0468	墮侯簋	1.548	春秋	同上
唐	1050	墮侯壺	3.121	春秋	同上
唐	1136	寓男卣	3.233	西周	或即晉地唐邑,今地不詳
唐邑	1125	寓邑司卣	3.215	西周	同上
滋宮	0216	格公鼎	1.217	西周	即溼宮,霸國的宮室
陳	0588	陳侯簠	2.210	春秋	都宛丘,今河南淮陽縣
陳	0591	陳逆簠	2.214	戰國	即田齊,都臨淄,今山東淄博市臨淄區北
陳	0592	陳逆簠	2.215	戰國	同上
陳	1356	陳曼戈	3.595	戰國	同上
陳	1357	陳子徒戈	3.596	戰國	同上

古地名	器　號	器　名	卷數頁碼	時　代	現今所在地
陳	1396	陳子雪戈	4.29	戰國	即田齊,都臨淄, 今山東淄博市臨淄區北
陳	1414	陳豆鼙戟	4.48	戰國	同上
陳	1415	陳狀戈	4.49	戰國	同上
陳	1467	陳子高戟	4.103	戰國	同上
陵里	1685	陵里車飾	40354	戰國	今地不詳
陵里	1686	陵里車飾	4.355	戰國	同上
陵里	1687	陵里車飾	4.356	戰國	同上
陵里	1688	陵里車飾	4.357	戰國	同上
陵里	1689	陵里車飾	4.358	戰國	同上
郳	1216	郳大司馬彊盤	3.365	春秋	即小邾國,今山東棗莊市山亭區
郳	1492	郳公戈	4.129	春秋	同上
陰明武	1579	陰明武劍	4.225	春秋	
桑原	0492	格仲簋甲	2.4	西周	約在今山西翼城縣境內
桑原	0493	格仲簋乙	2.7	西周	同上

十 一 畫

古地名	器　號	器　名	卷數頁碼	時　代	現今所在地
黃	0577	黃君子奴簋	2.185	西周	即黃國,今河南光山縣
黃	0589	黃子季庚臣簋	2.211	春秋	同上
黃	0606	黃君孟豆	2.237	春秋	同上
黃	0608	黃子豆	2.239	春秋	同上
黃	1054	黃君孟壺	3.127	春秋	同上
黃	1176	黃君孟鑪	3.300	春秋	同上
黃	1211	黃子威盤	3.355	春秋	同上
郜	0570	郜公簋	2.170	春秋	即郜國,今湖北鍾祥縣西北
萍枚	1354	萍枚戈	3.593	春秋	今地不詳
麥	1279	衛侯之孫書鐘	3.465	春秋	春秋衛邑,今地不詳
郾	1465	燕王晉戈	4.101	戰國	即燕,今河北易縣東南高陌村
郾	1466	燕王晉戈	4.102	戰國	同上
郾	1482	燕王晉戈	4.119	戰國	同上
郾	1483	燕王喜戈	4.120	戰國	同上

古地名	器 號	器 名	卷數頁碼	時 代	現今所在地
郾	1484	燕王喜戈	4.121	戰國	即燕,今河北易縣東南高陌村
郾	1485	燕王喜戈	4.122	戰國	同上
郾	1509	燕王詈戈	4.146	戰國	同上
郾	1528	燕王詈戈	4.168	戰國	同上
郾	1539	燕王矛	4.183	戰國	同上
郾	1550	燕王桓矛	4.194	戰國	同上
郾	1554	燕王喜矛	4.198	戰國	同上
郾	1555	燕王喜矛	4.199	戰國	同上
郾	1556	燕王喜矛	4.200	戰國	同上
郾	1561	燕王職矛	4.205	戰國	同上
郾	1562	燕王職矛	4.206	戰國	同上
郾	1563	燕王職矛	4.207	戰國	同上
郾	1564	燕王職矛	4.208	戰國	同上
郾	1565	燕王喜矛	4.209	戰國	同上
郾	1566	燕王喜矛	4.210	戰國	同上
郾	1567	燕王戎人矛	4.211	戰國	同上
郾	1568	燕王戎人矛	4.212	戰國	同上
郾	1582	燕王喜鈹	4.228	戰國	同上
郾	1583	燕王喜鈹	4.229	戰國	同上
郾	1590	燕王職劍	4.237	戰國	同上
虘	0327	𥨦伯鬲	1.378	西周	今地不詳
鄂	0147	鄂侯鼎	1.149	西周	即鄂國,今湖北隨州市隨縣安居鎮
鄂	0230	鄂侯鼎	1.233	春秋	即鄂國,今河南南陽市宛城區境內
鄂	0241	鄂伯徦伏鼎	1.246	春秋	同上
鄂	0302	鄂姜鬲	1.337	西周	即鄂國,今湖北隨州市隨縣安居鎮
鄂	0319	鄂侯鬲	1.364	西周	同上
鄂	0319	鄂侯鼎	1.364	春秋	即鄂國,今河南南陽市宛城區境內
鄂	0464	鄂侯鼎	1.544	春秋	同上
鄂	0552	鄂姜簠	2.139	春秋	同上
鄂	1044	鄂侯壺	3.105	春秋	同上
鄂	1115	鄂侯卣	3.204	西周	即鄂國,今湖北隨州市隨縣安居鎮
鄂	1263	鄂侯鐘	3.440	春秋	即鄂國,今河南南陽市宛城區境內
鄂	1264	鄂侯鐘	3.441	春秋	同上

古地名	器號	器名	卷數頁碼	時代	現今所在地
鄂	1265	鄂侯鐘	3.442	春秋	即鄂國，今河南南陽市宛城區境内
過	0423	過伯簋	1.490	西周	西周國族，今地不詳
圚	1055	圚君婦媿霝壺	3.129	春秋	即昆，今地不詳
售丘	1508	雍丘令炕戈	4.145	戰國	即雍丘，戰國魏邑，今河南杞縣
欲	1365	欲侯戈	3.606	西周	西周侯國，今地不詳
敹	0488	播侯簋	1.588	西周	即播，今地不詳
胻	0324	邾友父鬲	1.372	西周	即胙國，今河南延津縣西北
許	1385	許公耑戈	4.19	戰國	楚國封邑，今河南許昌市
許	1386	許公耑戈	4.20	戰國	同上
許	1387	許公耑戈	4.21	戰國	同上
許	1388	許公耑戈	4.22	戰國	同上
許	1389	許公耑戈	4.23	戰國	同上
商丘	0563	商丘叔簠	2.157	春秋	今河南商丘縣東南
羕夌	1518	羕陵工尹戈	4.156	戰國	即養陵，楚國封邑， 今河南沈丘縣東南
淳于	1426	淳于公戈	4.60	春秋	今山東安丘縣東北杞城
寅都	1059	叔休壺甲	3.134	周晚	晉國封君，今地不詳
寅都	1060	叔休壺乙	3.136	周晚	同上
淺	0275	宋公䜌鼎	1.294	春秋	即濫，春秋邾邑，今山東滕州市東南
淺	0276	宋公䜌鼎	1.297	春秋	同上
淺	0612	宋公䜌鋪	2.246	春秋	同上
梁	1504	梁大令韓譙戈	4.142	戰國	韓邑，今河南汝州市西南
淮陽	0191	淮陽鼎	1.191	戰國	約在今河南淮陽縣境内
陽城	1558	陽城矛	4.202	戰國	戰國韓邑，今河南登封縣東南告城鎮
陽陰	1498	蕩陰令戈	4.136	戰國	即蕩陰，魏國縣邑，今河南湯陰縣
敢	0787	敢侯爵	2.435	西周	諸侯國，今地不詳
㫺	1016	昔雞尊	3.78	西周	西周諸侯國，今山東莒縣北
㫺	1138	昔雞卣	3.238	西周	同上
翏	1207	翏子厚盤	3.349	春秋	即蓼，姬姓小國，滅於楚， 即河南固始東蓼成崗一帶
翏	1274	翏厚鐘	3.454	春秋	同上
翏	1275	翏子厚鐘一	3.456	春秋	即蓼，姬姓小國，滅於楚， 即河南固始東蓼成崗一帶

古地名	器 號	器 名	卷數頁碼	時 代	現今所在地
翏	1276	翏子厚鐘二	3.458	春秋	即蓼,姬姓小國,滅於楚, 即河南固始東蓼成崗一帶
翏	1458	蓼子厚戈	4.94	春秋	同上

十 二 畫

古地名	器 號	器 名	卷數頁碼	時 代	現今所在地
琱	0500	函皇父簋	2.21	西周	西周封邑,約在今地陝西周原地區
越	0283	欠簋鼎	1.311	春秋	都琊琊,今山東膠南市西南
越	1586	越王諸稽於賜劍	4.232	戰國	同上
越	1587	越王諸稽於賜劍	4.233	戰國	同上
越	1588	越王諸稽於賜劍	4.234	戰國	同上
越	1589	越王州句劍	4.236	戰國	同上
越	1598	越王州句劍	4.247	戰國	同上
越	1599	越王州句劍	4.248	戰國	同上
越	1602	越王旨翳劍	4.251	戰國	同上
越	1614	越王州句劍	4.265	戰國	同上
越	1618	越王旨殹劍	4.270	戰國	同上
越	1619	越王旨殹劍	4.271	戰國	同上
越	1765	越王州句玉劍	4.447	戰國	同上
朝歌	1390	朝歌右庫戈	4.24	戰國	魏邑,今河南淇縣
朝歌	1416	朝歌巳門戈	4.50	戰國	同上
朝歌	1441	朝歌□門邕戈	4.75	戰國	同上
博望	0358	襄安甗	1.415	戰國	秦國縣邑,今河南方城縣博望集
喪遼	0492	格仲簋甲	2.4	西周	即桑原,約在今山西翼城縣境內
喪遼	0493	格仲簋乙	2.7	西周	同上
黑	1424	鄸叔江戈	4.58	春秋	今地不詳
鄈	1177	鄈大司馬鉈	3.305	春秋	即郳,小邾國, 今山東棗莊市山亭區
番	0279	番匊生鼎	1.301	西周	西周封國,今河南固始縣
番	0567	番君召簋	2.165	春秋	一作潘,今河南固始縣
番	1319	鄱戈	3.558	春秋	同上
爲山	0623	兌盆	2.265	西周	南淮夷地,今地不詳

古地名	器　號	器　名	卷數頁碼	時　代	現今所在地
猾	0192	二斗二益鼎	1.192	戰國	即滑，今河南偃師縣西南
鄗城	1393	高城左戈	4.27	戰國	楚邑，今湖北松滋縣南
痰曹	1506	痰曹令狐嗇戈	4.143	戰國	縣邑名，今地不詳
滑	0192	二斗二益鼎	1.192	戰國	今河南偃師縣西南
曾	0210	曾子𪪺鼎	1.211	春秋	今湖北隨州市曾都區
曾	0211	曾子牧臣鼎	1.212	春秋	同上
曾	0222	曾侯鼎	1.227	春秋	同上
曾	0265	曾侯窑鼎	1.279	春秋	同上
曾	0270	曾𨟟生甾鼎	1.285	春秋	同上
曾	0306	曾夫人孿鬲	1.341	春秋	同上
曾	0310	曾仲塞鬲	1.346	春秋	同上
曾	0311	曾卿事澴鬲	1.348	春秋	據傳出土於山東，或爲山東之曾
曾	0322	曾子伯达鬲	1.370	春秋	今湖北隨州市曾都區
曾	0352	曾夫人縞甗	1.408	春秋	同上
曾	0357	曾公孫叔考臣甗	1.413	春秋	同上
曾	0361	曾伯克父甗	1.419	春秋	同上
曾	0362	曾卿事宣甗	1.422	春秋	據傳出土於山東，或爲山東之曾
曾	0459	曾公得簋	1.538	春秋	今湖北隨州市曾都區
曾	0485	曾卿事季宣簋甲	1.582	春秋	據傳出土於山東，或爲山東之曾
曾	0486	曾卿事季宣簋乙	1.584	春秋	同上
曾	0494	曾季簋	2.10	春秋	今湖北隨州市曾都區
曾	0509	曾伯克父簋	2.42	春秋	同上
曾	0538	曾伯克父盨	2.109	春秋	同上
曾	0539	曾伯克父盨	2.111	春秋	同上
曾	0546	曾子牖簠	2.133	春秋	同上
曾	0548	曾伯黍簠	2.132	春秋	同上
曾	0554	牧臣簠乙	2.142	春秋	曾國國君，名鷄鼄
曾	0559	曾太保嫛簠	2.149	春秋	今湖北隨州市曾都區
曾	0600	曾公得豆	2.231	春秋	同上
曾	0793	曾伯爵	2.440	西周	同上
曾	1047	曾子牧臣壺甲	3.118	春秋	同上
曾	1048	曾子牧臣壺乙	3.119	春秋	同上
曾	1062	曾伯克父壺甲	3.139	春秋	同上

古地名	器　號	器　名	卷數頁碼	時　代	現今所在地
曾	1063	曾伯克父壺乙	3.142	春秋	今湖北隨州市曾都區
曾	1069	曾伯霖壺	3.155	春秋	同上
曾	1174	曾伯克父鑐	3.297	春秋	同上
曾	1202	曾卿事季宣盤	3.342	春秋	據傳出土於山東,或爲山東之曾
曾	1245	曾旨尹喬匜	3.410	春秋	今湖北隨州市曾都區
曾	1247	曾卿事季宣匜	3.412	春秋	據傳出土於山東,或爲山東之曾
曾	1282	嬭加鎛甲	3.475	春秋	今湖北隨州市曾都區
曾	1400	曾侯絆伯戈	4.33	春秋	同上
曾	1420	曾子南戈	4.55	春秋	同上
曾	1421	曾子南戈	4.55	春秋	同上
曾	1422	曾子叔迮戈	4.56	春秋	同上
曾	1428	曾仲戠戈	4.62	春秋	同上
曾	1442	曾侯乙戈	4.76	戰國	同上
曾	1443	曾侯遇戈	4.77	戰國	同上
曾	1445	曾侯建戈	4.80	戰國	同上
寪	1136	寪男卣	3.233	西周	或即唐邑,今地不詳
寪邑	1125	寪邑司卣	3.215	西周	同上
隆	0219	隆侯鼎	1.220	春秋	即隨、曾,今湖北隨州市曾都區
隆	0220	隆侯鼎	1.222	春秋	同上
隆	0221	隆侯鼎	1.223	春秋	同上
隆	0468	隆侯簋	1.548	春秋	同上

十 三 畫

古地名	器　號	器　名	卷數頁碼	時　代	現今所在地
莾	0544	乘盨	2.121	西周	即莾京、旁京,在今西安市豐鎬附近
酀	1453	酀之公庫戈	4.88	春秋	今地不詳
楚	0177	競之盉鼎	1.178	戰國	都郢,今湖北江陵縣紀南城
楚	0203	楚叔之孫辰鼎	1.203	春秋	同上
楚	0226	楚王酓章鼎	1.229	戰國	同上
楚	0257	楚王領鼎	1.267	春秋	同上
楚	0476	楚王領簋	1.563	春秋	同上
楚	0551	楚王孫漁簠	2.137	春秋	同上

古地名	器　號	器　名	卷數頁碼	時　代	現今所在地
楚	0555	楚子旅湯簠	2.145	春秋	都郢,今湖北江陵縣紀南城
楚	0582	蔡侯簠	2.197	春秋	同上
楚	0626	楚王酓悆俎	2.274	春秋	同上
楚	1215	楚王領盤	3.363	春秋	同上
楚	1250	楚媿歸母匜	3.416	戰國	同上
楚	1282	嬭加鎛甲	3.475	春秋	同上
楚	1409	楚屈喜戈	4.44	春秋	同上
楚	1435	楚王孫鐢戈	4.69	春秋	同上
楚	1488	楚王戈	4.125	戰國	同上
楚	1721	競之定熏爐	4.389	春秋	同上
鄩	1279	衛侯之孫書鐘	3.465	春秋	即麥,春秋衛邑,今地不詳
鄭	1321	鄭戈	3.560	春秋	今地不詳
蜀	1261	蜀守斯離鑑	3.435	戰國	秦郡,治成都,故址在今成都市内
蜀	1525	蜀假守竈戈	4.162	戰國	同上
蜀	1531	蜀假守肖戈	4.172	戰國	同上
遣	0223	趞盉父鼎	1.226	西周	今地不詳
遣	0531	趞盉父盨	2.101	西周	同上
雍	0284	雍伯鼎	1.313	西周	同上
雍	1178	雍工缶	3.309	戰國	戰國秦邑,今陝西鳳翔縣
雍	1320	雍戈	3.559	春秋	秦邑,今陝西鳳翔縣
雍	1540	雍咸矛	4.184	戰國	戰國秦邑,今陝西鳳翔縣
雍丘	1508	雍丘令炕戈	4.145	戰國	戰國魏邑,今河南杞縣
雍崿	1350	雍崿戈	3.589	春秋	今地不詳
新定	1370	新定戈	4.5	春秋	同上
資中	1525	蜀假守竈戈	4.162	戰國	秦縣,今四川資陽縣
塞	0232	塞孫考叔㾕父鼎	1.235	春秋	即息國,今河南息縣西南
鄬	1295	鄬公䜌勾鑃	3.529	春秋	即養,今河南桐柏縣月河鎮古臺寺
溼宮	0216	格公鼎	1.217	西周	霸國的宮室
墜	0591	陳逆簠	2.214	戰國	即田齊,都臨淄, 今山東淄博市臨淄區北
墜	0592	陳逆簠	2.215	戰國	同上
墜	1356	陳曼戈	3.595	戰國	同上
墜	1357	陳子徒戈	3.596	戰國	同上

古地名	器　號	器　名	卷數頁碼	時　代	現今所在地
墜	1396	陳子雪戈	4.29	戰國	即田齊,都臨淄, 今山東淄博市臨淄區北
墜	1414	陳豆羃戟	4.48	戰國	同上
墜	1415	陳狀戈	4.49	戰國	同上
墜	1467	陳子高戟	4.103	戰國	同上
隘	1260	郳大司馬彊匜	3.432	春秋	即小邾國,今山東棗莊市山亭區
鄝	1146	鄝叔義行戈	4.106	春秋	即蓼,姬姓小國,滅於楚, 即河南固始東蓼成崗一帶
鄝	1207	蓼子厚盤	3.349	春秋	同上
鄝	1274	蓼厚鐘	3.454	春秋	同上
鄝	1275	蓼子厚鐘一	3.456	春秋	同上
鄝	1276	蓼子厚鐘二	3.458	春秋	同上
鄝	1429	鄝公戈	4.63	春秋	同上
鄝	1430	鄝公戈	4.64	春秋	同上
鄝	1458	蓼子厚戈	4.94	春秋	同上

十　四　畫

古地名	器　號	器　名	卷數頁碼	時　代	現今所在地
趙氏	0142	雕陰鼎	1.144	戰國	今地不詳
蔡	0283	欠袋鼎	1.311	春秋	蔡平侯遷都新蔡,今河南新蔡縣
蔡	0582	蔡侯簠	2.197	春秋	同上
蔡	1205	竇侯盤	3.346	春秋	今河南上蔡縣
蔡	1210	雌盤	3.354	春秋	蔡平侯遷都新蔡,今河南新蔡縣
蔡	1244	蔡子夾匜	3.409	春秋	同上
蔡	1438	蔡公子吳戈	4.72	春秋	同上
蔡	1439	蔡公子從戈	4.73	春秋	同上
蔡	1444	蔡襄尹啟戈	4.78	戰國	今河南新蔡縣
蔡	1446	蔡侯產戈	4.81	戰國	同上
蔡	1447	蔡侯產戈	4.82	戰國	同上
蔡	1448	蔡侯產戟	4.83	戰國	同上
蔡	1449	蔡侯產戟	4.84	戰國	同上
蔡	1497	蔡子戈	4.135	春秋	蔡平侯遷都新蔡,今河南新蔡縣

古地名	器號	器名	卷數頁碼	時代	現今所在地
蔡	1560	蔡公子果矛	4.204	春秋	蔡平侯遷都新蔡，今河南新蔡縣
蔡	1580	蔡侯產劍	4.226	戰國	今河南新蔡縣
蓼	1123	鄝子瘥戈	4.76	春秋	姬姓小國，滅於楚， 即河南固始東蓼成崗一帶
蓼	1458	蓼子厚戈	4.94	春秋	即鄝
黖	1424	黖叔江戈	4.58	春秋	即黑，今地不詳
鄦	1093	許尚戈	4.46	戰國	即許，今河南魯山東南
管	0506	趞簋	2.37	西周	今河南鶴壁市淇濱區大河澗鄉
管	1018	愕姳兄乘尊	3.32	商代	同上
緐	1066	敱壺	3.147	西周	今河南新蔡縣北
緐陽	1637	緐陽鐓	4.291	春秋	即繁陽，今河南内黄縣西北
鄱	1319	鄱戈	3.558	春秋	即番，一作潘，今河南固始縣
雒	0180	一斁鼎	1.181	戰國	上雒的簡稱，今陝西洛南縣東南
齊	0244	齊公去余鼎	1.250	春秋	即齊國，今山東淄博市臨淄區北
齊	1086	齊京母卣	3.175	商代	同上
齊	1294	齊侯鐸	4.525	春秋	同上
鄭	0240	鄭伯鼎	1.245	春秋	即鄭國，今河南新鄭市鄭韓故城
鄭	0284	南父甗	1.378	西周	今陝西鳳翔縣南
鄭	0317	鄭羌伯鬲	1.360	西周	同上
鄭	0325	鄭師原父鬲	1.374	西周	即鄭國，今河南新鄭市鄭韓故城
鄭	0326	鄭師原父鬲	1.376	西周	同上
鄭	0360	鄭伯頵父甗	1.418	西周	同上
鄭	0504	康簋	2.31	西周	周王曾居之地，今陝西鳳翔縣南
鄭	0519	羚簋	2.75	西周	今陝西鳳翔縣南
鄭	0550	鄭叔原父簠	2.136	西周	即鄭國，今河南新鄭市鄭韓故城
鄭	0830	鄭伯頵父壺	3.112	春秋	春秋鄭國，今河南新鄭市
鄭	1068	與兵壺	3.152	春秋	即鄭國，今河南新鄭市鄭韓故城
鄭	1272	鄭閅叔鐘	3.451	西周	同上
鄭	1364	鄭右庫弩機	4.350	戰國	戰國韓國都城，今河南新鄭市
鄭邢	0231	鄭邢小子傳鼎	1.234	周晚	原封在陝西鳳翔境内，後裔遷封晉南
鄭邢	0251	鄭邢叔槐鼎	1.260	西周	同上
鄭邢	0445	鄭邢伯山父簋	1.522	西周	同上
鄭邢	0529	鄭邢伯大父盨甲	2.97	西周	同上

古地名	器　號	器　名	卷數頁碼	時　代	現今所在地
鄭邢	0530	鄭邢伯大父盨乙	2. 99	西周	原封在陝西鳳翔境內，後裔遷封晉南
鄭邢	0535	叔再父盨丁	2. 106	西周	同上
鄭邢	1251	子傳匜	3. 417	西周	同上
鄭羌	0317	鄭羌伯鬲	1. 360	西周	封邑名，今地不詳
鄭羌	0318	鄭羌伯鬲	1. 363	西周	同上
鄭登	0309	鄭登伯鬲	1. 345	西周	同上
鄭義	0536	鄭義羌父盨	2. 107	西周	同上
鄭虢	0160	鄭虢叔安鼎	1. 169	西周	今陝西鳳翔縣境內
養	0174	昶子白鼎	1. 175	春秋	今河南桐柏縣月河鎮古臺寺
養	1057	昶䚋伯壺蓋	3. 132	春秋	同上
養	1058	昶䚋伯壺蓋	3. 133	春秋	同上
養	1203	昶伯米父盉	3. 344	春秋	同上
養	1206	昶仲侯盤	3. 348	春秋	同上
養	1254	夫人昶姬匜	3. 421	西周	同上
養	1295	郐公緎勾鑃	3. 529	春秋	同上
養陵	1518	羕陵工尹戈	4. 156	戰國	楚國封邑，今河南沈丘縣東南
漢中	1527	漢中左工戈	4. 166	戰國	秦郡，治南鄭，今陝西漢中市漢台區
漆垣	1283	漆垣矛	4. 254	戰國	秦國縣邑，今陝西銅川市印臺區西北
獸	0417	獸叔簋	1. 484	西周	即胡國，媿姓，今河南郾城縣西南
獸	0473	樂伯簋	1. 556	西周	同上
榮	0365	毃甗	1. 427	西周	西周封邑名，在畿內
榮	0516	免簋	2. 66	西周	同上
鄧	0415	徵盅簋	1. 482	西周	即鄧國，今湖北襄陽市襄州區西北
鄧	0503	鄧子德簋	2. 30	春秋	同上
鄧	1209	鄧公盤	3. 353	春秋	同上
鄧	1258	鄧公匜	3. 428	春秋	同上
�	0219	隓侯鼎	1. 220	春秋	即唐，今湖北隨州市西北唐山鎮
隓	0220	隓侯鼎	1. 222	春秋	同上
隓	0221	隓侯鼎	1. 223	春秋	同上
隓	0468	隓侯簋	1. 548	春秋	同上
隓	1050	隓侯壺	3. 121	春秋	同上
隨	0219	隓侯鼎	1. 220	春秋	即隨、曾，今湖北隨州市曾都區
隨	0220	隓侯鼎	1. 222	春秋	同上

古地名	器　號	器　名	卷數頁碼	時　代	現今所在地
隨	0221	曾侯鼎	1.223	春秋	即隨、曾，今湖北隨州市曾都區
隨	0468	曾侯簋	1.548	春秋	同上
隨	1050	曾侯壺	3.121	春秋	同上
陳	0588	陳侯簠	2.210	春秋	即陳國，都宛丘，今河南淮陽縣

十　五　畫

古地名	器　號	器　名	卷數頁碼	時　代	現今所在地
蕩陰	1498	蕩陰令戈	4.136	戰國	魏國縣邑，今河南湯陰縣
播	0488	播侯簋	1.588	西周	今地不詳
毆郞	1336	毆郞戈	3.575	春秋	同上
雝	1320	雍戈	3.559	春秋	即雍，秦邑，今陝西鳳翔縣
衛	1064	衛叔甲父壺	3.143	西周	都沫，今河南淇縣
衛	1279	衛侯之孫書鐘	3.465	春秋	春秋初都曹，今河南滑縣東， 文公遷楚丘，今滑縣東北， 後遷帝丘，今河南陽縣西南
衛	1280	衛侯之孫書鐘	3.468	春秋	同上
鄧	0415	鄧盅簋	1.482	西周	即鄧國，今湖北襄陽市襄州區西北
滕	1437	滕侯吳戟	4.71	春秋	即滕國，今山東滕州市西南
滕	1468	滕大司馬得戈	4.104	戰國	同上
滕	1472	滕司城裘戈	4.108	春秋	同上
魯	0160	魯侯鼎	1.162	西周	都曲阜，今山東曲阜市東古城
魯	0209	魯姬鼎	1.210	西周	同上
魯	0561	魯伯愈父簠	2.154	春秋	同上
魯	0730	魯侯爵	2.378	西周	同上
虢	0238	虢季氏子虎父鼎	1.242	春秋	今河南三門峽市湖濱區陝州風景區
虢	0245	虢季子白鼎	1.251	西周	即西虢，今陝西寶雞市虢鎮北
虢	0263	虢文公子毁鼎	1.276	西周	同上
虢	0789	虢仲爵	2.436	西周	同上
虢	1214	虢季氏子組盤	3.362	西周	同上
虢	1234	虢仲盉甲	3.393	春秋	今河南三門峽市湖濱區陝州風景區
虢	1235	虢仲盉乙	3.394	春秋	同上
褒	1531	蜀假守肖戈	4.172	戰國	今陝西勉縣東北褒城鎮

古地名	器　號	器　名	卷數頁碼	時　代	現今所在地
潘	0279	番匋生鼎	1.304	西周	西周封國,今河南固始縣
潘	0567	番君召簠	2.165	春秋	今河南固始縣
潘	1319	鄱戈	3.558	春秋	同上
潕	1017	兒尊	3.80	西周	戎曾侵其地,今地不詳
潕	1150	兒方彝甲	3.260	西周	同上
潕	1151	兒方彝乙	3.262	西周	同上
鄪	1376	鄪之王戟	4.10	春秋	即息國,今河南息縣西南
羕	0503	鄧子德簠	2.30	春秋	即鄧國,今湖北襄陽市襄州區西北

十　六　畫

古地名	器　號	器　名	卷數頁碼	時　代	現今所在地
靜	0507	叔㝱簋	2.39	西周	應侯討伐之地,今地不詳
薛	1020	貝黿尊	3.86	西周	今山東滕州市西南
薛	1140	貝黿卣	3.243	西周	同上
薛	1456	薛侯戈	4.92	春秋	同上
薛	1772	薛䞈子陶量	4.456	戰國	同上
燕	0245	虢季子白鼎	1.251	西周	召公封國,今北京市房山區琉璃河鎮
燕	0323	燕太子鬲	1.371	春秋	即燕國,今北京市房山區琉璃河鎮
燕	0534	燕子盨	2.105	西周	召公封國,今北京市房山區琉璃河鎮
燕	1465	燕王䚸戈	4.101	戰國	燕下都,今河北易縣東南高陌村
燕	1466	燕王䚸戈	4.102	戰國	同上
燕	1482	燕王䚸戈	4.119	戰國	同上
燕	1483	燕王喜戈	4.120	戰國	同上
燕	1484	燕王喜戈	4.121	戰國	同上
燕	1485	燕王喜戈	4.122	戰國	同上
燕	1509	燕王䚸戈	4.146	戰國	同上
燕	1528	燕王䚸戈	4.168	戰國	同上
燕	1539	燕王矛	4.183	戰國	同上
燕	1550	燕王桓矛	4.194	戰國	同上
燕	1554	燕王喜矛	4.198	戰國	同上
燕	1555	燕王喜矛	4.199	戰國	同上
燕	1556	燕王喜矛	4.200	戰國	同上

古地名	器　號	器　名	卷數頁碼	時　代	現今所在地
燕	1561	燕王職矛	4.205	戰國	燕下都，今河北易縣東南高陌村
燕	1562	燕王職矛	4.206	戰國	同上
燕	1563	燕王職矛	4.207	戰國	同上
燕	1564	燕王職矛	4.208	戰國	同上
燕	1565	燕王喜矛	4.209	戰國	同上
燕	1566	燕王喜矛	4.210	戰國	同上
燕	1567	燕王戎人矛	4.211	戰國	同上
燕	1568	燕王戎人矛	4.212	戰國	同上
燕	1582	燕王喜鈹	4.228	戰國	同上
燕	1583	燕王喜鈹	4.229	戰國	同上
燕	1590	燕王職劍	4.237	戰國	同上
薳	0272	鄬子楚鼎	1.289	春秋	楚封邑，今河南淅川縣倉房鎮
薳	0274	鄬子濾息鼎	1.293	春秋	同上
薳	0574	鄬子楚尃簠甲	2.180	春秋	同上
薳	0575	鄬子楚尃簠乙	2.182	春秋	同上
薳	0576	鄬子楚尃簠A	2.183	春秋	同上
薳	0599	鄬子塦豆	2.230	戰國	同上
薳	1179	仰夫人巠缶	3.310	戰國	同上
薳	1180	鄬子濾息缶	3.311	春秋	同上
噩	0147	鄂侯鼎	1.149	西周	即鄂國，今湖北隨州市隨縣安居鎮
噩	0241	鄂伯谷伏鼎	1.246	春秋	即鄂國，今河南南陽市宛城區境內
噩	0302	鄂姜鬲	1.337	西周	即鄂國，今湖北隨州市隨縣安居鎮
噩	0464	鄂侯鼎	1.544	春秋	即鄂國，今河南南陽市宛城區境內
噩	0552	鄂姜簋	2.139	春秋	同上
噩	1044	鄂侯壺	3.115	春秋	同上
噩	1115	鄂侯卣	3.204	西周	即鄂國，今湖北隨州市隨縣安居鎮
噩	1263	鄂侯鐘	3.440	春秋	即鄂國，今河南南陽市宛城區境內
噩	1264	鄂侯鐘	3.441	春秋	同上
噩	1265	鄂侯鐘	3.442	春秋	同上
冀	1537	冀矛	4.181	戰國	秦縣，今甘肅甘谷縣東
頻陽	0190	頻陽鼎	1.190	戰國	秦縣，今陝西富平縣美原鎮故城村
雕陰	0142	雕陰鼎	1.144	戰國	秦縣，今陝西富縣北15公里皇甫店
襄	1517	襄令陽儀戈	4.155	戰國	即懷，戰國魏邑，今河南武陟縣西南

古地名	器　號	器　名	卷數頁碼	時　代	現今所在地
濩澤	1501	濩澤君戈	4.139	戰國	韓國封邑，今山西陽城縣西
雗	0284	雗伯鼎	1.313	西周	今地不詳

十　七　畫

古地名	器　號	器　名	卷數頁碼	時　代	現今所在地
趞	0223	趞盨父鼎	1.306	西周	即遣
趞	0531	趞盨父盨	2.101	西周	同上
韓	0483	昔雞簋甲	1.578	西周	今地不詳
韓	0484	昔雞簋乙	1.580	西周	同上
臨江	1470	臨江戈	4.106	戰國	秦邑，今四川忠縣
戲	1718	戲匜	4.386	戰國	秦邑，今西安臨潼區北戲河西岸
繁	1066	敤壺	3.147	西周	今河南新蔡縣北
繁陽	1637	繇陽鐓	4.291	春秋	今河南內黃縣西北
鍾	1322	鍾戈	3.561	戰國	戰國宋邑，今地不詳
鍾	1626	鍾族	4.282	戰國	同上
襄安	0204	襄安文公鼎	1.204	戰國	燕國縣邑，今地不詳
襄安	0358	襄安瓶	1.415	戰國	同上
應	0281	仲兒鼎	1.307	春秋	今河南平頂山市新華區滍陽鎮
應	0316	應姚鬲	1.358	西周	同上
應	0495	應姚簋	2.12	西周	同上
應	0507	叔彙簋	2.39	西周	同上
應	0512	應侯視工簋丙	2.52	西周	同上
應	0513	應侯視工簋丁	2.55	西周	同上
應	0528	應侯盨	2.95	西周	同上
應	0623	兌盆	2.265	西周	同上
濫	0275	宋公䜌鼎	1.294	春秋	春秋邾邑，今山東滕州市東南
濫	0276	宋公䜌鼎	1.297	春秋	同上
濫	0612	宋公䜌鋪	2.246	春秋	同上
鄾	1209	鄧公盤	3.353	春秋	即鄧國，今湖北襄陽市襄州區西北

十 八 畫

古地名	器 號	器 名	卷數頁碼	時 代	現今所在地
豐邢	0443	豐井簋	1.520	西周	西周封邑名,今地約在西安市西南
噐	0230	鄂侯鼎	1.233	春秋	即鄂國,今河南南陽市宛城區境內
噐	0319	鄂侯鬲	1.364	春秋	同上
噐	0464	鄂侯簋	1.544	春秋	同上
雝	1178	雝工缶	3.309	戰國	即雍,戰國秦邑,今陝西鳳翔縣
鄦	1385	許公峀戈	4.19	戰國	即許,楚國封邑,今河南許昌市
鄦	1386	許公峀戈	4.20	戰國	同上
鄦	1387	許公峀戈	4.21	戰國	同上
鄦	1388	許公峀戈	4.22	戰國	同上
鄦	1389	許公峀戈	4.23	戰國	同上

十 九 畫

古地名	器 號	器 名	卷數頁碼	時 代	現今所在地
櫟陽	1505	相邦樛斿戈	4.142	戰國	秦國城邑,今西安市閻良區武屯鎮
鄾	0500	鄧膚簋	2.235	春秋	即鄧國,都城在今湖北襄樊市附近
羅	0111	羅子龍鼎	1.108	春秋	春秋羅國,今湖北宜城縣西南
邾	0324	邾友父鬲	1.372	西周	即邾國,今山東曲阜市東南
邾	0571	邾季㝬墓簋甲	2.173	春秋	即小邾國,又稱郳,今山東棗莊市
邾	0572	邾季㝬墓簋乙	2.176	春秋	同上
邾	0573	叔彪父簋	2.178	春秋	同上
邾	1056	邾君慶壺	3.130	春秋	同上
懷	1517	襄令陽儀戈	4.155	戰國	戰國魏邑,今河南武陟縣西南
欒	0473	欒伯簋	1.556	西周	即欒,今河北趙縣西
欒	1358	欒左庫戈	3.597	戰國	同上

二 十 畫

古地名	器 號	器 名	卷數頁碼	時 代	現今所在地
露	0510	霸伯簋	2.46	西周	即霸,今山西翼城縣隆化鎮

古地名	器　號	器　名	卷數頁碼	時　代	現今所在地
䵼	1205	䵼侯盤	3.346	春秋	今地不詳
鄅	1376	鄅之王戟	4.10	春秋	即鄅、息

二十一畫以上

古地名	器　號	器　名	卷數頁碼	時　代	現今所在地
鄘	0506	黿簋	2.37	西周	即管，今河南鶴壁市淇濱區大河澗鄉
霸	0208	霸仲鼎	1.209	西周	今山西翼城縣隆化鎮
霸	0216	格公鼎	1.217	西周	同上
霸	0277	格仲鼎	1.300	西周	同上
霸	0356	霸仲甗	1.412	西周	同上
霸	0454	霸簋	1.531	西周	同上
霸	0492	格仲簋甲	2.4	西周	同上
霸	0493	格仲簋乙	2.7	西周	同上
霸	0497	霸伯簋	2.16	西周	同上
霸	0510	霸伯簋	2.46	西周	同上
霸	0511	霸伯山簋	2.49	西周	同上
霸	0601	霸伯豆	2.232	西周	同上
霸	0602	霸伯豆	2.233	西周	同上
霸	0603	霸伯豆	2.234	西周	同上
霸	1117	洛仲卣	3.206	西周	同上
霸	1220	霸姬盤	3.374	西周	同上
霸	1240	霸伯盂	3.399	西周	同上
酈	0543	召皇父盨	2.118	西周	即召皇父
霸	0497	霸伯簋	2.16	西周	即霸
霸	1220	霸姬盤	3.374	西周	同上
纍	0512	應侯視工簋丙	2.52	西周	周王在此饗醴，賞賜應侯視工
纍	0513	應侯視工簋丁	2.55	西周	同上
欒	0473	欒伯簋	1.556	西周	今河北趙縣西
欒	1358	欒左庫戈	3.597	戰國	同上
籥	0327	釁伯鬲	1.378	西周	今地不詳
纗	0491	臧簋	2.3	西周	周王朝東征途中地名，今地不詳
酈	0523	申仲獻簋	2.84	西周	即申，今陝西關中西北

古地名	器　號	器　　名	卷數頁碼	時　代	現今所在地
寣	1018	愕姥兄巫尊	3.82	商代	即管,今河南鶴壁市淇濱區大河澗鄉
䣄	0278	䣄子䍐鼎	1.302	春秋	即南申,今河南南陽市卧龍區
䣄	0584	䣄子旃氏大叔簠	2.202	春秋	同上
䣄	0585	䣄子旃氏大叔簠	2.204	春秋	同上
䣊	0273	召叔鼎	1.291	西周	即召,召公封邑,今陝西岐山縣劉家村
䣊	0452	伯穌簋	1.529	西周	同上

首字不能隸定者

| 𩬊都 | 1059 | 叔休壺甲 | 3.134 | 周晚 | 即寅都,晉國封君,今地不詳 |
| 𩬊都 | 1060 | 叔休壺乙 | 3.136 | 周晚 | 即寅都,郡國封君,今地不詳 |

四、器物出土地

器物出土地目録

天津市
薊縣 …………………………………… 590

河北省
滄州市 ………………………………… 590
定州市 ………………………………… 590
易縣 …………………………………… 590
柏鄉縣 ………………………………… 590

山西省
聞喜縣 ………………………………… 590
翼城縣 ………………………………… 590
絳縣 …………………………………… 590
曲沃縣 ………………………………… 590
浮山縣 ………………………………… 591
襄汾縣 ………………………………… 591
侯馬市 ………………………………… 591

山東省
濟南市古城區 ………………………… 591
滕州市 ………………………………… 591
棗莊市嶧城區 ………………………… 591
棗莊市山亭區 ………………………… 591
棗莊市薛城區 ………………………… 591
萊蕪市萊城區 ………………………… 591
鄒城市 ………………………………… 591
新泰市 ………………………………… 591
招遠市 ………………………………… 591
平邑縣 ………………………………… 591

臨沭縣 ………………………………… 591

陝西省
西安市 ………………………………… 591
臨潼區 ………………………………… 591
長安區 ………………………………… 591
灞橋區 ………………………………… 591
未央區 ………………………………… 592
西安市西咸新區 ……………………… 592
藍田縣 ………………………………… 592
寶雞市 ………………………………… 592
寶雞市渭濱區 ………………………… 592
寶雞市陳倉區 ………………………… 592
寶雞市金臺區 ………………………… 592
岐山縣 ………………………………… 592
扶風縣 ………………………………… 592
鳳翔縣 ………………………………… 592
千陽縣 ………………………………… 592
隴縣 …………………………………… 592
眉縣 …………………………………… 592
鳳縣 …………………………………… 592
咸陽市渭城區 ………………………… 592
武功縣 ………………………………… 592
涇陽縣 ………………………………… 592
興平市 ………………………………… 592
乾縣 …………………………………… 592
永壽縣 ………………………………… 593
渭南市臨渭區 ………………………… 593
渭南市華州區 ………………………… 593

澄城縣 …………………………………… 593
韓城市 …………………………………… 593
大荔縣 …………………………………… 593
銅川市耀州區 …………………………… 593
綏德縣 …………………………………… 593
吳堡縣 …………………………………… 593
富縣 ……………………………………… 593
黃陵縣 …………………………………… 593
商洛市商州區 …………………………… 593

甘肅省
平涼市 …………………………………… 593
禮縣 ……………………………………… 593
涇川縣 …………………………………… 593
靈臺縣 …………………………………… 593
靖遠縣 …………………………………… 593

河南省
安陽市 …………………………………… 593
南陽市宛城區 …………………………… 593
南陽市臥龍區 …………………………… 594
三門峽市湖濱區 ………………………… 594
信陽市㴼河區 …………………………… 594
平頂山市新華區 ………………………… 594
正陽縣 …………………………………… 594
光山縣 …………………………………… 594
上蔡縣 …………………………………… 594
潢川縣 …………………………………… 594
淮濱縣 …………………………………… 594
羅山縣 …………………………………… 594
義馬市 …………………………………… 594
洛陽市吉利區 …………………………… 594
洛陽市瀍河區 …………………………… 594
新鄭市 …………………………………… 594
淅川縣 …………………………………… 594
鄲城縣 …………………………………… 594
桐柏縣 …………………………………… 594
湯陰縣 …………………………………… 594

湖北省
隨州市曾都區 …………………………… 594
隨縣 ……………………………………… 595
襄陽市 …………………………………… 595
京山市 …………………………………… 595
襄陽市襄城區 …………………………… 595
襄陽市樊城區 …………………………… 595
襄陽市襄州區 …………………………… 595
荊州市荊州區 …………………………… 595
荊州市沙市區 …………………………… 595
江陵縣 …………………………………… 595
宜城市 …………………………………… 595
鄂州市 …………………………………… 595

安徽省
壽縣 ……………………………………… 595
六安市 …………………………………… 595
壽春縣 …………………………………… 595

江蘇省
邳州市 …………………………………… 595
盱眙縣 …………………………………… 595

浙江省
紹興市 …………………………………… 595

湖南省
長沙市 …………………………………… 595

遼寧省
遼陽市 …………………………………… 596

江西省
南昌市 …………………………………… 596

四川省
蒲江縣 …………………………………… 596

內蒙古自治區中部 …………………… 596

器物出土地索引

天津市

薊縣
0132

河北省

滄州市
0213

定州市
1691

易縣
1771　　1772

柏鄉縣
1728

山西省

0103　　0104

聞喜縣

0004	0037	0038	0039	0054
0063	0066	0334	0571	0572
0639	0848	0928	0929	0934
1145	1152	1153	1156	1223

1224　　1402

翼城縣

0096	0123	0136	0146	0148
0208	0277	0298	0349	0356
0379	0399	0462	0492	0493
0497	0510	0511	0601	0602
0603	0616	0617	0623	0679
0770	0858	0912	0938	0979
0980	0990	1117	1220	1240

絳縣

0033	0086	0087	0097	0100
0156	0157	0160	0164	0171
0186	0187	0199	0206	0234
0289	0303	0351	0353	0354
0355	0363	0421	0434	0440
0441	0443	0447	0455	0456
0487	0622	0911	0988	1032
1096	1099	1197	1201	1203
1218	1327			

曲沃縣

0078	0079	0194	0216	0252
0343	0496	0537	0562	0674
0742	0787	0878	0879	0881
0916	0999	1122	1183	1186
1240				

浮山縣

0811   0812   0813   0814

襄汾縣

1279   1280

侯馬市

0223   0531

山東省

0198   0209   1462

濟南市古城區

0025   0026   0027   0333   0662
0663   1026   1083   1084   1308
1309

滕州市

0499   0676   0681   0755   0819
0915   0947   1135   1177   1216
1260   1312   1492

棗莊市嶧城區

0275   0276   0612   1417

棗莊市山亭區

0312   0313   0314   0315   0324
1052   1056

棗莊市薛城區

0744

萊蕪市萊城區

0646

鄒城市

1773

新泰市

1372

招遠市

0131

平邑縣

0573

臨沭縣

0594

陝西省

0764   1000   1718

西安市

0752   0768   0971   1715

臨潼區

0422   1178   1193   1516   1541
1542   1543   1722   1732   1733

長安區

0717   0722   0727   1253

灞橋區

0615   0740   0873

未央區

0242

西安市西咸新區

1261

藍田縣

0180	0526	0590

寶雞市

1315	1316	1317	1320	1328
1579	1676	1677		

寶雞市渭濱區

0032	0072	0073	0074	0144
0338	0424	0546	1029	1036
1079	1159	1160	1334	

寶雞市陳倉區

（原寶雞縣）

0092	0124	0262	1313	1657

寶雞市金臺區

0804	1183

岐山縣

0056	0102	0235	0236	0373
0483	0484	0790	0791	0792
0917	0918	0930	1016	1067
1138	1652	1653	1654	1655
1679	1680	1723		

扶風縣

0402	0461	0500	0613	0614
1262				

鳳翔縣

0927	1214	1656	1678

千陽縣

0780	0907

隴縣

0126	0339

眉縣

0902	1276

鳳縣

1361

咸陽市渭城區

0107	1683	1734	1737

武功縣

0051	1104	1660

涇陽縣

0765	0900	1031

興平市

0243

乾縣

0253

永壽縣

0999

渭南市臨渭區

0154

渭南市華州區 (原華縣)

0053

澄城縣

0239	0254	0255	0261	0438
0668	1046	1724	1725	1760

韓城市

0202	0428	0429	0430	0431

大荔縣

0237

銅川市耀州區

0190

綏德縣

1620

吳堡縣

0222

富縣

0345	1394

黃陵縣

1380

商洛市商州區

1497

甘肅省

1090

平涼市

1696	1697	1699	1700

禮縣

0173	0427	1041	1042	1514

涇川縣

0731	0865

靈臺縣

0910

靖遠縣

1321

河南省

安陽市

0046	0628	0654	0655	0656
0657	0665	0667	0704	0714
0822	0826	0830	0839	0919
0923	0960	1289	1290	1690
1759	1761	1762	1763	1764
1767				

南陽市宛城區

0230	0241	0281	0302	0319

0464	0552	1044	1057	1058
1200	1246	1252	1263	1264
1265				

南陽市臥龍區

| 1210 | 1409 | 1488 |

三門峽市湖濱區

| 1037 | 1234 | 1235 | 1765 |

信陽市瀨河區(原信陽縣)

| 0460 | 0883 | 0995 |

平頂山市新華區

| 0316 | 0495 | 0512 | 0513 |

正陽縣

| 0691 | 0735 | 0782 | 0840 |

光山縣

| 0606 | 0608 | 1054 | 1176 |

上蔡縣

| 0551 | 1205 | 1436 |

潢川縣

| 0586 | 0587 | 0589 |

淮濱縣

| 1429 | 1430 | 1438 |

羅山縣

| 0331 | 0643 |

義馬市

| 0225 | 0238 |

洛陽市吉利區(原河清縣)

| 0344 |

洛陽市瀍河區

| 1707 |

新鄭市

| 1501 |

淅川縣

| 1177 |

郾城縣

| 1513 |

桐柏縣

| 1206 |

湯陰縣

| 1617 |

湖北省

| 0211 | 0553 | 0554 | 1047 | 1048 |

隨州市曾都區

0082	0149	0212	0219	0220
0221	0265	0288	0306	0357
0415	0465	0556	0557	0778
0793	0832	0893	0969	1050
1095	1245	1282	1283	1284

1285　　1442

隨縣

0147　　1115

棗陽市

0210　　0224　　0432　　0559　　1257
1400

京山市 (原京山縣)

0548　　0578　　0583　　1069

襄陽市襄城區

1682

襄陽市樊城區

0188　　0593

襄陽市襄州區

1494

荆州市荆州區

1493　　1508

荆州市沙市區

0191

江陵縣

1393　　1525

宜城市

0177　　0178

鄂州市

0743

安徽省

壽縣

1444　　1578

六安市

1495　　1665

壽春縣

1448

江蘇省

邳州市

0621

盱眙縣

1296

浙江省

紹興市

1502　　1602　　1730

湖南省

長沙市

1419

遼寧省

遼陽市

0141　　1559

江西省

南昌市

1112

四川省

蒲江縣

1548

内蒙古自治區中部（原綏遠省）

1532

五、器物現藏地

器物現藏地目録

北京市

中國國家博物館·································· 601

中國社會科學院考古研究所·············· 601

魯迅博物館（暫存）························· 601

北京師範大學文物博物館·················· 601

漢唐雅集藝術館····························· 601

匡德公司···································· 601

安峰堂······································ 601

某收藏家···································· 601

天津市

天津博物館································· 601

上海市

上海博物館································· 601

復旦大學博物館····························· 601

山西省

山西青銅器博物館·························· 601

山西省考古研究所·························· 602

山西省大河口墓地聯合考古隊············ 602

山西晉國博物館···························· 602

侯馬市晉國古都博物館···················· 602

臨汾市堯都區文物旅遊局·················· 602

山東省

山東省博物館······························ 602

山東省文物考古研究院···················· 602

濟南市考古研究所·························· 602

棗莊市博物館······························ 602

滕州市博物館······························ 602

齊國故城博物館···························· 603

山東大學博物館···························· 603

濟南市博物館······························ 603

萊蕪市博物館······························ 603

新泰市博物館······························ 603

平邑博物館································· 603

鄒城市文物局······························ 603

招遠市文物管理所·························· 603

滕州市公安局······························ 603

陝西省

陝西歷史博物館···························· 603

陝西省考古研究院·························· 603

寶雞青銅器博物院·························· 603

周原考古隊································· 603

陝西石鼓山考古隊·························· 603

秦始皇陵博物院···························· 603

西安博物院································· 603

西安市臨潼博物館·························· 604

西安市長安博物館·························· 604

寶雞市陳倉區博物館························ 604

寶雞市渭濱區博物館························ 604

岐山縣博物館······························ 604

扶風縣博物館······························ 604

隴縣博物館································· 604

富縣鄜州博物館···························· 604

銅川市耀州區博物館························ 604

西安半坡博物館 ························· 604
寶雞市考古研究所 ····················· 604
興平市博物館 ························· 604
渭南博物館 ··························· 604
鳳翔縣博物館 ························· 604
綏德縣博物館 ························· 604
鳳縣文化館 ··························· 604
眉縣文化館 ··························· 604
千陽縣文化館 ························· 604
永壽縣文化館 ························· 604
武功縣文物管理委員會 ················· 604
藍田縣文物管理所 ····················· 604
吳堡縣文物管理所 ····················· 604
西安抱梅山房 ························· 605
渭南市文物旅遊局稽查支隊文物大隊··· 605
淳化縣公安局 ························· 605
澄城縣公安局 ························· 605

河南省

河南博物院 ··························· 605
河南省文物考古研究院 ················· 605
河南大學文物館 ······················· 605
安陽市文物考古研究所 ················· 605
南陽市文物考古研究所 ················· 605
信陽博物館 ··························· 605
安陽博物館 ··························· 605
三門峽市虢國博物館 ··················· 605
三門峽市文物考古研究所 ··············· 605
駐馬店市文物考古管理所 ··············· 605
南陽市博物館 ························· 605
羅山縣博物館 ························· 605
新鄉市博物館 ························· 605
新鄭市博物館 ························· 605
平頂山博物館 ························· 606
洛陽市文物工作隊 ····················· 606
余樓考古隊 ··························· 606
洛陽某收藏家 ························· 606

湖北省

湖北省博物館 ························· 606

湖北省文物考古研究所 ················· 606
隨州博物館 ··························· 606
荊州博物館 ··························· 606
棗陽市博物館 ························· 606
襄陽市文物考古研究所 ················· 606
宜城市博物館 ························· 606
湖北長江文明館 ······················· 606
武漢九州藝術博物館 ··················· 606
孝感某收藏家 ························· 606

河北省

河北省文物考古研究所 ················· 606
易縣燕下都文物管理所 ················· 606
保定市博物館 ························· 606
河北大學博物館 ······················· 606
柏鄉縣文物管理所 ····················· 607
保定市徐占勇達觀齋 ··················· 607

甘肅省

平涼市博物館 ························· 607
涇川博物館 ··························· 607
禮縣博物館 ··························· 607
靈臺縣博物館 ························· 607
靖遠縣博物館 ························· 607

浙江省

浙江省博物館 ························· 607
紹興博物館 ··························· 607
紹興某收藏家 ························· 607

江蘇省

南京博物院 ··························· 607
邳州市博物館 ························· 607

江西省

江西省文物考古研究院 ················· 607

安徽省

安徽省文物考古研究所 ················· 607

商周青銅器銘文暨圖像集成三編

遼寧省

遼陽博物館…………………………… 608

四川省

成都市文物考古研究所………………… 608

成都星漢齋…………………………… 608

重慶市

中國三峽博物館……………………… 608

西南大學歷史博物館………………… 608

廣東省

深圳博物館…………………………… 608

佛山市順德博物館…………………… 608

佛山市順德蔡氏……………………… 608

南海黄詠雩天蠁樓…………………… 608

香港特別行政區

香港朱氏九如園……………………… 608

趙氏山海樓…………………………… 608

夢蝶軒………………………………… 608

莫偉龍………………………………… 608

某收藏家……………………………… 608

澳門特別行政區

鴻燊堂………………………………… 608

張先生………………………………… 608

臺灣省

臺北市德能堂………………………… 609

清翫雅集……………………………… 609

日本

奈良國立博物館……………………… 609

東京國立博物館……………………… 609

東京台東區立書道博物館…………… 609

大阪市立博物館……………………… 609

藤井有鄰館…………………………… 609

出光美術館…………………………… 609

新田美術館…………………………… 609

中村キース・ヘリング美術館………… 609

日本黑川古文化研究所……………… 609

東京平野古陶軒……………………… 609

山中商會……………………………… 609

天琴坊………………………………… 609

龍泉堂………………………………… 609

平安藏六……………………………… 609

江州淺見……………………………… 609

塩冶金雄……………………………… 610

佐野隆一……………………………… 610

大阪某收藏家………………………… 610

關西某收藏家………………………… 610

關東某收藏家………………………… 610

某收藏家……………………………… 610

美國

大都會藝術博物館…………………… 610

普林斯頓大學美術博物館…………… 610

哈佛大學福格博物館………………… 610

明尼阿波利斯藝術博物館…………… 610

紐約亞瑟・賽克勒……………………… 610

亞瑟・M・賽克勒基金會 ……………… 610

聖路易斯博物館……………………… 610

舊金山亞洲藝術博物館……………… 610

洛杉磯郡立藝術博物館……………… 610

春田市藝術博物館…………………… 610

克里夫蘭藝術博物館………………… 610

馬賽厄斯・科莫………………………… 610

詹姆斯・蒙羅夫・麥克亞當斯………… 610

紐約蘭捷里…………………………… 610

紐約戴潤齋（戴福保）………………… 611

紐約安思遠…………………………… 611

夏威夷安娜・夏洛特・萊斯・庫……… 611

切斯特・戴尔和多莉・卡特…………… 611

寶蓮・高黛・雷馬克…………………… 611

弗吉尼亞州某收藏家………………… 611

某收藏家……………………………… 611

加拿大

多倫多皇家安大略博物館…………… 611

英國

劍橋大學費茨威廉博物館·················· 611

牛津大學阿什莫林博物館·················· 611

倫敦 Cukieman ····················· 611

倫敦 R.E.R. Luff 伉儷················· 611

埃斯卡納齊······················· 611

安東尼·卡特······················ 611

邁克爾·麥克爾斯···················· 611

某爵士························· 611

法國

東坡齋························· 611

巴黎大衛·威爾····················· 611

巴黎米歇爾·伯德萊··················· 611

歐宗易························· 611

某收藏家······················· 612

意大利

塔里安利·得·馬基奧女侯爵············ 612

比利時

弗蘭克·阿茲····················· 612

吉賽爾························· 612

捷克共和國

布拉格國立美術館···················· 612

瑞士

玫茵堂························ 612

瑞典

斯德哥爾摩遠東古物館················· 612

新加坡

某收藏家······················· 612

海外某收藏家····················· 612

不知名收藏家····················· 612

下落不明者······················ 614

器物現藏地索引

北京市

中國國家博物館

0229	0296	0444	0463	0490
0525	0544	1232	1233	1272
1727				

中國社會科學院考古研究所

0046	0628	0665	0826	0923
0960	1690	1761		

魯迅博物館（暫存）

0527	0698	0771	0852	0891
0922	0982	1107	1195	

北京師範大學文物博物館

0279

漢唐雅集藝術館

0871	1383

匡德公司

1080

安峰堂

0204	1715

某收藏家

1669

天津市

天津博物館

0068	0130	0132	0195	0286
0393	0405	0636	0683	0703
0745	0746	0788	0868	0888
0976	1040	1100	1208	

上海市

上海博物館

0649	1510

復旦大學博物館

0582

山西省

山西青銅器博物館

0004	0028	0033	0037	0038
0039	0063	0065	0066	0078
0079	0086	0087	0098	0100
0103	0104	0112	0164	0167
0171	0175	0186	0187	0196

0199	0206	0234	0247	0260
0290	0291	0292	0293	0294
0303	0334	0351	0353	0354
0355	0379	0408	0410	0418
0421	0434	0439	0440	0443
0445	0467	0487	0514	0515
0516	0571	0572	0597	0598
0600	0622	0674	0729	0730
0739	0742	0848	0878	0879
0881	0889	0913	0914	0916
0921	0928	0929	0934	1003
1015	1059	1060	1070	1081
1082	1087	1088	1124	1125
1145	1149	1152	1153	1156
1196	1197	1201	1203	1218
1219	1223	1230	1239	1401
1402	1460			

山西省考古研究所

0096	0097	0123	0136	0146
0148	0156	0157	0160	0289
0363	0441	0447	0455	0456
0496	0537	0623	0639	0911
0988	1032	1099	1224	1221
1279	1280	1327		

山西省大河口墓地聯合考古隊

0208	0277	0298	0349	0356
0462	0492	0493	0497	0510
0511	0601	0602	0603	0616
0617	0679	0770	0858	0938
0979	0980	0990	1117	1220
1240				

山西晉國博物館

0194	0216	0252	0343	0562
0787	1185	1188	1242	

侯馬市晉國古都博物館

0223	0531

臨汾市堯都區文物旅遊局

0811	0812	0813	0814

山東省

山東省博物館

0198	0209	0947

山東省文物考古研究院

1177	1216	1260

濟南市考古研究所

0025	0026	0027	0333	0662
0663	1026	1083	1084	1308
1309				

棗莊市博物館

0275	0276	0312	0313	0314
0315	0324	0612	0744	1055
1056	1417			

滕州市博物館

0499	0676	0681	0755	0843
0915	1135	1312		

齊國故城博物館

0295	0308	1322	1603

山東大學博物館

1167

濟南市博物館

0411

萊蕪市博物館

0646

新泰市博物館

1372

平邑博物館

0573

鄒城市文物局

1773

招遠市文物管理所

0131

滕州市公安局

0819	1492

陝西省

陝西歷史博物館

0107	0137	0142	0143	0180
0192	0237	0242	0337	0406
0613	0615	0697	0726	0732
0733	0740	0757	0761	0764
0765	0894	0900	0972	1031
1093	1178	1182	1193	1306
1314	1471	1497	1541	1653
1662	1674	1718	1733	

陝西省考古研究院

0053	0119	0202	0239	0254
0255	0261	0428	0429	0430
0431	0792	0918	1046	1253
1261	1380	1683	1722	1725
1734	1737	1752		

寶雞青銅器博物院

0051	0907	1315	1316	1317
1320	1328	1334	1579	1676
1677	1678			

周原考古隊

0056	0102	0235	0236	0483
0484	0790	0791	0917	0930
1016	1138			

陝西石鼓山考古隊

0032	0072	0073	0074	0144
0338	0546	1029	1036	1159
1160				

秦始皇陵博物院

1516	1542	1543

西安博物院

0717	0722	0752	0768	0971

西安市臨潼博物館

0422　　1732

西安市長安博物館

0727

寶雞市陳倉區博物館

0092　　0124　　0262　　1313　　1657

寶雞市渭濱區博物館

1079

岐山縣博物館

0373　　1652　　1654　　1655　　1679
1680　　1723

扶風縣博物館

0402　　0614　　1262

隴縣博物館

0126　　0339

富縣鄜州博物館

0345　　1394

銅川市耀州區博物館

0190

西安半坡博物館

0873

寶雞市考古研究所

0424

興平市博物館

0243

渭南博物館

0154

鳳翔縣博物館

1656

綏德縣博物館

1620

鳳縣文化館

1361

眉縣文化館

0902

千陽縣文化館

0780

永壽縣文化館

0999

武功縣文物管理委員會

1104　　1660

藍田縣文物管理所

0526

吳堡縣文物管理所

0222

西安抱梅山房

| 1335 | 1351 | 1426 |

渭南市文物旅遊局稽查支隊文物大隊

| 0438 | 1760 |

淳化縣公安局

1128	1186	1273	1708	1709
1710	1711	1712	1713	1738
1739	1740	1741	1742	1743
1744	1745	1746	1747	1748
1749	1750	1751	1753	1754
1755	1756	1757	1758

澄城縣公安局

| 0668 |

河南省

河南博物院

| 1206 | 1501 |

河南省文物考古研究院

| 0551 | 0589 | 1205 | 1436 |

河南大學文物館

| 0129 | 0151 | 0378 | 0391 |

安陽市文物考古研究所

| 0654 | 0655 | 0656 | 0657 | 0667 |
| 0704 | 0714 | 0830 | 0839 | 1617 |

南陽市文物考古研究所

0230	0241	0302	0319	0464
0552	1044	1057	1058	1179
1200	1210	1246	1263	1264
1265	1409	1488

信陽博物館

| 0460 | 0606 | 0608 | 0883 | 0995 |
| 1054 | 1176 | 1429 | 1430 | 1438 |

安陽博物館

| 0919 | 1672 | 1762 | 1763 | 1764 |

三門峽市虢國博物館

| 1037 | 1234 | 1235 | 1765 |

三門峽市文物考古研究所

| 0225 | 0238 |

駐馬店市文物考古管理所

| 0735 | 0782 | 0840 |

南陽市博物館

| 0281 | 1252 |

羅山縣博物館

| 0331 | 0643 |

新鄉市博物館

| 1324 |

新鄭市博物館

| 1026 |

平頂山博物館

0316

洛陽市文物工作隊

1707

余樓考古隊

0586 0587

洛陽某收藏家

1304 1329 1621

湖北省

湖北省博物館

1442

湖北省文物考古研究所

0265	0432	0548	0578	0583
1069	1400	1494		

隨州博物館

0082	0147	0149	0212	0219
0220	0221	0288	0306	0357
0415	0468	0556	0557	0778
0793	0832	0893	0969	1050
1095	1115	1245	1282	1283
1284	1285			

荊州博物館

0191	1393	1493	1508	1525

棗陽市博物館

0210 0559 1257

襄陽市文物考古研究所

0188 0593 1682

宜城市博物館

0177 0178

湖北長江文明館

1435

武漢九州藝術博物館

0211	0553	0554	0607	0702
1047	1048	1410	1453	1524
1673				

孝感某收藏家

0240

河北省

河北省文物考古研究所

1771 1772

易縣燕下都文物管理所

1483 1489 1566

保定市博物館

1691

河北大學博物館

0747

柏鄉縣文物管理所

1728

保定市徐占勇達觀齋

1323	1338	1339	1364	1451
1457	1465	1466	1470	1482
1484	1485	1503	1522	1528
1536	1539	1544	1550	1554
1555	1556	1558	1561	1562
1563	1565	1567	1569	1570
1574	1582	1583	1594	1595
1596	1600	1601	1604	1605
1606	1607	1608	1609	1613
1615	1616	1624	1625	1626
1627	1628	1629	1632	1633
1634	1635	1636	1638	1639
1641	1644	1645	1646	1649
1650	1661	1684		

甘肅省

平涼市博物館

1696	1697	1699	1700

涇川博物館

0731	0865

禮縣博物館

1914

靈臺縣博物館

0910

靖遠縣博物館

1321

浙江省

浙江省博物館

1589	1717

紹興博物館

1502	1611	1730

紹興某收藏家

1619

江蘇省

南京博物院

1296

邳州市博物館

0621

江西省

江西省文物考古研究院

1112

安徽省

安徽省文物考古研究所

1444	1448	1495

遼寧省

遼陽博物館

0141　　1559

四川省

成都市文物考古研究所

1548

成都星漢齋

1390

重慶市

中國三峽博物館

0619　　0857　　1105

西南大學歷史博物館

1358

廣東省

深圳博物館

0373　　0743

佛山市順德博物館

1373

佛山市順德蔡氏

1352

南海黃詠雩天蠁樓

0925

香港特別行政區

香港朱氏九如園

0173	0258	0320	0364	0381
0427	0711	0885	0989	1041
1171	1332			

趙氏山海樓

1343　　1557

夢蝶軒

| 0085 | 0401 | 0807 | 0981 | 1108 |

莫偉龍

0348

某收藏家

0045	0049	0080	0091	0111
0448	0480	0682	0890	0974
1019	1028	1130	1161	1538

澳門特別行政區

鴻燊堂

0715

張先生

0991　　1114

臺灣省

臺北市德能堂

0661 0798 0799 0931 0932
1074

清甎雅集

0846

日本

奈良國立博物館

0015 0031 0035 0050 0058
0076 0115 0152 0163 0169
0214 0287 0370 0653 0658
0659 0660 0664 0666 0670
0671 0672 0684 0690 0701
0709 0710 0718 0723 0736
0753 0754 0759 0806 0836
0838 0920 0935 0942 0950
0955 0966 0967 1023 1053
1073 1076 1131

東京國立博物館

0048

東京台東區立書道博物館

0605 1043 1464 1511

大阪市立博物館

0083 0465

藤井有鄰館

0059 1181

出光美術館

0986

新田美術館

0387 0417

中村キース・ヘリング美術館

1103

日本黑川古文化研究所

1162

東京平野古陶軒

0116 0823

山中商會

0108 1110

天琴坊

0962 1137

龍泉堂

0675

平安藏六

0006 0847

江州淺見

0939

塩冶金雄

1618

佐野隆一

0042

大阪某收藏家

| 0005 | 0474 | 0475 | 0961 |

關西某收藏家

| 0442 | 0686 | 0712 | 0797 | 0862 |

關東某收藏家

| 0055 | 0519 |

某收藏家

0009	0012	0075	0109	0228
0259	0332	0366	0416	0482
0762	0800	0810	0854	0872
0905	0977	1066	1097	1155
1590

美國

大都會藝術博物館

| 0139 | 0162 | 0305 | 0884 |

普林斯頓大學美術博物館

| 0084 | 0897 | 0945 | 0975 |

哈佛大學福格博物館

| 1706 | 1735 | 1736 |

明尼阿波利斯藝術博物館

| 0941 | 1307 |

紐約亞瑟·賽克勒

| 0030 | 0783 | 1027 | 1227 |

亞瑟·M·賽克勒基金會

1184

聖路易斯博物館

0017

舊金山亞洲藝術博物館

0500

洛杉磯郡立藝術博物館

0385

春田市藝術博物館

0728

克里夫蘭藝術博物館

1086

馬賽厄斯·科莫

1254

詹姆斯·蒙羅夫·麥克亞當斯

1147

紐約蘭捷里

0692

紐約戴潤齋（戴福保）

0010　　0425　　0506

紐約安思遠

0389

夏威夷安娜・夏洛特・萊斯・庫

0831

切斯特・戴尔和多莉・卡特

1002

寶蓮・高黛・雷馬克

0007

弗吉尼亞州某收藏家

0019

某收藏家

0737　　0738　　1075　　1168

加拿大

多倫多皇家安大略博物館

1675

英國

劍橋大學費茨威廉博物館

0695

牛津大學阿什莫林博物館

0815

倫敦 Cukieman

0067

倫敦 R.E.R. Luff 伉儷

0837

埃斯卡納齊

0817

安東尼・卡特

1228

邁克爾・麥克爾斯

0481

某爵士

0041

法國

東坡齋

0002　　0071　　0215　　0632　　0841
1144　　1154　　1229

巴黎大衛・威爾

0013

巴黎米歇爾・伯德萊

0118

歐宗易

0795　　0870

某收藏家

1129

意大利

塔里安利・得・馬基奧女侯爵

0992

比利時

弗蘭克・阿茲

0963	1007

吉賽爾

1018

捷克共和國

布拉格國立美術館

0309	0633	0859	1101

瑞士

玫茵堂

0724	0816	1094	1146	1157

瑞典

斯德哥爾摩遠東古物館

0860	1310

新加坡

某收藏家

0895

海外某收藏家

0021	0052	0069	0070	0081
0205	0307	0372	0376	0426
0624	0685	0687	0756	0827
0876	0877	0943	0958	1005
1012	1013	1085	1134	1166
1173	1212	1256	1277	1289
1290	1416	1461		

不知名收藏家

0001	0003	0008	0011	0014
0016	0018	0020	0022	0023
0024	0029	0034	0036	0040
0044	0047	0057	0060	0061
0062	0077	0088	0089	0090
0093	0094	0095	0099	0101
0105	0106	0110	0114	0117
0120	0121	0122	0125	0127
0128	0133	0134	0135	0138
0140	0145	0150	0153	0155
0158	0159	0161	0165	0166
0168	0170	0172	0174	0176
0179	0181	0182	0183	0184
0185	0189	0193	0197	0200
0201	0203	0207	0213	0218
0226	0227	0231	0232	0233
0244	0245	0246	0248	0249

0250	0251	0256	0257	0264
0266	0267	0268	0269	0270
0271	0272	0273	0274	0278
0280	0283	0284	0285	0297
0299	0300	0301	0310	0311
0317	0318	0321	0322	0323
0325	0326	0327	0328	0329
0330	0335	0336	0340	0341
0342	0346	0347	0350	0352
0358	0359	0360	0361	0362
0365	0367	0368	0369	0371
0374	0375	0377	0382	0383
0384	0386	0388	0390	0392
0394	0396	0397	0398	0400
0403	0404	0407	0409	0412
0413	0414	0419	0420	0423
0433	0435	0436	0437	0446
0449	0450	0451	0452	0453
0454	0457	0459	0466	0469
0470	0471	0472	0476	0477
0478	0479	0485	0486	0488
0489	0491	0494	0495	0498
0501	0502	0503	0504	0505
0507	0508	0509	0512	0513
0517	0518	0520	0521	0522
0523	0524	0528	0529	0530
0532	0533	0534	0535	0538
0539	0541	0542	0543	0545
0547	0549	0550	0555	0558
0560	0564	0565	0566	0568
0569	0570	0574	0575	0576
0577	0579	0580	0581	0584
0585	0588	0594	0595	0596
0599	0609	0610	0611	0620

0625	0627	0629	0630	0631
0634	0635	0637	0638	0640
0642	0644	0645	0647	0648
0650	0651	0669	0673	0677
0678	0680	0688	0689	0691
0693	0694	0699	0700	0706
0707	0713	0716	0719	0720
0721	0734	0741	0749	0750
0751	0758	0760	0763	0766
0769	0772	0773	0777	0781
0784	0785	0789	0794	0796
0801	0802	0803	0803	0818
0820	0821	0824	0825	0828
0829	0833	0834	0835	0842
0844	0849	0850	0851	0853
0855	0856	0861	0863	0864
0866	0867	0869	0874	0875
0880	0882	0892	0896	0898
0899	0901	0903	0904	0906
0908	0909	0924	0933	0936
0937	0940	0944	0948	0949
0954	0956	0957	0959	0964
0965	0968	0970	0978	0983
0984	0985	0987	0992	0993
0994	0997	0998	1001	1004
1006	1008	1009	1010	1011
1014	1017	1020	1021	1022
1024	1025	1035	1038	1039
1045	1049	1051	1052	1062
1063	1064	1065	1068	1071
1072	1078	1089	1091	1092
1096	1098	1102	1106	1111
1113	1116	1118	1119	1120
1121	1122	1123	1126	1127

1132	1133	1136	1139	1140
1141	1142	1143	1148	1150
1151	1164	1165	1169	1170
1172	1174	1175	1180	1187
1189	1190	1192	1194	1198
1199	1202	1207	1209	1211
1213	1215	1217	1221	1222
1225	1226	1231	1236	1237
1238	1241	1243	1244	1247
1248	1249	1250	1251	1255
1258	1259	1267	1268	1269
1270	1271	1274	1275	1276
1281	1286	1287	1288	1291
1292	1293	1294	1295	1297
1298	1299	1300	1301	1302
1303	1305	1311	1318	1319
1325	1326	1330	1331	1336
1337	1340	1341	1342	1344
1345	1346	1347	1348	1349
1350	1353	1354	1355	1356
1357	1359	1360	1362	1363
1365	1366	1367	1368	1369
1370	1371	1374	1375	1376
1377	1378	1379	1381	1382
1384	1385	1386	1387	1388
1389	1391	1392	1395	1396
1397	1398	1399	1403	1404
1405	1407	1408	1411	1413
1414	1415	1418	1419	1420
1421	1422	1423	1424	1425
1427	1428	1431	1432	1433
1434	1437	1439	1440	1441
1443	1445	1446	1447	1449
1450	1452	1454	1455	1456

1458	1459	1462	1463	1467
1468	1469	1472	1473	1474
1475	1476	1477	1478	1479
1480	1481	1486	1487	1490
1496	1498	1499	1500	1504
1505	1506	1507	1509	1512
1513	1515	1517	1518	1519
1520	1521	1526	1527	1529
1530	1531	1533	1534	1535
1537	1540	1545	1546	1547
1549	1551	1552	1553	1560
1564	1568	1571	1572	1573
1575	1576	1577	1580	1581
1584	1585	1586	1587	1591
1592	1593	1597	1598	1599
1602	1610	1612	1614	1622
1623	1630	1631	1640	1642
1643	1647	1648	1651	1658
1659	1663	1664	1665	1666
1667	1668	1670	1671	1681
1685	1686	1687	1688	1689
1692	1693	1694	1695	1701
1702	1703	1704	1714	1716
1719	1720	1721	1724	1726
1759	1766	1768	1769	1770

下落不明者

0043	0217	0253	0263	0282
0304	0344	0395	0458	0461
0473	0536	0561	0563	0567
0590	0591	0592	0604	0618
0641	0652	0696	0705	0708
0748	0767	0774	0775	0776
0779	0804	0805	0822	0886

0887 0927 0946 0951 0952 | 1183 1191 1204 1214 1266

0953 0973 1000 1061 1067 | 1578 1698 1705 1729 1727

1077 1090 1109 1158 1163

六、首次著録器物名録

0001. 山鼎

0002. 屰鼎

0003. 叔鼎

0004. 敫鼎

0005. 岗鼎

0006. 岗鼎

0007. 耳鼎

0008. 鳶鼎

0009. 眉鼎

0010. 聿鼎

0011. 保鼎

0012. 冟鼎

0013. 腐鼎

0014. 企鼎

0016. 壴鼎

0018. 鬶鼎

0019. 合鼎

0020. 冂鼎

0021. 簸鼎

0022. 史鼎

0023. 先鼎

0024. 天鼎

0028. 五鼎

0029. 欶鼎

0030. 聿鼎

0033. 戈鼎

0034. 亞叩鼎

0036. 天黽鼎

0041. 冉乙鼎

0042. 冉丁鼎

0044. 土丁鼎

0047. 亞奚鼎

0049. 吕牛鼎

0052. 父己鼎

0055. 子宷鼎

0057. 祖丁鼎

0060. 沁鼎

0061. 天黽乙鼎

0062. 天黽己鼎

0064. 亞盉豕鼎

0065. 亞勹乙鼎

0066. □匜敫鼎

0067. 妻祖戊鼎

0069. 合父乙鼎

0070. 岗父乙鼎

0071. 乚父乙鼎

0077. 亞勾乙鼎

0081. 合父乙鼎

0085. 壴父丁鼎

0086. 子父丁鼎

0087. 子父丁鼎

0088. 彝父丁鼎

0089. 岗父癸鼎

0090. 山父戊鼎

0091. 戈父辛鼎

0093. 作寶彝鼎

0094. 作尊彝鼎

0098. 伯鼎

0099. 伯鼎

0100. 伯鼎

0101. 叔鼎

0103. 作寶鼎

0104. 作寶鼎

0105. 作旅鼎

0106. 南里左鼎

0108. 珥日父乙鼎

0109. 母弔父乙鼎

0110. 天黽父丁鼎

0111. 鄉宁父丁鼎

0112. 亞紂父丁鼎

0113. 母宷日辛鼎

0116. 子萬父癸鼎

0117. 作父辛鼎

0118. 戈鼎

0119. 龜鼎

0120. 蛳鼎

0121. 舍鼎

0122. 縣盜鼎

0125. 牻仲鼎

0127. 牧正父乙鼎

0133. 陘父鼎

0134. 公鼎

0135. 興鼎

0138. □受鼎

0139. 胥乳子鼎

0140. 智僕鼎

0145. 中小臣車鼎

0153. 天鼎　　　　　　　0221. 隕侯鼎　　　　　　　0278. 黿子鼄鼎

0155. 作祖癸鼎　　　　　0223. 趞盄父鼎　　　　　　0280. 林公楚福鼎

0158. 師☒鼎　　　　　　0224. 曾侯鼎　　　　　　　0283. 欠𣪕鼎

0159. □□鼎　　　　　　0226. 楚王酓章鼎　　　　　0284. 雍伯鼎

0162. 叔黿鼎　　　　　　0227. 叔柜父鼎　　　　　　0285. 伯克父鼎

0164. 史☒鼎　　　　　　0228. 伯休父鼎　　　　　　0290. 作尊彝鬲甲

0165. 册鼎　　　　　　　0229. 芮太子白鼎　　　　　0291. 作尊彝鬲乙

0166. 伯鼎　　　　　　　0231. 鄭邢小子傳鼎　　　　0292. 作尊彝鬲丙

0167. 作南鼎　　　　　　0232. 塞孫考叔牸父鼎　　　0293. 作尊彝鬲丁

0170. 仲很駒鼎　　　　　0233. 夆子選鼎　　　　　　0294. 作尊彝鬲戊

0171. 益公鼎　　　　　　0234. 仲宴父鼎　　　　　　0297. 内史鬲

0172. 叔族父鼎　　　　　0239. 芮公鼎　　　　　　　0299. 仲霝父鬲甲

0174. 昶子白鼎　　　　　0240. 鄭伯鼎　　　　　　　0300. 仲霝父鬲乙

0176. 夫人縞鼎　　　　　0244. 齊公去余鼎　　　　　0301. 伯逨鬲

0179. 下太官鼎蓋　　　　0245. 虢季子白鼎　　　　　0302. 鄂姜鬲

0181. 鼓鼎　　　　　　　0246. 叔墬父鼎　　　　　　0303. 旅姬鬲

0182. 義鼎　　　　　　　0248. 晉刑氏妃鼎　　　　　0305. 王鬲

0183. 義鼎　　　　　　　0249. 吉金鼎　　　　　　　0306. 曾夫人孷鬲

0184. 義鼎　　　　　　　0250. 邢丘令秦鼎　　　　　0307. 郘妿遟母鬲

0185. 厷伯康鼎　　　　　0251. 鄭邢叔槐鼎　　　　　0310. 曾仲塞鬲

0186. 盧鼎　　　　　　　0252. 美鼎　　　　　　　　0311. 曾卿事寝鬲

0187. 𤲞鼎　　　　　　　0254. 芮公鼎　　　　　　　0312. 兒慶鬲

0189. 羅子鼎　　　　　　0256. 芮太子白鼎　　　　　0313. 兒慶鬲

0193. 弢鼎　　　　　　　0257. 楚王領鼎　　　　　　0314. 兒慶鬲

0194. 亞天鼎　　　　　　0259. 矩鼎　　　　　　　　0315. 兒慶鬲

0196. □易鼎　　　　　　0260. 叔休鼎　　　　　　　0316. 應姚鬲

0197. 甲塱鼎　　　　　　0262. 邦鼎　　　　　　　　0317. 鄭羌伯鬲

0198. 王子鼎　　　　　　0264. 尹氏士𩵥父鼎　　　　0318. 鄭羌伯鬲

0199. 倗伯鼎　　　　　　0265. 曾侯窑鼎　　　　　　0321. 子長鬲

0200. 仲庚父鼎　　　　　0266. 中小臣𡢘鼎　　　　　0322. 曾子伯达鬲

0201. 叔享父鼎　　　　　0267. 伯辰鼎　　　　　　　0323. 燕太子鬲

0203. 楚叔之孫辰鼎　　　0268. 德鼎　　　　　　　　0324. 邾友父鬲

0205. 亞㠱侯疑鼎　　　　0269. 善鼎　　　　　　　　0325. 鄭師原父鬲甲

0207. 冉驫鼎　　　　　　0270. 曾伯生甾鼎　　　　　0326. 鄭師原父鬲乙

0209. 魯姬鼎　　　　　　0271. 䖏子鼎　　　　　　　0327. 竈伯鬲

0211. 曾子牧臣鼎　　　　0272. 郳子楚鼎　　　　　　0328. 芮太子白鬲甲

0215. 者父鼎　　　　　　0273. 召叔鼎　　　　　　　0329. 芮太子白鬲乙

0216. 格公鼎　　　　　　0274. 郳子濾息鼎　　　　　0330. 芮太子白鬲丙

0218. 仲𧊒父鼎　　　　　0275. 宋公圞鼎　　　　　　0332. 山甗

0220. 隕侯鼎　　　　　　0276. 宋公圞鼎　　　　　　0334. □甗

0336. 子彈瓶
0340. 中瓶
0341. 作塘阰瓶
0342. 魚瓶
0343. 伯瓶
0345. 邡叔瓶
0346. 叔牟瓶
0347. 牧友瓶
0348. 伯衰瓶
0350. 伯喜瓶
0351. 戈復瓶
0352. 曾夫人縞瓶
0353. 倗伯瓶
0354. 犀瓶
0355. 倗伯瓶
0358. 襄安瓶
0359. 公乘斯瓶
0360. 鄭伯頵父瓶
0361. 曾伯克父瓶
0362. 曾卿事宣瓶
0365. 毂瓶
0366. 嗌瓶
0367. 立簋
0368. 堯簋
0371. 史簋
0374. ⊗簋
0375. ⊞簋
0376. 冇簋
0377. 冉簋
0380. 子父簋
0382. 天黽母簋
0383. 緻祖丙簋
0384. 萬祖癸簋
0386. 冀父乙簋
0387. 天父己簋
0388. 萬父癸簋
0389. 戈祖己簋
0390. 戈祖辛簋
0392. 峯父辛簋
0394. 作寶簋

0395. 作寶彝簋
0396. 伯簋
0397. 伯簋
0398. 伯簋
0400. 伯簋
0401. 母寅日辛簋
0403. 牧正簋
0404. 弓牟祖辛簋
0407. 伯簋
0409. 子簋
0410. 作寶尊彝簋
0412. 伯簋
0413. 厷伯簋甲
0414. 厷伯簋乙
0416. 赭伯簋
0417. 赽叔簋
0418. 从簋
0419. 伯簋
0420. 作父己簋
0421. 倗姬簋
0423. 過伯簋
0424. 椺伯簋
0425. 命父簋
0426. 侃簋
0433. 伯戎父簋
0434. 南宮姒簋
0435. 伯鏃簋
0436. 子簋
0437. 季簋
0440. 伯旅父簋
0442. 集厝簋
0443. 豐井簋
0446. 叔享父簋
0448. 芮子述叔簋
0449. 伯慈簋
0452. 伯穌簋
0453. 邮姬彭簋
0454. 霸簋
0457. 競簋
0459. 曾公得簋

0466. 仲大父簋
0468. 壁侯簋
0469. 伯□父簋
0470. 牛生簋甲
0471. 牛生簋乙
0472. 太師伯良父簋
0474. 南矚伯虔父簋甲
0475. 南矚伯虔父簋乙
0476. 楚王領簋
0477. 無毆簋甲
0478. 無毆簋乙
0479. 無毆簋丙
0480. 蓽慶父簋
0481. 賸簋
0482. 臣簋
0485. 曾卿事季宣簋甲
0486. 曾卿事季宣簋乙
0487. 伯善簋
0488. 播侯簋
0489. 毛虢父簋
0494. 曾季簋
0495. 應姚簋
0498. 大師小子霚簋
0499. 生毆君鄐州慶簋蓋
0501. 呂伯簋甲
0502. 呂伯簋乙
0503. 鄧子德簋
0504. 康簋
0505. 子孔宜簋蓋
0506. 憲簋
0507. 叔槃簋
0508. 聖簋
0509. 曾伯克父簋
0512. 應侯視工簋丙
0513. 應侯視工簋丁
0517. 閉簋甲
0518. 閉簋乙
0519. 矝簋
0520. 獄簋（三式）
0521. 獄簋（二式）

0522. ⿱吅言簋
0524. 衛簋丁
0527. 弄盨
0528. 應侯盨
0529. 鄭邢伯大父盨甲
0530. 鄭邢伯大父盨乙
0531. 趞盄父盨
0532. 尹仲盨甲
0533. 尹仲盨乙
0534. 燕子盨
0535. 叔再父盨丁
0538. 曾伯克父盨甲
0539. 曾伯克父盨乙
0541. 倗伯𩰫盨甲
0542. 倗伯𩰫盨乙
0543. 召皇父盨
0544. 乘盨
0545. 大師虘盨
0547. 競毓簠
0548. 曾伯霥簠
0549. 曾子牕簠
0550. 鄭叔原父簠
0553. 牧臣簠甲
0554. 牧臣簠乙
0555. 楚子逘湯簠
0558. 毛百父簠
0560. 柍譖簠
0562. 晉侯邦父簠
0564. 夆子選簠
0565. 褱簠甲
0566. 褱簠乙
0568. 石氏簠甲
0569. 石氏簠乙
0570. 都公簠
0574. 郙子楚軌簠甲
0575. 郙子楚軌簠乙
0576. 郙子楚軌簠 A
0577. 黄君子叒簠
0579. 徐鳌尹朁簠甲
0580. 徐鳌尹朁簠乙
0581. 徐鳌尹朁簠丙
0583. 孟芈克母簠
0584. 𪈽子旇氏大叔簠甲
0585. 𪈽子旇氏大叔簠乙
0586. 侯孫考簠
0587. 侯孫考簠
0588. 陳侯簠
0594. 膚公之孫賃丘子敦
0595. 槃可忌敦
0596. 凡父鋪
0599. 郙子㝬豆
0600. 曾公得豆
0603. 霸伯豆丙
0607. 史盄父豆
0609. 㪤子豆
0610. 㪤子豆
0611. 林大叔弇鋪
0612. 宋公𨷖鋪
0620. 叔無毀盆
0622. 作文考盆
0624. 九月既望盆
0625. 鹿禾匕
0626. 楚王酓恷組
0627. 無㪍組
0629. 兇爵
0630. 兇爵
0631. 正爵
0632. 正爵
0634. 箙爵
0635. 爻爵
0637. 羊爵
0638. 子爵
0639. 文爵
0640. 獸爵
0642. 冎爵
0644. 需爵
0645. 需爵
0647. 先爵
0648. 先爵
0650. 眉爵
0651. 卯爵
0668. 束爵
0669. 庚爵
0673. 子爵
0674. 子爵
0675. 若爵
0677. 聑爵甲
0678. 聑爵乙
0680. 己爵
0685. 参乙爵
0686. 克永爵
0687. 牵葡爵
0688. 子𠦪爵
0689. 兇父爵
0691. 亞革爵
0692. 亞眲爵
0693. 冈止爵
0694. 册止爵
0698. 戈▼爵
0699. 丫木爵
0700. 亼口爵
0702. □干爵
0706. 父乙爵
0707. 父丁爵
0712. 朱□爵
0713. 亼口爵
0715. 亞𡗜爵
0716. 天黽爵
0719. 祖丙爵
0720. 祖丙爵
0721. 祖丁爵
0724. 父辛爵
0725. 父辛爵
0727. 父癸爵
0728. 叀父爵
0734. □鄧爵
0737. 天黽獻爵甲
0738. 天黽獻爵乙
0741. ♣祖己爵
0742. □父乙爵

0749. 宅臣乙爵	0827. ᛘ觚	0882. 服觚
0750. 秉干己爵	0829. 泚觚	0884. 韓妣觚
0751. 冉祖丁爵	0831. 何觚	0891. 戈▽觶
0756. 冉祖辛爵	0833. 韋册觚甲	0892. 父辛觶
0758. 戈父乙爵	0834. 韋册觚乙	0895. 父戊觶
0760. 中父丁爵	0835. 韋册觚丙	0896. 作師觶
0762. 史父丁爵	0837. 聑竹觚	0898. 太保觶
0763. 子父丁爵	0841. 亞口觚	0899. ᛘ父丁觶
0766. 面父己爵	0842. 西單觚	0901. 亞父己觶
0769. 何父辛爵	0843. 亞鷖觚	0903. 天父辛觶
0771. 亞矢父乙爵	0844. 象己觚	0904. 史父辛觶
0772. 亞盂父丁爵	0845. 等己觚	0905. 俹父辛觶
0773. 父乙爵	0846. 夲己觚	0906. 卩父癸觶
0775. 亥爵甲	0847. 口癸觚	0908. 軸伯不觶
0776. 亥爵乙	0849. 子匚觚	0909. 母寙日辛觶
0777. 口作父辛爵	0850. 簸自觚	0916. 朿觶
0781. 作寶尊彝爵	0851. 弔兦觚	0919. 由觶
0783. 艅爵	0852. 戈▽觚	0922. 史斝
0784. 祖辛爵	0853. 虎車觚	0924. 冂斝
0785. 牵父己爵	0854. 亞獲觚	0925. 舍斝
0786. 亞吴父乙爵	0855. 亞疑觚	0926. 罒斝
0787. 敢侯爵	0857. 父乙觚	0929. 胄斝乙
0794. 何父爵	0860. 齊京母觚	0933. 子匚斝
0796. 萬角	0861. 孟父乙觚	0936. 史父丁斝
0797. 子司角	0862. 丙父乙觚	0937. 戈父己斝
0800. 父丁角	0863. 豕父丁觚	0939. 啟侯叔丁斝
0801. 天黽獻角	0864. 亞禽示觚	0940. 天黽父乙斝
0802. 天黽獻角	0866. 子刀不觚	0944. 冉尊
0807. 母寙日辛角甲	0867. 牛觚	0947. 爻尊
0808. 母寙日辛角乙	0869. 戈父己觚	0948. 内尊
0810. 先觚	0871. 史父癸觚	0949. 戈尊
0816. 子觚	0872. 佳父癸觚	0954. 祼幷尊
0817. 史觚	0874. 冉父乙觚	0956. 冉癸尊
0818. 令觚	0875. 子葬父己觚	0957. 子刀尊
0819. 禹觚	0876. 亞丫天黽獻觚	0958. 《▲尊
0820. 堯觚	0877. 亞丫天黽獻觚	0959. 作彝尊
0821. 堯觚	0878. 亞丫天黽獻觚	0961. 夊父己尊
0823. 旱觚	0879. 亞丫天黽獻觚	0963. 文父卯尊
0824. 旱觚	0880. 亞丫天黽獻觚	0964. 等祖甲尊
0825. 冉觚	0881. 作父乙觚	0965. 夊父乙尊

0968. 魚母辛尊
0977. 子父乙尊
0978. 伯尊
0981. 母寏日辛尊
0982. 㠱斤見交尊
0983. 征中祖己尊
0984. 盜册祖戊尊
0985. 作寶尊彝尊
0986. 棫爰父乙尊
0987. 伯尊
0991. 作寶尊彝尊
0992. 天黽父辛尊
0993. 伯尊
0994. 伯尊
0996. 册尊
0997. 同伯尊
0998. 晉侯尊
1001. 疑尊
1002. 子刀尊
1003. 朿尊
1004. 閔尊
1005. 需尊
1006. 應龕尊
1008. 亞覃乙尊
1009. ◆乚尊
1010. 宣尊
1011. 攸隹尊
1012. 剢尊
1013. 西夫尊
1014. 尹尊
1017. 兒尊
1018. 愕妶兄乘尊
1019. 壽罬尊
1022. 史壺
1024. 正壺
1025. 𡗜壺
1033. 告田父乙壺
1034. 作母楚壺
1035. 長垣壺
1037. 虢仲壺
1038. 邢皇姬壺
1039. 涫友壺
1042. 秦公壺
1045. 監叔壺
1046. 芮公脊父壺
1047. 曾子牧臣壺甲
1048. 曾子牧臣壺乙
1049. 郶壺
1050. 㙉侯壺
1051. 少司馬癸壺甲
1052. 少司馬癸壺乙
1055. 圓君婦媿霝壺
1056. 郳君慶壺
1058. 䄎輥伯壺蓋
1059. 叔休壺甲
1060. 叔休壺乙
1062. 曾伯克父壺甲
1063. 曾伯克父壺乙
1064. 衛叔甲父壺
1065. 宋大史孔壺
1066. 𣪕壺
1068. 與兵壺
1069. 曾伯霥壺
1071. 戠卣
1072. 㠱卣
1075. 天黽卣
1078. 卜獸卣
1080. 冉己卣
1085. 亞盉豕卣
1086. 齊京母卣
1089. 宀父辛卣
1091. 𠕁父癸卣
1092. 𢦏卣
1094. 竟祖辛卣
1096. 戈父癸卣
1097. 𠂤父乙卣
1098. 冉父丁卣
1102. 作父癸卣
1103. 天豕父乙卣
1105. 亞離示父丁卣
1107. 冉䢅父己卣
1108. 鄉宁父辛卣
1111. 縣盜卣
1112. 子眈父乙卣
1113. 作寶尊彝卣
1114. 作寶尊彝卣
1116. 𢆶卣
1118. 亞◇父庚卣
1119. 伯卣
1120. 衛卣
1121. 衛父卣
1122. 作公卣
1123. 伯卣
1124. 朿卣
1126. 矢卣
1127. 者仲𢿘卣
1128. 召卣
1129. 司卣
1130. 進卣
1132. 阺卣
1133. 造卣
1134. 厡卣
1136. 㝑男卣
1139. 魚卣
1140. 貝毳卣
1141. 需方彝
1142. 戠方彝
1143. 羊方彝
1144. 罒方彝
1146. 㚔旅方彝
1148. 應龕方彝
1149. 義方彝
1151. 兒方彝乙
1154. 衛册觥
1155. 冉中觥
1157. 作寶彝觥
1164. 𤰔罍
1165. 𤰔罍
1166. 冉罍
1168. 戈罍

1169. 齍于大罍	1231. 聑寶父乙盉	1290. 鑶鐃丙
1170. 皿亞罍	1233. 自鎣	1291. 天黽鐃甲
1172. 宀瓶	1236. 夫人縞盉	1292. 天黽鐃乙
1173. 甈瓶	1237. 作寶尊彝盉	1293. 天黽鐃丙
1174. 曾伯克父鑪	1238. 父丁盉	1295. 郘公䜌句鑃
1175. 夆子選鑪	1241. 厝厝𠭯盉蓋	1297. 扶戈
1177. 郳大司馬鈚	1242. 藋佳盉	1298. 犹戈
1180. 郙子㸉息缶	1243. 苟盉	1299. 先戈
1185. 戈父辛盤	1244. 蔡子夾匜	1300. 凫戈
1186. 天黽盤	1245. 曾旨尹喬匜	1301. 戰戈
1187. 大保都盤	1247. 曾卿事季宣匜	1302. 叔戈
1188. 晉叔家父盤	1248. 虤公匜	1303. 山戈
1189. 亞𠁆天黽獻盤甲	1249. 叔犀父匜	1304. 舌戈
1190. 亞𠁆天黽獻盤乙	1250. 楚媿歸母匜	1305. 柬戈
1192. 伯旝父盤	1251. 子傳匜	1310. 鳥戈
1194. 步盤	1252. 上都太子平侯匜	1311. 牛戟
1195. 自盤	1254. 夫人昶姬匜	1318. 山戈
1197. 佣伯盤	1255. 辛公之孫匜	1319. 鄪戈
1198. 杜伯盤	1258. 鄧公匜	1325. 戈×戈
1199. 叔毚盤	1259. 大保匽仲匜	1326. 戊鼎戈
1201. 者兒盤	1260. 郳大司馬彊匜	1329. 吅五戈
1202. 曾卿事季宣盤	1261. 蜀守斯離鑑	1330. 宮戈
1203. 花孟姬盤	1265. 鄂侯鐘丙	1331. 公戈
1206. 昶仲侯盤	1267. 敄生鐘二	1333. 用戈
1207. 蓼子厚盤	1268. 敄生鐘三	1335. 武仲戈
1209. 鄧公盤	1269. 敄生鐘四	1336. 甌郎戈
1211. 黃子威盤	1270. 敄生鐘五	1337. 少府戈
1212. 上都公盤	1271. 敄生鐘六	1340. 左庫戈
1215. 楚王領盤	1273. 詔事或鐘	1341. 左枏戈
1216. 郳大司馬彊盤	1274. 蓼厚鐘	1342. 禾量戈
1217. 苟盤	1275. 蓼子厚鐘一	1343. 子曰荁戈
1218. 仲筍人盤	1276. 蓼子厚鐘二	1344. 中乘車戈
1221. 史盉	1277. 逨鐘六	1345. 卯一金戈
1222. 戈盉	1279. 衛侯之孫書鐘	1346. 交之戈
1224. 匽嬜盉	1280. 衛侯之孫書鐘	1347. 高陽左戈
1225. 亞盉盉	1281. 疆金鎛	1348. 公造戈
1226. 宀父癸盉	1286. 羋鐃甲	1349. 孖門戈
1227. 交父乙盉	1287. 羋鐃乙	1350. 雍㴲戈
1228. 宀父丙盉	1288. 羋鐃丙	1351. 戎散戈
1229. 山父丁盉	1289. 鑶鐃乙	1353. 周臬戈

1354. 萍枚戈
1355. 左□邦戈
1356. 陳曼戈
1357. 陳子徒戈
1359. 巴蜀戈
1360. 巴蜀戈
1362. 巴蜀戈
1363. 巴蜀戈
1366. 又册卂片戈
1367. 晉侯戈
1368. 郜公戈
1369. 子戈
1370. 新定戈
1371. 高密戈
1373. 辛□戈
1374. 嘉父戈
1375. 宮之徒戈
1377. 王得戈
1378. 橐氏戈
1379. 宋公戈
1381. 鬲冕戈
1382. 平陽左庫戈
1383. 媿戈
1384. 玄鏐之戈
1385. 許公𦞩戈
1386. 許公𦞩戈
1387. 許公𦞩戈
1388. 許公𦞩戈
1390. 朝歌右庫戈
1391. 公戈
1392. 非□左戈
1395. 楸子戈
1397. 龍伯戟
1398. 商叔盛戈
1399. 商叔盛戈
1401. 王子寅戈
1403. 事武氏戈
1404. 子壽戈
1405. 右氏戈
1406. 王子臣戈

1407. 王子臣戟
1408. �王月子戈
1410. 玄鏐之用戈
1411. 玄鏐之用戈
1412. 造戈
1413. 句田右戈
1414. 陳豆萆戟
1415. 陳狀戈
1416. 朝歌巳門戈
1418. 子旵戈
1420. 曾子南戈
1421. 曾子南戈
1422. 曾子叔迲戈
1423. 䣄公戈
1424. 鄙叔江戈
1425. 爐子廧父戈
1426. 淳于公戈
1427. 右造宮所戈
1428. 曾仲壴戟
1431. 平王午戈甲
1432. 平王午戈乙
1433. 平王午戈丙
1434. 王子虎戈
1435. 楚王孫灋戈
1437. 滕侯吳戟
1439. 蔡公子從戈
1440. 玄鏐鏞鋁戈
1441. 朝歌□門㠱戈
1443. 曾侯遼戈
1445. 曾侯建戈
1446. 蔡侯産戈
1447. 蔡侯産戈
1448. 蔡侯産戟
1449. 蔡侯産戟
1450. 周公戟
1452. 王孫保尼戈
1453. 鄭之公庫戈
1454. 中都僕公戈
1455. 中都僕公戈
1456. 薛侯戈

1458. 蓼子厚戈
1459. 外鄙鄙戈
1461. 鴒子闔燮戟
1463. 廿七年戈
1467. 陳子高戟
1468. 滕大司馬得戈
1469. 子蔡子敫戟
1472. 司城裘戈
1473. 虥緤戈
1474. □大司馬戟
1475. 逋各戈
1476. 邘王是埜戈
1477. 邘王是埜戈
1478. 武王攻堊戈
1479. 武王攻堊戈
1480. 合陽戈
1481. 差徐戟
1486. 周王孫季怡戈
1490. 率夫余無戈
1491. 涘尔八高戈
1492. 郘公戈
1496. 㝵陽嗇夫盜戈
1499. 公乘斯戈
1500. 上洛左庫戈
1505. 相邦樛斿戈
1506. 瘀曹令狐嗇戈
1507. 郯氏令□悔戈
1509. 燕王詈戈
1512. 辛市令邯鄲佫戈
1513. 郏嗇夫蒀戈
1517. 襄令陽儀戈
1520. □陽令佐華戼戈
1521. 壬午吉日戈
1523. 文銳令賈伖戈
1524. 上郡守慶戈
1526. 相邦呂不韋戈
1527. 漢中左工戈
1530. 屯留令邢丘佫戈
1531. 蜀假守肖戈
1533. 佣矛

1534. 䀠矛
1535. ф矛
1537. 冀矛
1540. 雍咸矛
1545. 奭□般矛
1546. 嚴□妨矛
1547. 武□續矛
1548. 成都矛
1549. 成固矛
1551. 公矛
1552. 公車矛
1553. 司工矛
1557. 高陽左庫矛
1560. 蔡公子果矛
1564. 燕王職矛
1568. 燕王戎人矛
1573. 公劍
1575. 銘文劍
1576. 昭陽劍
1577. 成陽劍
1578. 攈王劍
1580. 蔡侯產劍
1581. 郙王䰜劍
1584. 人頭紋劍
1585. 公子伐劍
1586. 越王諸稽於睗劍
1587. 越王諸稽於睗劍
1588. 越王諸稽於睗劍
1590. 燕王職劍
1591. 句吴王夫差劍
1592. 句吴王夫差劍
1593. 王子虎劍
1597. 司敗壴章劍
1598. 越王州句劍
1599. 越王州句劍
1603. 代相趙敢鈹
1610. 徐王義楚詐雍之攻劍
1612. 相邦春平侯劍
1614. 越王州句劍
1621. 八字鉞
1622. 亞矣鉞
1623. 亞ẗ天黽鉞
1630. 鄭鍾鏃
1631. 徐鍾鏃
1640. 公乘斯戈鐓
1642. 宫庫弩機飾
1643. 八十七弩機
1647. 河内工官弩機
1648. 鄂令弩牙
1651. 邛令時印距末
1658. 緜斧
1659. ↓鎒
1663. 大庫鎒
1664. 劉欮鑿
1665. 邟垳王尺
1666. 莫赵絮權
1668. 莆子砝碼
1669. 始皇詔權
1670. 一斤四兩橢量
1671. 倉王市斗
1673. 大府量
1681. 左四馬銜
1685. 陵里車飾
1686. 陵里車飾
1687. 陵里車飾
1688. 陵里車飾
1689. 陵里車飾
1692. 冉杆頭飾
1693. 鳥器
1694. 卒旅器
1695. 衛册器
1701. 自爲器
1702. 叔叩器
1703. 乃子遽器
1704. 訇父器
1706. 我子四筒器
1708. 右工鐘虡柱
1709. 公字鐘虡柱
1710. 詔事琴組件
1711. 右工琴組件
1712. 左工琴組件
1713. 樂府調琴器
1714. 冉ẙ箕
1716. 徐王公佶帶鈎
1719. 東垣卮
1720. 盧般銅釦
1721. 競之定熏爐
1724. 芮公鼓架銅套
1725. 芮公鼓架銅套
1726. 新造旗杆鐓
1738. 左四石磬
1739. 左五石磬
1740. 右工石磬
1741. 黄左四石磬
1742. 黄左七石磬
1743. 樂府石磬
1744. 右五石磬
1745. 右九石磬
1746. 五行右六石磬
1747. 甲反衆石磬
1748. 右工室得石磬
1749. 五行右石磬
1750. 五行左石磬
1751. 五行左六石磬
1752. 寺工取石磬
1753. 左工室旰石磬
1754. 右工室得石磬
1755. 工享石磬
1756. 右工室得石磬
1757. 右工室得石磬
1758. 右工室得石磬
1760. 圖形字玉璽
1765. 越王州句玉劍
1767. 匽氏鋼刀甲
1768. 匽氏鋼刀乙
1769. 廿五鋼刀